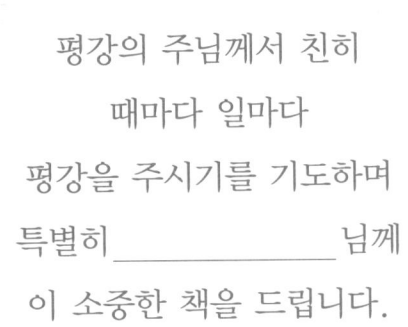

평강의 주님께서 친히
때마다 일마다
평강을 주시기를 기도하며
특별히 _____ 님께
이 소중한 책을 드립니다.

"내 영혼아 여호와(하나님)를 송축하며

그 모든 은택을 잊지말찌어다

저가 네 모든 죄악을 용서하시며

네 모든 병을 고치시며

네 생명을 파멸에서 구속하시고

인자와 긍휼로 관을 씌우시며

좋은 것으로 네 소원을 만족케 하사

네 청춘으로 독수리 같이 새롭게 하시는도다"

- 시편 103편 2~5절 -

김장환 목사와 함께 / 경건생활 365일

하나님께서

좋은 것으로 네 소원을
만족케 하리라

"좋은 것으로 소원을 만족케 하시는 하나님"

나는 반세기 이상을 살아 오면서
만족하며 사는 소수의 사람과 만족하지 못하고 사는 대다수의 사람을
보았습니다.
자신의 삶에 만족을 느끼는 사람이 행복한 사람입니다.
남들이 볼 때 가진 것이 많아 행복한 것 같은 데도
불행하다고 말하는 사람이 있는가 하면
남들이 볼 때 가진 것이 없어 불행한 것 같은 데도
행복하다고 말하는 사람이 있습니다.
만족은 소유나 지성…등 외적 요소가 보장해 줄 수 없다는 것을
증명해 주는 일이고, 결국 만족이 사는 동네는 마음임을 알 수 있습니다.

그런데 성경은 우리에게 이렇게 교훈하고 있습니다.
"내 영혼아 여호와(하나님)를 송축하며 그 모든 은택을 잊지말찌어다
저가 네 모든 죄악을 용서하시며 네 모든 병을 고치시며
네 생명을 파멸에서 구속하시고 인자와 긍휼로 관을 씌우시며
좋은 것으로 네 소원을 만족케 하사 네 청춘으로
독수리같이 새롭게 하시는도다"(시편103:2~5).
할렐루야!

이 한해, 이 책을 통해서도 당신의 마음에 주님이 부어 주시는 복-
만족이 넘치길 기도 합니다.

다시오실 주님을 기다리며….

김장환

목사 / 극동방송 사장

1

모든 것의 우선순위는 예수님이십니다.
그 분과 함께 오늘 하루를 평안하게 시작하십시오.

황금과도 같은 1초

1월 1일　　　　　　　　　　　　　　　　　　　　　　**골 4:2-5**

- 골 4:5 외인을 향하여서는 지혜로 행하여 세월을 아끼라
- 창 47:9 야곱이 바로에게 고하되 내 나그네 길의 세월이 일백 삼십년이니이다 나의 연세가 얼마 못되니 우리 조상의 나그네 길의 세월에 미치지 못하나 험악한 세월을 보내었나이다 하고

평생을 시계만 만들어 온 사람이 있었습니다. 그는 이제 나이가 들어 마지막 작업으로 온 정성을 다해 시계 하나를 만들었습니다. 그리고 완성된 그 시계를 아들에게 주었습니다. 시계를 받은 아들은 이상한 점을 발견하였습니다. 초침은 금으로, 분침은 은으로, 시침은 구리로 되어 있었습니다.

"아버지, 초침보다 시침이 금으로 되어야 하지 않을까요?"

아들의 질문에 아버지는 대답했습니다.

"초침이 없는 시간이 어디 있겠느냐? 작은 것이 바로 되어 있어야 큰 것이 바로 가지 않겠느냐? 초침의 길이야말로 황금의 길이란다. 1초를 아껴 살아야한다. 1초가 세상을 변화시킨단다."

새해를 맞이하여 하나님 앞에서 한해의 시간들을 어떻게 의미 있게 사용해야 할지를 검토하는 시간을 가지십시오. 그리고 하나님께서 주신 작지만 황금과도 같은 1초라는 시간을 헛되게 보내지 않는 보람된 한해를 보낼 수 있기를 바랍니다.

 주님! 새로운 한해의 시간들을 잘 관리하게 하소서.

 시간을 잘 활용하기 위해 알찬 계획을 세우십시오.

신뢰의 저축 '약속'

고후 1:12-20　　　　　　　　　　　　　　　　　1월 2일

● 고후 1:20 하나님의 약속은 얼마든지 그리스도 안에서 예가 되니 그런즉 그로 말미암아 우리가 아멘 하여 하나님께 영광을 돌리게 되느니라
● 히 10:36 너희에게 인내가 필요함은 너희가 하나님의 뜻을 행한 후에 약속을 받기 위함이라

책「선택된 남자 당당한 여자」에 실린 노래입니다.
"그해 봄, 우리는 약속을 비옥한 땅에 심었다
그리고 서로 약속했지. 가을이 되었을 때 상대방에게 주기로 뜻밖의 기쁜 선물을 당신의 약속은 바람 속에서 흔들리고 빗속에서 여위어진다
햇빛아래에서 바람에 말라가고 찬 서리에 빛이 바랜다
나의 약속
바람 속에서 성장하고, 빗속에서 풍부해진다
햇빛아래서 성숙하고, 찬 서리에 굳건해진다
그해 겨울, 당신의 약속은 그림자도 없이 사라졌다
나의 약속은 살을 에는 듯한 추위에 신성한 경치가 되었다"

약속이란 신뢰의 저축입니다. 약속을 지키는 습관을 기른다면 다른 사람들은 당신의 성숙함으로 인해 당신의 의견과 충고를 주의하여 들을 것입니다. 하나님과 우리의 관계에 있어서도 마찬가지입니다. 하나님과의 신뢰를 잘 쌓아, 하나님과 우리와의 끈을 더욱 두텁게 하십시오.

 주님! 약속을 잘 지키는 습관을 가지게 하소서.
 지키지 못한 약속이 무엇입니까?

주님 안에서의 삶의 목적

1월 3일   요일 4:9-21

● 요일 4:9 하나님의 사랑이 우리에게 이렇게 나타난바 되었으니 하나님이 자기의 독생자를 세상에 보내심은 저로 말미암아 우리를 살리려 하심이니라
● 엡 5:2 그리스도께서 너희를 사랑하신 것 같이 너희도 사랑 가운데서 행하라 그는 우리를 위하여 자신을 버리사 향기로운 제물과 생축으로 하나님께 드리셨느니라

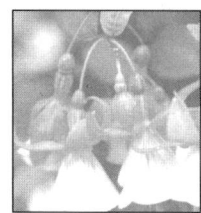

개척교회 목사님의 아들로서 제48회 사법시험 최연소 합격자 최승호씨는 한 기자와의 인터뷰에서 각종 취업시험을 준비하고 있는 많은 크리스천 청년들에게 이렇게 말했습니다.

"왜 이 시험을 준비하는지 분명한 목적의식을 갖는 것이 중요합니다. 시험합격과 상관없이 하고자 하는 일의 주인이 내가 아닌 하나님이라는 생각, 나는 청지기라는 생각을 가질 때 소명과 소망을 갖게 됩니다."

최연소라는 말보다 개척교회 목회자의 아들로 부각되길 바란다는 그는 만약 아직도 크리스천이 아닌 고시생과 취업준비생들이 있다면 예수 그리스도를 통해 자신의 삶의 궁극적인 목적이 무엇인지 삶의 가장 중요한 문제부터 풀어나가야 한다고 강조했습니다.

우리는 어떤 문제를 풀기 위해 하나님을 사랑하기보다는 그 문제와 상관없이 하나님을 사랑해야 합니다.

또한 우리는 청지기로서의 삶을 기쁨과 최선을 다해 살아가야 합니다.

주님 안에서 삶의 목적을 찾으십시오. 그리고 우리를 향하신 하나님의 무궁무진한 놀라운 계획들을 경험하십시오.

 주님! 삶의 목적을 찾아 청지기의 사명을 다할 수 있게 하소서.
 삶의 궁극적인 목적은 무엇입니까?

세 사람의 친구

잠 18:1-24   1월 4일

● 잠 18:24 많은 친구를 얻는 자는 해를 당하게 되거니와 어떤 친구는 형제보다 친밀하니라
● 요 15:13 사람이 친구를 위하여 자기 목숨을 버리면 이에서 더 큰 사랑이 없나니

런던 타임즈가 친구의 정의에 대해서 현상 모집을 한 일이 있었는데, 이 현상모집에서 당선된 1, 2, 3등의 대답이 참 재미있었습니다.

3등으로 당선된 대답은, "친구란 기쁨을 더해 주고 슬픔을 나누는 자이다." 기쁠 때 만나면 기쁨이 더 커지고, 슬플 때 만나면 슬픔이 반으로 감해지는 자, 기쁠 때에 만나면 내 기쁨을 함께하고 기쁨을 극대화해 주는 사람, 그가 바로 친구라는 것입니다.

2등으로 당선된 것은 "친구란 한 보따리의 동전이다." 그저 내 모든 사정을 다 이해하고 동정하는 바로 그가 친구인 것입니다.

그리고 1등으로 당선된 대답은 "친구란 온 세상이 나에게서 떠날 때, 모두가 나를 버릴 때 내게로 오는 자가 진정한 친구이다"였습니다.

유대인의 격언 중에 '친구의 세 가지 종류'가 있습니다. 첫째는 '음식과 같은 친구'로 매일 빠져서는 안 되고, 둘째는 '약과 같은 친구'로 이따금 있어야만 하고, 셋째는 '병과 같은 친구'로서 이를 피하지 않으면 안 된다는 것입니다.

세상의 친구들은 나를 버려도 예수님은 우리를 버리지 않습니다.

그 예수님을 더 깊이 사랑합시다.

 주님! 참 친구 되신 예수님께 감사하게 하소서.
 당신의 참된 친구는 누구입니까?

하나님을 의지함

1월 5일　　　　　　　　　　　　　　　　　　　**딤후 1:1-18**

- 눅 5:5 시몬이 대답하여 가로되 선생이여 우리들이 밤이 맞도록 수고를 하였으되 얻은 것이 없지마는 말씀에 의지하여 내가 그물을 내리리이다 하고
- 딤후 1:12 이를 인하여 내가 또 이 고난을 받되 부끄러워하지 아니함은 나의 의뢰한 자를 내가 알고 또한 나의 의탁한 것을 그 날까지 저가 능히 지키실 줄을 확신함이라

　　호주의 한 병원에서 환자들에게 한 가지 실험을 했습니다. 두 그룹으로 나누어 한쪽 환자들을 위해서만 중보기도 팀이 기도를 했고, 한쪽은 그대로 두었습니다. 환자들은 그 사실을 몰랐습니다. 어느 정도 시간이 흐른 뒤에 의사들은 놀라운 결과를 보게 되었습니다. 중보기도 팀이 기도를 해준 환자들의 병세가 다른 쪽 환자들과 비교할 수 없이 좋아졌던 것입니다.

　매사에 하나님을 계산에 넣는 사람이 있고, 계산에 넣지 않는 사람이 있습니다. 원인은 선택할 수 있지만 결과는 선택할 수 없습니다.

　'말이 씨가 된다' 라는 말처럼 사람은 반드시 입술의 열매를 거둡니다. 어떤 문제에 대해서도 하나님께서는 해결책을 가지고 계십니다.

　하나님보다 더 의지하고 있는 것이 있습니까? 조직과 기술을 의지하지 마십시오. 전문성과 경쟁력보다 하나님을 최고의 전략으로 삼고 인생에 도전하십시오. 그 무엇보다 하나님을 의지함으로 모든 것이 충분함을 고백하십시오.

　하나님께 문제의 크기를 말하지 말고 문제를 향해 하나님의 크기를 말하십시오.

 주님! 세상의 어떤 것보다 주님을 의지하며 살게 하소서.
 하나님보다 더 의지하는 것은 무엇입니까?

법보다 더 무서운 것

잠 11:22-31 1월 6일

- **잠 11:22** 아름다운 여인이 삼가지 아니하는 것은 마치 돼지 코에 금 고리 같으니라.
- **딤전 2:9** 또 이와 같이 여자들도 아담한 옷을 입으며 염치와 정절로 자기를 단장하고 땋은 머리와 금이나 진주나 값진 옷으로 하지 말고

영국의 헨리 4세는 법을 숭상했던 인물로 손꼽힙니다. 그는 법을 어겼다는 하나만으로 자신의 아들을 감옥에 보냈을 정도입니다. 그런 헨리 4세 시대에 부녀자들의 사치가 극에 달했습니다. 거듭된 계몽과 경고도 소용이 없었습니다. 마침내 헨리 4세는 황금이나 보석으로 몸을 치장하는 사치를 금한다는 법을 공포했습니다. 그러나 법이 공포되어도 효과는 없고 사치는 여전했으므로 왕은 난처하기만 했습니다. 그렇다고 법을 폐지하는 것은 왕의 권위를 크게 손상시키는 일이라 그럴 수도 없었습니다. 헨리 4세는 궁리 끝에 묘안이 떠올랐습니다. 법안의 부칙에 단서 하나를 추가한 것입니다.

"이 법은 매춘부와 소매치기에겐 적용되지 않는다."

단서 조항의 효과는 금방 나타났습니다. 그렇게도 심하던 사치 바람이 가라앉은 것입니다. 누구도 매춘부나 소매치기로 인정받는 것은 싫었기 때문입니다.

몸은 당신의 영혼의 거울입니다. 무엇이 당신을 나타내는 기준이어야 하는가 생각해 보십시오.

 주님! 내 삶속에 주님이 드러나게 하소서.

 당신의 삶은 무엇으로 단장되어 있습니까?

행복한 사람이란

1월 7일   눅 6:20-38

● 눅 6:38 주라 그리하면 너희에게 줄 것이니 곧 후히 되어 누르고 흔들어 넘치도록 하여 너희에게 안겨 주리라 너희의 헤아리는 그 헤아림으로 너희도 헤아림을 도로 받을 것이니라
● 딤전 6:17 네가 이 세대에 부한 자들을 명하여 마음을 높이지 말고 정함이 없는 재물에 소망을 두지 말고 오직 우리에게 모든 것을 후히 주사 누리게 하시는 하나님께 두며

고대 그리스에 아름다운 왕비와 결혼한 한 임금이 있었습니다. 임금의 총애와 그지없는 높은 권력은 왕비가 갖고 싶은 모든 것을 가질 수 있게 해주었지만 왕비는 여전히 눈살을 찌푸린 채 즐거워하지 않았습니다. 임금은 고민에 빠졌습니다.

어느 날, 한 현인이 나타나 임금에게 자신이 근심어린 왕비의 얼굴을 웃는 모습으로 바꾸어 놓고 왕비를 즐겁게 해줄 수 있다고 말했습니다.

현인은 왕비를 비밀의 방으로 데리고 간 다음, 흰 물건을 이용하여 종이 위에 무언가를 써내려갔습니다. 그는 그 종이를 왕비에게 주고 어두운 방에 들어가라고 부탁했습니다. 그 다음 촛불을 켜서 종이에 무엇이 쓰여져 있는지 주시하라고 했습니다. 왕비는 현인의 지시대로 따랐고 촛불 아래에서 그녀는 흰색 글자가 아름다운 녹색으로 변하는 것을 보았습니다.

"매일 다른 사람을 위해 좋은 일을 한 가지씩 하라!"

왕비는 현인의 충고대로 했고, 얼마 지나지 않아 왕비는 전국에서 가장 행복한 사람이 되었습니다.

당신이 다른 사람을 위해 살 때 당신은 더 많은 즐거움과 행복을 얻게 될 것입니다. 지금 즉시 행복한 사람들의 무리 속으로 들어가십시오.

 주님! 나눔의 행복을 아는 사람이 되게 하소서.
 행복한 사람이 되기 위해 무슨 일부터 하겠습니까?

슈퍼맨을 전도에 활용하라

딤후 4:1-8　　　　　　　　　　　　　　　　　1월 8일

- 딤후 4:2 너는 말씀을 전파하라 때를 얻든지 못 얻든지 항상 힘쓰라 범사에 오래 참음과 가르침으로 경책하며 경계하며 권하라
- 막 1:38 이르시되 우리가 다른 가까운 마을들로 가자 거기서도 전도하리니 내가 이를 위하여 왔노라 하시고

〈슈퍼맨〉 영화가 최근 현대판 〈슈퍼맨 리턴즈〉라는 제목으로 다시 전 세계에 동시개봉되었습니다. 영화의 한 대사입니다. "인류는 그 길을 비춰주는 빛을 찾고 있다. 나의 아들아, 그들을 위해 너를 보낸다."

예수 그리스도를 세상에 보내는 하나님의 말씀이 아니라 슈퍼맨의 아버지가 아들에게 하는 말입니다.

미국의 시사주간지 타임은 이 영화를 '슈퍼맨 복음'이라고 부르면서 "슈퍼맨은 단순히 한명의 뛰어난 인간이 아니라 하늘에 있는 아버지가 지구를 위해 보낸 신으로 묘사된다. 슈퍼맨은 자신의 사명을 감당하기 위해 초인적인 능력뿐만 아니라 자신의 생명을 바치는 희생을 감수한다. 슈퍼맨은 단순히 만화 주인공이 아니라 지구의 구세주, 지저스 크라이스트 슈퍼맨"이라고 평했습니다. 또한 미국의 어느 목회전문 사이트는 이 영화를 불신자들에게 예수 그리스도에 대해 전하는 한 수단으로 사용할 것을 권하고 있습니다. 우리는 불신자들을 향해 예수님을 믿으라고 외칩니다. 하지만 믿지 않는 사람들은 세상의 얘기에 더 귀를 기울입니다. 그러므로 〈슈퍼맨 리턴즈〉와 같은 매개체를 통한 전도는 오히려 더 큰 효과를 나타낼 수 있습니다. 믿음의 눈높이를 맞추어서 복음을 전하십시오. 세상의 모든 것들을 복음을 전하는 수단으로 활용하십시오.

 주님! 주신 모든 것을 활용하여 전도하게 하소서.
 당신이 복음을 전할 수 있는 좋은 방법은 무엇입니까?

베풂의 축복

1월 9일　　　　　　　　　　　　　　　　　**골 1:1-14**

- 골 1:5 너희를 위하여 하늘에 쌓아둔 소망을 인함이니 곧 너희가 전에 복음 진리의 말씀을 들은 것이라
- 마 6:20 오직 너희를 위하여 보물을 하늘에 쌓아 두라 거기는 좀이나 동록이 해하지 못하며 도적이 구멍을 뚫지도 못하고 도적질도 못하느니라

　　최근 미국 경제신문 월스트저널(WSJ)이 '세계가 주목할 여성 50인'을 선정했습니다.
　　그 중 1위로 뽑힌 여성은 마이크로 소프트 빌 게이츠 회장의 부인이자 세계 최대 자선단체인〈빌 앤드 멜린다 게이츠 재단〉의 멜린다 게이츠 회장입니다.
　월스트저널(WSJ)은 멜린다 게이츠를 1위로 선정한 이유를 이렇게 말하고 있습니다.
　"첫째로 멜린다 게이츠는 세계에 불고 있는 거부들의 바람에서 가장 강력한 힘을 가진 인물로 떠오르고 있습니다. 둘째로 남편 빌 게이츠와 공동으로 재단운영을 책임지고 있으며 30조원 이상의 사업 규모를 소유하고 있습니다. 셋째로 가장 주목 할 것은 에이즈, 결핵, 말라리아와 각종 어린이 질병퇴치를 위해 많은 재산을 재단기금으로 사용하고 있습니다."
　우리는 하나님께서 주신 재산을 우리의 것이라고 착각하며 살 때가 있습니다. 하나님께서 재산을 많이 주실수록 다른 이들과 나누기 보다는 소유하기를 원합니다. 욕심을 버리고 모든 물질이 하나님께서 주신 것임을 인정한다면 더 축복된 삶을 살 수 있습니다.
　예수그리스도의 향기가 온 세상에 가득하도록 나누며 사십시오.

 주님! 기쁨으로 나누는 삶을 살게 하소서.
 당신이 주위에 베풀 수 있는 곳은 어디입니까?

사랑의 표현

롬 12:1-21 　　　　　　　사랑　　　　　　　1월 10일

- 요 3:16 하나님이 세상을 이처럼 사랑하사 독생자를 주셨으니 이는 저를 믿는 자마다 멸망치 않고 영생을 얻게 하려 하심이니라
- 롬 12:10 형제를 사랑하여 서로 우애하고 존경하기를 서로 먼저 하며

60여년을 함께 산 부부가 있었습니다.

아내는 빵을 썰 때마다 항상 마지막 조각을 남편에게 주었습니다. 어느 날, 남편은 마침내 참지 못하고 버럭 소리를 질렀습니다. "60년이 다 되가는데 왜 당신은 매번 빵을 썰 때마다 항상 내게 꼬리부분의 조각을 주는 거요? 왜 당신은 먹지 않는 거요?"

아내가 깜짝 놀라 남편을 보았습니다. 평소 온화한 남편이 그렇게 화를 내자 멍해질 수밖에 없었습니다. 잠시 후, 아내는 기어들어가는 목소리로 대답했습니다. "이 빵조각이 제일 좋은 것이라고 생각했어요. 나는 마지막에 남겨진 빵부스러기를 좋아하거든요." 남편은 그 말을 듣고 자기도 모르게 눈물을 흘렸습니다. 60여년이 넘는 동안 아내는 줄곧 자신이 가장 좋아하는 부분을 남편에게 주었지만 그것을 표현하지는 않았습니다. 60여년 동안 두 사람이 서로 오해할 지경이 될 때까지 말입니다.

왜 사랑을 소리 내어 표현하지 않은 걸까요? 우리는 사랑하는 마음을 표현해야합니다. 하나님은 우리가 사랑을 표현하기를 원하시며 우리와 사랑이 교통되길 원하십니다. 작은 하나의 고민이나 슬픔마저도 함께 나누시길 원하십니다. 하나님께서 들으실 수 있고, 느끼실 수 있도록 소리 내어 사랑을 전하십시오.

 주님! 주님을 더욱 사랑하고 고백하며 살게 하소서.

 하나님을 사랑한다고 하루에 몇 번 씩 고백하십니까?

목표와 인생

1월 11일　　　　　　　　　　　　　　　　　　　　　　빌 3:1-21

- 빌 3:14 푯대를 향하여 그리스도 예수 안에서 하나님이 위에서 부르신 부름의 상을 위하여 좇아가노라
- 히 12:2 믿음의 주요 또 온전케 하시는 이인 예수를 바라보자 저는 그 앞에 있는 즐거움을 위하여 십자가를 참으사 부끄러움을 개의치 아니하시더니 하나님 보좌 우편에 앉으셨느니라

　어떤 대학에서는 지능지수, 학력, 환경 등의 조건이 비슷한 젊은 사람을 25년 동안 조사하였습니다. 조사내용은 '목표가 인생에 어떠한 영향을 미치는가?'에 관한 것이었습니다. 조사대상자 가운데 3%는 분명하고 장기적인 목표를 가지고 있었고, 10%는 분명하지만 단기적인 목표를 가지고 있었고, 60%는 목표가 모호했으며 27%는 목표가 없었습니다. 25년 뒤, 이 조사대상자들의 상황은 다음과 같았습니다. 분명하고 장기적인 목표를 갖고 있던 3%는 거의 모두 사회 각계에서 두각을 나타내는 성공인사가 되었습니다. 그들 가운데는 자수성가한 사업가나 업계의 지도자, 사회의 저명인사가 된 사람이 적지 않았습니다. 분명하지만 단기적인 목표를 가지고 있었던 10%는 대부분 사회의 상류층이 되었습니다. 그들은 각 분야에서 없어서는 안 되는 의사, 변호사, 기술자, 고위경영자 등의 전문가가 되었습니다. 목표가 모호했던 60%는 거의 모두 사회의 중류층이나 하류층의 삶을 살았습니다. 나머지 목표가 없었던 27%는 대부분 사회의 최하위에 속한 삶을 살았습니다. 목표는 인생의 방향을 결정하는 커다란 역할을 합니다. 어떤 목표를 선택하느냐, 얼마나 분명한 목표를 가지고 있느냐에 따라 인생도 달라집니다. 분명한 목표를 가지고 기도하면서 꾸준히 노력하십시오.

 주님! 주님 안에서 분명한 목표를 갖고 살게 하소서.
 주님을 위해서 어떤 목표를 가지고 살아갑니까?

희망과 질투

잠 14:30-35 　　　　　　　　　　　　　　　　　　1월 12일

● 잠 14:30 마음의 화평은 육신의 생명이나 시기는 뼈의 썩음이니라
● 약 3:14 너희 마음속에 독한 시기와 다툼이 있으면 자랑하지 말라 진리를 거스려 거짓하지 말라

중병에 걸린 두 사람이 같은 병실에 입원했습니다. 그 방에는 바깥을 내다볼 수 있는 창문이 하나밖에 없었습니다. 한 사람은 치료의 과정으로 오후에 한 시간씩 침대 위에 일어나 앉도록 허락을 받았습니다.  하지만 다른 한 명의 환자는 하루 종일 꼼짝없이 침대에 누워있어야만 했습니다. 매일 오후 창가의 환자는 바깥 풍경을 맞은 편 환자에게 설명해주었습니다. "창을 통해 호수가 있는 공원이 내다보이고 오리와 백조들이 떠다니며 아이들이 와서 모이를 던져주면서 모형 배를 띄우며 놀고…."

누워있는 환자는 이야기를 즐겁게 들으며 생생하게 들려주는 묘사를 통해 마치 자신이 지금 바깥 풍경을 내다보고 있는 듯 착각이 들곤 했습니다. 그리고 그는 생각했습니다. '왜 창가에 있는 저 사람만 이 특권을 누리고 있는 것인가? 침대 위치를 바꿀 수만 있다면 무슨 일이든 하고 싶다.'

어느 날 밤 창가의 환자가 갑자기 병세가 악화되어서 그는 비상벨을 눌러주었어야 함에도 불구하고 가만히 지켜보고만 있었습니다. 창가의 환자가 숨이 완전히 멎을 때까지도…. 아침에 시신을 치워갔습니다. 맞은 편 환자 침대는 창가 쪽으로 옮겨졌습니다. 그는 안간 힘을 다해 침대에서 몸을 일으키고는 얼른 창밖을 내다보았습니다. 하지만 창밖에는 아무것도 없었습니다. 맞은 편 건물의 회색 담 벽이 가로 막고 있었을 뿐입니다. 뼈를 마르게 하고 자신을 상하게 하는 시기와 질투를 버리십시오.

💗 주님! 선한 마음과 생각을 지키게 하소서.

 남을 시기한 적이 있습니까?

회개의 역사

1월 13일　　　　　　　　　　　　　　　　　　　　**마 3:1-10**

● **삼하 12:13** 다윗이 나단에게 이르되 내가 여호와께 죄를 범하였노라 하매 나단이 다윗에게 대답하되 여호와께서도 당신의 죄를 사하셨나니 당신이 죽지 아니하려니와
● **마 3:8** 그러므로 회개에 합당한 열매를 맺고

　어느 부흥운동 기념집회 때의 일입니다.
　집회의 나흘째가 되는 날, 준비 위원장을 맡은 한 목사님은 단상 위 의자에 앉은 C 목사님 앞에 무릎을 꿇고 용서를 빌었습니다.
　"장로교 목사로서 목사님의 성령사역을 이해하지 못하고 정죄했던 것을 용서해 주시기 바랍니다. 하나님께 회개했지만 목사님께 직접 용서를 구할 기회가 없었습니다. 이 시간 비판했던 것을 회개하며 용서를 구합니다."
　곧이어 그동안 C 목사님을 비판했던 수십 명의 목회자들도 무릎을 꿇고 용서를 고백했습니다. 그러자 C 목사님은 이들을 사랑으로 용서하고 성령님의 은혜가 가득하기를 기도해주었습니다.
　그곳에 있던 모든 성도들과 목회자들은 감동과 회개의 눈물을 흘렸습니다.
　얼마나 아름다운 모습입니까?! 자신의 자아를 내려놓고 용서를 구하기까지는 많은 용기가 필요합니다. 우리의 죄를 진심으로 고백할 때 회개의 역사와 부흥의 역사는 일어납니다. 용기 내어 자신의 죄를 고백하십시오.

 주님! 죄를 진실 되게 고백하게 하소서.
 용서를 구해야할 사람이 누구입니까?

자신을 좋아하는 법

요 21:15-25   1월 14일

● 요 21:17 세번째 가라사대 요한의 아들 시몬아 네가 나를 사랑하느냐 하시니 주께서 세번째 네가 나를 사랑하느냐 하시므로 베드로가 근심하여 가로되 주여 모든 것을 아시오매 내가 주를 사랑하는 줄을 주께서 아시나이다 예수께서 가라사대 내 양을 먹이라
● 고전 16:14 너희 모든 일을 사랑으로 행하라

우리는 자신을 좋아하는 법을 배워야합니다.
어떤 책에서 이렇게 제시하고 있습니다.
"거울 속의 자신을 보고 말하십시오.
나는 내 생활을 좋아한다.
나는 내 자신을 좋아한다.
나는 내 사랑하는 마음을 좋아한다.
나는 내 것을 다른 사람들과 나누는 것을 좋아한다.
나는 내 자신이 무엇을 원하는지 아는 것을 좋아한다.
나는 내가 누릴 수 있는 행복을 알고 있음을 좋아한다.
나는 내 평형을 좋아한다.
나는 또 다른 나를 좋아한다."

자신을 좋아할 때 다른 사람을 더 많이 사랑할 수 있습니다. 자신을 좋아하는 법을 배우려면 먼저 자신을 사랑할 줄 알아야 합니다. 자신의 장점과 단점을 이해해야 합니다. 주님 안에서 나 자신을 사랑하며 아껴야합니다.

우리는 하나님의 소유임을 깨닫고 주님 안에서 자신을 사랑하는 사람이 되십시오.

 주님, 제가 주님의 자녀로서 자신을 사랑하게 하소서.
 당신은 자신을 성경적으로 사랑하고 있습니까?

고통의 아름다움

1월 15일
롬 8:18-39

- **롬 8:18** 생각건대 현재의 고난은 장차 우리에게 나타날 영광과 족히 비교할 수 없도다
- **요 16:21** 여자가 해산하게 되면 그 때가 이르렀으므로 근심하나 아이를 낳으면 세상에 사람 난 기쁨을 인하여 그 고통을 다시 기억지 아니하느니라

영국의 자연주의 과학자 알프레드 월리스가 연구실에서 참나무산누에나방이 번데기에서 나비로 변하여 고치를 뚫고 나오는 것을 관찰하고 있었습니다. 나비는 안에서 꼭 바늘구멍만한 구멍을 하나 뚫고는 그 틈으로 꼬박 한나절을 애를 쓰면서 아주 힘든 고통을 치른 후, 나비가 되어 나오더니 공중으로 훨훨 날개 짓을 하며 날아갔습니다. 그는 이렇게 힘들게 애쓰며 나오는 나비들이 안쓰러워서 한 번은 가위로 구멍을 잘라서 넓혀 주었습니다. 나방은 큰 구멍을 통해서 금방 쑥 나올 수 있었습니다. 그러나 좁은 구멍으로 나오려고 안간힘을 쓰던 나방은 영롱한 빛깔의 날개를 가지고 금방 팔랑거리며 날아가는데 쉽게 구멍에서 나온 나방은 제대로 날지도 못하고 그 무늬나 빛깔도 영 곱지 않고 얼마 지나지 않아 그만 죽어 버리고 말았습니다. 알프레드 박사는 적잖은 충격을 받았습니다. 나비를 위해서 선을 베풀어 준 것인데 나비는 박사의 도움 때문에 죽어버린 것입니다.

인생을 살다보면 꿈이 어긋나고, 실패가운데 처절한 몸부림을 쳐야 할 때가 있습니다. 혼자 버려진 것 같은 기분을 느낄 때도 있습니다.

하나님께서는 당신이 지금 처절한 고통을 통과하는 동안 하늘을 날을 수 있는 날개의 힘을 기르도록 지켜보고 계십니다. 그 고통을 이기고 나면 아름다운 무늬의 날개로 드넓은 창공을 나는 나비가 됩니다. 당신에게 있는 시련을 이겨내십시오.

 주님! 고통을 참을 수 있는 사람이 되게 하소서.

 아름다운 미래를 위해 지금의 고통을 참아내십시오.

학교적응 돕기 위한 부모 10훈

엡 6:1-9　　　　　　　　　　　　　　　　　　1월 16일

● 에 2:20 에스더가 모르드개의 명한대로 그 종족과 민족을 고하지 아니 하니 저가 모르드개의 명을 양육 받을 때와 같이 좇음이더라
● 엡 6:4 또 아비들아 너희 자녀를 노엽게 하지 말고 오직 주의 교양과 훈계로 양육하라

 '우리 아이가 학교생활에 잘 적응할 수 있을까?' '친구들과는 잘 어울릴 수 있을까?' '수업은 잘 따라갈 수 있을까?' 등은 자녀를 둔 부모님이라면 한번쯤은 해본 고민일 것입니다. 학교적응을 돕기 위한 부모 10훈을 보았습니다.

01. 아이가 학교에서 돌아오면 학교생활에 대해 자상하게 대화한다.
02. 담임교사와 자주 대화한다.
03. 아이가 불안을 느끼지 않도록 집안 분위기를 화목하게 이끈다.
04. 아이가 학교에서 집으로 가져오는 것에 주의를 기울인다.
05. 아이 숙제를 도와주되 부모가 모두 해주지 말라.
06. 학습 활동을 일상생활과 연관 짓게 해 수업의 흥미를 유발한다.
07. 1일 교사 등 학교 활동에 부모가 참가하는 것도 도움이 된다.
08. 체벌보다는 칭찬과 격려, 돈 대신 학습활동에 이로운 것을 선물한다.
09. 인터넷이나 다른 학부모, 담임교사 등을 통해 학업정보를 수집한다.
10. 아이가 학교 측의 방과 후 활동에 참여하도록 격려한다.

 걱정을 앞세우기 보다는 아이들에게 관심을 가지며, 시간을 할애하고, 사랑을 베푸는 부모가 되십시오. 사랑과 관심으로 인해 아이들은 지혜로운 하나님의 자녀로 아름답게 자랄 것입니다. 지혜로운 부모님이 되십시오.

 주님! 지혜로운 부모가 되게 하소서.
 사랑과 관심으로 자녀를 양육합시다.

세상을 움직일 수 있는 힘

1월 17일   고전 13:1-13

- **마 5:46** 너희가 너희를 사랑하는 자를 사랑하면 무슨 상이 있으리요. 세리도 이같이 아니하느냐
- **고전 13:13** 그런즉 믿음, 소망, 사랑 이 세 가지는 항상 있을 것인데 그 중에 제일은 사랑이라

　　마틴 루터 킹 흑인목사가 노벨상을 받으러갔을 때, 기자들이 마이크를 들이대면서 기자회견을 요청하자 마틴 루터 킹 목사님은 "아직까지 세상을 움직일 수 있는 힘은 '사랑' 이다"고 했었습니다. 나폴레옹이 말하기를 "나는 무력으로 세상을 정복하려고 하였으나 실패했다. 하지만 '예수' 라고 하는 분은 사랑으로 세상을 정복했다"고 하였습니다. 종교에 공통점이 있다고 한다면, 그것은 바로 '사랑' 입니다. 불교에서는 '자비', 유교에서는 '인애', 기독교에서는 '사랑' 입니다. "세상 모두 사랑 없어 냉냉함을 아느냐? 곳곳마다 사랑 없어 탄식소리 뿐일세"라는 찬송가의 가사가 있습니다. 오늘날 세계의 모든 문제는 '사랑' 으로 해결할 수 있다고 봅니다. 믿음, 소망, 사랑 이 세 가지는 항상 있을 것인데 그 중에 제일은 사랑이라고 했습니다.
　　전도를 하고 구제를 한다고 하여도 사랑이 없으면 아무 것도 아닙니다. 우선 가까이 있는 이들부터 사랑하십시오.

 주님! 사랑으로 세상을 변화시키게 하소서.
 당신은 이웃에게 사랑을 표현합니까?

사랑에 눈이 먼 사람

마 19:1-26   1월 18일

● 마 19:6 이러한즉 이제 둘이 아니요 한 몸이니 그러므로 하나님이 짝지어 주신 것을 사람이 나누지 못할찌니라 하시니
● 잠 5:17 그 물로 네게만 있게 하고 타인으로 더불어 그것을 나누지 말라

모세 멘델스존은 독일의 유명한 작곡가인 멘델스존의 할아버지입니다. 그의 외모는 보잘 것 없었습니다. 키도 작았을 뿐만 아니라 곱사등이였습니다. 그는 아름다운 포시를 만나자마자 사랑에 빠졌습니다. 하지만 포시는 언제나 정면으로 그를 보는 것조차 거절했습니다. 어느 날 모세는 용기를 내어 그녀에게 말했습니다.

"인연은 하늘이 맺어준다는 걸 믿나요?"

포시는 바닥을 주시하며 말했습니다.

"믿어요. 당신은요?"

모세는 대답했습니다.

"태어나기 전에 하나님이 남자에게 미래에 어떤 여자와 결혼해야 하는지 알려주신다는 거 알고 계세요? 내가 태어날 때 하나님은 내 신부가 곱사등이라고 알려주셨어요. 저는 하나님께 간청했지요. '하나님, 제발 곱사등은 제게 주시고 아름다운 얼굴을 제 신부에게 주십시오'라고 말이에요."

어려운 현실을 보고 한탄만 하지 말고 하나님께서 주신 긍정적인 생각을 소유하십시오.

 주님! 주님이 주시는 긍정적인 생각을 갖게 하소서.

 당신은 부정적인 생각으로 좌절하고 있지는 않습니까?

말 한 마디의 힘

1월 19일 막 9:14-32

- 막 9:23 예수께서 이르시되 할 수 있거든이 무슨 말이냐 믿는 자에게는 능치 못할 일이 없느니라 하시니
- 히 10:24 서로 돌아보아 사랑과 선행을 격려하며

　미국의 존스 홉킨스 대학병원의 벤 카슨 의사는 신의 손이라는 별명을 가지고 있습니다. 그는 모든 의사들이 포기한 하루 120번의 발작을 일으키는 4살짜리 악성 뇌종양환자를 수술해서 완치시켰으며 세계에서 처음으로 머리와 몸이 붙은 샴쌍둥이를 분리하는 데 성공했습니다. 그러나 신의 손으로 불리며 성공을 거둔 벤 카슨 박사지만, 그의 어린 시절을 보고 그가 위대한 의사가 되리라고는 아무도 상상하지 못했습니다. 그는 디트로이트 빈민가에서 태어났고, 8세 때 부모님의 이혼으로 불행한 가정에서 자랐으며 소년기에는 흑인불량배들과 어울려 싸움을 일삼는 장래가 어두운 아이였습니다. 그는 피부가 검다는 이유로 친구들에게 따돌림을 당했고 초등학교 때는 항상 꼴지를 도맡아 했습니다. 어느 날 그에게 기자가 찾아와서 질문을 했습니다. "오늘 당신을 만들어 준 것은 무엇입니까?" "나의 어머니 쇼냐 카슨 덕분입니다. 어머니는 내가 늘 꼴찌를 하면서 흑인이라고 따돌림을 당할 때도 '벤, 너는 마음만 먹으면 무엇이든 할 수 있어. 노력만 하면 할 수 있어'라는 말을 끊임없이 들려주시며 격려해 주셨습니다."

　말 한 마디의 힘이 상상을 초월합니다. 주님은 지금도 우리에게 "너는 마음만 먹으면 얼마든지 잘 할 수 있단다"라고 말하십니다. 주님의 말씀을 믿으십시오.

 주님! 주님의 말씀을 믿고 승리하게 하소서.
 격려의 말을 아끼지 맙시다.

세계 10대 건강 음식

마 4:1-11　　　　　　　　　　　　　　　　　　　1월 20일

● 마 4:4 예수께서 대답하여 가라사대 기록되었으되 사람이 떡으로만 살것이 아니요 하나님의 입으로 나오는 모든 말씀으로 살 것이라 하였느니라 하시니
● 엡 3:16 그 영광의 풍성을 따라 그의 성령으로 말미암아 너희 속 사람을 능력으로 강건하게 하옵시며

　미국 시사주간지 〈타임〉에서 선정한 '세계 10대 건강 음식'을 소개합니다.
　❶토마토:전립선암을 비롯한 각종 암 발생위험을 줄여주며, 감기바이러스와 스트레스에 대한 저항력을 높여준다. ❷시금치:성장기 어린이들 발육과 영양에 좋고, 야맹증을 예방한다. ❸마늘:식중독 등 다양한 질병을 일으키는 미생물에 대한 항균 효과가 있다. ❹녹차:항암효과를 가지며, 녹차를 많이 마시는 지역에서는 위암 발생율이 낮다. ❺적포도주:포도껍질의 자주색 색소가 강력한 항암작용을 한다. ❻견과류:동맥경화를 일으키는 몸에 나쁜 콜레스테롤을 낮춰주고, 노화 억제 및 항암효과가 있다.
　❼연어(고등어):혈중 콜레스테롤을 낮추고 동맥경화증을 예방한다. 수험생 및 노인성 치매에도 효과가 있다. ❽블루베리(가지):동맥경화와 심장병 및 내졸중을 예방한다. ❾브로컬리(양배추):유방암, 대장암, 위암과 같은 암 발생 억제 효과가 있다. ❿귀리(보리):해로운 콜레스테롤을 제거하고 또한 포만감을 느끼게 해 다이어트 효과가 있다.
　우리가 건강을 위해 좋은 음식들을 챙겨 먹듯이 우리의 영적 건강을 위해 하나님의 말씀을 섭취해야 합니다. 영육간에 강건하여 주님이 주신 일들을 잘 감당합시다.

 주님! 영육 간에 강건함을 허락하소서.
 건강을 위해 기도하고 있습니까?

고정관념의 힘

1월 21일　　　　　　　　　　　　　　　　　　　　　요 1:35-51

- 요 1:42 데리고 예수께로 오니 예수께서 보시고 가라사대 네가 요한의 아들 시몬이니 장차 게바라 하리라 하시니라 (게바는 번역하면 베드로라)
- 행 13:9 바울이라고 하는 사울이 성령이 충만하여 그를 주목하고

　　어느 날 사냥꾼이 사냥을 하다가 매의 알을 주웠습니다. 집으로 그 알을 가져와 암탉이 품고 있는 달걀 속에 매의 알을 함께 두었습니다. 얼마 지나지 않아 아기 매와 병아리가 함께 부화했습니다. 암탉의 보살핌으로 아기 매는 병아리들과 즐겁게 살았습니다. 암탉도 다른 병아리들처럼 아기 매를 가르쳤고, 아기 매는 병아리와 함께 닭의 여러 가지 생존기술을 익혔습니다. 그들이 생활하는 곳에서 가끔 매가 지날 때마다 아기 매는 "나도 하늘을 날면 얼마나 좋을까. 언젠가는 나도 저렇게 날아볼 테야"라고 말했습니다. 하지만 암탉은 아기 매가 그렇게 말할 때마다 타일렀습니다. "꿈 깨라, 아가야. 넌 병아리야. 날 수가 없단 말이다."
　　다른 병아리들도 덩달아 "맞아, 맞아. 우리는 병아리일 뿐이야. 저렇게 높이 나는 건 불가능해"라고 말했습니다. 결국 아기 매는 자신도 영원히 저렇게 높이 날 수는 없을 것이라고 믿게 되었습니다. 그 후로 아기 매는 매가 날아가는 모습을 볼 때마다 스스로 자신을 일깨웠습니다.
　　"나는 병아리일 뿐이야. 나는 저렇게 높이 날 수 없어."
　　결국 아기 매는 죽는 날까지 한 번도 날아보지 못했습니다.
　　우리는 비록 작은 고정관념이라도 영향력은 실로 대단함을 알 수 있습니다. 여러 차례 반복되다보면 고정관념은 자연스럽게 형성됩니다. 주님 안에서 무한한 가능성이 있는 자신을 발견하여 고정관념을 깨십시오.

 주님! 고정관념을 과감히 깰 수 있도록 하소서.
 어떤 고정관념을 가지고 있는지 자신을 돌아봅시다.

기쁨이 주는 행복

행 13:13-52   1월 22일

● **롬 15:2** 우리 각 사람이 이웃을 기쁘게 하되 선을 이루고 덕을 세우도록 할찌니라
● **행 13:52** 제자들은 기쁨과 성령이 충만하니라

「나의 라임 오렌지나무」에서 진지냐 할머니는 주인공 제제에게 이렇게 말했습니다.

"기쁨은 마음속에 빛나는 태양이란다. 그 태양은 모든 것을 행복으로 비춰주고 있지."

진정한 행복이란 무엇일까요?

누구나 행복한 삶을 누리길 소망합니다.

그러나 "행복하십니까?"라는 물음에 선뜻 "예"라고 대답할 수 있는 사람은 흔치 않을 것입니다.

행복은 누군가가 전해주는 것이 아닙니다. 하나님으로부터 오는 기쁨을 자신의 마음에 간직해두는 것이 진정한 행복이라 할 수 있습니다. 그 기쁨으로 인하여 세상의 모든 것을 긍정적인 시각과 아름다운 마음으로 볼 수 있습니다.

마음속에 주님이 주시는 기쁨을 간직하고 진정한 행복을 느끼십시오.

 주님! 내 마음속에 기쁨이 가득하게 하소서.

 진정한 행복을 누리고 있습니까?

행복과 부족함

1월 23일   빌 4:10-23

- 빌 4:12 내가 비천에 처할 줄도 알고 풍부에 처할 줄도 알아 모든 일에 배부르며 배고픔과 풍부와 궁핍에도 일체의 비결을 배웠노라
- 약 4:10 주 앞에서 낮추라 그리하면 주께서 너희를 높이시리라

플라톤은 행복의 조건 다섯 가지를 뽑았습니다.
- 첫째, 먹고 입고 살기에 조금은 부족한 듯한 재산,
- 둘째, 모든 사람이 칭찬하기엔 약간 부족한 외모,
- 셋째, 자신이 생각하는 것보단 절반밖에는 인정받지 못하는 명예,
- 넷째, 남과 겨루었을 때 한 사람에게는 이기고 두 사람에게는 질 정도의 체력,
- 다섯째, 연설을 했을 때 듣는 사람의 절반정도만 박수를 보내는 말솜씨.

플라톤이 제시한 행복한 조건 다섯 가지를 찾아보면 공통점이 있습니다. 바로 '부족함' 입니다. 행복은 사소한 것에 있습니다. 풋풋한 웃음, 잔잔한 감동, 노래 한 소절, 한 줄의 글, 작은 선물, 화창한 햇살….

마음을 지나치게 높은 곳에만 두지 맙시다.

우리 가까운 곳에 행복이 있으니까요.

주님께서 우리에게 주신 미처 깨닫지 못했던 작은 행복들을 찾아봅시다.

 주님! 스스로 낮아지게 하소서.
 주변의 작은 행복들을 무엇인가요?

생각의 힘

약 1:1-18   1월 24일

- 잠 22:13 게으른 자는 말하기를 사자가 밖에 있은즉 내가 나가면 거리에서 찢기겠다 하느니라
- 약 1:5 너희 중에 누구든지 지혜가 부족하거든 모든 사람에게 후히 주시고 꾸짖지 아니하시는 하나님께 구하라 그리하면 주시리라

영국의 포도주를 실은 컨테이너 운반선이 스코틀랜드의 항구에 닻을 내렸습니다. 한 선원이 모든 짐이 다 내려졌는지를 확인하기 위해 냉동 컨테이너에 들어갔습니다. 그가 안에 있던 것을 몰랐던 동료들은 냉동실의 문을 닫고 말았습니다. 선원은 힘을 다해 문을 두드려 보았지만 소용이 없었습니다. 냉동실 안에는 충분한 식량이 있었지만 선원은 낮은 온도 때문에 자신이 오래 버티지 못할 거라고 생각했습니다.

그는 못 하나를 들고 냉동실벽에 날짜별로 자신의 고통을 낱낱이 기록하기 시작했습니다. 찬 공기로 인해 온몸이 마비되어가는 과정, 언 부위가 견딜 수 없이 따끔거리는 상처로 변해가는 과정, 자신의 몸이 얼음덩어리로 변해가는 과정 등을 자세히 기록했습니다. 배가 도착하여 닻을 내렸을 때, 선장은 냉동컨테이너에서 죽어있는 선원을 발견했습니다. 벽에 쓰여진 선원의 글을 보고는 놀라지 않을 수가 없었습니다. 그러나 더욱더 놀라운 것은 컨테이너 안의 온도가 섭씨 19도였다는 것입니다. 스코틀랜드에 돌아오는 동안 컨테이너 안의 냉동장치는 작동하지 않습니다.

우리는 종종 생각의 지배를 받을 때가 있습니다. 자신의 인간적인 생각의 지배를 받지 않기 위해 항상 하나님의 생각 안에 머물 수 있도록 하나님과 밀접한 관계를 유지하십시오.

 주님! 마음을 항상 주님께 두기를 원합니다.
 나 중심의 생각과 신앙을 버립시다.

마음을 여는 힘

1월 25일 　　　　　　　　　　　　　　　　　　　**눅 1:1-20**

- 눅 2:19 마리아는 이 모든 말을 마음에 지키어 생각하니라
- 행 1:14 여자들과 예수의 모친 마리아와 예수의 아우들로 더불어 마음을 같이하여 전혀 기도에 힘쓰니라

미국의 레슬리 상원의원은 주지사선거에 나가기 위해 흑인지역사회모임에 나가 연설을 했습니다. 긴장된 마음으로 일장 연설을 마쳤을 때, 분위기는 그야말로 썰렁했습니다. 레슬리 의원은 흑인공동체의 마음을 사는 것이 힘든 일이라는 사실을 느꼈습니다.

우연히 다른 흑인사회모임에 참석하게 된 레슬리 의원은 얼마 전 실패로 낙담하여 그 자리에서는 많은 말을 하지 않았습니다. 그들의 이야기를 듣기만 했습니다. 2시간 동안 한마디도 못한 채 듣기만 하고 모임을 마쳤을 때 레슬리에게 박수세례가 이어졌습니다.

어떤 흑인은 눈물을 흘리며, "이제까지 내가 나누었던 대화 중에 최고의 대화였습니다"라고 말했습니다. 레슬리는 의아해하며 옆에 있던 친구에게 물었습니다. "오늘은 왜 이렇게 반응이 좋지?" 친구가 대답했습니다. "성심껏 들어주었기 때문이야. 이곳 사람들에게는 흔한 일이 아니지. 자네는 상원의원 아닌가?"

때로는 최상의 연설보다 관심을 갖고 그들의 고민, 걱정, 삶의 애환 등에 귀기울여 주어야 한다는 것을 레슬리는 알게 되었습니다. 묵묵히 들어줌으로써 흑인들의 마음이 열어진 것처럼 먼저 사람의 말에 귀기울여 보십시오.

 주님! 다른 사람의 말을 듣는 사람이 되게 하소서.

 하나님의 음성에도 귀기울이고 있습니까?

사랑의 가르침

막 4:1-34   1월 26일

● 막 4:26 또 가라사대 하나님의 나라는 사람이 씨를 땅에 뿌림과 같으니
● 요 13:35 너희가 서로 사랑하면 이로써 모든 사람이 너희가 내 제자인줄 알리라

한 사회학 교수는 볼티모어 슬럼가 아이들을 대상으로 그들의 미래에 대해 연구하였습니다. 연구의 결과로 그들에게는 미래가 없다는 결론을 내렸습니다.

25년 후 이 조사를 우연히 알게 된 다른 교수는 매우 놀라운 사실을 발견하였습니다. 연구 대상이었던 볼티모어 슬럼가의 아이들 대부분이 크게 성공을 한 것이었습니다.

교수는 그들을 찾아가 성공의 이유를 물었는데 그들은 하나같이 자신들이 성공하기까지는 선생님이 한 분이 계셨다고 말했습니다.

그 선생님을 찾아가 아이들을 성공시킨 비결을 묻자 이렇게 대답했습니다.

"아이들을 사랑했을 뿐입니다."

끊임없는 사랑과 관심은 인생을 바꿔줄 수 있는 최고의 가르침입니다.

우리도 하나님께서 주신 사랑을 주위의 사람들에게 나눠주어 사랑의 열매를 맺도록 합시다.

 주님! 사랑을 심고 사랑을 거두게 하소서.
 사랑의 씨앗을 심으십시오.

전쟁의 비용

1월 27일   삼상 17:41-49

● 삼상 17:47 여호와의 구원하심이 칼과 창에 있지 아니함을 이 무리로 알게 하리라 전쟁은 여호와께 속한 것인즉 그가 너희를 우리 손에 붙이시리라
● 욥 7:1 세상에 있는 인생에게 전쟁이 있지 아니하냐 그 날이 품꾼의 날과 같지 아니하냐

얼마 전 TIME 잡지에 '기록된 인류의 역사'가 5,561년인데, 그 동안에 전쟁이 14,531번이 있었다는 기사가 실려 있었습니다. 사실상 따지고 보면 지나간 5000년 동안에 해마다 세계의 한 모퉁이에서 전쟁이 두 번 정도 있었다는 얘기입니다. 그 전쟁의 비용이 얼마나 들었는가에 대해 노르웨이 컴퓨터가 다음과 같은 답을 내렸다고 합니다. 한 사람의 적군을 죽이는 데 들어간 비용이 주전 54년 시저 당시에는 미국 돈 75전, 나폴레옹 당시에는 3천불, 세계 1차 대전 때에는 2만 1천불, 세계 2차 대전 때에는 20만불, 만약 3차 대전이 일어날 경우에 한 사람의 적군을 죽이는데 들어갈 비용이 얼마냐고 물으니 미국 돈 100만불, 우리나라 돈 10억원이 들어간다고 했습니다. 한 사람의 적군을 죽이는데 10억이라고 하는 돈을 들여서 자신의 나라를 지키고 국민의 재산을 보호하느라 지금도 세상에서는 그칠 줄 모르는 전쟁을 하고 있는 것입니다.

내가 이웃을 사랑하기 시작하면 세상의 평화가 시작됩니다. 가장 적은 경비로 세상에 평화를 심으십시오.

 주님! 사람을 살리는 일에 보화를 쌓게 하소서.
 사람을 살리고 영혼을 살리는 일에 열정을 쏟읍시다.

내 일처럼 사랑하십시오

고후 1:12-20　　　　　　　　　　　　　　　　　　　　　1월 28일

● **고후 1:14** 너희가 대강 우리를 아는 것같이 우리 주 예수의 날에 너희가 우리의 자랑이 되고 우리가 너희의 자랑이 되는 것이라
● **시 90:14** 아침에 주의 인자로 우리를 만족케 하사 우리 평생에 즐겁고 기쁘게 하소서

　세 사람이 함께 공사장에서 일을 했습니다. 그들의 일은 모두 같았습니다. 벽돌로 담을 쌓는 것이었습니다. 어느 날, 길을 지나는 사람이 한 일꾼에게 물었습니다.
　"아저씨는 무슨 일을 하십니까?"
　"벽돌로 담을 쌓고 있소."
　그는 또 다른 일꾼에게 물었습니다.
　"아저씨는요? 무슨 일을 하시는 거죠?"
　"돈을 벌고 있지요. 먹고 살기 위해서 말이오."
　그는 세 번째 사람에게 다시 물었습니다.
　"아저씨가 하는 일은 무엇인가요?"
　"나? 나는 지금 세상에서 가장 아름다운 집을 짓고 있지요."
　그 일꾼은 진지하게 대답했습니다. 나중에 처음 두 사람은 여전히 공사장에서 벽돌을 쌓았지만, 세 번째 사람은 유명한 건축설계가가 되었습니다. 일을 일로만 생각하면 발전의 가능성이 작아집니다. 어쩔 수 없이 해야 하는 번거로움으로 여기게 되면 그만큼 마음도 같이 무거워집니다. 일을 최선을 다해 자신의 일처럼 소중히 여긴다면 기쁨과 노력의 대가는 결국 자신에게로 돌아옵니다. 지금 하고 있는 일을 내 일처럼 사랑하십시오.

 주님! 제게 맡겨진 일들을 잘 가꾸어 나갈 수 있게 하소서.
 이야기속의 세 사람 중 당신은 어떤 사람과 같습니까?

한결같은 사랑

1월 29일   요 13:1-11

● 요 13:1 유월절 전에 예수께서 자기가 세상을 떠나 아버지께로 돌아가실 때가 이른줄 아시고 세상에 있는 자기 사람들을 사랑하시되 끝까지 사랑하시니라
● 히 13:8 예수 그리스도는 어제나 오늘이나 영원토록 동일하시니라

「톰소녀의 모험」의 저자 마크 트웨인의 이야기입니다. 그는 친구의 동생인 올리비아의 사진을 보고 한 눈에 사랑에 빠졌습니다. 어느 날 친구의 만찬 초대를 받게 된 마크는 만찬회가 끝날 무렵, 마차가 출발하려는 순간, 일부러 마차에서 떨어져 기절한 척을 한 것입니다. 그 덕분에 마크는 친구의 집에서 2주일이 넘도록 머물 수 있었고 그 동안 올리비아에게 청혼을 했으나 매번 거절을 당했지만 17번째의 프러포즈에서 간신히 그녀의 승낙을 얻어내는 데 성공했습니다. 결국 그는 사랑하는 올리비아를 아내로 맞이하게 되었습니다. 그 후, 아내가 사고로 평생 동안 불편한 몸을 이끌고 살아야 했음에도 그는 한결같이 아내를 사랑했습니다. 불편한 몸 때문에 침대에 누워 지내는 일이 많았던 아내를 위해 그는 집안 뜰의 나무마다에 이런 글을 써 붙였다고 합니다.

"새들아, 울지 말아라. 나의 사랑하는 아내가 잠을 자고 있다."

또한 마크는 이렇게 고백했습니다.

"나는 올리비아를 처음 만났을 때부터 단 한순간도 그녀를 생각하지 않은 적이 없었다."

사랑은 기쁨도 같이하고 슬픔도 같이하는 것입니다. 한결같은 사랑은 어떠한 상황도 극복할 수 있습니다. 사랑하는 사람들에게 변함없는 사랑을 보이십시오.

 주님! 한결같이 사랑하는 마음을 지니게 하소서.
 하나님께서 주시는 변함없는 사랑을 느껴봅시다.

칭찬일기 전도사

행 6:1-6   1월 30일

- 행 6:3 형제들아 너희 가운데서 성령과 지혜가 충만하여 칭찬 듣는 사람 일곱을 택하라 우리가 이 일을 저희에게 맡기고
- 행 16:2 디모데는 루스드라와 이고니온에 있는 형제들에게 칭찬 받는 자니

인천의 K 중학교 교사 김상복씨는 '칭찬일기 전도사'로 알려져 있습니다.

칭찬은 윗사람이 아랫사람한테 하는 것으로 생각하는 경우가 많습니다. 그러나 그는 칭찬하는 데는 위아래가 따로 없다는 생각으로 '거꾸로 칭찬하기'를 반 아이들과 함께 실천하고 있습니다. 이로 인해 반 아이들의 가정은 작은 변화가 일어났습니다.

그는 칭찬일기의 가장 큰 소득은 아이들이 부모님을 관찰하고 이해하게 된 것과 부모님 역시 아이들의 칭찬으로 자신감을 얻게 되었다는 것이라고 합니다.

서로를 칭찬하므로 인해 우리의 가정과 삶은 한결 행복해질 것입니다. 또한 칭찬은 상대를 세워주기도 합니다. 칭찬으로 인해 자신감을 얻게 되고 소망을 얻게 됩니다.

부모님, 웃어른들, 친구들, 주변의 모든 사람들에게 기쁨을 줄 수 있는 칭찬 한 마디씩을 전합시다.

 주님! 칭찬을 담은 아름다운 입술이 되게 하소서.

 칭찬의 말을 한 마디씩 전합시다.

박지성의 '직업정신'

1월 31일   행 20:24-35

● 행 20:24 나의 달려갈 길과 주 예수께 받은 사명 곧 하나님의 은혜의 복음 증거하는 일을 마치려 함에는 나의 생명을 조금도 귀한 것으로 여기지 아니하노라
● 고전 4:2 그리고 맡은 자들에게 구할 것은 충성이니라

연세대 취업정보실에서는 '축구선수 박지성과 프리미어리그 선수들의 직업의식 비교연구'에서 박지성에게 배우는 직업정신을 다섯 가지로 분류했습니다.

● 첫째, 반복학습입니다. 그는 자신이 경기한 모습을 비디오로 보면서 꼼꼼히 분석했습니다. 직장생활에 적용하면 시행착오를 최소화 할 수 있습니다.

● 둘째, 동료에게 득점찬스를 만들어줍니다. 팀에 기여하는 직장인은 성공하며 직장 내의 사기를 높일 수 있습니다.

● 셋째, 심부름을 즐깁니다. '골 심부름'을 도맡는 박지성은 동료선수의 슛 찬스를 주기 위해 수비수들을 골문근처로 유도합니다. 이른바 '서번트'(servant) 리더십입니다.

● 넷째, 거침없는 돌파력을 가진 패기입니다. 직장인의 용기 있는 업무 추진을 나타냅니다.

● 다섯째, 생각하는 플레이입니다. 이는 시합 중 공간 확보에 탁월합니다. 능동적인 태도는 직장인의 필수라 할 수 있습니다.

어느 곳을 가든지 최선을 다하여 노력한다면, 어떤 일이든지 해낼 수 있습니다.

더 나은 삶을 위해 세상에서나 하나님 앞에서나 충성된 종이 됩시다.

 주님! 주신 사명에 충성하게 하소서.
 자신의 일에 프로정신을 가지고 전념하고 있습니까?

2

완벽한 사람은 없습니다.
하나님 앞에서 우리는 모두 죄인입니다.
그러나 그 죄인인 우리를
하나님은 사랑하십니다.

4가지 부재의 시대

2월 1일   왕하 6:14-19

- **왕하 6:19** 엘리사가 저희에게 이르되 이는 그 길이 아니요 이는 그 성도 아니니 나를 따라오라 내가 너희를 인도하여 너희의 찾는 사람에게로 나아가리라 하고 저희를 인도하여 사마리아에 이르니라
- **막 1:17** 예수께서 가라사대 나를 따라오너라 내가 너희로 사람을 낚는 어부가 되게 하리라 하시니

얼마 전 하버드 대학교의 총장이 현대 젊은이들은 '4가지 부재의 시대' 에 살고 있다고 하였습니다.

- 첫째, 불러야 할 노래가 없는 시대라고 하였습니다. 노래방이 많이 있지만 젊은이들이 불러야 할 노래는 없는 시대라는 것입니다.
- 둘째, 흔들어야 할 깃발이 없는 시대라고 하였습니다. 시위의 현장에는 많은 깃발들이 휘날리지만 시위가 끝나고 나면 아무런 깃발도 남아있지 않는 시대라는 것입니다.
- 셋째, 생명을 드릴만한 신조가 없는 시대라고 하였습니다. 가치관이 혼돈되고 무엇이 옳고 그른지 모르는 시대라는 것입니다.
- 넷째, 따라야 할 지도자가 없는 시대라고 하였습니다. 많은 사람들이 자기가 지도자라고 하지만 자칭 지도자일 뿐입니다.

하지만 예수님은 "나를 따라오라!"고 하셨습니다. 그분이 진정한 지도자이고, 그분이 우리에게 노래를, 흔들 깃발을, 생명의 열정을 주셨습니다. 금세에나 후세에나 후회가 없는 삶은 예수님을 따라 가는 것입니다.

 주님! 진리 되신 예수님을 따르게 하소서.
 당신의 영혼은 무엇을 갈망하고 있습니까?

햅번, 죽어서도 이어진 헌신

눅 8:1-3   2월 2일

- 눅 8:3 또 헤롯의 청지기 구사의 아내 요안나와 또 수산나와 다른 여러 여자가 함께 하여 자기들의 소유로 저희를 섬기더라
- 눅 14:12 또 자기를 청한 자에게 이르시되 네가 점심이나 저녁이나 베풀거든 벗이나 형제나 친척이나 부한 이웃을 청하지 말라 두렵건대 그 사람들이 너를 도로 청하여 네게 갚음이 될까 하라

〈로마의 휴일〉, 〈마이페어레이드〉등 명화에서 출현했던 영화배우 오드리 햅번은 생전에 국제 아동 기금(유니세프) 회원으로 활동하며 아프리카 등지의 기아 아동구호에 헌신했었습니다.

그녀가 출연한 영화 '티파니에서 아침을' 의 첫 장면에서 입었던 검은색 새틴 드레스가 최근 경매되어 경매대금 8만 7000달러가 인도의 빈민 아동들을 위해 사용되었습니다. 돈이 없어 학교를 못가는 아이들을 위해 컴퓨터 첨단 교육시설을 갖춘 무료 교육센터를 열어 영어를 가르치도록 했습니다.

'세기의 요정' 으로 불렸던 오드리 햅번이 생전에 했던 빈민 아동구호의 헌신이 죽어서도 이어지게 된 것입니다.

우리가 가지고 있는 재물은 죽어서까지 가지고 가지는 못합니다. 하지만 생전에 우리의 재물을 이웃과 나눈다면 오드리 햅번처럼 죽어서까지도 많은 이들에게 유익을 끼칠 수 있습니다. 살아있는 동안 하나님이 주신 것으로 사람들에게 많은 유익을 끼치고 많은 것을 베푸는 청지기의 삶을 사십시오.

 주님! 기쁨으로 남에게 베풀게 하소서.

 얼마나 많은 것을 베풀며 살고 있는지를 돌아봅시다.

산을 옮기는 믿음

2월 3일   마 17:20-21

- **마 17:20** 가라사대 너희 믿음이 적은 연고니라 진실로 너희에게 이르노니 너희가 만일 믿음이 한 겨자씨만큼만 있으면 이 산을 명하여 여기서 저기로 옮기라 하여도 옮길 것이요 또 너희가 못할 것이 없으리라
- **엡 3:20** 우리 가운데서 역사하시는 능력대로 우리의 온갖 구하는 것이나 생각하는 것에 더 넘치도록 능히 하실 이에게

어느 교회에 한 청년이 전도되어 왔습니다. 그 날 목사님은 마태복음 17장 20절의 말씀을 설교하였습니다. 겨자씨만한 믿음이 있으면 산을 옮길 수 있다는 내용의 설교였습니다. 예배시간이 지루했던 청년은 눈이 확 뜨였습니다. 겨울이면 그의 집 뒷산에 눈사태가 나서 골치를 앓고 있던 중에 그 설교를 듣게 된 것입니다. 그 다음날부터 그는 믿음을 가지고 기도를 시작했습니다. 이 소식이 목사님의 귀에 들어가게 되자 목사님은 걱정이 되었습니다. 성경에 있는 말씀이라서 설교는 했으나 아직까지 산을 옮겼다는 기록이 없었기 때문입니다. 목사님은 하나님께 청년을 위해 기도했습니다. 기도를 시작한지 20일이 지나도 그는 기도를 멈추지 않았습니다. 40일째 되는 날, 그는 방긋방긋 웃으며 목사님께 달려와 말했습니다. "목사님, 21세기는 산을 번쩍 들어서 옮기는 것이 아니라, 기계로 옮기더군요. 새로 생긴 고속도로에 흙이 필요하다고 큰 트럭들이 와서 흙을 담아가서 산이 거의 다 없어져 가요."

순수한 믿음은 산도 옮길 수 있습니다. 역사하는 힘이 있습니다. 놀라운 하나님의 응답을 들을 수 있도록 믿음을 갖고 기도하십시오.

 주님! 산을 옮길만한 믿음의 기도를 하게 하소서.

 하나님께서 응답해주실 것을 믿습니까?

믿음의 유산

엡 6:1-4　　　　　　　　　　　　　　　　　2월 4일

- 엡 6:4 또 아비들아 너희 자녀를 노엽게 하지 말고 오직 주의 교양과 훈계로 양육하라
- 딤후 1:5 이는 네 속에 거짓이 없는 믿음을 생각함이라 이 믿음은 먼저 네 외조모 로이스와 네 어머니 유니게 속에 있더니 네 속에도 있는 줄을 확신하노라

미국의 34대 대통령 드와이트 데이빗 아이젠하워는 제2차 세계대전에서 노르망디 상륙작전을 승리로 이끈 총사령관으로 잘 알려져 있습니다. 그는 신중한 업무 수행으로 가장 인기 있는 대통령 중 한 명으로 손꼽히기도 합니다. 아이젠하워는 신앙심이 깊은 기독교 가정에서 자랐습니다. 어린 시절, 저녁식사 시간은 언제나 아버지의 기도로 시작되었습니다. 그의 가정은 여섯 명의 장난기로 가득한 아이들로 늘 시끌벅적했지만, 아버지의 오랜 기도시간동안에는 조용히 앉아 있어야 했습니다. 만약 기도시간에 장난을 치거나 시끄럽게 했을 경우에는 무릎을 꿇고 벌을 받아야만 했습니다. 저녁식사를 마친 후에는 온 가족이 둘러앉아 성경을 읽고 함께 찬송을 부르며 하루를 마무리했습니다. 아이젠하워의 부모님은 그에게 신앙을 물려준 것입니다. 아이젠하워는 이렇게 말했습니다.

"우리의 기도에는 항상 세상의 가난하고, 지치고, 불행한 사람들을 위한 기도가 포함되어 있었다."

주님의 사랑과 말씀으로 자녀를 양육한다면 그들은 위대한 신앙인으로 자라게 될 것입니다.

신앙훈련은 하나님께서 주신 아이들을 훌륭한 사람으로 자라나게 하기 위한 첫 걸음입니다. 자녀들에게 신앙의 유산을 물려주십시오.

 주님! 주님의 사랑과 말씀으로 아이들을 양육하게 하소서.

 믿음의 영향력을 끼치는 부모가 됩시다.

낮은 자리에서의 진정한 믿음

2월 5일　　　　　　　　　　　　　　　　　　　　　　　마 20:20-28

- **마 20:28** 인자가 온것은 섬김을 받으려 함이 아니라 도리어 섬기려 하고 자기 목숨을 많은 사람의 대속물로 주려 함이니라
- **눅 11:43** 화 있을찐저 너희 바리새인이여 너희가 회당의 높은 자리와 시장에서 문안 받는 것을 기뻐하는도다

　　세계적으로 유명한 신학자이며 미국의 하버드 대학 교수인 헨리누엔 박사는 존경을 받으며, 높은 보수와 사회적 명예를 누리며 살아왔습니다. 그런 그가 교수직을 사임하고 찾아간 곳은 지체 부자유자들이 수용되어 있는 한 복지원이었습니다. 누엔 박사는 그곳에서 지체 부자유자들의 용변을 치우고, 목욕을 시키고, 식사하는 것을 돕는 등 모든 허드렛일을 맡아했습니다. 그리고 보수도 상당히 적은 액수였습니다. 하지만 하루하루를 어려운 이웃을 찾아 돌보는 누엔 박사의 얼굴에는 항상 아름다운 미소가 끊임없었습니다. 그는 그의 책 ,「예수 이름으로」에서 이런 간증을 하였습니다. "그동안 나는 올라가는 길만을 추구했다. 어려서부터 공부를 잘해 신동이라고 추앙되고 하버드 교수에까지 올랐다. 나의 저서 20여권은 사람들의 인기를 얻었다. 그러나 나는 어느 날 정신박약아 아담 군을 만났을 때, 인간의 고통에 동참하는 내리막길을 통하여 예수를 바로 알 수 있다는 것을 깨달았다. 오르막길에서는 예수가 보이지 않았지만, 내리막길에서는 진정한 예수를 만날 수 있었다."

　누엔 박사는 부와 명예를 가진 성공의 자리에 있었습니다. 그러나 예수님을 만날 수 있었던 것은 인생의 낮은 자리에서였습니다.

　참 소망되시는 예수님을 바라볼 수 있는 믿음의 사람이 됩시다.

 주님! 진정한 믿음의 사람이 되게 하소서.

 참 소망 되시는 주님을 믿습니까?

사랑 거북이의 목

시 37:1-11　　　　　　　　　　　　　　　　　　　2월 6일

● 시 37:11 오직 온유한 자는 땅을 차지하며 풍부한 화평으로 즐기리로다
● 유 1:2 긍휼과 평강과 사랑이 너희에게 더욱 많을 지어다

거북이는 참 온순해 보입니다. 그러나 거북이의 목을 강제로 뺄 수 있는 강력한 힘을 가진 사람이 없을 정도로 무서운 힘을 가지고 있다고 합니다. 일반적으로 거북이의 체중은 12~18kg밖에 되지 않지만 70~90kg나 가는 사람도 움츠린 거북이의 목을 뺄 수 없다는 것입니다. 하지만 거북이의 목을 빼는 간단한 방법이 있습니다. 그것은 거북이를 따뜻한 화롯불 가까이에 놓아두는 것입니다. 그러면 거북이의 목은 자연스럽게 나오게 된다고 합니다.

우리가 잘 아는 이야기 중에 나그네의 외투를 벗긴 태양의 이야기가 있습니다. 거센 바람이 못 벗긴 나그네의 옷을 태양이 계속 빛과 열을 내림으로 자연스럽게 외투를 벗기게 되었다는 이야기 말입니다.

마음을 열고 정을 나누는 비결은 강압적인 태도보다는 온유한 마음과 따뜻한 사랑으로 다가가 오늘도 이웃들에게 따스한 햇볕이 되십시오.

 주님! 사랑의 말로 이웃의 닫힌 마음을 열게 하소서.
 온유한 마음과 사랑을 펼쳐 보이십시오.

인내

2월 7일   롬 5:3-11

- **롬 5:3-4** 다만 이뿐 아니라 우리가 환난 중에도 즐거워하나니 이는 환난은 인내를, 인내는 연단을, 연단은 소망을 이루는 줄 앎이로다
- **약 1:4** 인내를 온전히 이루라 이는 너희로 온전하고 구비하여 조금도 부족함이 없게 하려 함이라

점잖고 예의바른 한 젊은 청년이 있었습니다. 주위 사람들에게 인정받으며 사랑 받는 사람이었습니다. 어느 날, 평소에 그 청년을 시기하던 어떤 이들이 누가 먼저 그를 화나게 하나 내기를 하였습니다. 그가 목욕을 하고 있을 때였습니다. 누군가 문을 두드렸습니다. 그는 젖은 몸을 수건으로 닦고 옷까지 갖춰 입은 다음 문을 열고 나갔습니다. 그런데 방문한 사람은 "사람의 머리통은 왜 둥글지요?"라며 실없는 질문을 던졌습니다. 그는 질문에 대답을 해주고 돌아와 몸을 씻고 있는데 또 문을 두드리는 소리가 났습니다. "흑인은 왜 살이 검습니까?"라며 또 실없는 질문이었습니다. 그는 열심히 설명해 준 후 다시 몸을 씻는데 또 문 두드리는 소리가 났습니다. 방문자는 그런 식으로 비슷한 실없는 질문을 하기를 다섯 번이나 되풀이했습니다. 그런데도 그는 그때마다 한결같이 젖은 몸을 닦고 옷을 걸치고 나가서 부드러운 말로 질문에 대답했습니다. 마침내 그 방문자는 이렇게 말했습니다. "당신 같은 사람은 차라리 없었더라면 좋았을 거요! 당신 때문에 내기에 져서 많은 돈을 잃었단 말이요." 그러자 그는 "내가 인내력을 잃는 것보다는 당신이 돈을 잃는 편이 낫지요"라고 대답했습니다.

인생을 살아가다 보면 힘들고 견디기 어려운 일들이 종종 있습니다. 그러나 "인내는 쓰나 열매는 달다"라는 말처럼 끝까지 인내하면, 좋은 열매들을 맺습니다. 힘든 상황이 있을 때마다 믿음으로 인내하여 승리하십시오.

 주님! 인내할 수 있는 믿음을 가지게 하소서.
 주님 안에서 인내하는 삶을 삽시다.

귀한 우정

삼상 18:1-4　　　　　　　　　　　　　　　　　　　　　2월 8일

● 삼상 18:1 다윗이 사울에게 말하기를 마치매 요나단의 마음이 다윗의 마음과 연락되어 요나단이 그를 자기 생명같이 사랑하니라
● 잠 17:17 친구는 사랑이 끊이지 아니하고 형제는 위급한 때까지 위하여 났느니라

한 부자가 있었습니다. 어렸을 때 그의 집은 몹시 가난했습니다. 그의 어릴 적 친구들은 그를 진정으로 도와주고, 먹을 것이 있으면 항상 반을 나눠주곤 했습니다. 30년이 흘러 그는 성공한 부자가 되었습니다. 어린 시절 떠나온 고향이 그리웠던 그는 고향으로 가서 어린 시절 친구들을 불렀습니다. 초대받아 온 친구들은 선물로 기쁜 마음을 표시했습니다. 그런데 한 옛 친구가 손에 술병 하나를 들고는 문을 열고 들어왔습니다. "미안하네. 내가 늦었군."

모두 그 친구가 어렵게 산다는 사실을 알고 있었습니다. 부자는 몸을 일으켜 친구가 든 술병을 받아 들고는 모두의 잔에 술을 가득 따라 주었습니다. 부자는 "맛이 어떤가?"라고 모두에게 물었습니다. 잔치에 참석한 사람들은 모두 서로의 얼굴만 빤히 바라보면서 아무 말도 하지 않았고, 친구는 얼굴이 빨개졌습니다. 그리고 고개를 푹 숙였습니다. 부자는 잠시 말이 없다가 천천히 입을 떼었습니다. "근래 내가 여러 곳을 돌아다니고 각양각색의 술을 먹어보았네만 오늘 술처럼 이렇게 맛있고 나를 감동시키는 건 없었네." 부자의 눈이 어느새 촉촉이 젖어있었습니다. 그 친구도 감정을 억제하지 못하고 눈물을 흘렸습니다. 그 술병에 담긴 것은 술이 아니라 물이었습니다. 그 물병은 너무도 귀한 우정을 담고 있었습니다. 마음보고 친구를 감쌀 줄 아는 사람이 되십시오.

 주변 사람들의 마음을 읽을 줄 아는 사람이 되게 하소서.
 가장 귀한 마음의 선물을 하십시오.

어머니를 살린 효자 고등학생

2월 9일　　　　　　　　　　　　　　　　　　　　　　출 20:8-12

- 출 20:12 네 부모를 공경하라 그리하면 너의 하나님 나 여호와가 네게 준 땅에서 네 생명이 길리라
- 엡 6:1 자녀들아 너희 부모를 주 안에서 순종하라 이것이 옳으니라

고등학교 2학년에 재학 중인 상준군의 어머니는 오랫동안 B형 감염을 앓아 오다가 4년 전 간경화 판정을 받게 되었습니다. 상준군은 자율학습 때문에 어머니의 병에 대해 모르고 있었습니다. 얼마 전, 어머니의 사정을 들은 그는 완치방법이 간 이식뿐이라고 하자, 선뜻 자신의 간을 이식하겠다고 말했습니다. 다행히도 이식이 가능하다는 결과가 나왔습니다. 12시간의 긴 수술 끝에 간의 70%를 이식해주므로 상준군은 어머니를 살려내었습니다. 그러나 그는 이식 적정 최소 연령 만 16세를 갓 넘긴 나이이기에 후유증과 우울증에 시달려야했습니다. 심지어 60kg이던 몸무게는 48kg으로 줄었습니다.

그렇지만 상준군은 자신의 후유증에 대한 걱정보다는 어머니를 살렸다는 생각에 뿌듯해하며 기뻐했습니다.

점점 사람들의 마음이 삭막해져가는 이 세상을 아름답고 따뜻하게 녹여주는 감동적인 이야기입니다. 부모님을 공경하라는 하나님의 말씀처럼 우리는 부모님을 공경하며 사랑해야 합니다. 또한 효는 복의 근원 중 하나입니다. 자녀를 위한 부모님의 헌신과 수고를 항상 감사하며, 건강하게 곁에 계실 때 사랑과 감사를 표현합시다.

 주님! 부모님을 잘 섬기는 사람이 되게 하소서.

 오늘 부모님을 위해 무엇인가를 하십시오.

울타리의 못 자국

잠 3:1-10   2월 10일

● 잠 3:1 내 아들아 나의 법을 잊어버리지 말고 네 마음으로 나의 명령을 지키라
● 잠 4:23 무릇 지킬만한 것보다 더욱 네 마음을 지키라 생명의 근원이 이에서 남이니라

성질이 못된 사내아이가 있었습니다. 그래서 그의 아버지는 못 한 자루를 사내아이에게 주면서 화가 날 때마다 뒤뜰에 있는 울타리에 못을 하나씩 박으라고 말했습니다. 첫날, 그 아이는 울타리에 못 37개를 박았고, 그 후로는 매일 박는 못의 개수가 줄어들었습니다. 아이는 자신의 성질을 억제하는 것이 못을 박는 것보다 쉽다는 것을 알게 되었습니다. 마침내 어느 날 아이는 인내심을 잃고, 성질부리는 짓을 하지 않게 되었고, 그 사실을 아버지에게 말했습니다. 아버지는 이제부터는 화를 참을 수 있을 때마다 박혀있는 못을 하나씩 빼라고 지시했습니다. 하루하루 시간이 흘렀고, 아이는 박혀있던 모든 못을 빼냈다고 아버지에게 말했습니다. 아버지는 아이의 손을 잡고 뒤뜰로 갔습니다. 아버지가 말했습니다. "정말 잘했다. 내 아들, 착하구나. 하지만 함부로 화를 내면 이 못이 박혔던 자리처럼 흔적이 남게 된단다. 네가 칼로 다른 사람을 찌르면 네가 아무리 사과한들 그 상처는 영원히 남게 될 거야. 말을 해서 생긴 상처도 실제 상처처럼 받아들이기 힘들단다. 그 점을 명심해라."

지혜로운 부모는 지혜로운 자녀를 키울 수 있습니다. 잘못에 대해 무조건 꾸짖기 보다는 지혜로운 방법과 기도하는 마음으로 아이들을 양육하십시오. 또한 아이들의 성품과 인격을 위해 주님께 기도하며, 어디를 가든지 칭찬 듣는 귀한 자녀들이 되도록 기도하십시오.

 주님! 지혜로운 부모가 되게 하소서.
 자녀를 위해 기도하는 부모가 됩시다

영적 식중독

2월 11일 　　　　　　　　　　　　　　　　　　　　　　　신 7:15-16

- 신 7:15 여호와께서 또 모든 질병을 네게서 멀리하사 너희가 아는 바 그 애굽의 악질이 네게 임하지 않게 하시고 너를 미워하는 모든 자에게 임하게 하실 것이라
- 딤전 4:4 하나님의 지으신 모든 것이 선하매 감사함으로 받으면 버릴 것이 없나니

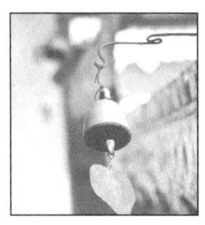

김천길님의 '영적 식중독'이라는 시입니다.

'사건'이 왔을 때, 고난이 왔을 때
'감사'로 받아먹지 못하더니
결국 식중독에 걸려
죽을 지경으로 고생만 했다.
불평, 불만, 낙심, 근심, 걱정, 불안…
웬 부작용이 그렇게 많은지
사망의 음침한 골짜기에 빠져
합병증으로 죽을 번 하다가
도대체 치료약을 그렇게 찾아도 없더니
주님께
'회개'와 '감사' 했더니
그냥 순식간에 완치되어 버렸다. 할렐루야!

회개와 감사를 통해 영적 건강을 누리십시오.

 주님! 영적인 질병에서 고침 받게 하소서.
 여러분은 어떤 영적 식중독에 걸려 있습니까?

아내의 사랑

고전 7:3-7　　　　　　　　　　　　　　　　　　　　　　2월 12일

- **고전 7:3** 남편은 그 아내에게 대한 의무를 다하고 아내도 그 남편에게 그렇게 할지라
- **엡 5:25** 남편들아 아내 사랑하기를 그리스도께서 교회를 사랑하시고 위하여 자신을 주심 같이 하라

　서로를 사랑하고 아껴주며 사는 한 가난한 부부가 있었습니다. 어느 해 봄의 저녁, 텔레비전이 망가져버리는 사건이 터졌습니다. 화면은 희미했고 보였다가 보이지 않았다가를 반복했습니다. 더 심각한 것은 그때가 바로 남편이 가장 좋아하는 중요한 축구시합이 중계되는 시간이었습니다. 평소에 차분하고 온화했던 남편이 불같이 화를 냈습니다. 남편은 죽어라 텔레비전을 두들겼습니다. 조용한 성격의 아내도 서둘러 안테나를 이리저리 움직여보았습니다. 하지만 아무 소용이 없었습니다. "됐다!" 아내의 기뻐하는 소리가 들렸고, 화면은 다시 또렷해지고 소리도 좋아졌습니다. "역시 당신은 대단해." 남편이 다시 앉았습니다. 그러나 아내가 안테나에서 멀어지자마자 화면은 원래 상태로 돌아갔습니다. 그녀가 안테나 옆으로 가자 화면이 또렷해졌습니다. 남편은 신이 나서 계속 텔레비전을 시청했습니다. 온통 텔레비전을 보는 데만 정신이 팔려 남편은 아내가 안테나 옆에 계속 서 있는 것을 보지 못했습니다. 경기가 끝나자 남편은 고개를 들어 아내를 부르려고 했습니다. 그때 아내는 여전히 안테나를 받치고 꾸벅꾸벅 졸고 있었습니다. 잠에서 깬 아내의 손이 느슨해지자 안테나가 쓰러지고 화면이 다시 희미해졌습니다.

　아내는 한 남자의 인생을 바꿔놓습니다. 또한 아내의 내조와 기도는 남편에게 성공과 평안, 그리고 사랑을 선사합니다. 배우자의 소중함을 알고 서로 최고의 선물이 될 수 있도록 힘쓰십시오.

 배우자를 위해 기도하게 하소서.

 나는 어떤 배우자인지 돌아봅시다.

743장의 '거절통지서'

2월 13일   잠 24:16-22

- 잠 24:16 대저 의인은 일곱번 넘어질찌라도 다시 일어나려니와 악인은 재앙으로 인하여 엎드러지느니라
- 사 43:1 야곱아 너를 창조하신 여호와께서 이제 말씀하시느니라 이스라엘아 너를 조성하신 자가 이제 말씀하시느니라 너는 두려워 말라 내가 너를 구속하였고 내가 너를 지명하여 불렀나니 너는 내 것이라

영국에 존 크리시는 세계 문학계에서 유명한 작가였습니다. 평생 동안 564권의 책을 집필하였습니다. 하지만 그렇게 재능이 뛰어난 작가가 무명시절에 세계에서 가장 많은 '퇴짜'를 당했다는 사실을 아는 사람은 드물 것입니다. 그는 35세부터 창작활동을 시작했지만, 그를 지도해주는 사람이 없어 모든 것을 스스로 해결하였습니다. 영국에 있는 출판사와 문예물을 간행하는 회사들은 대부분 크리시의 원고를 받았습니다. 하지만 그가 돌려받은 것은 743장의 '거절통지서'였습니다. 그러나 그는 기죽거나 낙담하지 않고 계속 창작활동을 하였고, 결국 그의 재능은 편집인들의 인정을 받았습니다. 그는 743장의 '거절통지서'를 받았지만 포기하지 않았습니다. 첫 번째 '거절통지서'를 받았을 때, 그는 희망을 두 번째 원고에 걸었습니다. 두 번째 '거절통지서'를 받았을 때, 그는 희망을 세 번째 원고에 걸었습니다. 743번째 '거절통지서'를 받았을 때, 그는 희망을 744번째 원고에 걸었습니다. 그리고 마침내 성공했습니다. '실패가 없으면 성공도 없다'라는 말이 있습니다. 목표를 향하여 성실하게 최선을 다해 전진한다면 실패는 그 과정일 뿐일 것입니다. 실패는 아직 이뤄지지 않은 것에 불과합니다. 인내하고 성공의 열매를 가지십시오.

 주님! 실패를 두려워하지 않게 하소서.
 몇 번의 실패로 인해 모든 것을 포기하고 있지는 않습니까?

끈질긴 기도

행 5:33-42   2월 14일

- 행 5:42 저희가 날마다 성전에 있든지 집에 있든지 예수는 그리스도라 가르치기와 전도하기를 쉬지 아니하니라
- 롬 1:9 내가 그의 아들의 복음 안에서 내 심령으로 섬기는 하나님이 나의 증인이 되시거니와 항상 내 기도에 쉬지 않고 너희를 말하며

죠지 뮬러는 어렸을 때부터 같이 삶을 나누었던 가장 절친한 5명의 친구가 있었습니다. 뮬러는 친구들을 사랑하기에 그들의 구원문제를 위해 계속 기도했습니다. 시간이 흐르자 한 사람, 두 사람 예수님을 믿기 시작했습니다. 그러나 끝까지 믿지 않는 이 두 친구의 구원을 위해 무려 52년간 기도했습니다. 그러나 소용이 없었습니다.

뮬러는 이제 노년이 되어서 병석에 눕게 되었습니다. 어느 날 그는 있는 힘을 다해서 주변 사람들에게 부탁을 했습니다.

"내가 오늘 우리 교회에서 말씀을 전할 수 있는 특권을 주십시오."

그는 자기 인생의 마지막 남은 힘을 가지고 간절하게 설교를 했습니다. 마지막 설교를 하던 날, 그의 한 친구가 뮬러의 설교를 듣고 예수님을 믿게 되었습니다. 그 후 뮬러는 세상을 떠났습니다.

나머지 한 친구는 뮬러의 장례식장에서 결국 예수님을 믿게 되었습니다. 그리고 그 친구는 전 영국 땅을 순회하면서 간증하였습니다.

"뮬러의 기도는 다 응답되었습니다. 그리고 저는 그 최후의 응답입니다. 당신의 모든 기도가 다 응답됩니다."

전도는 인내이며 희생입니다. 응답을 받기까지 기도하고, 기도가 이루어질 것을 확신하십시오.

 주님! 응답 받을 것을 확신하며 끊임없이 기도하게 하소서.

 인내와 사랑을 가지고 전도합시다.

한 여인의 큰 믿음

2월 15일   엡 5:20-21

- **엡 5:20** 범사에 우리 주 예수 그리스도의 이름으로 항상 아버지 하나님께 감사하며
- **살전 5:18** 범사에 감사하라 이는 그리스도 예수 안에서 너희를 향하신 하나님의 뜻이니라

어느 시골 교회에 있었던 일입니다. 평소 가난한 살림을 꾸려가던 한 여인이 있었습니다. 어느 해 추수 예배를 드릴 때였습니다. 그 여인이 많은 양의 곡식을 예물로 드렸습니다. 예물을 본 목사님은 의아하게 생각하고 여인에게 물었습니다.

"성도님, 특별히 감사할 일이라도 있으십니까?"

"예, 사실은 제가 열 살 난 아들이 있었습니다. 지난 해 그 애가 병이 났을 때 저는 '이 아이가 다시 살아 날 수만 있다면 하나님께 많은 예물을 드리겠습니다'라고 기도했습니다." "그러면 아들이 이제 회복이 되었나 보군요?" "아닙니다. 일 년가량 시름시름 앓다가 한 달 전에 세상을 떠났습니다." "그러면 하나님과의 약속은 무효가 되었을 텐데, 왜 그리도 많은 예물을 드리셨나요?" "아닙니다. 하나님께서 제 아들을 하늘나라로 데려 가셨고, 지금은 그 품안에서 안고 계신 것을 믿기 때문에 특별히 감사하는 마음으로 예물을 드린 것입니다."

어떠한 상황에서도 감사할 수 있어야 진정한 감사하는 삶이라고 할 수 있습니다. 아들의 죽음 앞에서도 감사함으로 예물을 드린 여인처럼 큰 믿음을 가지십시오.

 주님! 어떠한 상황에서도 감사하게 하소서.

 감사의 제목들을 적어 보십시오.

무엇을 보십니까?

눅 2:30-39   2월 16일

●눅 2:30 내 눈이 주의 구원을 보았사오니
●요 4:35 눈을 들어 밭을 보라 희어져 추수하게 되었도다.

동화에 나오는 시골 고양이의 이야기가 있습니다. 어느 날 시골 고양이가 일주일 동안 런던을 방문했습니다. 대도시를 방문하고 의기양양하게 돌아온 고양이에게 주인이 물었습니다. "고양아! 너 도대체 어디 갔다 이제 오니?" "예, 런던에 갔다 왔어요." 주인이 다시 물었습니다. "런던은 어떠했니? 그곳에서 무엇을 보았니?" "네, 런던에서 여왕이 살고 있는 궁전에 갔는데 여왕의 식당 의자 밑에 있는 생쥐를 만났어요." 고양이는 런던의 아름다운 왕궁에 가서 여왕이나 역사 유물들을 본 것이 아니라, 고작 의자 밑에서 기어 다니는 생쥐를 만난 것입니다.

오늘날 사람들 가운데는 교회에 와서 예수님을 만나지 못하고, 시골 고양이처럼 어두운 구석만 보고 부정적인 면만 보는 사람들이 많습니다. 교회를 오랫동안 다닌 사람들 중에서도 예수님을 만나지 못한 사람들이 많습니다. 교회 안에 구원받지 못한 영혼이 없는지 찾아봅시다.

 주님! 우리의 영안이 열리게 하소서.
 눈앞에 보이는 것만 바라보고 있지는 않습니까?

노인의 어머니

2월 17일 　　　　　　　　　　　　　　　　　　　　　　　롬 5:3-11

- 롬 5:3 다만 이뿐 아니라 우리가 환난 중에도 즐거워하나니 이는 환난은 인내를…
- 엡 4:2 모든 겸손과 온유로 하고 오래 참음으로 사랑 가운데서 서로 용납하고

세계적으로 가장 크고 훌륭한 양로원을 만든 "노인의 어머니"라고 불리는 엘레나의 이야기입니다.

엘레나는 중국선교사로 일하던 중 폐결핵이 걸려 선교사를 그만두어야 했습니다. 그러나 그녀는 '하나님이여, 어찌하여 제게 이런 병을 주십니까?' 라고 원망하지 않았습니다. 조용히 겸손하게 기도하며 고향으로 돌아왔습니다. 고향에는 아버지가 유산으로 물려주신 불모지가 있었습니다. 그녀는 그 땅을 개간해서 농사를 짓고 수확한 것을 중국 선교사들에게 선교비로 보냈습니다. 그러던 어느 날, 농사를 하다가 추수하고 탈곡하던 중 탈곡기에 손이 끼어 오른손이 부러져 잘리게 되었습니다. 그래도 그녀는 하나님을 원망하지 않았습니다. 다만 하나님께 겸손하게 기도할 뿐이었습니다.

그녀는 농사를 그만두고 그 땅에다가 양로원을 세우고 노인들을 위로하기 시작했습니다. 이것이 성공적으로 확산되어 세계적인 유명한 양로원이 되었고 그녀는 "노인의 어머니"라는 칭호를 받게 되었습니다.

믿음은 모든 환경을 초월할 수 있습니다. 자신이 처해있는 환경에 불평하며 원망하기 보다는 감사와 겸손으로 모든 문제의 고개를 뛰어 넘으십시오.

 주님! 어떠한 환경 속에서도 믿음을 지키게 하소서.
 지금 당신이 처한 환경에 불평하고 있지는 않습니까?

장미나무가 된 가시나무

롬 8:12-17　　　　　　　　　　　　　　　　　　　2월 18일

● 롬 8:17 자녀이면 또한 후사 곧 하나님의 후사요 그리스도와 함께한 후사니 우리가 그와 함께 영광을 받기 위하여 고난도 함께 받아야 될 것이니라
● 요일 3:2 사랑하는 자들아 우리가 지금은 하나님의 자녀라 장래에 어떻게 될 것은 아직 나타나지 아니하였으나 그가 나타내심이 되면 우리가 그와 같을 줄을 아는 것은 그의 계신 그대로 볼 것을 인함이니

　아름답기로 소문이 난 어느 장미정원에 정원을 가꾸는 훌륭한 정원사가 있었습니다. 어느 날 정원사는 정원의 한쪽에 나무을 심을 구덩이를 파놓고 산골짜기로 올라갔습니다. 한참을 가다가 가시나무 앞에 서더니, 가시나무를 파서 내려갔습니다. 가시나무는 자기를 장미로 착각하고 정원사가 실수하는 것이라고 생각하며, 자기는 결코 그 아름다운 장미정원에 심기우지는 않을 것이라고 생각했습니다. 그러나 정원사는 가시나무를 정원 한 쪽에 심고 가꾸었습니다. 얼마동안 정성스럽게 가시나무를 가꾸던 정원사는 날카로운 칼을 가지고 왔습니다. 가시나무는 올 것이 오고야 말았구나 하며 체념한 채 넋을 잃고 바라보고 있었습니다. 정원사는 날카로운 칼로 사정없이 가시나무를 베었습니다. 가시나무는 아팠지만, 비명을 지를 수 없었습니다. 잠시 후 정원사는 정원에서 가장 아름다운 장미나무 가지를 잘라서 이 가시나무에 접붙여 주었습니다. 정신을 차린 가시나무는 자신이 더 이상 보잘것없는 가시나무가 아니라 장미나무가 되었다는 사실을 알았습니다. 예전엔 가시나무를 거들떠도 보지 않던 사람들도 "참 아름다운 꽃을 가진 장미나무로구나"라며 칭찬을 하는 것이었습니다. 가시나무는 자신의 가치를 알아 준 정원사가 너무도 고마워서 눈물을 흘리며 감사했습니다. 우리는 가시나무와 같은 존재였습니다. 그런 우리를 하나님의 자녀로 삼으시고, 축복된 길을 주시는 은혜를 내려 주셨습니다. 삶의 아름다운 장미꽃을 피우십시오.

 주님! 우리를 자녀 삼으심을 감사하게 하소서.

 우리를 변화시키신 하나님께 온전히 감사하십시오.

천국을 안겨주는 네 마디

2월 19일 — 마 12:28-37

- **마 12:28** 그러나 내가 하나님의 성령을 힘입어 귀신을 쫓아내는 것이면 하나님의 나라가 이미 너희에게 임하였느니라
- **행 20:35** 범사에 너희에게 모본을 보였노니 곧 이같이 수고하여 약한 사람들을 돕고 또 주 예수의 친히 말씀하신바 주는 것이 받는 것보다 복이 있다 하심을 기억하여야 할찌니라

1976년 미국 이민교회의 사모님이 되어 30여년간 제자 훈련, 사명자·지도자 훈련, 큐티 훈련, 상담, 2세 목회교육, 사모상담사역 등에 헌신해 왔던 이희녕 사모는 자신의 책『사모님, 축복합니다』라는 책을 통해 천국 같은 가정 만들기를 위한 방법들을 제시하고 있습니다.

이희령 사모는 한 기자와의 인터뷰에서 이렇게 말했습니다.

"미안해요, 고마워요, 사랑해요, 용서해줘요, 이 네 마디만 잘 활용하면 천국이 쏟아집니다. 이 네 마디로 모든 상처를 치유하고 가정을 회복할 수 있습니다. 사모들이 하나님 말씀 가운데서 하나님과의 관계가 정립되면 스스로 사명감을 갖게 됩니다. 목사와 사모의 관계가 천국처럼 변화되면 목사들이 은혜를 받아 설교 스타일이 달라지고 성도들도 큰 은혜를 받게 됩니다."

미안해요/ 고마워요/ 사랑해요/ 용서해줘요/ 어쩌면 가장 간단하고도 가장 쉬운 말일지도 모릅니다. 하지만 마음이 열리지 않는다면 가장 내뱉기 어려운 말입니다. 모두의 마음에 행복한 천국이 임하길 바라면서 자신의 마음을 먼저 열어 부모님에게, 배우자에게, 자녀에게, 성도들에게, 친구들에게, 그리고 모든 이들에게 이 네 마디를 건네 보십시오.

 주님! 천국 같은 마음, 천국 같은 가정을 가지게 하소서.

 지금 바로 이 네 마디를 실천해봅시다.

장수를 위한 10가지 비결

잠 3:16-26　　　　　　　　　　　　2월 20일

● 잠 3:16 그 우편 손에는 장수가 있고 그 좌편 손에는 부귀가 있나니
● 잠 10:27 여호와를 경외하면 장수하느니라 그러나 악인의 년세는 짧아지느니라

최근 영국 인디펜던트지는 '수명을 연장하는 10가지 비결'을 소개했습니다.

01. 규칙적인 운동
02. 적절한 스트레스
03. 좋은 환경에서 살기
04. 성공적인 삶
05. 적절한 음식 먹기
06. 도전적인 삶
07. 인생을 즐기기
08. 신 혹은 좋은 친구
09. 적은 식사량
10. 정기적인 건강 검진

우리의 수명은 하나님께서 정해주시고, 부모에게 효도할 때 장수한다고 성경에 기록되어 있습니다. 건강한 육체를 위해서는 위의 10가지를 실천해보는 것도 도움이 될 것입니다. 우리는 영과 육이 모두 건강해야 합니다. 건강한 영혼과 건강한 육체를 가지고 우리가 하나님께 안기는 그날까지 주님을 더욱 섬기며, 많은 사람들의 구원을 위해 힘씁시다.

 주님! 건강한 장수의 복으로 더욱 복음을 전하게 하소서.
 우리의 영혼과 육체를 잘 돌봅시다.

엄마의 무관심

2월 21일 갈 4:21-31

● 갈 4:31 그런즉 형제들아 우리는 계집 종의 자녀가 아니요 자유하는 여자의 자녀니라
● 골 3:21 아비들아 너희 자녀를 격노케 말찌니 낙심할까 함이라

 늦은 시간, 사업에 성공한 한 엄마가 퇴근하여 집으로 돌아왔습니다. 그녀는 피곤했고 약간 짜증스러웠습니다. 이때 다섯 살 난 딸이 문 옆에 기대어 자신을 기다리는 걸 발견했습니다.

"엄마, 하나 물어봐도 돼요?"
"무슨 질문인데?"
"엄마, 엄마는 한 시간에 얼마를 벌어요?"
엄마는 눈살을 찌푸렸습니다.
"꼭 알아야겠다면 말해주마. 한 시간에 20달러를 번단다."
딸은 고개를 숙이고는 이어서 다시 말했습니다.
"엄마, 나한테 10달러만 빌려주실 수 있어요?"
엄마는 짜증스러운 표정으로 10달러를 딸에게 주었습니다.
"엄마, 고마워요."
딸은 환호성을 지르며 베개에서 구겨진 지폐 몇 장을 꺼내 천천히 세어보더니 엄마에게 말했습니다.
"엄마, 나 이제 20달러가 생겼어요. 엄마의 1시간을 살 수 있을까요? 내일 일찍 집으로 오세요. 나는 엄마와 함께 저녁을 먹고 싶어요."

아이들은 부모의 사랑과 관심 속에서 지혜롭고 아름답게 자랍니다. 가정도 하나님께서 주신 사역지라는 것을 기억하십시오.

 주님! 주님께서 주신 자녀를 사랑으로 잘 키우게 하소서.
 자녀를 돌보는 일도 하나님께서 주신 사명임을 기억하십시오.

선행의 침묵

마 6:3-3   2월 22일

- 마 6:3 너는 구제할 때에 오른손의 하는 것을 왼손이 모르게 하여
- 벧전 3:16 선한 양심을 가지라 이는 그리스도 안에 있는 너희의 선행을 욕하는 자들로 그 비방하는 일에 부끄러움을 당하게 하려 함이라

19세기 영국의 목회자 스펄전은 신학적 열정을 가진 "복음의 전파자"로 불립니다. 그는 여러 개의 학교와 고아원, 그리고 요양원을 설립하기도 했습니다. 또한 그의 설교는 단순 명료한 문장으로 사람들에게 강력한 메시지를 전달하는 것으로도 유명합니다. 스펄전과 그의 아내는 여러 마리의 닭을 직접 기르고 있었습니다. 그런데 두 부부 자신들이 기르는 닭이 낳은 달걀을 그냥 나누어주는 법이 없었습니다. 반드시 돈을 받고 계란을 건네주었습니다. 그 때문에 어떤 사람들은 스펄전 부부는 구두쇠라든가, 돈만 아는 욕심쟁이라고 비난했습니다. 그러나 스펄전 부부는 그런 비난에 대해 아무런 변명도 하지 않았습니다. 그러다 스펄전의 부인이 세상을 떠났습니다. 그때에 비로소 스펄전 부부가 왜 그렇게 돈을 받았는지 알려졌습니다. 계란을 판 대금이 두 명의 과부들의 생활비로 고스란히 사용된 것으로 밝혀졌습니다. 스펄전 부부는 자신들의 선행이 드러나는 것을 바라지 않았고, 또 늙은 과부들을 도와야 했기 때문에 그 많은 비난을 침묵으로 감수해 왔습니다. 그의 삶이 그의 위대한 설교를 만든 것입니다. 비난을 받으면서도 선행을 하기란 쉬운 일이 아닙니다. 그러나 다른 사람들은 알지 못하나 하나님은 알고 계십니다. "너는 구제할 때에 오른손이 하는 것을 왼손이 모르게 하여"라는 말씀처럼 사람들에게 알리기 위한 선행이 아닌 하나님께 칭찬 받는 종이 되기 위해 살아가십시오.

 주님! 친구와 이웃에게 큰 도움이 되는 사람이 되게 하소서.

 사람들에게 알리기 위한 선행을 하지 마십시오.

말씀 붙들고 기도하는 법

2월 23일   수 1:8-9

● 수 1:8 이 율법책을 네 입에서 떠나지 말게 하며 주야로 그것을 묵상하여 그 가운데 기록한 대로 다 지켜 행하라 그리하면 네 길이 평탄하게 될 것이라 네가 형통하리라
● 시 1:2 오직 여호와의 율법을 즐거워하여 그 율법을 주야로 묵상하는 자로다

말씀 붙들고 기도하는 법을 소개하고자 합니다. 실천해 보십시오.
1. 물질적 걱정이 일어날 때 - 빌립보서 4:19
"나의 하나님이 그리스도 예수 안에서 영광가운데 그 풍성한 대로 너희 모든 쓸 것을 채우시리라"
2. 모든 일에 자신감이 없을 때 - 마가복음 9:23
"할 수 있거든이 무슨 말이냐 믿는 자에게는 능치 못할 일이 없느니라"
3. 질병으로 큰 고통을 당할 때 - 마태복음 8:17
"우리 연약한 것을 친히 담당하시고 병을 짊어지셨도다"
4. 용기를 잃고 좌절에 처했을 때 - 빌립보서 4:13
"내게 능력 주시는 자 안에서 내가 모든 것을 할 수 있느니라"
5. 기도의 문이 열리지 않아 고민이 될 때 - 로마서 8:26
"이와 같이 성령도 우리 연약함을 도우시나니 우리가 마땅히 빌 바를 알지 못하나 오직 성령이 말할 수 없는 탄식으로 우리를 위하여 친히 간구하시느니라"

성경말씀에 우리의 삶의 필요가 다 있음을 잊지 말아야 하며, 날마다 말씀을 묵상하는 지혜로운 사람이 되어야 합니다. 작은 간구에도 들어주시고 응답해 주시는 하나님을 신뢰하는 하루가 되십시오.

 주님! 항상 말씀을 묵상하며 기도하게 하소서.
 요즘 묵상하고 있는 말씀은 무엇입니까?

보이지 않는 곳에서의 열심

눅 19:17-27 　　　　　　　　　　　　　　　　　　　　　**2월 24일**

- 눅 19:17 주인이 이르되 잘하였다 착한 종이여 네가 지극히 작은 것에 충성하였으니 열 고을 권세를 차지하라 하고
- 히 3:5 또한 모세는 장래에 말할 것을 증거하기 위하여 하나님의 온집에서 사환으로 충성하였고

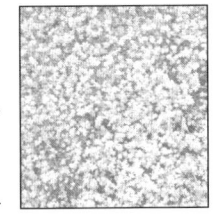

『캐비넷』이라는 책의 내용의 일부분입니다.

"병원에서 일한다고 모두가 의사는 아니며, 공군에 근무한다고 모두가 전투기 조종사는 아니라는 사실을 사람들이 조금 알아야 한다고 생각한다. 전투기가 거꾸로 날거나 논두렁에 처박혀서 경운기의 비웃음을 사지 않기 위해선 누군가 그 큰 바퀴를 제대로 갈아 끼우고, 비행기 이곳저곳을 닦고, 조이고, 기름 쳐야하며 또 누군가는 깃발을 열심히 흔들어야 한다는 것을 말이다. 누군가는 보이지 않는 곳에서 폼 나지 않는 일을 해줘야만 비행기가 논두렁이나 하수구에 처박히지 않고 하늘을 제대로 날 수 있다는 것, 그게 우리가 살고 있는 세상이라는 것을 사람들이 이해해 주길 바라는 거다." 자신이 하는 일이 보이지 않는 곳에서 하는 일이라고 해서, 하찮은 일이거나 부끄러운 일이 아닙니다. 우리가 가지고 있는 직업에 대한 편견을 버려야 합니다. 우리의 편견 속에 있는 직업들이 이 세상에 존재하지 않는다고 생각해 보십시오. 아주 작은 일에도, 가장 힘든 일에도, 맡겨진 일에 최선을 다해 하나님께 영광 돌리십시오.

 주님! 최선을 다하는 사람이 되게 하소서.
 자신이 하는 일이 부끄러웠던 적이 있습니까?

삐삐처럼 살기

2월 25일   요 16:25-33

- 요 16:33 이것을 너희에게 이름은 너희로 내 안에서 평안을 누리게 하려함이라 세상에서는 너희가 환난을 당하나 담대하라 내가 세상을 이기었노라 하시니라
- 롬 12:12 소망 중에 즐거워하며 환난 중에 참으며 기도에 항상 힘쓰며

『프린세스 마법의 주문』이란 책에서 저자가 한 이야기입니다. "삐삐는 마당에서 낡고 녹슨 물뿌리개로 이제 몇 송이 남지 않은 꽃에 물을 주고 있었습니다. 그날은 비가 쏟아지던 날이라 토미는 왜 물을 주느냐고 삐삐한테 물었습니다. 그러자 삐삐는 당연하다는 듯 말했습니다. '난 밤새도록 깨어있었어. 오늘 아침에 일어나 꽃들에게 물을 주면 얼마나 재미있을까 생각하느라고 말이야. 그러니까 비가 조금 내린다고 해서 그걸 포기할 순 없어.' 삐삐는 조그만 일에도 크게 기뻐합니다. 어떤 어려움이 닥쳐도 실망하거나 낙담하는 모습을 본 적이 없습니다. 날마다 즐겁고 유쾌한 아이. 한 번 시작하면 끝장을 보는 근성과 쾌활함이 다른 사람의 마음까지 흐뭇하게 만드는 묘한 힘을 가지고 있습니다. 물론 정원에 물을 주고 안 주고는 중요하지 않습니다. 비가 내렸다고 해서 '안되겠다, 그만둬야지' 라고 생각하는 것이 아니라, '그러거나 말거나 난 내가 할 일을 하고야 말겠다' 는 오기. 앙증맞고 야무집니다. 하지만 삐삐처럼 살기란 말처럼 쉬운 일은 아닙니다. 사실 우리는 조금이라도 일이 꼬이거나 힘이 들면 '못하겠다, 포기하자' 며 중요한 고비를 넘기지 못합니다. 하지만 진짜 모르는 것이 있습니다. 그 때가 일의 정점이며, 그 고비가 지나면 쉬워진다는 것을. 그러니 오기로라도 버텨보십시오. 삐삐처럼 강단 있고 씩씩하게."

아름다운 무지개가 당신을 기다리고 있습니다. 어려움과 환란이 닥쳐와도 날마다 즐겁고 유쾌한 삐삐처럼 씩씩하게 견뎌내십시오.

 주님! 승리하는 사람이 되게 하소서.
 지금 힘든 일이 있어도 포기하지 말고 씩씩하게 견뎌내십시오.

소박한 옷으로 갈아입은 왕

고전 10:6-8 　　　　　　　　　　　　　　　　　2월 26일

- 고전 10:6 그런 일은 우리의 거울이 되어 우리로 하여금 저희가 악을 즐겨한 것 같이 즐겨하는 자가 되지 않게 하려 함이니
- 고전 10:11 저희에게 당한 이런 일이 거울이 되고 또한 말세를 만난 우리의 경계로 기록하였느니라

옛날, 어느 왕의 이야기입니다.

왕은 매일 여러 장식이 주렁주렁 달린 눈부신 의복을 입고, 거울 앞에서 자신의 자랑스러운 모습을 보며 뽐냈습니다. 백성은 어떻게 살든지 왕은 자기만을 생각했습니다. 어느 날 시종이 왕이 매일 들여다보던 거울을  치워버렸습니다. 다음날 왕이 자기의 모습을 보려고 거울을 찾았으나 거울은 보이지 않고, 거울이 있던 자리의 창문을 통하여 거리를 오가는 사람들을 볼 수 있었습니다. 거리를 오가는 사람들은 지치고 굶주린 모습이었습니다. 창백한 여인과 굶주린 아이를 보았고, 먹을 것을 찾으며 쓰레기통을 뒤지는 아이들과 허리가 구부러진 노인들도 볼 수 있었습니다.

그리하여 왕은 자기의 화려한 의복을 벗어버리고 평민들이 입는 소박한 옷으로 갈아입고 백성들 가운데로 나아가 그들의 소리에 귀를 기울여 그들의 아픔을 함께 나누었다고 합니다.

우리의 시야를 내 자신에서 다른 사람에게 돌림으로 인해 내가 해야 할 일이 진정 무엇인지를 보게 될 것입니다. 자신만을 위하는 이기적인 모습을 버리고, 넓은 시각과 마음을 가지고 세상을 바라보십시오.

 주님! 내 자신만을 바라보는 사람이 되지 않게 하소서.

 자신의 모습만 보이는 거울을 버리십시오.

가장 큰 교훈 '어머니의 겸손'

2월 27일 　　　　　　　　　　　　　　　　　　　　　　**잠 18:1-12**

● 잠 18:12 사람의 마음의 교만은 멸망의 선봉이요 겸손은 존귀의 앞잡이니라
● 약 4:6 그러나 더욱 큰 은혜를 주시나니 그러므로 일렀으되 하나님이 교만한 자를 물리치시고 겸손한 자에게 은혜를 주신다 하였느니라

　　미국 슈퍼볼 MVP 하인스 워드가 "어머니에게 배운 큰 교훈은 겸손이었다"라고 말한 이유가 있다고 합니다.
　'영웅 아들'을 키운 워드의 어머니는 아들이 유명 선수가 되었어도 여전히 아침 일찍부터 오후까지 고등학교 구내식당에서 일을 하고 있습니다. 아들이 MVP가 된 다음날도, 피츠버그에서 승리의 기쁨을 만끽하던 그 다음 날도 학교 식당에 나가 일을 했습니다. 또한 워드가 어머니를 위해 처음으로 마련한 집도 매물로 내놓고, 학교 근처의 자그마한 집으로 이사를 했다고 합니다.
　백만장자 아들을 둔 어머니는 뜨거운 축하 속에서도 그저 조용하고 겸손히 최선을 다해 자신의 일을 할 뿐이었습니다. 교만이라는 것은 어디에서도 찾아볼 수가 없었습니다. 하인스 워드는 어머니의 겸손으로 인해 가장 큰 교훈을 배웠다고 말합니다.
　하나님은 자신을 낮추고 겸손한 사람에게 더 큰 복을 주십니다. 겸손은 삶을 지혜롭게 살아가는 가장 귀한 성품입니다. 자녀들의 성품과 미래를 위해 영향력을 끼칠 수 있는 겸손한 부모가 되십시오.

 주님! 주님을 생각하며 겸손한 사람이 되게 하소서.
 당신이 교만하다고 생각하는 것은 무엇입니까?

기도의 역사하는 힘

살전 3:10-11   2월 28일

- 살전 3:10 주야로 심히 간구함은 너희 얼굴을 보고 너희 믿음의 부족함을 온전케 하려 함이라
- 약 5:16 이러므로 너희 죄를 서로 고하며 병 낫기를 위하여 서로 기도하라 의인의 간구는 역사하는 힘이 많으니라

유명한 선교사 허드슨 테일러가 중국을 향해 가고 있었을 때의 일입니다. 항해 도중 바람이 잔잔해져 배는 그 자리에 멎게 되었습니다. 선원들은 바람이 불기만을 기다리면서 모든 활동을 멈췄습니다. 답답해진 선장은 허드슨 테일러에게 기도 요청을 했습니다.

"하나님이 바람이 불게 하도록 기도 좀 해주십시오."

"배를 바람 맞을 방향으로 돌리십시오. 그러면 제가 기도하겠습니다."

이 말을 들은 선원들은 크게 웃었습니다. 그러나 그는 그대로 하지 않는 한 기도를 하지 않을 것이라고 말했습니다. 기도의 능력을 이미 알고 있었던 선장은 선원들에게 허드슨 테일러의 말대로 하게 했습니다. 그 때부터 허드슨 테일러는 그의 방에 들어가 기도하기 시작했습니다. 갑자기 그의 방문을 급하게 두드리는 소리가 났습니다. 허드슨 테일러는 기도를 멈추고 문을 열었습니다. 선장이 걱정스런 표정으로 서 있었습니다.

"이제 그만 기도를 멈춰주세요. 지금은 바람이 너무 지나쳐서 야단입니다."

성숙한 그리스도인이란 하나님께서 역사하실 기적들을 온전히 믿는 믿음을 가진 사람입니다. 의인의 간구는 역사하는 힘이 큽니다. 하나님의 역사하심을 체험할 수 있는 성숙한 그리스도인이 되십시오.

 주님! 주님의 역사를 볼 수 있는 믿음을 허락하소서.

 하나님의 역사하심에 확신을 가지고 있습니까?

어머니를 위한 20년의 기도

2월 29일 　　　　　　　　　　　　　　　　　　　　마 21:21-22

● 마 21:21 예수께서 대답하여 가라사대 내가 진실로 너희에게 이르노니 만일 너희가 믿음이 있고 의심치 아니하면 이 무화과나무에게 된 이런 일만 할뿐 아니라 이 산더러 들려 바다에 던지우라 하여도 될것이요
● 약 1:6 오직 믿음으로 구하고 조금도 의심하지 말라 의심하는 자는 마치 바람에 밀려 요동하는 바다 물결 같으니

빌 하이벨스 목사님의 간증입니다.
　어느 세례식 날, 기도한지 20년만에 드디어 어머니를 세례 받도록 한 자매가 계단에서 울고 있었다고 합니다. 그래서 빌 목사님은 자매에게 기쁜 날 왜 이렇게 슬프게 울고 있는지 물었습니다. 그러자 자매는 이렇게 대답했습니다. "솔직히 저는 어머니를 거의 포기하려고 했습니다. 어머니를 위해 기도한 5년이 지나자 이런 생각이 들었습니다. '이게 도대체 누굴 위한 거람? 하나님께서는 듣고 계시지도 않잖아!', 기도한 지 10년이 지나자, '내가 왜 힘을 허비하고 있담?', 기도한지 15년이 지나자, '이건 말도 안 돼.', 기도한지 19년이 지나니까, '내가 바보군, 바보야!' 라는 생각이 들었습니다." 그녀는 시간이 오래 걸릴수록 하나님께서 빨리 응답하시지 않음에 조바심과 의심을 가지게 된 것입니다. 또한 혹시라도 자신의 믿음이 잘못되지는 않았을까하는 생각들 때문에 그런 것입니다. 그러나 그녀는 기도의 끈을 놓지 않고 끊임없이 기도 했습니다. 그리고 기도 한지 20년째 되던 날, 드디어 응답을 받은 것입니다. 그녀는 기쁨의 눈물을 흘리며, 빌 목사님께 "다시는 기도의 힘을 의심하지 않겠어요!" 라고 말했습니다.
　우리의 기도가 응답되는 그날까지 참고 인내하며, 포기하지 말고 끊임없이 기도하십시오. 실수 하시지 않는 하나님을 믿고 따라가십시오.

 주님! 기도의 응답을 의심하게 않게 하소서.
 빨리 응답하시지 않음에 포기한 기도 제목이 있습니까?

위대하신 하나님 앞에
우리는 너무나 미약한 존재입니다.
그러나 그 미약한 존재를
주님은 크게 사용하시기 원하십니다.

두 참전 용사의 박수

3월 1일　　　　　　　　　　　　　　　　　　　　　　골 4:11-17

- 골 4:11 유스도라 하는 예수도 너희에게 문안하니 저희는 할례당이라 이들만 하나님 나라를 위하여 함께 역사하는 자들이니 이런 사람들이 나의 위로가 되었느니라
- 몬 1:7 형제여 성도들의 마음이 너로 말미암아 평안함을 얻었으니 내가 너의 사랑으로 많은 기쁨과 위로를 얻었노라

어느 날 미국의 유명한 쇼 진행자가 제 2차 세계 대전의 참전 용사들을 위한 쇼에 출연해 달라는 요청을 받았습니다. 그러나 자신의 스케줄이 너무 많기 때문에 단 몇 분 밖에 출연 할 수 없다고 쇼 기획자에게 말했습니다. 그런데 막상 그날이 되어 그가 무대 위로 올라가자 이상한 일이 일어났습니다. 그는 짧은 공연을 끝내고는 무대에서 내려올 생각을 하지 않았습니다. 박수소리가 점점 더 커지고 그는 계속해서 쇼를 진행해 나갔습니다. 이 광경을 무대 뒤에서 바라보던 쇼 기획자는 매우 흡족한 미소를 지었지만 한편으로는 그의 마음이 변한 이유가 무엇인지 궁금했습니다. 마침내 그는 마지막 인사를 하고 무대에서 내려왔습니다. 쇼 기획자가 그를 붙잡고 물었습니다. "난 당신이 몇 분간만 무대에 설 줄 알았는데 어찌된 일입니까?" 그는 대답했습니다. "나도 그럴 계획이었지만, 계속 쇼를 진행한 데에는 이유가 있었소. 저기 무대 맨 앞줄에 앉은 사람들을 보시오."

그곳에는 두 명의 참전 용사가 앉아 있었는데, 둘 다 전쟁에서 팔 한쪽씩을 잃은 사람들이었습니다. 한 사람은 오른쪽 팔을 잃었고, 또한 사람은 왼쪽 팔을 잃었습니다. 나란히 앉은 두 사람은 아주 즐거운 얼굴로 남은 한쪽 팔을 서로 부딪치며 열심히 박수를 치고 있었습니다. 우리의 고통이 다른 사람에게 위로와 격려가 될 수 있습니다. 전지전능하신 주님의 도우심을 믿고 나의 부족을 한탄만 하지 말고 그 부족을 승화시켜 능력이 되게 하십시오.

 주님! 나의 부족이 오히려 복으로 바뀌게 하소서.

 당신이 약하다고 생각하는 것은 무엇입니까?

유능한 상사가 되기 위한 필수조건

마 23:11-12   3월 2일

● **마 23:11** 너희 중에 큰 자는 너희를 섬기는 자가 되어야 하리라
● **롬 12:11** 부지런하여 게으르지 말고 열심을 품고 주를 섬기라

"유능한 상사가 갖춰야 할 8가지 조건"이란 글을 소개하고자 합니다. 자신을 점검해보는 시간이 되길 바랍니다.

 1. 지시는 구체적으로 했는가?
 2. 업무배경을 자세하게 설명했는가?
 3. 스케줄 관리 능력을 갖추고 있는가?
 4. 정보처리가 능숙한가?
 5. 말과 행동이 일치하는가?
 6. 신속하게 사죄 할 수 있는가?
 7. 부하직원의 장점을 파악하고 있는가?
 8. 작은 일에 집착하지 않는가?

직장에서 상사의 자리에 앉기 위해서는 유능한 상사가 되기 위해 노력해야 합니다. 하나님은 준비된 사람에게 기회를 주십니다. 교회 안에서도 유능한 일꾼이 되기 위해 힘써야 합니다. 유능한 일꾼이 되기 위해서는 유능한 기도가 뒷받침되어야 합니다. 구체적으로 해야 하며, 작은 잘못이라 할지라도 신속하게 고쳐야 합니다. 하나님께서 주신 능력을 가지고 교회성도들과 직장동료들을 섬기십시오.

 주님! 주님 안에서 유능한 일꾼이 되게 하소서.
 유능한 상사가 되기 위해 부족한 것이 무엇입니까?

결국은 주님이시지

3월 3일　　　　　　　　　　　　　　　　　　　　　　**롬 4:21-25**

● 롬 4:21 약속하신 그것을 또한 능히 이루실 줄을 확신하였으니
● 딤후 3:14 그러나 너는 배우고 확신한 일에 거하라 네가 뉘게서 배운 것을 알며

　동구제약 이경옥 회장님의 한 기자와의 인터뷰 내용입니다. 1997년, 수년간 병석에 누워있던 남편이자, 창업주인 조동섭 전 회장님이 그 해 2월에 별세했습니다. 남편을 떠나보낸 뒤에 그녀는 아무런 준비도 없이 400여 명의 종업원과 그 가족의 생계를 책임져야 하는 CEO가 되어야만 했습니다. 그녀에게는 너무도 큰 시험이었습니다. 게다가 연말에는 70년 창업 이후, 회사 최대의 외환위기를 맞아 매출이 곤두박질치기 시작했습니다. 하지만 그녀는 두려워하지 않고 기도하기 시작했습니다. 아침에 눈을 뜨면 회사를 잘 이끌 수 있도록 지혜와 용기를 달라고 기도했고, 저녁에는 오늘 하루 무사히 마칠 수 있게 해주셔서 감사하다고 기도했습니다. 모든 것을 주님께 맡기겠다는 다짐과 함께 간절한 기도를 했습니다. 또한 어머니와 같은 마음으로 임직원들의 협력을 이끌어냈고, 종업원과 고객의 의견에 귀 기울였습니다. 결국 하나님께서는 그녀의 기도에 응답하셔서 10년 만에 매출액이 배 이상이 늘었으며, '100만 달러 수출 탑' 과 '국무총리 상' 을 받는 등 중견 제약업체로 확고히 자리 잡았습니다.
　그녀는 "결국은 주님이 이루어 주신다. 하나님의 권능을 믿고 모든 것을 맡긴 뒤 인간으로서 최선을 다하면 된다" 라고 말했습니다.
　불가능을 가능케 하시는 하나님을 믿고, 자신의 자리에서 맡은 일에 최선을 다하는 크리스천이 되십시오.

 주님! 나의 모든 것을 주님께 맡기게 최선을 다하게 하소서.
 하나님께서 응답하실 것을 확신하며 기도하십니까?

용기 있는 선행

롬 12:10-13　　　　　　　　　　　　　　3월 4일

- **롬 12:10** 형제를 사랑하여 서로 우애하고 존경하기를 서로 먼저 하며
- **갈 6:2** 너희가 짐을 서로 지라 그리하여 그리스도의 법을 성취하라

최근 서울의 한 주상복합 아파트 신축 공사현장에서 불길이 솟아, 1명이 숨지고 55명이 다치는 큰 화재가 있었습니다. 그곳에는 화재 현장에서 11명의 목숨을 구한 4명의 몽골 국적을 가진 노동자들이 있었습니다. 그들은 자신이 불법체류 신분임에도 불구하고 불길 속에서 위험을 무릅쓰고 용감하게 11명의 목숨을 구했습니다. 이 과정에서 이들 역시 유독가스를 마셔서 병원으로 옮겨졌습니다. 그러나 그들은 불법체류자 신분으로 추방될 수도 있다는 생각에 치료도 받지 못한 채 다음날 행방을 감췄습니다. 결국 법무부에서는 그들의 공로를 인정해 특별 체류를 허가하기로 하고, 합법적인 취업까지 가능하게 하였습니다. 자신의 나라도 아니었으며, 더구나 불법체류 중이라 불이익을 당할 수 있음에도 그들은 어려움을 보고 그냥 지나치지 않았습니다. 그 용기는 참으로 칭찬 받을 만한 선행이었습니다.

하나님께서는 우리 모두를 지으셨습니다. 그러므로 모두가 하나님의 자녀임을 잊지 말고 서로를 아끼며 사랑해야 합니다. 자신의 처지에만 사로잡혀있지 말고 어려운 사람들을 돕는 크리스천이 되십시오.

 주님! 어려운 이들의 고통을 나누게 하소서.

 당신이 오늘 용기있게 선행을 베풀어야 할 사람은 누구입니까?

실패가운데 만난 하나님

3월 5일   롬 8:18-25

● **롬 8:18** 생각건대 현재의 고난은 장차 우리에게 나타날 영광과 족히 비교할 수 없도다
● **롬 12:12** 소망 중에 즐거워하며 환난 중에 참으며 기도에 항상 힘쓰며

'지푸라기'란 찬양을 부른 복음가수 이영만 집사님의 간증입니다. 타고난 목소리 덕분에 18세의 나이로 그룹사운드를 조직해 인기를 끌었던 그는 함께 노래하던 친구들의 대마초 사건으로 인해 연예계 생활에 회의를 느끼고 가수를 중도에 포기해야 했습니다. 결혼 후 평범하게 살아가다가 음식 체인점을 시작해 당시 하루에 집 한 채 값을 벌 정도로 성공을 했습니다. 그러나 IMF가 터지면서 모든 사업을 정리한 후, 장어를 배달해주는 체인점을 열어 사업이 잘 되어가는 듯했으나, 다시 실패. 거듭 사업에서 실패하자, 어느 날 잠에서 깨어났을 때 '쇼크로 인한 전신마비'라는 무서운 질병이 찾아왔습니다. 몸을 움직이지 못한 채 몇 달을 보내자 자살 충동까지 생겼습니다. 그러던 어느 날, 극동방송의 환우를 위한 목사님의 기도 〈소망의 기도〉시간을 들은 것 같습니다. 지푸라기를 잡는 심정으로 성경을 펴든 그는 말씀을 읽으며 눈물의 회개를 하게 되었고, 자신이 죄인임을 고백하게 되었습니다. 하나님의 은혜로 건강을 회복한 그는 많은 곳의 초청을 받아 간증과 찬양으로 하나님께 영광을 돌리며 살아가고 있습니다.

때로는 '실패'가 하나님을 만나는 계기가 되어줄 때가 있습니다. 실패의 자리에 있다하더라도 낙심하지 마십시오.

 주님! 저에게 큰 용기와 소망을 주소서.
 고난 중에도 주님을 바라보십시오.

피곤함 빨리 털어 내려면

시 110:1-3   3월 6일

- 시 110:3 주의 권능의 날에 주의 백성이 거룩한 옷을 입고 즐거이 헌신하니 새벽 이슬 같은 주의 청년들이 주께 나오는도다
- 사 40:31 오직 여호와를 앙망하는 자는 새 힘을 얻으리니 독수리의 날개치며 올라감 같을 것이요 달음박질하여도 곤비치 아니하겠고 걸어가도 피곤치 아니하리로다

생활에 리듬이 깨지면 피로가 지속되어 소화나 수면 등 신체 기능이 떨어지며, 질병에 대한 면역력도 약해집니다. 피곤함을 빨리 회복하기 위해 4가지 생활 수칙을 보았는데 소개합니다.

- 첫째, 생체리듬이 깨지지 않도록 기상 시간을 엄수하십시오.
- 둘째, 시간이 날 때마다 온 몸의 근육을 늘려준다는 느낌으로 가볍게 스트레칭 하십시오.
- 셋째, 약해진 면역력을 높이기 위해 과일이나 야채같이 비타민과 무기질이 많이 든 음식을 섭취하거나, 종합비타민 제제를 복용하십시오.
- 넷째, 두뇌 기능이 적응 될 때까지 중요 업무는 잠시 미뤄 두십시오. 서서히 일에 가속을 붙여나가는 느긋한 마음가짐이 필요합니다.

생체 리듬을 되찾는 데 가장 중요한 것은 일찍 일어나고 몸을 풀어주는 것이라고 합니다. 그러나 우리에게 더 필요한 것은 영적인 힘입니다. 우리에게 영적 힘이 넘치면 질병에 대한 면역력도 강해집니다. 오늘도 힘주시고 능력주시는 주님을 생각함으로 영적 힘이 넘쳐 승리하는 하루가 되십시오.

 주님! 영력이 넘쳐 주님 안에서 승리케 하소서.
 피곤을 털어 내기 위해 당신은 어떻게 합니까?

세계의 기부 열풍

3월 7일   롬 15:26-29

● **롬 15:26** 이는 마게도냐와 아가야 사람들이 예루살렘 성도 중 가난한 자들을 위하여 기쁘게 얼마를 동정하였음이라
● **갈 2:10** 다만 우리에게 가난한 자들 생각하는 것을 부탁하였으니 이것을 나도 본래 힘써 행하노라

　세계에는 지금 기부 열풍이 불고 있습니다.
　세계 거부 1,2위인 빌 게이츠와 워런 버핏이 최근 자신들이 번 돈의 많은 부분을 사회에 기부했는데 이들을 뒤 따르려는 경쟁적 기부가 확산 되고 있습니다.
　뉴욕 타임즈 보도에 따르면 마이클 블룸버그 뉴욕시장은 자선 재단 설립을 계획 중이며, 이는 시장 퇴임 후 자선 사업가로 활동할 것임을 분명히 하는 것이라고 보도했습니다.
　홍콩 영화배우 성룡(재키 챈)은 "빌 게이츠와 워런 버핏의 노력에 감동했다"라며 재산의 절반을 '재키 챈 재단'에 기부하겠다고 밝혔으며, 미국 배우 니콜라스 케이지는 어린이 병사들을 위해 국제사면위원회 미국 지부에 기부금을 맡겼습니다.
　또한 뮤지컬 〈오페라의 유령〉 작곡가 앤드류 로이드웨버도 '작은 버핏'이라도 되겠다며 피카소 걸작을 팔아 연극과 예술을 포함한 자선 목적의 기금을 조성하겠다고 밝혔습니다. 이밖에도 많은 부자들과 단체들은 기부 열풍에 동참 할 계획을 가지고 있다고 합니다.
　하나님께서 당신이 가지고 있는 물질이나 작은 것이라도 다른 이들과 나누길 원하십니다. 그렇게 하도록 하기위해 하나님이 당신에게 물질을 맡겼습니다. 오늘도 적은 것이라도 어려운 사람과 나누십시오.

 주님! 어려운 이웃과 나눌 수 있는 넉넉한 마음을 주소서.
 지금 내게 있는 것을 누구와 나누겠습니까?

알파형 인간되는 법

갈 2:2-10　　　　　　　　　　　　　　　　　　3월 8일

- 갈 2:2 계시를 인하여 올라가 내가 이방 가운데서 전파하는 복음을 저희에게 제출하되 유명한 자들에게 사사로이 한 것은 내가 달음질 하는 것이나 달음질 한 것이 헛되지 않게 하려 함이라
- 갈 2:6 유명하다는 이들 중에 (본래 어떤이들이든지 내게 상관이 없으며 하나님은 사람의 외모를 취하지 아니하시나니) 저 유명한 이들은 내게 더하여 준 것이 없고

『알파 신드롬』의 두 저자 케이트 루드먼, 에디 얼랜슨은 세상은, '건강한 알파형'을 원한다면서 알파형 인간을 4가지 유형으로 나눈 뒤 건강한 알파형 인간이 되는 법을 이렇게 조언했습니다.

1. 알파형 지휘관은 강렬한 열정으로 사람을 끌어당기는 매력이 있는 리더로서 카리스마와 강한 동기 부여로 팀을 이끈다. 하지만 불도저처럼 사람들을 몰아치는 것이 약점이다. 이들은 공통의 방향으로 사람들을 규합하는 법과 조직화하는 법을 배워야 한다.

2. 알파형 몽상가는 풍부한 상상력에 기초한 열정과 의욕적인 태도로 사람들을 자신의 비전에 동참하게 만든다. 하지만 지나치게 자신의 목표에 열중한 나머지 과도한 욕심으로 팀을 벼랑 끝까지 몰고 갈 수 있다는 것이 약점이다. 경청 능력과 수행 기술을 보완해 실용적인 예언자가 되는 것이 필요하다.

3. 알파형 전략가는 뛰어난 사고력과 분석력으로 업무를 처리하나 자신의 영리함에 도취되어 다른 사람을 무시하기도 한다. 자신의 지혜와 창조성 쪽으로 다른 사람들을 이끌어내는 것을 배워야 한다.

4. 알파형 실천가는 지칠 줄 모르는 추진력으로 세세한 업무까지 장악한다. 하지만 지나친 참견이 사람들을 무기력하게 만들 수도 있다. 이들에게는 주인의식, 헌신 등이 요구된다.

알파형 인간도 장점이 있는 반면에 단점도 있습니다. 우리는 이 모든 것을 보완하여 건강한 크리스천이 됩시다.

 주님! 내가 어떤 사람인지 돌아보는 하루가 되게 하소서.
 당신은 어떤 장점과 단점이 있습니까?

컴퓨터가 좋아!

3월 9일   잠 4:23-27

- 잠 4:23 무릇 지킬만한 것보다 더욱 네 마음을 지키라 생명의 근원이 이에서 남이니라
- 고전 7:3 남편은 그 아내에 대한 의무를 다하고 아내도 그 남편에게 그렇게 할찌라

최근 미국의 한 리서치 컨설팅업체의 조사결과에 따르면 현대 미국인들이 집에 있을 때조차 배우자보다 컴퓨터와 더 많은 시간을 보내는 조사결과가 나왔다고 합니다.

설문에 응한 65%가 가정에서 남편이나 아내와 대화하는 것보다는 컴퓨터 앞에 앉아있는 시간이 더 많다고 하였습니다. 또한 실제로 응답자의 84%는 자신의 컴퓨터 의존도가 3년 전보다 더 심각해졌다고 느끼고 있다고 했습니다. 그리고 최근 3년간 집에 있는 컴퓨터 때문에 정신적 장애 등의 문제를 겪은 횟수는 평균 8차례나 있었다고 합니다.

이런 결과가 미국의 경우만은 아닐 것입니다. 우리나라도 이런 증상이 많아지고 있음이 분명합니다. 점점 시대가 변화할수록 컴퓨터 사용의 비중은 더욱 커지고 있습니다. 하지만 우리는 그 가운데 우선순위를 정할 수 있는 분별력을 가져야 합니다.

부부는 하나님께서 맺어주신 관계입니다. 평생 사랑해야 하며, 서로를 의지하며 살아가야 합니다. 분별력이 흐려져서 우선순위가 뒤바뀌지 않도록 노력해야합니다. 하나님께서 허락하신 배우자에게 아낌없는 사랑과 관심을 가지십시오.

 주님! 최선을 다해 배우자를 섬기며 사랑하게 하소서.

 마음속에 가장 큰 비중을 차지하고 있는 것이 무엇입니까?

'임시 퇴출 후보'

고전 15:31-34　　　　　　　　　　　　　　　3월 10일

- **고전 15:31** 형제들아 내가 그리스도 예수 우리 주 안에서 가진바 너희에 대한 나의 자랑을 두고 단언하노니 나는 날마다 죽노라
- **빌전 2:21** 이를 위하여 너희가 부르심을 입었으니 그리스도 너희를 위하여 고난을 받으사 너희에게 본을 끼쳐 그 자취를 따라 오게 하려 하셨느니라

최근 서울시공무원의 '임시퇴출 후보' 기준은 이렇습니다.

- 첫째로 불성실입니다. 업무시간 중 음주를 일삼고, 상습적으로 여직원에게 불쾌감을 유발하는 행동을 하며, 주변 직원들에게 술주정을 한 사례가 있었다고 합니다. 또한 민원 전화를 받기 싫어 벨소리를 줄여 놓으며 청사 보완, 경비 업무를 담당하는 직원은 휴게실에서 텔레비전을 보고 오후에는 낮잠을 자는 일을 거듭했다고 합니다.
- 두 번째는 무능 사례입니다. 지시 내용을 이해하지 못해 일을 회피하는 직원, 하위직급 직원에게 업무를 대신 수행하게 하고 자신은 단순, 반복 업무만 조금씩 하는 직원도 있다고 합니다.

이 밖에도 민원인이 자기를 무시한다며 싸움을 거는 직원, 운전 직으로 채용했으나 수술 후유증으로 운전을 전혀 못하고 언어 장애가 생겨 대화가 힘든 직원 등이 후보로 선정되었다고 합니다.

서울시에서 '임시퇴출 후보'로 선정된 직원들의 태도나 행동들이 결코 그들만의 모습은 아닙니다. 우리도 하나님과 사람들 앞에서 이런 모습들을 하나씩은 가지고 있을지 모릅니다. 그들을 비난하기 전에 먼저 자신을 돌아보고 하나님과 사람들 앞에 정직하고 성실한, 유능한 일꾼이 되십시오.

 주님! 나 자신을 점검하는 시간을 갖게 하소서.
 나도 임시퇴출 후보인지, 아닌지 자신을 돌이켜 봅시다

자녀를 가르치는 기준

3월 11일 　　　　　　　　　　　　　　　　　　　　　잠 13:1-25

- 잠 13:1 지혜로운 아들은 아비의 훈계를 들으나 거만한 자는 꾸지람을 즐겨 듣지 아니하느니라
- 잠 23:13 아이를 훈계하지 아니치 말라 채찍으로 그를 때릴지라도 죽지 아니하리라

 　3대 독자라고 오냐오냐 키운 버릇없는 한 아들이 있었습니다. 아들은 모든 게 자기 마음대로였으며, 말 그대로 천방지축이었습니다. 엄마는 그런 아들이 안되겠다 싶어서 아들에게 엄하게 대하기로 결심했습니다.
　잠시 후, 아들이 집을 나서려고 하자, 엄마는 무서운 눈초리와 말투로 다그쳤습니다.
　"너, 어디 가니?" "나 가고 싶은데."
　"그럼 언제 돌아오는데?" "오고 싶을 때!"
　그러자 잠깐 머뭇거리던 엄마가 말했습니다.
　"좋아! 하지만 단 1분이라도 늦으며 혼날 줄 알아!"
　오고 싶을 때 돌아온다는데 단 1분이라도 늦는 것이 무슨 의미가 있겠습니까? 아이들을 바르게 양육한다는 것은 큰 소리를 낸다거나 하루 이틀에 할 수 있는 일이 아닙니다. 꾸준히 기도와 말씀으로 훈계해야 하며, 세상을 살아가면서 필요한 인간으로서의 도리를 가르쳐야 합니다. 또한 기준이 있어야 합니다. 무조건 사랑하고, 무조건 벌하는 것은 좋지 않습니다. 기준을 가지고 때에 맞게 칭찬하고, 벌을 주며, 사랑해야 합니다. 하나님께서 주신 지혜를 가지고 아이들을 양육할 수 있는 부모가 되십시오.

 주님! 자녀를 잘 양육할 수 있도록 지혜를 주소서.
 어떠한 기준을 가지고 자녀를 양육하고 있습니까?

부모님의 마음 알기

마 15:4-20   3월 12일

- 마 15:4 하나님이 이르셨으되 네 부모를 공경하라 하시고 또 아비나 어미를 훼방하는 자는 반드시 죽으리라 하셨거늘
- 골 3:20 자녀들아 모든 일에 부모에게 순종하라 이는 주 안에서 기쁘게 하는 것이니라

고등학교를 다니는 아들을 둔 한 엄마가 아들이 야간 자율학습을 마친 후 집에 돌아 왔을 때, 간식을 해줌으로서 아들을 향한 자신의 사랑을 자랑하고 싶었습니다. 아들에게 간식을 주며 엄마는 말했습니다.

"어떤 엄마가 있었는데 그 엄마는 음식을 너무 잘해 준데. 그 모습을 사자성어로 하면 무엇일까?"

"자화자찬"

조금 실망한 엄마는 다시 물었습니다.

"그럼, 예쁜 엄마가 음식을 잘해서 간식을 잘 챙겨주는 것은?"

"과대망상"

엄마는 짜증을 내며 말했습니다.

"나 같이 예쁜 엄마가 음식도 잘하고 간식도 잘 챙겨주는 것, '금'으로 시작하고 'ㅅ'이 들어가는 사자성어는?"

"금시초문"

기가 막힌 엄마는 한숨만 쉬었습니다. 엄마가 바라던 정답은 "금상첨화"였습니다. 우리는 부모님의 마음을 몰라 줄때가 많이 있습니다. 부모님의 마음을 알아줘야 하며, 그 은혜에 감사할 줄 알아야 합니다. 부모님을 진정으로 사랑하며, 그분들의 마음을 헤아리는 하루가 되십시오.

 주님! 부모님의 마음을 헤아릴 수 있는 자녀가 되게 하소서.

 부모님에게 특별히 감사할 일을 만들어서라도 하십시오.

좋은 부모로 변화하는 5가지 지침

3월 13일　　　　　　　　　　　　　　　　　　눅 2:27-39

- 눅 2:27　성령의 감동으로 성전에 들어가매 마침 부모가 율법의 전례대로 행하고자 하여 그 아기 예수를 데리고 오는지라
- 딤전 5:4　만일 어떤 과부에게 자녀나 손자들이 있거든 저희로 먼저 자기 집에서 효를 행하여 부모에게 보답하기를 배우게 하라 이것이 하나님 앞에 받으실만한 것이니라

미국의 저명한 심리학자이자 카운슬러인 스테판 B. 폴터 박사는 『모든 인간관계의 핵심 요소, 아버지』에서 좋은 아버지로 변화하는 지침을 5가지로 구분해서 말하고 있습니다.

- 첫째, 자녀의 눈높이에 초점을 맞추어 자녀의 입장을 생각해 보라.
- 둘째, 자녀를 존중하고, 차이를 수용하라.
- 셋째, 진심어린 응답은 자녀를 변화시키므로 건성으로 흘리는 대화는 피하고 정서적으로 자녀에게 응답하라.
- 넷째, 아버지로서 책임감 있는 리더십의 자질을 보여 주라.
- 다섯째, 꿈과 목표를 추구하여 본이 되라. 자기계발에 소홀한 아버지는 좋은 모델이 될 수 없다.

자녀들이 사회생활을 하는 중에 겪는 문제들의 근원을 추적해 보면 아버지의 영향이 아주 크다고 합니다. 자녀들의 생활 모습을 통해, 자신이 어떠한 아버지, 어머니인지를 깨닫고, 좋은 부모로 변화하기 위해 힘써야 합니다. 또한 좋은 부모로 변화하기 위해 '기도'는 필수조건임을 기억하고 끊임없이 기도하며, 자녀들에게 긍정적인 힘을 줄 수 있는 영향력 있는 부모가 되십시오.

 주님! 좋은 아버지, 어머니가 되게 하소서.
 자녀들의 생활 모습을 통해 자신의 모습을 돌아보십시오.

사랑 차 조리법

롬 13:9-14　　　　　　　　　　　　　　　　　　　　**3월 14일**

- **롬 13:9** 간음하지 말라, 살인하지 말라, 도적질 하지 말라, 탐내지 말라 한 것과 그 외에 다른 계명이 있을지라도 네 이웃을 네 자신과 같이 사랑하라 하신 그 말씀 가운데 다 들었느니라
- **고전 13:13** 그런즉 믿음, 소망, 사랑, 이 세 가지는 항상 있을 것인데 그 중에 제일은 사랑이라

어떤 글에 나온 사랑 차를 만드는 조리법을 재미있게 읽었습니다. 먼저, 재료를 준비한다.

1. 성냄과 불평은 뿌리를 잘라내고 잘게 다진 다음,
2. 고민과 질투는 속을 빼내고 깨끗이 씻어 넣고,
3. 짜증은 껍질을 벗기고 반으로 토막 내어 평안에 절여둔다.

이 재료들을 사용해 사랑 차를 만들어 보자.

1. 주전자에 실망과 아픔을 한 컵씩 붓고, 씨를 잘 빼낸 불만을 넣고 푹푹 끓인다.
2. 미리 준비한 위의 재료를 넣고 다시 끓이다가 인내와 기도를 첨가하여 재료가 다 녹고 쓴 맛이 없어지게 한다.
3. 감사하는 마음으로 기쁨의 스푼으로 저어 미소를 몇 방울 떨어뜨린 후, 깨끗한 믿음의 잔에 부어 음미하며 마신다.

내가 가진 성냄, 불평, 고민, 질투, 짜증, 실망, 아픔 등을 모두 잘라내며, 씻어내고, 푹푹 끓여서 달콤한 '사랑 차'를 만들어 보십시오.

과정에는 고난과 인내와 기도가 필요하지만, 다 만들어졌을 때에는 감사, 미소, 축복, 믿음이 당신의 마음속에 가득 차 있을 것입니다.

모든 나쁜 감정들을 주님의 도우심으로 좋은 감정으로 바꾸십시오.

 주님! 달콤한 사랑차를 끓일 수 있는 사람이 되게 하소서.
 내가 끓인 사랑 차는 어떠한 맛일까요?

만 원의 행복

3월 15일   마 25:14-30

● **마 25:20** 다섯 달란트 받았던 자는 다섯 달란트를 더 가지고 와서 가로되 주여 내게 다섯 달란트를 주셨는데 보소서 내가 또 다섯 달란트를 남겼나이다
● **딤후 4:7-8** 내가 선한 싸움을 싸우고 나의 달려갈 길을 마치고 믿음을 지켰으니 이제 후로는 나를 위하여 의의 면류관이 예비되었으므로 주 곧 의로우신 재판장이 그 날에 내게 주실 것이니 내게만 아니라 주의 나타나심을 사모하는 모든 자에게니라

"평생을 우울하게 살아왔던 사람들이 수술을 받으면 눈빛이 바뀌고 웃음을 찾게 됩니다. 저는 그 모습을 보는 것이 정말 기쁘고 달란트를 주신 하나님께 감사드리죠. 저는 수술이 세상에서 가장 즐겁습니다."

어느 기자와의 인터뷰에서 한 성형외과 의사의 고백입니다. 그는 형편이 어려운 안면 장애인들을 위해 수백만 원에서 수천만 원이 드는 고가의 안면장애 수술을 단돈 1만원에 성형 수술을 해주고 있다고 합니다. 공짜수술은 하지 않는다는 그는 '1만원'과 함께 '수술 후 사회에 복귀하게 되면 돈을 벌어서 자신과 같은 안면장애인 한 명을 수술시켜 사회생활을 할 수 있게 만들어야 한다'라는 각서도 받고 있다고 합니다.

그의 수술로 35명의 한국인과 80여 명의 몽골 인이 잃어버린 얼굴을 찾게 되었습니다. 한 의사의 봉사와 사랑으로 인해 많은 사람들이 행복을 얻었습니다. 그리고 삶의 변화도 일어났습니다. 비록 1만원이지만, 그것이 주는 행복과 기쁨은 말로 형용 할 수 없습니다.

하나님께서 내게 주신 달란트로 어떠한 일을 할 수 있습니까? 하나님과 같은 사랑의 마음을 가지고, 내가 가진 달란트를 다른 이들에게 나눠줄 수 있는 진정한 그리스도인이 되십시오.

 주님! 나눔의 행복을 누릴 수 있는 사람이 되게 하소서.
 하나님께서 주신 달란트를 잘 사용하고 있습니까?

사람의 마음을 바꾸는 9가지 방법

빌 2:3-11   3월 16일

● 빌 2:3 아무 일에든지 다툼이나 허영으로 하지 말고 오직 겸손한 마음으로 각각 자기보다 남을 낫게 여기고
● 벧전 5:6 그러므로 하나님의 능하신 손 아래서 겸손하라 때가 되면 너희를 높이시리라

"사람의 마음을 바꾸는 9가지 방법"의 글을 보았습니다.
 1. 진심에서 우러나오는 칭찬과 감사의 말로 시작하라.
 2. 잘못을 지적할 때는 간접적인 표현을 쓰라.
 3. 상대방을 비난하기에 앞서 자신의 과오를 고백하라.
 4. 명령을 하기 전에 질문을 하라.
 5. 상대방의 체면을 살려주라.
 6. 사소한 일이라도 칭찬해주라.
 7. 상대방에게 큰 기대를 표명하라. 그리고 도와주라.
 8. 상대방의 능력에 대해 자신감을 갖도록 격려하라.
 9. 당신의 희망에 자발적으로 협력하도록 하라.

　사람의 마음을 바꾸는 일은 결코 쉬운 일이 아닙니다. 내가 먼저 상대방을 배려하고 진실된 마음으로 다가가야 합니다. 비난과 명령보다는 칭찬과 격려의 말이 마음을 녹일 수 있습니다. 그럴 때 우리가 전하는 복음이 그 마음에 심어집니다. 오늘 하루도 칭찬과 격려의 말을 아낌없이 전하십시오.

 주님! 칭찬과 격려의 말을 아낌없이 하게 하소서.
 오늘은 누구에게 칭찬과 격려의 말을 하겠습니까?

최선을 다한 공연

3월 17일 | 시 121:1-3

- 시 121:3 여호와께서 너로 실족지 않게 하시며 너를 지키시는 자가 졸지 아니하시리로다
- 딤전 1:12 나를 능하게 하신 그리스도 예수 우리 주께 내가 감사함은 나를 충성되이 여겨 내게 직분을 맡기심이니

『하나님의 선물』이란 책에 나온 이야기입니다.

한 극단이 지방을 순회하며 노래와 악기연주로 생계를 꾸려나가고 있었습니다. 그러나 공연은 그리 잘되지 않았습니다. 어느 날 밤, 단원들이 자신들의 곤궁한 처지에 대해 의논하고자 한 자리에 모였습니다. 한 단원이 "오늘 밤은 공연할 필요가 없을 것 같아요. 눈도 와서 아무도 오지 않을 거예요"라고 말했습니다. 다른 단원들도 같은 의견들을 내놓았습니다. 그때 극단의 리더는 이렇게 말했습니다. "여러분이 낙심한 것을 알아요. 저 역시도 그래요. 그러나 우리는 공연 온 사람들에 대한 책임이 있어요. 우리는 계속 공연을 하되 우리가 할 수 있는 최선을 다해야 해요. 오지 않는 사람들이 문제가 아니에요. 온 사람들에게 소홀해서는 안돼요. 우리가 최선을 다하지 않아서 공연에 온 사람들이 실망해서는 안돼요."

리더의 말에 감동을 받은 단원들은 그 어느 때보다도 최선을 다했습니다. 공연 후에 리더는 단원들을 다시 불렀습니다. 그의 손에는 문 닫기 직전에 청중에게서 받은 쪽지 하나가 있었습니다. 리더는 그것을 천천히 읽었습니다. "멋진 공연 잘 봤습니다." 그리고 거기에는 '여러분의 왕으로부터' 라는 사인이 있었습니다. 우리를 밤낮없이 지켜보시고, 보호해 주시는 하나님 앞에서 최선을 다하는 일꾼이 되십시오.

 주님! 충성된 종이 되게 하소서.
 자신에게 주어진 일들을 최선을 다해 감당하고 있습니까?

가장 어려운 일

잠 12:24-28   3월 18일

- 잠 12:24 부지런한 자의 손은 사람을 다스리게 되어도 게으른 자는 부림을 받느니라
- 갈 4:18 좋은 일에 대하여 열심으로 사모함을 받음은 내가 너희를 대하였을 때뿐 아니라 언제든지 좋으니라

중국 명대의 유학자이며, 정치가인 왕양명이 남긴 지혜로운 말입니다.

"살아보니 나의 인생에 어려운 일이 네 가지 있더라.

- 첫 번째로 어려운 것은 고생스러운 것이다. 먹을 것이 없고 입을 것이 없을 때에 고생스럽더라.
- 두 번째로 집안에서든지, 친구들에게서든지, 어디서든 남에게 냉대 받는 것이 고통스럽더라.
- 세 번째로는 내 마음 깊은 곳에 고민이 있어 고뇌와 더불어 싸울 때의 고독이 괴롭더라.

하지만, 이 세 가지의 어려움보다 더 가장 어려운 것은 네 번째로 한가로운 것이더라."

한가로움이란 게으름이란 말과 유사하다고 볼 수 있습니다. 물질적으로 어렵고, 다른 사람들에게 냉대를 받으며, 마음속의 고민과 고뇌는 우리의 아버지이신 하나님께서 위로해 주시고 채워 주십니다. 하지만 하나님께서는 게으른 자를 책망하십니다.

주님께서 주시는 능력으로 모든 어려움과 게으름에서 벗어나 하나님께서 쓰시고자 하는 부지런한 사람이 되십시오.

 주님! 주어진 일을 열심히 하는 성도가 되게 하소서.
 자신에게 가장 어려운 일은 무엇입니까?

블루슈머와 같은 크리스천

3월 19일　　　　　　　　　　　　　　　　　　　　　**행 1:8-11**

- **행 1:8** 오직 성령이 너희에게 임하시면 너희가 권능을 받고 예루살렘과 온 유대와 사마리아와 땅 끝까지 이르러 내 증인이 되리라 하시니라
- **롬 1:15** 그러므로 나는 할 수 있는대로 로마에 있는 너희에게도 복음 전하기를 원하노라

　통계청은 블루슈머가 밀집한 지역, 주요 활동 시간대 등을 보여주는 블루슈머 지리정보 시스템(GIS) 서비스를 시작했습니다. 블루슈머는 경쟁자가 없는 시장을 뜻하는 블루오션(Blue Ocean)과 소비자(Consumer)를 합친 신조어입니다.

　통계청은 탄탄한 경쟁력을 갖춘 이동족, 20대 아침 사양족, 무서워하는 여성, 피곤한 직장인, 3050일하는 엄마, 살찐 한국인 등 시장의 흐름을 주도할 떠오르는 소비층인 6개의 블루슈머를 발표했습니다.

　또한 인구 총 조사, 서비스업 총 조사, 주간 인구지수, 생활시간 조사 등 통계청이 대규모 인력을 투입해 실시하는 각종 통계정보가 수요자의 필요에 맞춰 지도와 함께 일목요연하게 정리되어 있습니다.

　우리 신앙인들에게도 전도를 위해 블루슈머가 필요합니다. 믿지 않는 이들의 관심사, 고민, 취향 등을 고려하며, 탄탄한 정보를 가지고 그들을 하나님께로 인도해야 합니다. 아무런 정보 없이 전도하려 한다면 오히려 마음이 더 멀어져 버리는 결과를 초래할 수도 있습니다. 그들의 마음의 문을 열기 위해 무엇이 필요하며, 어떤 지혜로운 말을 해야 하며, 어떻게 복음을 심어주어야 하는지를 아는 지혜로운 크리스천이 되십시오.

 주님! 열정적으로 복음을 전파하게 하소서.

 지금 당신의 전도대상자는 누구입니까?

우연이 아닌 필연

엡 1:9-14 　　　　　　　　　　　　　　　　3월 20일

- 엡 1:9 그 뜻의 비밀을 우리에게 알리셨으니 곧 그 기쁘심을 따라 그리스도 안에서 때가 찬 경륜을 위하여 예정하신 것이니
- 골 1:25 내가 교회 일군 된 것은 하나님이 너희를 위하여 내게 주신 경륜을 따라 하나님의 말씀을 이루려 함이니라

철저한 불신자였던 한 청년이 있었습니다.

어느 날, 그 청년은 기독교 계통의 대학에 다니기 때문에 학점을 따기 위해 억지로 채플에 참석하게 되었습니다. 다른 많은 학생들도 그와 같이 억지로 채플에 참석해야 했기 때문에 불만과 불평을 가지고 그 자리에 앉아 예배를 드렸습니다.

설교가 다 끝나갈 무렵, 채플을 인도하신 목사님이 "예수님을 만나기 원하는 사람은 모두 앞으로 나오십시오"라고 말했습니다. 그러나 아무도 나오는 사람이 없었습니다. 그때 학생들이 낄낄거리며 청년의 어깨를 툭 쳤습니다.

"어이, 예수가 자네를 부르는군. 빨리 나가보라구. 혹시 장학금을 줄 지 누가 알아!"

많은 학생들이 책상을 치며 웃었습니다. 그런데 청년은 의외로 자기 자리에서 일어나 목사님 앞으로 나갔습니다. 그리고 놀랍게도 예수님을 영접하겠노라고 말했습니다. 이 청년의 이름이 바로 힌두교 국가인 인도에서 수십만 명을 전도한 복음의 용병 스탠리 존스 박사였습니다.

이처럼 우연히 일어난 일 뒤에는 항상 하나님께서 미리 준비하고 계셨던 필연이 있음을 인정하고 감사하십시오.

 주님! 주님께서 계획하신 일들을 이뤄짐을 감사하게 하소서.
 우리를 향해 계획하셨던 일들을 돌이켜봅시다.

9년간의 '사랑의 도시락'

3월 21일　　　　　　　　　　　　　　　　　　**마 22:39-40**

● 마 22:39 둘째는 그와 같으니 네 이웃을 네 몸과 같이 사랑하라 하셨으니
● 롬 15:2 우리 각 사람이 이웃을 기쁘게 하되 선을 이루고 덕을 세우도록 할찌니라

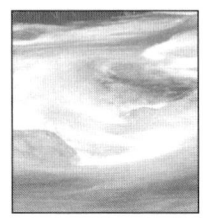

한 군부대 장병들이 군복무를 충실히 하면서 9년 동안 이웃에 살고 있는 독거노인과 장애인들을 위해 사랑의 도시락을 제공해왔습니다. 그들은 매 끼니마다 두 발이 없는 60대 장애인과 끼니를 챙겨줄 수 없는 팔순 할머니를 포함해 모두 5명에게 따뜻한 도시락을 전했습니다. 지금은 이 일이 하루의 일과가 되어 장병들은 독거노인과 장애인에게 식사를 가져다 드리는 것이 마치 친할머니나 친할아버지께 드리는 것처럼 느껴진다고 합니다. 또한 장병들이 전술 훈련을 위해 부대를 비울 때에는 남아 있는 부대원들이 잊지 않고 사랑의 도시락을 배달한다고 합니다. 이들은 독거노인과 장애인들의 팔과 다리가 되어주었고, 외로운 노인들에게 자녀가 되어 주었습니다.

　우리 주변을 잘 살펴보면 기본적인 생활조차 못하는 사람들, 챙겨 줄 가족이 없어 홀로 외롭게 살아가는 독거노인들, 건강을 잃어 제대로 생활을 할 수 없는 장애인들 등 많은 이웃들이 있습니다. 우리는 모두 하나님의 자녀로서 형제, 자매로 맺어진 그들을 위해 작은 것이라도 나눌 수 있는 삶을 살아야 합니다. 그러면 그 유익과 기쁨은 배가 될 것입니다. 우리의 봉사와 나눔으로 세상은 더욱 풍요로워지며 아름다워집니다. 이웃을 살펴볼 수 있는 하루가 됩시다.

 주님! 이웃을 위해 나누며 봉사의 기쁨을 누리게 하소서.
 나눔과 봉사의 기쁨을 누리며 살아가고 있습니까?

아이와 같은 믿음

마 18:3-14　　　　　　　　　　　　　　　3월 22일

- 마 18:3 가라사대 진실로 너희에게 이르노니 너희가 돌이켜 어린 아이들과 같이 되지 아니하면 결단코 천국에 들어가지 못하리라
- 히 11:26 그리스도를 위하여 받는 능욕을 애굽의 모든 보화보다 더 큰 재물로 여겼으니 이는 상주심을 바라봄이라

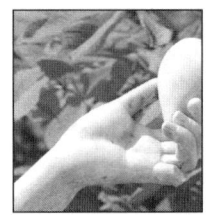

　유치원을 다니는 여섯 살이 된 아이는 엄마가 어디를 가든지 졸졸 따라다녔습니다. 그래서 아이는 엄마가 일을 하다가 멈춰 서서 몸을 돌리면 부딪쳐서 넘어지곤 했습니다. 엄마는 여러 차례 인내심을 발휘해 참다가 말했습니다. "다칠지도 모르니 재미있는 놀이를 하렴. 시소타고 싶지 않니?" 하지만 아이는 천진난만한 웃음을 지어보이며 말했습니다. "괜찮아요. 엄마, 나는 그냥 엄마와 함께 있을래요."
　그러고는 계속 엄마를 따라다녔습니다.
　몇 분 뒤, 엄마는 아이의 발을 밟았습니다. 더 이상 참을 수 없었던 엄마는 아이에게 물었습니다. "도대체 엄마를 왜 이렇게 따라다니는 거니? 밖에 나가 다른 아이들하고 놀면 안 되겠니?"
　그러나 아이는 초롱초롱한 눈으로 엄마를 쳐다보며 말했습니다.
　"엄마, 유치원 선생님이 말씀하셨어요. 내가 예수님의 발걸음을 따라가야 한다고요. 하지만 나는 예수님을 볼 수 없어요. 그래서 나는 할 수 없이 엄마의 발걸음을 따라 가는 거라고요." 엄마는 사랑과 부끄러움이 가득한 눈물을 흘렸습니다. 아이들은 단순하고 정직합니다. 신뢰하고 쉽게 의지합니다. 아이와 같은 순수한 마음으로 주님을 바라보십시오. 그리고 주님의 인도하심을 따라 의심 없이 따라가십시오.

 주님! 아이와 같이 순수한 믿음을 갖게 하소서.
 주님을 따라 믿음의 길을 바르게 가고 있습니까?

무덤 속에서의 사흘

3월 23일　　　　　　　　　　　　　　　　　　　　　빌 4:6-7

- **빌 4:6** 아무 것도 염려하지 말고 오직 모든 일에 기도와 간구로, 너희 구할 것을 감사함으로 하나님께 아뢰라
- **벧전 5:7** 너희 염려를 다 주께 맡겨 버리라 이는 저가 너희를 권고하심이니라

　교회의 교인수가 나날이 줄어드는 한 교회가 있었습니다. 그 교회의 담임 목사님은 목회의 의욕과 사기가 완전히 사라졌습니다. 그러던 어느 주일예배를 마치고 몇 안 되는 교인들이 다 돌아간 후 목사님은 현관 계단에 앉아 거리를 멍하니 내다보고 있었습니다. 그때 꽃을 파는 한 할머니가 꽃을 들고 다가왔습니다. 할머니는 허름한 옷차림에 주름살이 많았지만 목사님의 표정과는 반대로 얼굴에는 미소가 가득했습니다.

　"할머니, 무슨 좋은 일이라도 있습니까? 걱정이라곤 하나도 없어 보이세요."

　"걱정이요? 목사님이 내 나이가 되어 보세요. 평생의 걱정을 모으면 트럭 백 대에 실어도 부족할 거예요."

　"그런데 어떻게 표정이 그렇게 밝으세요? 무슨 비결이라도 있으세요?"

　"나는 괴로울 때 예수님처럼 사흘을 기다립니다. 예수님께서 십자가에 돌아가신 후 무덤 속에서 사흘을 기다리셨잖아요. 그 사흘은 기다리는 시간일 뿐이에요. 그렇게 생각하면 괴로울 것이 없지요."

　할머니가 한 말의 뜻을 이해한 목사님은 영적인 침체에서 극복하였고, 항상 얼굴엔 미소가 끊이지 않았습니다. 험난한 골짜기나 기가 막힐 웅덩이에 빠졌을 때 절망하거나 포기하지 마십시오.

 주님! 모든 염려를 주님께 맡기게 하소서.
 하나님을 믿고 항상 기뻐하며 살고 있습니까?

달걀에 쓰인 가훈

전 11:1-8   3월 24일

- **전 11:1** 너는 네 식물을 물 위에 던지라 여러 날 후에 도로 찾으리라
- **고전 9:13** 성전의 일을 하는 이들은 성전에서 나는 것을 먹으며 제단을 모시는 이들은 제단과 함께 나누는 것을 너희가 알지 못하느냐

옛날 한 마을에 로잘린드란 여자가 살았습니다. 그녀의 남편은 십자군 전쟁에 나간 후 아무 소식이 없었습니다. 떠돌이가 된 로잘린드는 어느 마을에서 닭을 기르며 살기 시작했습니다. 얼마 후 부활절이 되었을 때, 그녀는 어린이들을 모아놓고 숲에 둥지를 만들어 놓도록 했습니다. 아이들이 이내 돌아오자 이번엔 둥지 안에 무엇이 있는지 보라고 했습니다. 잠시 후 아이들의 손에는 예쁜 달걀들이 하나씩 들려 있었고 거기에는 "하나님의 보호하시는 손길을 믿으라. 하나님께서는 아름다운 것을 위하여 사랑이 있는 사람을 반드시 도와주신다"라는 그녀 집안의 가훈이 쓰여 있었습니다. 그 날 오후 로잘린드는 병든 어머니를 찾아가는 한 소년을 만나 또 하나의 달걀을 선물하였습니다. 그 소년은 산을 넘어가는 도중 우연히 부상을 당한 병사를 발견하고는 그를 집으로 데려가 간호해주었습니다. 그리고 어머니께 드리려던 달걀을 그에게 주었습니다. 그런데 병사는 달걀을 받고 깜짝 놀랐습니다. 그 달걀에 자기 집안의 가훈이 적혀있었기 때문입니다. 그는 바로 그녀의 남편이었던 것입니다. 결국 그들은 다시 만날 수 있게 되었습니다. 이야기는 부활절에 달걀을 나누어주는 행사의 유래가 되었습니다. 내가 베푼 친절을 전혀 예상치 못한 방법으로 큰 기쁨과 함께 돌아옵니다. 가진 것을 어려운 사람과 나누며 사십시오.

 주님! 좋은 것을 나누며 사는 사람이 되게 하소서.

 당신의 가훈은 무엇입니까?

남자가 끊어야 할 악습

3월 25일 　　　　　　　　　　　　　　　　　　눅 22:39-46

- 눅 22:39 예수께서 나가사 습관을 좇아 감람산에 가시매 제자들도 좇았더니
- 히 10:25 모이기를 폐하는 어떤 사람들의 습관과 같이 하지 말고 오직 권하여 그날이 가까움을 볼수록 더욱 그리하자

'남자가 35세 이전에 반드시 끊어야 할 아홉 가지 악습' 이라는 글이 있습니다.

1. 항상 지각하는 습관
2. 질질 끄는 습관
3. 하늘을 원망하고 남을 탓하는 습관
4. 무조건 다른 사람의 비위를 맞추려는 습관
5. 유언비어나 헛소문을 퍼뜨리는 습관
6. 남에게 완전무결하기를 강요하는 습관
7. 이랬다저랬다 하는 습관
8. 오만하고 무례한 습관
9. 주관이 부족한 습관

　자신, 또한 타인에게 피해를 끼치는 습관은 버리도록 노력해야합니다. 특히 대부분이 사회생활을 하는 사람들은 이전까지의 악습은 버리고, 새로운 좋은 습관을 가지도록 힘써야 합니다. 습관에 따라 걱정이나 우울함을 기쁨으로 돌이킬 수도 있습니다. 멋진 습관을 소유하십시오. 습관은 반복할 때 생기는 것입니다. 오늘 하루 자신이 가지고 있는 악습에 대해 진지하게 돌아보고 끊기 바랍니다.

 주님! 이전까지의 악습은 버리고 좋은 습관을 가지게 하소서.
 나는 어떤 악습을 가지고 있는지 돌아봅시다.

붕어빵 목사님

요 10:32-39　　　　　　　　　　　　　　　　　3월 26일

- 요 10:32 예수께서 대답하시되 내가 아버지께로 말미암아 여러가지 선한 일을 너희에게 보였거늘 그 중에 어떤 일로 나를 돌로 치려하느냐
- 벧전 4:10 각각 은사를 받은대로 하나님의 각양 은혜를 맡은 선한 청지기 같이 서로 봉사하라

　최근 공군 장병들 사이에서 '붕어빵 목사님'으로 통하는 군종장교 목사님의 붕어빵 군선교가 마음을 훈훈하게 하고 있습니다. 신학대에 입학한 뒤 사병으로 군복무를 마친 그는 누구보다 병사들의 배고픔과 어려움을 잘 알고 있었습니다. 그래서 그는 사병들에게 붕어빵을 나눠주고자 한 붕어빵집 주인을 설득하여 붕어빵을 굽는 기술을 배웠습니다. 그리고 군종장교로 지원해 '선교아이디어'로 붕어빵을 선택했습니다.
　그는 부대에 야간 훈련이나 특별한 행사가 있는 날이면 어김없이 빵틀과 반죽 통을 승합차에 싣고 초소와 행사장을 오가며 따뜻한 붕어빵을 만들어 장병들에게 나누어 주었습니다. 또한 여름에는 슬러시 기계를 싣고 다니며 병사들에게 시원한 음료를 나눠 줄 생각이라고 합니다. 그가 만든 붕어빵을 먹은 장병들은 목사님이 구워주는 따뜻한 붕어빵 하나면 고된 훈련 시간도, 지루한 야간근무도 금세 지나간다며, 맛은 물론 영양도 만점이어서 인기 짱이라고 말합니다.
　목사님의 아름다운 봉사와 나눔은 장병들의 마음을 따뜻하게 해주었습니다. 또한 자연스럽게 그들의 마음속에 복음과 그리스도의 사랑이 전해졌습니다. 선한 일을 통해 복음을 전하십시오. 그리고 주님께서 주신 사랑으로 이웃을 향해 사랑을 실천하는 하루가 되십시오.

 주님! 선한 일을 통해 복음을 전하는 자가 되게 하소서.
 나눔을 통해 복음을 전한 기쁨을 간증해 보십시오.

한 사람의 배려

3월 27일　　　　　　　　　　　　　　　　　　　롬 12:10-13

- **롬 12:10** 형제를 사랑하여 서로 우애하고 존경하기를 서로 먼저 하며
- **히 10:24** 서로 돌아보아 사랑과 선행을 격려하며

어느 모임의 한 사람이 말했습니다.

"내일 아침에 우리 여섯 사람이 모여서 이 문제를 해결하기로 합시다."

그런데 다음날 아침에 모인 사람은 일곱 명이었습니다. 부르지 않은 사람이 한 명 끼어있었던 것입니다. 그게 누구인지 도무지 알 수가 없었습니다.

"여기에 있을 필요가 없는 사람은 당장 돌아가시오."

그러자 꼭 그 자리에 있어야 할 한 사람이 나가버렸습니다.

왜 그랬을까요?

부름을 받지 않았는데도 잘못 알고 나온 일곱 번째의 사람이 민망함을 느끼지 않도록 자진해서 나갔던 것입니다.

다른 사람을 배려하고 존중하는 마음은 그 사람을 위기에서 구출해주기도 합니다. 나의 작은 배려가 다른 사람들에게는 큰 위로가 됩니다. 배려하는 마음을 잊지 마십시오.

 주님! 어느 누구도 소홀히 대하지 않고 배려하도록 하소서.

 어느 상황에서도 배려할 수 있는 자세를 가지십시오.

성공을 막는 12가지 성격

요 13:2-11   3월 28일

● 요 13:2 마귀가 벌써 시몬의 아들 가룟 유다의 마음에 예수를 팔려는 생각을 넣었더니
● 요일 3:8 죄를 짓는 자는 마귀에게 속하나니 마귀는 처음부터 범죄함이니라 하나님의 아들이 나타나신 것은 마귀의 일을 멸하려 하심이니라

『당신의 결점에서부터 시작하라』라는 책에서 하버드 경영 대학원 교수들이 선정한 '성공을 가로 막는 성격유형 12가지' 입니다.

❶커리어 고소공포증-능력과 위치에 비해 너무 겸손하고 신중하다. ❷타협 없는 능력주의자-융통성이 결여되어 있다. ❸자신을 혹사하는 영웅주의자-모든 일을 혼자 처리해야 직성이 풀린다. ❹충돌을 회피하는 평화주의자-이들이 충돌을 피하는 이유는 자신이 없기 때문이다. ❺상대를 뭉개 버리는 불도저 형-내가 살기 위해서 상대방을 무조건 무찔러야 하므로 스스로 고단한 삶을 살다 지치게 된다. ❻명분만 찾는 반항아-이들은 공동 작업 효과를 인정하지 않는 나쁜 습성이 있다. ❼홈런 추구형-한순간에 벼락출세를 원하는 유형으로 점진적인 발전을 못 견딘다. ❽입이 가벼운 형-이런 유형은 다른 사람에게 믿음을 주지 못하고 결국 조직에도 손해를 끼치게 된다. ❾근심하는 유형-이런 유형은 변화를 두려워하기 때문에 발전이 없다. ❿ '할 수 있었는데…' 형-이들은 실제로는 아무 것도 시도하지 않는 유형이다. ⓫목석같은 사람-이런 사람은 자신뿐만 아니라 남의 감정도 알아채지 못한다. ⓬비전을 잃은 형-무력감과 권태감에 시달리고 일에서 아무런 의미를 찾지 못한다. 자신의 성격을 파악하여 기도하며 고쳐가도록 합시다.

 주님! 나의 모난 성격들을 고치게 하소서.

 당신은 12가지 유형 중 어디에 속합니까?

'골목길 환경지킴이' 할아버지

3월 29일   마 11:25-29

- 마 11:29 나는 마음이 온유하고 겸손하니 나의 멍에를 메고 내게 배우라 그러면 너희 마음이 쉼을 얻으리니
- 벧전 5:5 젊은 자들아 이와 같이 장로들에게 순복하고 다 서로 겸손으로 허리를 동이라 하나님이 교만한 자를 대적하시되 겸손한 자들에게는 은혜를 주시느니라

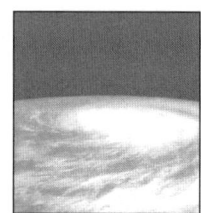

5년 동안 골목길 환경지킴이로서 활동해 온 한 할아버지는 최근 시정발전 유공자로 선정되어 표창장을 받게 되었습니다.

할아버지는 매일 주변 골목을 다니며 땅바닥에 떨어져 있는 담배꽁초와 쓰레기 등을 주우며 거리를 깨끗하게 만들어 주민들 사이에서는 '청소 할아버지'로 알려져 있습니다. 그리고 할아버지는 음식물 쓰레기 등 악취가 나는 쓰레기는 직접 청소도구를 들고 나와 씻어내는 일도 마다하지 않았습니다.

또한 골목길 청소과정에서 나오는 폐휴지와 폐비닐, 플라스틱, 빈병 등은 휴지로 바꿔 형편이 어려운 이웃에게 전달하고 있습니다.

할아버지는 "남을 돕겠다는 것보다 우리 주위를 깨끗하고 냄새가 나지 않도록 하기 위해 청소를 해왔을 뿐인데 상까지 받게 되었습니다. 앞으로 더 좋은 일을 해야 할 것 같습니다"라며 겸손함도 보이셨습니다.

오늘 우리가 하는 작은 봉사와 부지런함이 다른 사람들에게는 편안하고 깨끗한 하루가 되고, 자신에게도 유익이 됩니다. 겸손함으로 마음을 낮추고 다른 이를 위해 봉사할 수 있는 하루가 되십시오.

 주님! 작은 봉사라도 겸손히 할 수 있게 하소서.

 오늘 봉사할 수 있는 것을 살펴보고 실천해봅시다.

과거에 비해 두뇌회전이 잘 되는가?

욥 28:12-28   3월 30일

- 욥 28:28 또 사람에게 이르시기를 주를 경외함이 곧 지혜요 악을 떠남이 명철이라 하셨느니라
- 잠 9:10 여호와를 경외하는 것이 지혜의 근본이요 거룩하신 자를 아는 것이 명철이니라

한 일간지에서는 최근 직장인들을 상대로 '과거에 비해 두뇌회전이 잘 되는가?'를 물었습니다.

그 결과 응답자의 78.3%가 '예전보다 느려졌다'고 답했습니다.

자신의 두뇌회전이 느려졌음을 느끼는 때는 건망증이 심해졌다고 느낄 때, 아이디어가 떠오르지 않을 때, 업무를 동시에 처리하지 못할 때 등이라고 말했습니다.

두뇌회전이 느려진 원인으로는 과로로 인한 만성피로, 주위에 신경 쓸 일이 많아져서, 나이가 들어서, 과도한 음주·흡연이라고 응답했습니다.

응답자들은 현재 두뇌개발을 위해 긍정적 마인드 유지, 충분한 휴식, 끊임없는 자기계발, 다량의 독서, 각종 취미활동, 다양한 업무경험 등 많은 노력을 하고 있다고 말했습니다.

성공을 원한다면, 자신의 위치를 한 단계 더 업그레이드하기 위한 끊임없는 노력이 필요합니다. 성경은 하나님을 경외하는 것이 지식의 근본이라고 말씀하고 있습니다.

자신의 두뇌가 느려지게 된 원인을 가지고 고민하기 보다는 하나님께 지식과 명철함을 간구하십시오. 그리하면 한 단계 더 앞서있는 자신을 발견하게 될 것입니다.

 주님! 지식과 명철을 허락하소서.
 성경인물 중 누구를 본받고 싶습니까?

우울할 땐 흙장난을 해보세요

3월 31일   사 64:8-11

- **사 64:8** 그러나 여호와여 주는 우리 아버지시니이다 우리는 진흙이요 주는 토기장이시니 우리는 다 주의 손으로 지으신 것이라
- **롬 9:21** 토기장이가 진흙 한 덩이로 하나는 귀히 쓸 그릇을, 하나는 천히 쓸 그릇을 만드는 권이 없느냐

최근 영국의 한 합동연구팀은 흙 속에 흔히 존재하는 미생물이 우울증 치료제처럼 작용한다고 학술지 '신경과학'(Neuroscience)에 발표했습니다.

그들은 쥐에게 흙 속 미생물 '마이코박테리엄 박카이'(Mycobacte rium vaccae)를 주입한 뒤 뇌와 혈액의 성분 변화를 분석했습니다. 그 결과 이 미생물이 면역체계에 자극을 가하며, 뇌 속에서 행복감을 느끼게 하는 호르몬 '세로토닌'(serotonin)을 더 많이 분비시키는 사실을 발견했습니다.

이 연구 결과를 통해 한 연구팀은 미생물을 활용해 천식·습진·장염 등의 치료제도 개발하고 있다고 밝혔으며, 또한 지나치게 위생적인 환경은 아이들의 면역시스템을 약화시킨다는 연구결과도 잇따르고 있습니다.

하나님께서 인간을 흙으로 만드셨듯이 우리 인간은 흙과 친밀한 관계가 있습니다. 그 흙 속의 미생물이 인간에게 유익을 주듯이 우리도 우리 안에 있는 좋은 것으로 이웃에게 유익이 되는 사람이 됩시다.

 주님! 제가 흙과 하나님의 생기로 만들어짐을 늘 기억하게 하소서.
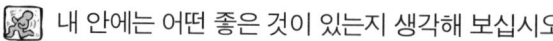 내 안에는 어떤 좋은 것이 있는지 생각해 보십시오.

하나님과 동행하는 기쁨을 누리십시오.
하나님은 인내심을 가지고
우리와 동행하기를 기다리십니다.

'타깃 전도'

4월 1일　　　　　　　　　　　　　　　　　　　　　행 8:4-8

● **행 8:4** 그 흩어진 사람들이 두루 다니며 복음의 말씀을 전할쌔
● **롬 1:15** 그러므로 나는 할 수 있는대로 로마에 있는 너희에게도 복음 전하기를 원하노라

　최근 전도대상자를 선정해 놓고, 그 사람의 필요를 채워주는 '타깃 전도'라는 전도 전략이 관심을 모으고 있습니다.
　한 사례로 여성들의 공통관심사인 미용과 건강정보를 이용한 전도가 주목받고 있습니다. 전도자들은 전도 할 대상을 위해 대체의학을 공부하고, 마사지 등 피부미용 기술을 배웁니다. 그리고 전도를 위해 미용과 대체의학을 가르치는 기관이 점점 늘어나고 있으며, 자연스럽게 다가갈 수 있는 탁월한 효과를 얻고 있습니다.
　이외에도 믿음이 어느 정도 장성할 때까지 지속적으로 보살펴주는 모유 전도법, 일단 타깃을 정하면 결코 끈을 놓지 않고 끊임없이 전도해 교회로 인도하는 진돗개 전도법등이 있습니다.
　우리 주변에는 아직도 복음에 대해 들어보지도 못한 사람들이 많습니다. 복음을 앞세워 전도하는 것도 좋지만, 그들의 관심을 자연스럽게 유도하여 지혜롭게 복음을 전하는 것도 유익할 것입니다. 복음에 대한 확신과 열정을 가지십시오. 그리고 자신이 가진 모든 달란트를 활용해 복음을 전하십시오.

　 주님! 하나님 나라의 확장을 위해 전도케 하소서.
　 복음을 전하기 위한 도구가 있습니까?

주변에 사람이 모이게 하는 노하우

마 3:7-12   4월 2일

- 마 3:7 요한이 많은 바리새인과 사두개인이 세례 베푸는데 오는 것을 보고 이르되 독사의 자식들아 누가 너희를 가르쳐 임박한 진노를 피하라 하더냐
- 행 8:12 빌립이 하나님 나라와 및 예수 그리스도의 이름에 관하여 전도함을 저희가 믿고 남녀가 다 세례를 받으니

『이런 사람 주변에 사람이 모인다』라는 책을 펴낸 작가 지병림 씨가 한 인터뷰에서 밝힌 '주변에 사람이 모이게 하는 노하우' 입니다.
1. 입지전적인 사람 주변에 사람이 몰린다.
2. 긍정적인 사람 주변에 사람이 몰린다.
3. 자신을 가꾸는 사람 주변에 사람이 몰린다.
4. 돈에 강한 사람 주변에 사람이 몰린다.
5. 리더십 있는 사람 주변에 사람이 몰린다.
6. 대화를 잘하는 사람 주변에 사람이 몰린다.

우리가 전도할 때 참고하면 좋을 이야기입니다. 어떠한 방법으로 사람들을 주님께 인도할 수 있는 것일까요? 비결은 바로 남에게 먼저 다가가는 자세입니다. 대화로 다가가고 행동으로 다가가고 마음을 열고 모범을 보이는 것입니다. 그런 모습을 통해 그들도 마음을 열고 내가 전할 복음을 듣게 됩니다. 우리는 전도를 할 때, 일방적으로 전도를 위해 사람들에게 다가가기 보다는 그들을 소중히 여기는 신앙인의 모습으로 다가가야 합니다. 나보다 상대를 소중히 여기며 복음을 전하는 하루가 되십시오.

♡ 주님! 항상 주변에 사람이 모이는 사람이 되게 하소서.
 위에 제시된 6가지 중 내게 부족한 부분은 무엇입니까?

하나님은 여기에 계신다!

4월 3일　　　　　　　　　　　　　　　　　　　　　　**행 4:23-31**

● 행 4:31 빌기를 다하매 모인 곳이 진동하더니 무리가 다 성령이 충만하여 담대히 하나님의 말씀을 전하니라
● 행 7:55 스데반이 성령이 충만하여 하늘을 우러러 주목하여 하나님의 영광과 및 예수께서 하나님 우편에 서신 것을 보고

　어느 대학의 철학 시간이었습니다. 신의 존재에 대해 여러 가지 역사적 사상들을 검토하는 시간이었습니다. 잠시 쉬는 시간이 되자 하나님을 믿지 않는 한 학생은 교수님이 나간 사이를 틈타 칠판 위에 이렇게 적었습니다.
　"God is nowhere!"(신은 아무데도 없다!) 그는 마치 신이 있으면 한번 자기를 혼내보란 듯이 의기양양하게 자리로 들어왔습니다. 그때 하나님을 믿는 한 학생이 조용히 칠판 앞으로 걸어 나와 먼저 학생이 써놓은 단어를 띄어쓰기를 했습니다. "God is now here!"(하나님은 여기에 계신다!) 그곳에 모인 모든 학생들은 기막힌 반전을 보고는 감탄할 뿐이었습니다. 똑같은 문장을 똑같이 보았지만 그들의 관점은 이렇게 틀렸습니다.
　우리는 무엇을 보든지 하나님께서 주시는 관점으로 보아야 합니다. 자신의 힘든 환경은 하나님께서 주신 훈련의 장소이며, 나를 힘들게 하는 사람들은 나를 더 넓은 마음을 가진 사람으로 만들기 위한 선한도구인 것처럼 말입니다. 어디에도 하나님이 계심을 믿고 모든 것을 선하고 긍정적인 관점으로 볼 수 있는 지혜로운 사람이 되십시오.

 주님! 어디서나 주님의 임재를 느끼게 하소서.
 나는 모든 것을 어떤 관점으로 보고 있습니까?

휘파람 소리

마 3:16-17 　　　　　　　　　　　　　　　　　　　4월 4일

- 마 3:16 예수께서 세례를 받으시고 곧 물에서 올라 오실쌔 하늘이 열리고 하나님의 성령이 비둘기 같이 내려 자기 위에 임하심을 보시더니
- 마 28:20 내가 너희에게 분부한 모든 것을 가르쳐 지키게 하라 볼찌어다 내가 세상 끝날까지 너희와 항상 함께 있으리라 하시니라

미국 캘리포니아에서 장미꽃을 재배하던 한 농부가 있었습니다. 그는 자기 집 안과 밖에 비닐하우스를 만들어 놓고 아름다운 빨간 장미, 노란 장미, 하얀 장미, 분홍 장미꽃을 재배했습니다. 그런데 그 농부는 집 안에서도 휘파람, 집 밖에서도 휘파람을 불면서 일을 열심히 했습니다. 어느 날 이웃에 새로운 사람이 이사를 오게 되었습니다.

하루는 농부가 휘파람을 계속 불어대는 것이 너무도 궁금하여 물어보았습니다.

"왜 당신은 그렇게 휘파람을 계속 부는 거죠?"

그러자 그는 자기의 집안으로 들어와 보라고 했습니다. 그 집에 들어가 보니 그의 부인이 있었는데 그녀는 앞을 보지 못하는 소경이었습니다. 장미꽃을 키우는 농부가 말했습니다.

"제가 항상 휘파람을 부는 그 이유는 제가 집 안에서나 집 밖에서나 일할 때 저의 휘파람 소리를 들어야 이 사람은 함께 있는 것을 알고 안도감을 느끼기 때문이죠."

하나님께서는 항상 우리와 함께 하심을 알리기 위해 여러 방법으로 휘파람을 불고계십니다. 우리는 그 소리에 귀 기울이며 살아가야 합니다. 하나님이 우리에게 말씀하시는 음성에 귀 기울이리십시오.

 주님! 주님의 음성에 귀 기울이게 하소서.
 주님이 부시는 휘파람 소리에 귀 기울이고 있습니까?

홧병을 다스릴 수 있는 생활수칙

4월 5일   요 10:7-21

● 요 10:11 나는 선한 목자라 선한 목자는 양들을 위하여 목숨을 버리거니와
● 계 2:26 이기는 자와 끝까지 내 일을 지키는 그에게 만국을 다스리는 권세를 주리니

 스트레스가 쌓이면 홧병으로 발전하게 되며, 더 나아가 큰 질병을 일으키는 원인이 된다고 합니다.

한 신문에서는 홧병을 다스릴 수 있는 생활수칙을 이렇게 제시하고 있습니다.

어느 부분이 부족한지 점검해 보십시오.

1. 항상 즐겁게 식사를 한다.
2. 수다를 떨자.
3. 스트레칭, 간단한 체조를 한다.
4. 행복한 자기 암시를 한다.
5. 좋아하는 음악을 듣자.
6. 심호흡을 자주한다.
7. 좋아하는 운동이나 취미를 꼭 만들자.

삶 속에서 쉽게 할 수 있는 것들입니다. 그런데 중요한 것이 있습니다. 모든 일을 주님께 맡기는 것입니다. 주님께서 선히 인도하시는 과정이라 믿고 어떤 상황도 주님 안에서 받아들이면 우리는 건강한 마음과 건강한 육체를 가질 수 있습니다. 실천하여 건강한 그리스도인이 되십시오.

 주님! 분노를 억제하고 주님의 평안을 느끼게 하소서.
 자리에서 일어나 간단한 스트레칭과 체조를 해봅시다.

3개월마다 '퇴사 충동'

행 14:17-18　　　　　　　　　　　　　　　　　　　　　4월 6일

- **행 14:17** 그러나 자기를 증거하지 아니하신 것이 아니니 곧 너희에게 하늘로서 비를 내리시며 결실기를 주시는 선한 일을 하사 음식과 기쁨으로 너희 마음에 만족케 하셨느니라 하고
- **고후 3:5** 우리가 무슨 일이든지 우리에게서 난것 같이 생각하여 스스로 만족할 것이 아니니 우리의 만족은 오직 하나님께로서 났느니라

　한 온라인 취업 사이트에서는 직장인들을 상대로 '퇴사하고 싶은 충동을 느낀 경험이 있는가?'에 대해 설문조사를 했습니다. 그 결과 응답자의 96.7%가 퇴사 충동을 느낀 적이 있다고 응답했습니다. 이들에게 '그렇다면 퇴사하고 싶은 생각이 드는 주기는?' 이라고 물은 결과 평균 3개월에 1번 정도인 것으로 나타났습니다.

　또한 그들은 회사의 비전이 보이지 않을 때, 상사와 마찰이 있을 때, 의미 없는 일상이 반복될 때, 연봉이 오르지 않을 때 등이 퇴사하고 싶은 생각이 드는 이유라고 말했습니다.

　교회뿐만 아니라 직장도 신앙생활의 연속입니다. 하나님께서 주신 일을 인내와 끈기를 가지고 최선을 다해야 합니다. 하지만 우리는 인간이기에 순간순간 퇴사의 충동이나 불평, 불만이 생기는 것은 어쩌면 당연한 일입니다. 그런 감정들을 기도하면서 잘 다스려야 합니다. 모든 것을 잘 견뎌내어 "잘했다"라고 칭찬 받는 일꾼이 되십시오.

 주님! 내 안의 불평, 불만을 잘 이겨낼 수 있게 하소서.
 직장에서 기도하며 일하는 하루가 되십시오.

서울역 목도리 녀

4월 7일　　　　　　　　　　　　　　　　　　　　　　　신 5:1-10

● 신 5:10 나를 사랑하고 내 계명을 지키는 자에게는 천대까지 은혜를 베푸느니라
● 대상 16:15 너희는 그 언약 곧 천대에 명하신 말씀을 영원히 기억할찌어다

 한 네티즌이 인터넷에 올린 "서울역 목도리녀" 사진이 장안의 화제였습니다. 그 사진은 서울역 건너편을 지나가다가 노숙자 할아버지를 따스한 시각으로 바라보며 자신의 목도리로 정성을 다해 매어 드리는 어느 여학생의 선행 순간을 담은 사진입니다. 그 여학생의 작지만 진한 사랑의 선행의 모습에 많은 네티즌들은 감동을 받았고, 그날 저녁 9시 뉴스에도 그 사진의 주인공인 여학생이 소개되었습니다. 그녀는 홍익대학교 경영학과에 재학 중인 김지은양이며, 대학생이 된 이후 지난 3년 동안 격주로 종로구에 소재한 보육시설을 찾아가 마음을 다하여 어린이를 돌보는 등 마음이 따뜻한 여학생이었습니다. 또한 그녀는 인터뷰에서 "당장 내가 해드릴 수 있는 게 하나도 없더라고요. 그런데 저한테는 목도리가 있었어요. 이름도 없이, 빛도 없이 애쓰시는 분이 너무 많은데 저만 스포트라이트를 받아서 죄송스럽네요"라며 겸손한 모습을 보였습니다. 아름다운 마음을 지닌 그녀의 이런 모습이 있기까지는 그녀의 아버지의 영향이 매우 컸습니다. 그녀의 아버지 김민태씨는 17년간 홀로 사는 장애 할머니를 어머니처럼 모시는 등 남다른 선행을 펼치고 있었습니다. "부전자전"이라는 말이 있듯이 부모의 나눔의 미덕은 자녀에게 까지 이어지기 마련입니다. 참된 사랑과 넉넉한 마음을 자녀에게 전할 수 있는 사랑이 가득한 부모가 되십시오.

 주님! 나눔의 미덕을 물려줄 수 있는 부모가 되게 하소서.
 불쌍한 이웃을 위해 무엇을 나눠주고 있습니까?

경영혁신 상식 5가지

왕하 18:4-8　　　　　　　　　　　　　　　　　　　　**4월 8일**

- **왕하 18:4** 여러 산당을 제하며 주상을 깨뜨리며 아세라 목상을 찍으며 모세가 만들었던 놋뱀을 이스라엘 자손이 이때까지 향하여 분향하므로 그것을 부수고 느후스단이라 일컬었더라
- **왕하 23:15** 이스라엘로 범죄케 한 느밧의 아들 여로보암이 벧엘에 세운 단과 산당을 왕이 헐고 또 그 산당을 불사르고 빻아서 가루를 만들며 또 아세라 목상을 불살랐더라

　최근 한 기업의 경제연구원은 '오해하기 쉬운 경영혁신 상식 5가지'를 이렇게 제시했습니다.
　●첫째, 혁신은 무언가 새로운 것이라는 고정관념을 버리라. 새로운 개념보다 기존의 것을 재조합하는 것이 중요하다.
　●둘째, 혁신은 기발한 아이디어나 발명이라고 오해하지 말라. 개발부서에서 신제품을 기획하더라도 생산과 마케팅 역시 실행에 적극적으로 참여해야 혁신이 이뤄진다.
　●셋째, 혁신은 기술적인 것이라고 생각하지 말라. 혁신은 기술혁신이나 제품혁신 말고도 사업모델혁신, 조직혁신, 문화혁신 등이 있다.
　●넷째, 혁신은 장대한 시도보다는 꾸준히 한 가지에 관심을 가지고 끊임 없이 개선한 결과가 모여서 큰 성과를 이룸을 기억하라.
　●다섯째, 혁신을 달성해야 할 목표라고만 생각하지 말라. 우연한 발견을 통해 사업으로 성공한 예도 있다.
　그렇습니다. 무엇이든지 끊임없는 노력과 관심으로부터 혁신이 일어납니다. 요즘 교회가 개혁해야 한다, 혁신되어야 한다는 주장이 여기저기서 일어나고 있습니다. 그 주장이 구호로 끝나지 않기 위해서 적은 것이라도 끊임없는 노력과 실천과 관심을 가지십시오.

 주님! 주님을 위한 개혁이 일어나게 하소서.
 당신이 혁신해야 할 부분은 무엇입니까?

10센티미터 자의 깨달음

4월 9일 　　　　　　　　　　　　　　　　　　　　마 7:2-5

- 마 7:2 너희의 비판하는 그 비판으로 너희가 비판을 받을 것이요 너희의 헤아리는 그 헤아림으로 너희가 헤아림을 받을 것이니라
- 요 8:15 너희는 육체를 따라 판단하나 나는 아무도 판단치 아니하노라

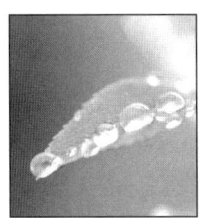

　남들의 길이와 넓이 등, 무엇이든지 수치로 나타낼 수 있는 10센티미터 자가 하나 있었습니다. 그 10센티미터 자는 마구 재고 다녔습니다.
　"넌 길이가 5.4센티미터야. 넌 키가 9.8센티미터밖에 안 돼. 넌 코의 너비가 6.2 센티미터야. 10센티미터도 안 되는 것들이 까불어." 다들 이 10센티미터 자가 항상 수치로만 남을 평가하는 점이 불만스러웠습니다. 그러던 어느 날, 10센티미터 자는 저울을 만나게 되었습니다. 저울은 무조건 자를 저울 위에 얹어놓고는 "넌 겨우 5그램짜리구나. 짜식! 아주 가벼운 놈이군, 비켜라! 상대하기 싫으니!"라고 비웃더니 가버리는 것이었습니다. 10센티미터 자는 너무나 기가 막히고 억울했습니다. 10센티미터 자는 자기가 잰 길이로만 남을 평가했던 자신이 얼마나 많은 상처를 주었는가를 그제서야 깨달았습니다. 다음부터 10센티미터 자는 타인의 길이를 재보고 난 뒤엔 또 다른 장점은 무엇이 있나를 세밀하게 찾아보았습니다.
　우리는 종종 자신의 기준으로 상대를 판단하며, 편견을 가지고 사람들을 대합니다. 하나님은 어느 누구도 판단하지 않으십니다. 그런 하나님을 닮아 사람들을 판단하는 습관을 버리고, 상대의 장점을 볼 수 있는 하루가 되십시오.

 주님! 판단하는 나쁜 습관을 버리게 하소서.
 주변 사람들의 장점을 살펴봅시다.

암도 이겨낸 불굴의 정신력

빌 4:13-20   4월 10일

- **빌 4:13** 내게 능력 주시는 자 안에서 내가 모든 것을 할 수 있느니라
- **딤후 1:7** 하나님이 우리에게 주신 것은 두려워하는 마음이 아니요 오직 능력과 사랑과 근신하는 마음이니

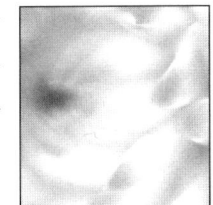

'뚜르 드 프랑스'란 유명한 사이클 경주대회가 있습니다. 이 대회는 장장 22일 동안 달려야하는 숨 가쁜 승부의 레이스 경주입니다. 이 대회를 통해 유명해진 한 선수가 있습니다.

그는 생존율 50%의 고환암을 이기고, 1999년부터 2005년까지 무려 7번이나 우승을 한 랜스 암스트롱이라는 선수입니다.

그 당시 그의 폐와 뇌에는 이미 종양이 심하게 퍼져있는 상태였습니다. 하지만 그는 "고통은 순간적이다. 결국 고통은 사라지고 다른 게 그 자리를 차지하기 마련이다. 하지만 내가 중도에 포기하면 고통은 영원히 지속된다"라는 신념을 갖고 새로운 삶을 위해 끊임없이 페달을 밟았고 결국, 불굴의 정신력으로 암투병에서 승리했습니다.

지금 가지고 있는 장애나 어려운 환경으로 인해 좌절하고 있지는 않습니까? 그 자리에서 박차고 일어나십시오. 그리고 도전하십시오. 주님께서 주시는 능력의 힘과 희망을 가지고 인생의 길을 힘차게 달리는 하루가 되십시오.

 주님! 좌절하기 보다는 희망을 가지고 승리케 하소서.
 당신을 좌절시키는 문제가 무엇입니까?

아들에게 들려준 시

4월 11일 사 54:13-17

- 사 54:13 네 모든 자녀는 여호와의 교훈을 받을 것이니 네 자녀는 크게 평강할 것이며
- 딤후 1:5 이는 네 속에 거짓이 없는 믿음을 생각함이라 이 믿음은 먼저 네 외조모 로이스와 네 어머니 유니게 속에 있더니 네 속에도 있는 줄을 확신하노라

영화배우 오드리 햅번이 숨을 거두기 일 년전 크리스마스 이브에 아들에게 들려준 사랑과 간절한 바람이 담긴 시입니다.

"아름다운 입술을 가지고 싶으면 친절한 말을 하라 사랑스런 눈을 가지고 싶으면 사람들에게서 좋은 점을 봐라 날씬한 몸매를 가지고 싶으면 너의 음식을 배고픈 사람과 나누어라

아름다운 머리카락을 가지고 싶으면 하루에 한 번 어린이가 손가락으로 너의 머리를 쓰다듬게 하라 아름다운 자세를 가지고 싶으면 결코 너 혼자 걷고 있지 않음을 명심하라 사람들은 상처로부터 복구되어야 하며 낡은 것으로부터 새로워져야 하고 병으로부터 회복되어져야 하고 고통으로부터 구원받고 또 구원받아야 한다. 결코 누구도 버려서는 안 된다. 만약 도움의 손이 필요다면 너의 팔 끝에 있는 손을 이용하면 된다. 네가 더 나이가 들면 손이 두 개라는 걸 발견하게 된다. 한 손은 너 자신을 돕는 손이고 다른 한 손은 다른 사람을 돕는 손이다."

자녀 교육은 하나님께서 부모에게 주신 귀한 사명입니다. 우리는 자녀들에게 지혜와 사랑을 가지고 귀중한 교훈을 가르쳐야 합니다. 자녀들에게 성경을 통해 올바른 정신과 자세를 심어주며, 믿음의 유산을 심어줄 수 있는 믿음의 부모가 되십시오.

 주님! 성경의 가르침대로 자녀를 양육할 수 있게 하소서.
 어떠한 방법으로 자녀를 양육하고 있습니까?

만족할 수 있는 방법

행 14:17-18　　　　　　　　　　　　　　　　　　　　4월 12일

● 행 14:17 그러나 자기를 증거하지 아니하신 것이 아니니 곧 너희에게 하늘로서 비를 내리시며 결실기를 주시는 선한 일을 하사 음식과 기쁨으로 너희 마음에 만족케 하셨느니라 하고
● 빌 4:11 내가 궁핍하므로 말하는 것이 아니라 어떠한 형편에든지 내가 자족하기를 배웠노니

린다 밀로우의 『만족』이란 책에 나오는 이야기입니다.

엘라는 고향과 친구들, 그리고 친숙했던 모든 것을 떠나 아이들과 함께 남편을 따라 52년 동안 아프리카에서 복음을 전했습니다. 타는 듯한 무더위와 불편한 환경 속에서도 그녀는 자신의 생활 여건에 대해 불평한 적이 없었습니다.

그러던 어느 날, 엘라의 딸 미미는 어머니의 낡은 일기장에서 그녀가 불평하지 않고 만족을 얻을 수 있었던 방법을 발견했습니다.

첫째, 날씨나 어떤 것에 대해서도 불평하지 않겠다.

둘째, 다른 환경이나 다른 장소에 있는 나의 모습을 그리지 않겠다.

셋째, 나의 몫을 남의 것과 비교하지 않겠다. '이것 혹은 저것이 지금과 달랐더라면' 이라고도 가정하지 않겠다.

넷째, '내일'은 하나님께 속한 것이지 내게 속한 것이 아님을 기억하겠다.

그녀는 하나님의 관점으로 환경과 인생을 바라보았습니다. 만족스럽지 못한 삶에 불평하고 있지는 않습니까? 그런 마음마저도 하나님께 내려 놓아야 합니다. 모든 것은 하나님께 속한 것임을 기억하십시오. 주어진 환경 속에서도 감사한 제목들을 찾아낼 수 있는 지혜를 간구하는 하루가 되십시오.

 주님! 만족하는 삶을 살아가는 사람이 되게 하소서.
 당신이 만족한 삶을 살기 위해 무얼 버려야 합니까?

감동의 레이스

4월 13일   마 19:19-22

- **마 19:19** 네 부모를 공경하라, 네 이웃을 네 몸과 같이 사랑하라 하신 것이니라
- **딤전 5:4** 만일 어떤 과부에게 자녀나 손자들이 있거든 저희로 먼저 자기 집에서 효를 행하여 부모에게 보답하기를 배우게 하라 이것이 하나님 앞에 받으실만한 것이니라

어느 한 교도소에서 재소자 체육대회가 열렸습니다. 20년 이상 복역한 수인들은 물론 모범수의 가족들까지 초청된 특별 행사였습니다. 오랫동안 가족과 격리됐던 재소자들에게도, 무덤보다 더 깊은 마음의 감옥에 갇혀 살아온 가족들에게도 그날 잔치는 가슴 설레는 일이 아닐 수 없었습니다. 이날의 하이라이트는 부모님을 등에 업고 운동장을 한 바퀴 도는 효도관광 달리기대회였습니다. 그런데 참가자들이 하나 둘 출발선상에 모이면서 한껏 고조 됐던 분위기가 갑자기 숙연해지기 시작했습니다. 출발신호가 떨어졌지만, 온 힘을 다해 달리는 주자는 아무도 없었습니다. 아들의 눈물을 훔쳐 주느라 당신 눈가의 눈물을 닦지 못하는 어머니, 아들의 축 처진 등이 안쓰러워 차마 업히지 못하는 아버지…. 교도소 운동장은 이내 울음바다로 변해 버렸습니다. 아니, 서로가 골인지점에 조금이라도 늦게 들어가려고 애를 쓰는 듯한 이상한 경주였습니다. 그것은 결코 말로는 표현할 수 없는 감동의 레이스였습니다. 그들이 원한 건 1등이 아니었습니다. 그들은 그렇게 해서 부모님과 함께 있는 시간을 단 1초라도 연장해 보고 싶었던 것입니다. 하나님께서는 우리에게 부모님이라는 귀한 선물을 주셨습니다. 하지만 항상 함께 하기에 소중함을 모른 채 살아갑니다. 부모님께 효도하고 싶어도 시간이 지나면 기회가 사라지게 됩니다. 부모님께서 함께 계실 때 효도하십시오.

 주님! 부모님의 소중함을 더욱 크게 느끼게 하소서.

 부모님께 전화하여 사랑한다고 말해보십시오.

10만원 짜리 수표의 가치

마 16:26-28   4월 14일

- 마 16:26 사람이 만일 온 천하를 얻고도 제 목숨을 잃으면 무엇이 유익하리요 사람이 무엇을 주고 제 목숨을 바꾸겠느냐
- 요 1:12 영접하는 자 곧 그 이름을 믿는 자들에게는 하나님의 자녀가 되는 권세를 주셨으니

수많은 사람이 모인 세미나에서 강사가 갑자기 호주머니에서 10만원 짜리 수표한 장을 꺼내어 사람들에게 보여주며 말했습니다.

"여러분 이 돈을 갖고 싶지요? 이 돈을 갖고 싶은 사람은 손 한 번 들어보십시오."

그러자 세미나에 참석한 수많은 사람들은 대부분 손을 들었습니다.

그때 강사는 갑자기 10만원 짜리 수표를 손으로 이리저리 마구 구겼습니다.

"여러분! 아직도 이 수표를 원하십니까?"

사람들은 강사의 갑작스런 행동에 놀라면서도 모두 손을 들었습니다.

이번에는 10만원 짜리 수표를 땅바닥에 던지더니 발로 밟으며 더럽게 만들었습니다. 하지만 사람들은 여전히 그 수표를 갖고 싶어 했습니다.

강사는 힘찬 어조로 다음과 같은 결론을 내렸습니다.

"제가 아무리 10만원 짜리 수표를 구기고, 발로 더럽게 했을지라도 그 가치는 전혀 줄어들지 않습니다. 10만원 짜리 수표는 항상 10만원 짜리 수표의 가치가 있는 것입니다."

인생을 살아가다보면 아픔과 실패를 맛보게 됩니다. 우리는 하나님보시기에 귀한 보석과 같이 가치 있는 하나님의 자녀입니다. 마구 구겨지고 짓밟혀도 자신이 가지고 있는 가치는 여전하다는 것을 느낄 수 있는 하루가 되십시오.

 주님! 내가 천하보다 귀한 존재임을 깨닫게 하소서.

 당신의 가치는 얼마 만큼이라고 생각합니까?

인생의 열쇠 "마음"

4월 15일　　　　　　　　　　　　　　　　　　　　요 13:15-20

- 요 13:15 내가 너희에게 행한것 같이 너희도 행하게 하려하여 본을 보였노라
- 엡 5:2 그리스도께서 너희를 사랑하신 것 같이 너희도 사랑 가운데서 행하라 그는 우리를 위하여 자신을 버리사 향기로운 제물과 생축으로 하나님께 드리셨느니라

하일러 브레이시의 책 『HEART』에서는 주인공 해리를 통해 인생의 진실로 들어서는 5가지 열쇠를 제시하고 있습니다.

Hear and understand me.
(저의 이야기를 듣고 이해해주십시오.)

Even if you disagree, please don't make me wrong.
(저의 의견을 받아들이지 않더라도 인격을 나무라지 마십시오.)

Acknowledge the greatness within me.
(저에게 숨겨진 장점을 인정해주십시오.)

Remember to look for my loving intentions.
(애정이 담긴 저의 뜻을 꼭 찾아봐주십시오.)

Tell me the truth with compassion.
(따뜻한 마음으로 저에게 진실을 말씀해주십시오.)

최고의 멘토가 전해주는 인생 경영의 5가지 열쇠는 "마음" 입니다.

인생을 살아가면서 이성적으로 해야 할 일들이 있습니다. 하지만 너무 이성적으로만 일을 하다가 주위 사람들에게 상처를 줄 때도 있습니다. 그리고 결국 자신도 상처를 받게 됩니다. 주님의 마음을 닮아 마음으로 일을 하며, 마음으로 사람을 대하고, 마음으로 사랑하는 그리스도인이 되십시오.

 주님! 진실된 마음으로 모든 일들을 행하게 하소서.

 따뜻한 마음을 가지고 모든 것을 바라보십시오.

행복한 사람과 불행한 사람의 차이

시 100:1-2　　　　　　　　　　　　　　　　　　4월 16일

●시 100:2 기쁨으로 여호와를 섬기며 노래하면서 그 앞에 나아갈찌어다
●사 12:3 그러므로 너희가 기쁨으로 구원의 우물들에서 물을 길으리로다

행복한 사람과 불행한 사람은 이러한 차이가 있다고 합니다.
❶행복한 사람은 남을 위해 기도하고, 불행한 사람은 자기만을 위해 기도한다. ❷남의 칭찬을 잘하는 사람은 행복한 사람이고, 자기 자랑만 하는 사람은 불행한 사람이다. ❸일의 보람을 느낄 줄 아는 사람은 행복한 사람이고, 의무로 일을 하는 사람은 불행한 사람이다. ❹자신의 잘못을 곧바로 인정하는 사람은 행복한 사람이고, 잘못했다는 말을 절대로 하지 않는 사람은 불행한 사람이다. ❺가슴을 펴고 당당하게 걷는 사람은 행복한 사람이고, 고개를 숙이고 걷는 사람은 불행한 사람이다. ❻잘 된 이유를 찾는 사람은 행복하고, 안 될 이유를 찾는 사람은 불행하다. ❼아는 것이 적어도 행동으로 옮기는 사람은 행복한 사람이고, 아는 것이 많아도 실천하지 못하는 사람은 불행하다. ❽겸손과 양보가 몸에 밴 사람은 행복하고, 교만과 거만이 몸에 밴 사람은 한다. ❾좋아하는 사람이 많은 사람은 행복한 사람이고, 미워하는 사람이 많은 사람은 불행한 사람이다. ❿감사함으로 먹는 사람은 행복하고, 불평으로 먹는 사람은 불행하다. 하나님께서 주신 기쁨과 행복한 마음으로 불행함을 뛰어 넘어 승리하는 그리스도인이 되십시오.

💗 주님! 안에서 행복을 찾아가는 사람이 되게 하소서.
 당신은 행복한 사람입니까? 불행한 사람입니까?

배려하는 자세

4월 17일   요 12:6-8

- ●요 12:6 이렇게 말함은 가난한 자들을 생각함이 아니요 저는 도적이라 돈 궤를 맡고 거기 넣는 것을 훔쳐 감이러라
- ●딤전 6:10 돈을 사랑함이 일만 악의 뿌리가 되나니 이것을 사모하는 자들이 미혹을 받아 믿음에서 떠나 많은 근심으로써 자기를 찔렀도다

어느 형제가 길을 가다가 금덩어리를 줍게 되었습니다. 집안이 가난한 두 형제는 얼마나 기뻤는지 모릅니다. 하지만 조금 지나서 동생이 그 금덩어리를 들고 가니까 형의 마음이 왠지 심란해졌습니다.

"나도 좀 들고 가보자."

형이 말하자 동생은 형에게 금덩어리를 주었습니다. 형이 금덩어리를 들고 가자 이번엔 동생의 마음이 심란했습니다. 그 뒤에도 계속 형이 들면 동생이 심란하고, 동생이 들면 형이 심란했습니다. 그러다 두 형제는 배를 타고 한강을 건너게 되었습니다. 배를 타고 가면서도 금덩어리를 서로 주고받던 중에 형은 금덩어리를 물속에 던져버렸습니다. 당황하며 놀라는 동생에게 형은 말했습니다.

"네가 금덩이를 가지고 있으면 내 마음이 이상해져서. 그래서 우리 사이에 의리에 금가지 않게 하려고 금덩어리를 물속에 버렸어."

우리는 종종 물질에 눈이 멀어 마음이 쉽게 변할 때가 있습니다. 그로인해 가족이나 주위 사람들을 잃게 되는 경우도 있습니다. 우리는 하나님의 자녀로서 물질 앞에 정직해야 합니다. 우리의 관계를 어렵게 하는 것이 있으면 제거해 버리십시오. 그리고 물질보다 가족과 주위의 사람들을 더욱 사랑하십시오.

 주님! 물질에 눈이 어두워져서 소중한 것들을 놓치지 않게 하소서.

 인간관계를 어렵게 하는 것이 있다면 버리십시오.

어느 눈먼 이의 헌금

막 12:43-44   4월 18일

- **막 12:43** 예수께서 제자들을 불러다가 이르시되 내가 진실로 너희에게 이르노니 이 가난한 과부는 연보 궤에 넣는 모든 사람보다 많이 넣었도다
- **고후 9:5** 이러므로 내가 이 형제들로 먼저 너희에게 가서 너희의 전에 약속한 연보를 미리 준비케 하도록 권면하는 것이 필요한 줄 생각하였노니 이렇게 준비하여야 참 연보답고 억지가 아니니라

프랑스 파리의 어느 교회에서 선교사를 보내기 위한 헌금을 하는 중이었습니다. 헌금 접시가 눈먼 사람에게 멈추었습니다. 그는 1프랑도 헌금할 수 없는 형편의 사람이었습니다. 그런데 그가 27프랑을 접시에 올려놓는 것이었습니다. 옆 사람이 깜짝 놀라며 물었습니다.

"당신이 어떻게 저 많은 돈을?"

눈먼 사람은 웃으며 대답했습니다.

"저는 눈이 안 보이지요. 그런데 제 친구에게 물어보니 저녁 때 불을 켜는 비용이 일 년에 27프랑이 든다고 하더군요. 나는 불을 켤 필요가 없으니 일 년이면 이만큼의 돈을 저축할 수 있겠구나 하고 모았죠. 그래서 예수님을 몰라 어두운 곳에 있는 사람들에게 참 빛이 비치도록 하고 싶었습니다."

하나님께서는 나눌 때 기쁨을 주시며, 자신 보다 남을 더욱 생각하는 마음 또한 하나님께서 주신 마음입니다. 주변을 돌아보고 자신이 할 수 있는 나눔이 어떤 것들이 있는지 살펴볼 수 있는 하루가 되십시오.

 주님! 물질을 나눌 수 있는 사람이 되게 하소서.

 나눔의 실천을 하고 있습니까?

'하나님 방식대로 경영해보자'

4월 19일 　　　　　　　　　　　　　　　　　　　　신 6:18-25

● 신 6:18 여호와의 보시기에 정직하고 선량한 일을 행하라 그리하면 네가 복을 얻고 여호와께서 네 열조에게 맹세하사 네 대적을 몰수히 네 앞에서 쫓아내리라 하신 아름다운 땅을 들어가서 얻으리니 여호와의 말씀과 같으리라
● 왕하 22:2 요시야가 여호와 보시기에 정직히 행하여 그 조상 다윗의 모든 길로 행하고 좌우로 치우치지 아니하였더라

　　한 호텔은 만년 적자 회사로 알려져 있었습니다. 하지만 회장이 세상을 떠난 후, 회장의 두 아들에게 경영권이 옮겨지자 회사의 수익이 흑자로 돌아섰습니다. 그들은 '하나님의 방식대로 경영을 해보자' 라는 다짐을 하고 호텔 안에 채플실을 세웠습니다. 그뿐만 아니라 관광호텔의 주 수익원인 나이트클럽, 바, 술집 등도 모두 없앴습니다.
　　직원들이나 주위 사람들의 우려와 반발에도 불구하고 그들은 가족들이 편히 쉴 수 있는 공간으로 차별화하는 것을 밀어 붙였습니다.
　　그 후로 가족단위의 고객과 각종 기업들의 세미나, 워크숍 장소로 소문이 나면서 주변의 호텔 중 유일하게 흑자를 내는 관광호텔이 되었습니다.
　　하나님 아버지를 중심으로 정직하게 경영하게 되면, 하나님의 축복의 손이 늘 함께 하십니다. 그러나 때로는 세상 사람들의 비난을 받을 수도 있습니다. 하지만 우리는 늘 진리의 편에 서야 합니다. 하나님의 마음에 합한 자가 되어 주님의 나라를 위해 경영하는 그리스도인이 되십시오.

 주님! 나에게 주어진 일을 주님의 방식대로 경영하게 하소서.
 주님 앞에 정직한 모습을 지니고 있는지 돌아봅시다.

아름다운 나눔

고후 1:11-17　　　　　　　　　　　　　　　　　　　4월 20일

- 고후 1:11 너희도 우리를 위하여 간구함으로 도우라 이는 우리가 많은 사람의 기도로 얻은 은사를 인하여 많은 사람도 우리를 위하여 감사하게 하려 함이라
- 딛 3:8 이 말이 미쁘도다 원컨대 네가 이 여러 것에 대하여 굳세게 말하라 이는 하나님을 믿는 자들로 하여금 조심하여 선한 일을 힘쓰게 하려 함이라 이것은 아름다우며 사람들에게 유익하니라

네 손가락의 피아니스트로 잘 알려진 이희아 양은 양손에 손가락이 두 개씩 있고 무릎아래 다리가 없는 선천성 사지기형 장애인입니다.

하지만 피아니스트로 맹활약하여 전 세계 사람들에게 감동을 주고 있습니다.

그녀는 '한·중 수교 15주년'을 기념하며, 2008년 '베이징 장애인 올림픽' 성공유치를 기원하기 위해 중국에서 피아노 독주회를 열었습니다. 또한 이번 연주회에서 거둔 수익금 대부분을 실명위기에 처한 가난한 중국의 선천성 어린이 녹내장 환자 돕기 기금으로 기부하여 사람들의 마음을 더욱더 훈훈하게 하고 있습니다.

자신도 장애를 가졌음에도 다른 이를 돕는다는 것은 쉬운 일이 아닙니다. 더욱이 이웃을 위해 대가없는 선을 베푸는 그녀의 모습은 우리가 닮아야 할 아름다운 모습입니다. 하나님께서 우리에게 물질을 주셨고, 또한 건강한 육체를 주셨음에 감사해야 합니다. 물질과 건강을 받은 우리는 아낌없이 감사하는 마음으로 이웃을 위해 나누어야 합니다.

그리고 우리도 물질을 아름답게 쓸 수 있는 법을 알아야 합니다. 감사한 마음으로 이웃을 도와 아름다운 세상을 만드십시오.

 주님! 감사함으로 어려운 이웃들과 나누는 삶을 살게 하소서.
 물질을 아름답게 쓸 수 있도록 노력하는 하루가 되십시오.

성공을 가로막는 10가지 거짓말

4월 21일　　　　　　　　　　　　　　　　　　　　마 3:8-12

- 마 3:8 그러므로 회개에 합당한 열매를 맺고
- 행 3:19 그러므로 너희가 회개하고 돌이켜 너희 죄 없이 함을 받으라 이같이 하면 유쾌하게 되는 날이 주 앞으로부터 이를 것이요

'성공을 가로막는 10가지 거짓말' 이란 글을 소개합니다.
01. "하고 싶지만 시간이 없어"
02. "인맥이 있어야 뭘 하지"
03. "이 나이에 뭘 할 수 있겠어"
04. "왜 나에겐 걱정거리만 생기지?"
05. "이런 것도 못하다니 난 실패자야"
06. "사실 난 할 용기가 없어"
07. "사람들이 날 화나게 해"
08. "오랜 습관이라 버리기 힘들어"
09. "난 원래 이렇게 생겨먹었어"
10. "상황이 협조를 안 해줘"

한 번 정도는 해보았을 말들입니다. 또한 무의식 속에서 자신 없는 말들을 하곤 합니다. 그런데, 전지전능하신 하나님이 우리 하늘아버지입니다. 그리고 그분이 우리의 길을 인도하시며, 우리를 향해 성공적인 인생을 예비해두고 계십니다. 성공을 가로막는 거짓된 소리를 멀리 하십시오. 그리고 유익되며 긍정적인 말들을 하도록 노력하는 하루가 되십시오.

 주님! 부정적인 말과 생각에서 벗어나게 하소서.

 어떠한 부정적인 거짓말로 당신의 성공을 가로막고 있습니까?

군중 심리가 개인의 결정에 미치는 영향

마 9:22-26   4월 22일

● 마 9:22 예수께서 돌이켜 그를 보시며 가라사대 딸아 안심하라 네 믿음이 너를 구원하였다 하시니 여자가 그 시로 구원을 받으니라
● 요 20:27 도마에게 이르시되 네 손가락을 이리 내밀어 내 손을 보고 네 손을 내밀어 내 옆구리에 넣어보라 그리하고 믿음 없는 자가 되지 말고 믿는 자가 되라

한 심리학자는 '군중 심리가 개인의 결정에 미치는 영향'을 연구하기 위해 실험을 했습니다.

비슷한 크기의 두 판에 하나는 검정색으로 칠하고, 또 다른 하나는 회색으로 칠했습니다. 그리고는 선생님과 50명의 학생 중 40명의 학생들끼리만 미리 약속을 했습니다. 선생님이 "어느 판이 검정색입니까?"라고 물으면 40명의 학생 모두가 회색 판을 가리키기로 한 것입니다. 이때 나머지 학생들이 어떠한 반응을 나타내는가를 보는 실험이었습니다. 심리학자는 이 실험을 열 번에 거쳐 실시하였습니다. 처음에는 열 명 모두가 진짜 검정색 판을 가리켰습니다. 하지만 계속 실험이 반복되고 선생님과 40명의 학생들이 회색을 가리키며 검정색이라고 하자, 마지막에 가서는 한 명의 학생을 제외하고는 나머지 9명이 모두 회색을 검정색이라고 가리켰습니다. 심리학자는 이 실험을 통해 대부분의 사람들이 어떤 결정을 내릴 때 진리를 좇기보다는 다수의 의견에 따라 결정한다는 것을 알 수 있었습니다. 물론 예외도 있습니다. 하지만 대부분의 사람들이 다수의 의견을 따랐습니다. 여기서 우리는 자신의 신앙을 살펴보아야 합니다. 만약 믿음이 흔들려 갈팡질팡 하고 있다면, 주님을 믿는 중심을 가지고 주님의 뜻을 따르십시오. 믿음의 절개를 지키는 하루가 되십시오.

 주님! 흔들리지 않는 굳건한 믿음을 가지게 하소서.
 나는 흔들림이 없는 믿음의 소유자입니까?

네 자매의 성공비결

4월 23일　　　　　　　　　　　　　　　　　　　　**빌 2:22-30**

- 빌 2:22 디모데의 연단을 너희가 아나니 자식이 아비에게 함같이 나와 함께 복음을 위하여 수고하였느니라
- 딤전 1:2 믿음 안에서 참 아들 된 디모데에게 편지하노니 하나님 아버지와 그리스도 예수 우리 주께로부터 은혜와 긍휼과 평강이 네게 있을찌어다

　　미국 경제신문 월스트리트저널은 최근 캠벨 수프 미국법인 데니즈 설리번 모리슨 사장의 네 자매의 성공스토리를 보도했습니다.
　　관리직의 절반만 여성이고 고위직 여성이 남성의 6분의 1에 불과한 미국 기업환경 속에서 이들 자매는 각각의 회사에서 중직을 맡아 이례적인 모습을 보여주고 있습니다.
　　데니즈 설리번 모리스 사장의 첫째 동생은 통신회사 시티즌스 커뮤니케이션의 회장 겸 최고경영자이며, 둘째 동생은 여행업체 판매담당 부사장입니다. 막내 동생은 최근까지 통신회사의 부사장으로 일했다고 합니다.
　　네 자매는 성공 비결이 '부모님의 가정교육' 이라고 말합니다.
　　"아버지가 가르쳐준 것은 '목표를 높이 가져라. 원하는 것을 얻지 못하면 무엇이 잘못됐는지 분석하고 다시 시도하라' 는 것이었다."
　　네 자매의 아버지는 딸들을 독립적이고 단호하면서 큰 목표를 갖도록 격려했으며, 어머니 또한 딸들에게 야망도 여성다움의 한 부분이라고 가르쳤습니다.
　　네 자매가 모두 성공할 수 있었던 것은 부모의 아낌없는 격려와 독립할 수 있는 힘을 주었기 때문입니다. 우리의 자녀가 하나님 나라의 큰 일꾼이 될 수 있도록 영향력을 끼치는 부모가 되십시오.

 주님! 자녀에게 영향력을 끼치는 부모가 되게 하소서.
 자녀에게 어떠한 영향을 끼치고 있습니까?

하나님을 경외함

시 21:11-12   4월 24일

- ●시 2:11 여호와를 경외함으로 섬기고 떨며 즐거워할지어다
- ●눅 15:9 또 찾은즉 벗과 이웃을 불러 모으고 말하되 나와 함께 즐기자 잃은 드라크마를 찾았노라 하리라

박샤론 자매는 2006년 미스코리아 선이며, 다일공동체 캄보디아 시암리아프 밥퍼 사역의 홍보대사이기도 합니다. 그녀는 밥퍼 사역 홍보대사답게 틈만 나면 열정적으로 홍보에 나서며, 평소에도 서울 청량리 밥퍼 사역 현장이나 보육원, 양로원 등 이웃돕기 자선행사에 자주 참가합니다. 평소에 성경도 열심히 읽고, 하나님의 은혜를 사모하며, 성경공부 순장으로 순원들과 애경사를 함께하기도 합니다.

요즘 그녀의 기도제목은 '처한 자리에서 하나님의 선한 영향력을 발휘하자' 라고 합니다.

"고운 것도 거짓되고 아름다운 것도 거짓이나 오직 여호와를 경외하는 여자는 칭찬을 받을 것이니라."

성경 말씀은 박샤론 자매를 나타내는 말씀인 것 같습니다.

박샤론 자매의 아름다움은 여호와를 경외하며, 그 은혜를 이웃에게 나눠 줌으로서 더 커지는 것 같습니다.

이 세상의 사라질 아름다움을 소망하기 보다는 하나님께서 주시는 참된 아름다움을 소망하는 삶을 사십시오.

 주님! 하나님을 경외하는 삶을 살게 하소서.
 이웃을 돌아볼 수 있는 아름다운 사람이 되십시오.

남편이 아내에게 바라는 5가지

4월 25일   창 2:18-25

● 창 2:18 여호와 하나님이 가라사대 사람의 독처하는 것이 좋지 못하니 내가 그를 위하여 돕는 배필을 지으리라 하시니라
● 벧전 3:7 남편 된 자들아 이와 같이 지식을 따라 너희 아내와 동거하고 저는 더 연약한 그릇이요 또 생명의 은혜를 유업으로 함께 받을 자로 알아 귀히 여기라 이는 너희 기도가 막히지 아니하게 하려 함이라

'부부행복 비결'을 전파하는 박수웅 장로님과 김예자 권사님이 말한 '남편이 아내에게 바라는 5가지' 입니다.

1. 부부가 좋은 짝을 이루기 위해서는 부부관계에 있어서 서로에 대한 지식과 쾌감, 불쾌감들을 이야기하고 개선해야 한다.

2. 남편의 취미생활을 파악하고 남편과 많은 시간을 보내기 위해 아내의 취미 생활을 줄이거나 포기할 수 있는지 점검해본다.

3. 대부분의 남성들은 여성의 내면적인 아름다움만으로는 만족하지 못하므로 매력적인 몸매를 위해 노력해야 한다.

4. 외면적으로는 힘 있고 모든 일을 잘 처리하는 성공적인 남편도 내면에는 많은 걱정과 불안감이 있다. 정숙하고 지혜로운 내조가 필요하다.

5. 남성은 배우자가 가장 열렬한 팬이길 원한다. 아내의 지원과 격려는 아내에게 활력과 자신감을 불어넣어 줌을 알라.

부부에게 문제가 있을 수 있습니다. 그 문제를 주 안에서 풀어나가야 합니다. 또한 서로에게 필요한 것을 채워주는 역할을 해야 합니다. 하나님께서 만나게 해주신 배우자를 사랑하고 배려하는 하루가 되십시오.

 주님! 남편이 바라는 아내가 될 수 있게 하소서.
 남편을 위해 어떤 내조를 하고 있습니까?

생각의 차이

마 14:31-33   4월 26일

- 마 14:31 예수께서 즉시 손을 내밀어 저를 붙잡으시며 가라사대 믿음이 적은 자여 왜 의심하였느냐 하시고
- 롬 14:1 믿음이 연약한 자를 너희가 받되 그의 의심하는 바를 비판하지 말라

브라이언 카바노프의 『씨 뿌리는 사람의 씨앗』이란 책 속에 나오는 이야기입니다.

한 농부가 있었습니다.

하루는 도끼를 잃어버려 한참을 찾다가 이웃집 청년을 의심했습니다. 그 청년은 도둑처럼 걸었고, 도둑처럼 말했으며, 도둑처럼 행동하는 것 같았습니다. 그런데 다음 날 농부는 자신의 밭을 걷다가 그곳에서 자신이 잃어버린 도끼를 발견했습니다.

그 다음부터 농부는 이웃집 청년을 보면서 그 청년은 다른 청년들과 똑같이 걷고, 똑같이 말하고, 똑같이 행동하고 있다는 생각이 들었습니다.

간단한 이야기이지만, 부정적인 생각은 부정적인 시각을 가져옵니다.

우리의 긍정적인 생각이 세상을 긍정적으로 바라볼 수 있게 합니다. 주님께서 주신 믿음의 눈과 넓은 마음으로 모든 이들을 바라보십시오.

 주님! 긍정적인 생각과 시각을 가지게 하소서.

 농부처럼 의심을 가지고 누군가를 오해한 적이 있습니까?

"1초에 기뻐하고 1초에 운다"

4월 27일   시 90:1-12

- 시 90:12 우리에게 우리 날 계수함을 가르치사 지혜의 마음을 얻게 하소서
- 딤후 2:2 또 네가 많은 증인 앞에서 내게 들은 바를 충성된 사람들에게 부탁하라 저희가 또 다른 사람들을 가르칠 수 있으리라

한 일본 시계 광고 글입니다.
"1초에 기뻐하고 1초에 운다."

1. 처음 뵙겠습니다.
1초 동안 할 수 있는 이 짧은 말로 일생의 순간을 느낄 때가 있다.

2. 고마워요.
1초 동안 할 수 있는 이 짧은 말로 사람의 따뜻함을 알 때가 있다.

3. 힘내세요.
1초 동안 할 수 있는 이 짧은 말로 용기가 되살아날 때가 있다.

4. 축하해요.
1초 동안 할 수 있는 이 짧은 말로 행복이 넘치는 때가 있다.

5. 용서하세요.
1초 동안 할 수 있는 이 짧은 말에서 인간의 약한 모습을 볼 때가 있다.

6. 안녕.
1초 동안 할 수 있는 이 짧은 말이 일생 동안의 이별을 가져 올 때가 있다.

짧은 1초 동안, 우리는 마음과 생각을 전할 수 있습니다. 오늘 '1초의 시간'을 내어 따뜻한 마음을 표현 할 수 있는 하루가 되시기 바랍니다.

 주님! 1초의 시간을 잘 활용하게 하소서.

 주위 사람들에게 한마디의 말로 따뜻한 마음을 전하십시오.

차별화된 전도 방법

요 1:46-51   4월 28일

- 요 1:46 나다나엘이 가로되 나사렛에서 무슨 선한 것이 날 수 있느냐 빌립이 가로되 와 보라 하니라
- 딤후 4:17 주께서 내 곁에 서서 나를 강건케 하심은 나로 말미암아 전도의 말씀이 온전히 전파되어 이방인으로 듣게 하려 하심이니 내가 사자의 입에서 건지웠느니라

"크리스피 크림 도넛"매장에서 고객들은 줄을 서서 기다리는 동안에 도넛이 기름에 튀겨진 후, 그 위로 떨어지는 시럽을 볼 수 있을 뿐만 아니라, 갓 구워진 따끈한 도넛 한 개를 공짜로 제공받을 수 있습니다.

이러한 재미있는 도넛여행이 크리스피 크림의 매출액을 2년 만에 두 배 가까이 늘리게 된 비결이라고 한 기업의 경제 연구원은 보고서에서 밝혔습니다.

연구원은 "물질적으로 풍부해짐에 따라 고객들은 제품의 기능이나 편익에 만족하지 않고 정신적인 만족을 추구하려는 경향이 강해지고 있습니다. 이같은 최근 트렌드에서 고객의 총체적 경험이 이제 차별화의 새로운 요소로 각광받고 있습니다."라고 말했습니다.

전도도 마찬가지입니다. 사람들은 세상이 물질적으로 풍부해짐에 따라 주님과 교회를 떠나거나, 주님을 찾을 필요성을 점점 느끼지 못하게 되는 경우가 있습니다.

우리는 그들을 위해 좀더 차별화된 전도의 방법을 찾아, 그들에게 예수님을 만날 수 있도록 도와야 합니다. 오늘도 믿지 않는 사람들의 입장에 서서 그들에게 알맞은 전도의 방법들을 생각해보는 하루가 되십시오.

 주님! 주님을 믿지 않는 이들의 입장에서 생각하게 하소서.

 차별화된 전도 방법을 생각해 봅시다.

사랑의 연

4월 29일　　　　　　　　　　　　　　　　　　　　　　마 5:44-48

- 마 5:44 나는 너희에게 이르노니 너희 원수를 사랑하며 너희를 핍박하는 자를 위하여 기도하라
- 갈 6:10 그러므로 우리는 기회 있는대로 모든 이에게 착한 일을 하되 더욱 믿음의 가정들에게 할찌니라

한 남자가 중죄를 지어 종신형을 선고 받고 모든 것을 포기한 채 절망으로 하루하루를 보내며 살았습니다. 그는 말 한 마디, 웃음 한번 흘릴 줄을 몰랐습니다. 어느 날 아침, 운동장에서 운동을 할 때, 육척 담벼락 너머로 연 하나가 떠오르는 것이 보였습니다. 연은 바람을 타고 하늘 높은 곳까지 올라갔습니다. "나도 저렇게 좀 훨훨 날아 봤으면…."

재소자들의 이런 마음들을 싣고 연은 교도소 하늘 위를 한참이나 맴돌다가, 아침 운동시간이 끝나자 모습을 감추었습니다. 다음날도 그 다음날도 연은 같은 자리에서 떠올라 교도소 하늘을 맴돌았습니다. 연의 비밀이 궁금해진 그는 교도관에게 물었습니다. "대체 누가 연을 띄우는 겁니까? 무슨 일이죠?" "몰랐습니까? 당신 아들이라던데…."

자신의 아들이란 말에 그는 정신이 번쩍 들었습니다. 교도소에 들어올 때, 겨우 걸음마를 뗀 철부지였는데 그 아들이 그새 자라 아버지를 향해 뭔가 말을 하고 있는 것이었습니다. 그날부터 그의 생활은 달라졌습니다. 기운을 추스르고 누구보다도 열심히 일했으며, 진정으로 참회해 형량까지 줄게 됐습니다. 마침내 그가 출소하던 날, 교도소 담장밖엔 어느새 청년이 된 아들이 연을 날리고 있었습니다. 눈시울이 붉어진 아버지를 아들이 맞이했습니다. 이처럼 가족의 사랑과 희망은 한 사람의 인생을 바꿀 수 있는 영향력을 가집니다. 오늘도 사랑의 연을 띄울 수 있는 하루가 되십시오.

 주님! 사랑이 가득한 가정이 되게 하소서.

 가족에게 전화를 걸어 사랑과 희망의 말을 전해봅시다.

바위와 나무의 사랑

마 27:46-56　　　　　　　　　　　　　　　　　　　　　4월 30일

- **마 27:46** 제 구시 즈음에 예수께서 크게 소리질러 가라사대 엘리 엘리 라마 사박다니 하시니 이는 곧 나의 하나님, 나의 하나님, 어찌하여 나를 버리셨나이까 하는 뜻이라
- **고전 12:26** 만일 한 지체가 고통을 받으면 모든 지체도 함께 고통을 받고 한 지체가 영광을 얻으면 모든 지체도 함께 즐거워하나니

어느 날, 해변의 오랜 풍화작용으로 인해 갈라져 있는 바위 절벽의 틈에서 파란 싹이 돋아났습니다. 바위는 너무도 위험한 곳에 뿌리를 내린 싹이 안타까웠습니다. 그러나 싹은 그 좁은 틈에서도 무럭무럭 자라나 나무가 되었습니다. 바위는 말했습니다.

"다른 곳에 뿌리를 내렸으면 정말 멋있는 나무가 되었을 텐데…."

"그런 말 하지마…. 세상에서 난 이곳이 제일 좋아."

말은 그렇게 했지만, 나무는 고통스러웠습니다. 시간이 지날수록 물이 부족했고, 나무가 뿌리를 뻗으면 뻗을수록 균열이 심해져서 바위도 고통스러웠습니다. 나무와 바위는 그렇게 수십 년을 살았는데 어느 날 밤, 폭풍우가 몰아쳤습니다. 나무와 바위는 꼭 끌어안고 운명을 같이 하며 서로에게 말했습니다. "난 이곳에서 수만 년을 살았어. 이제야 그 이유를 알겠어. 난 너를 만나기 위해 수만 년을 기다렸던 거야. 네가 오고 나서 난 기쁨이 뭔지를 알았어." "나도 그랬어. 이곳에 살면서 한 번도 슬프지 않았어."

나무와 바위는 서로의 고통을 참으면서까지 서로를 아끼고 사랑했습니다. 우리는 종종 자신의 아픔 때문에 다른 사람을 사랑하지 못하고 더 나아가 원망할 때가 있습니다. 또한 우리를 위해 돌아가신 예수님의 고통을 모른 채 살아갑니다. 내 고통뿐만 아니라, 다른 사람들의 고통마저도 포용할 수 있는 예수님을 닮은 그리스도인이 되십시오.

 주님! 나를 위해 고통당하신 주님을 생각하게 하소서.

 바위와 나무와 같은 마음과 사랑을 가지고 있습니까?

5

하나님 앞에 온전히
헌신하여 영광과 기쁨을
드리는 삶이야말로
가장 가치있는 삶입니다.

아이의 '안전담요'

5월 1일　　　　　　　　　　　　　　　　　　　　　　**마 8:10-13**

●마 8:10 예수께서 들으시고 기이히 여겨 좇는 자들에게 이르시되 내가 진실로 너희에게 이르노니 이스라엘 중 아무에게서도 이만한 믿음을 만나보지 못하였노라
●눅 12:28 오늘 있다가 내일 아궁이에 던지우는 들풀도 하나님이 이렇게 입히시거든 하물며 너희일까보냐 믿음이 적은 자들아

어디를 가든 자신의 '안전 담요'를 지니고 다니는 한 아이가 있었습니다. 게다가 아이는 담요를 꼭 안아 따뜻함을 느껴야 편안히 잠을 잘 수 있었습니다. 어느 날, 아이의 아빠는 해외출장을 가게 되었습니다.
　아이의 엄마가 아빠의 여행 짐을 꾸리고 있을 때, 아이는 아빠에게 계속 어디로 가는지, 얼마나 가야 하는지, 왜 가야 하는지, 또 누구와 함께 가는지 등을 물었습니다. 또한 아이는 아빠가 좋지 않은 날씨에 자신이 가장 무서워하는 소형비행기를 타야 한다는 것을 무척 걱정했습니다. 아빠는 아이에게 아무 일도 생기지 않을 것이라고 재차 말하며, 자신이 돌아올 때까지 엄마를 보살피라고 당부했습니다. 현관에서 서로 포옹한 다음, 아빠는 공항으로 출발했습니다. 엄마는 아이를 안고 창문에 기대어 아빠가 자동차를 몰고 가는 모습을 보여주며, 아빠가 무사히 돌아오길 함께 기도했습니다. "사랑하는 하나님, 아빠가 탄 비행기가 안전하게 착륙할 수 있도록 도와주십시오." 기도를 마치자, 아이는 엄마를 위로하며 말했습니다. "엄마, 걱정하지 마세요. 내가 '안전 담요'를 아빠에게 주었거든요. 그러니 아빠한테는 아무 일도 생기지 않을 거예요."
　어린아이와 같은 순수한 믿음을 가지고, '안전 담요'를 나눠줄 수 있는 하루가 되십시오.

 주님! 순수한 믿음을 가진 신앙인이 되게 하소서.
 당신의 안전담요는 무엇입니까?

창의성 죽이는 상사의 유형

엡 4:1-2   5월 2일

- 엡 4:2 모든 겸손과 온유로 하고 오래 참음으로 사랑 가운데서 서로 용납하고
- 빌 2:3 아무 일에든지 다툼이나 허영으로 하지 말고 오직 겸손한 마음으로 각각 자기보다 남을 낫게 여기고

한 기업의 경제 연구원은 '이런 상사가 창의성 죽인다'라는 보고서를 발표하였습니다. 직원의 창의성을 죽이는 상사의 6가지 유형을 보고, 자신을 점검해볼 수 있는 시간이 되시기 바랍니다.

1. 유아독존형/ 부하의 말을 경청하는 자세가 부족하고, 자신의 생각만을 강요한다.
2. 눈뜬 장님형/ 새 제안에 대해 "성공하겠나?"라는 식으로 '혁신의 싹'을 싹둑 잘라버린다.
3. 일 중독형(감성결핍)/ 부하의 고충이나 스트레스 등 정서적 측면을 등한시한다.
4. 완벽주의형(실패불용)/ '정당한 실수', '정당한 실패'가 용납되지 않는다.
5. 복사기형/ 다른 기업을 보고 따라하는 'Me-too' 의식을 가진다.
6. 하루살이형/ 단기성과에만 관심을 기울인다.

우리는 누구에게 걸림돌이 되는 사람이 되어서는 안 됩니다. 겸손한 마음으로 상대가 누구든 존중할 때 존경을 받습니다. 일의 능률은 향상됩니다. 오늘 하루도 배려하는 마음을 가지고, 상대방의 의견에 귀 기울여 보십시오.

 주님! 겸손한 사람이 되게 하소서.
 당신은 위 유형 중 어디에 속합니까?

생명력 있는 희망

5월 3일　　　　　　　　　　　　　　　　　　　　　　**마 11:28-30**

- 마 11:28 수고하고 무거운 짐진 자들아 다 내게로 오라 내가 너희를 쉬게 하리라
- 요 6:51 나는 하늘로서 내려온 산 떡이니 사람이 이 떡을 먹으면 영생하리라 나의 줄 떡은 곧 세상의 생명을 위한 내 살이로라 하시니라

　이제 7세가 된 어린 숀은 의사로부터 "살 수 없다"라는 절망적인 판정을 받았습니다. 평소에 야구를 무척이나 좋아했던 숀은 보스턴 레드삭스의 홈런왕 스테플턴의 열렬한 팬이었습니다.
　어느 날 숀의 아버지는 홈런왕 스테플턴에게 편지 한 통을 보냈습니다.
　"제 아들이 지금 뇌암 판정을 받아 시한부로 죽어가고 있습니다. 당신의 열렬한 팬인 숀이 마지막으로 당신을 보기를 원합니다."
　편지를 본 스테플턴은 그 부탁에 감동을 받아 숀이 입원한 병원을 방문하였습니다.
　"숀, 내일 너를 위해 멋진 홈런을 날려줄게. 희망을 버리지 마라."
　숀은 크게 기뻐하였습니다. 이튿날, 스테플턴은 숀과의 약속을 지켜 홈런을 쳤습니다. 그 소식을 들은 숀은 병상에서 환호했습니다. 그런데 그때부터 숀의 병세는 호전되기 시작했습니다. 5개월 후에는 암세포가 말끔히 사라지는 기적이 일어나 퇴원할 수 있었습니다.
　희망을 갖는다는 것은 새로운 생명을 갖는다는 것과 동일합니다. 우리는 생명력 있는 예수 그리스도의 말씀으로 사람들에게 희망의 메시지를 전해야 합니다.
　오늘 하루도 희망을 전하는 크리스천 메신저가 되십시오.

 주님! 희망을 줄 수 있는 그리스도인이 되게 하소서.
 주변 사람들에게 희망의 말을 전하십시오.

어머니의 사랑

골 3:15-17　　　　　　　　　　　　　　　　5월 4일

- 골 3:15 그리스도의 평강이 너희 마음을 주장하게 하라 평강을 위하여 너희가 한 몸으로 부르심을 받았나니 또한 너희는 감사하는 자가 되라
- 살전 3:9 우리가 우리 하나님 앞에서 너희를 인하여 모든 기쁨으로 기뻐하니 너희를 위하여 능히 어떠한 감사함으로 하나님께 보답할꼬

　어머니와 단둘이 사는 청년이 있었습니다. 청년은 뜻하지 않게 교통사고를 당해 불행히도 두 눈을 실명한 상태였습니다. 청년은 깊은 절망에 빠져 자신에게 닥친 상황을 받아들이려 하지 않았습니다. 그는 어느 누구와도 말 한마디 하지 않고, 마음의 문을 철저하게 닫은 채 우울하게 지냈습니다. 곁에서 그 모습을 말없이 지켜보는 어머니의 가슴은 말할 수 없이 아팠습니다.
　그렇게 지내던 어느 날, 청년에게 기쁜 소식이 전해졌습니다. 이름을 밝히지 않은 누군가가 그에게 한쪽 눈을 기증하겠다는 것이었습니다. 결국 이식 수술을 한 청년은 자신을 간호하는 어머니에게 앞으로 어떻게 애꾸눈으로 살아가냐며 계속 투정을 부렸습니다. 하지만 어머니는 청년의 말을 묵묵히 듣고만 있었습니다. 드디어 청년은 붕대를 풀게 되었습니다. 그런데 붕대를 모두 풀고 앞을 본 순간 청년의 눈에서는 굵은 눈물방울이 떨어지고 말았습니다. 그의 앞에는 한쪽 눈만을 가진 어머니가 애틋한 표정으로 아들을 바라보고 있었던 것입니다. "두 눈을 다 주고 싶었다. 하지만 그러면 내가 네게 짐이 될 것 같아서." 어머니는 끝내 말을 다 잇지 못하고 눈물을 흘리셨습니다. 어머니의 사랑에 감사하며, 조금이라도 보답 할 수 있는 시간을 가져봅시다.

 주님! 부모님의 사랑에 감사하게 하소서.
 부모님께 감사의 표현을 해봅시다.

호롱불과 같은 사람

5월 5일 마 4:1-16

- 마 4:16 흑암에 앉은 백성이 큰 빛을 보았고 사망의 땅과 그늘에 앉은 자들에게 빛이 비취었도다 하였느니라
- 마 5:14 너희는 세상의 빛이라 산위에 있는 동네가 숨기우지 못할 것이요

어느 탄광촌에 한 소년이 살고 있었습니다. 어느 날 소년은 하루 종일 친구들과 뛰어 놀다가 아름다운 빛을 내는 보석을 주웠습니다. 날이 저물어 탄광에서 아버지가 돌아오자 소년은 자랑스럽게 보석을 내밀며 "아빠, 이것 보세요. 예쁘죠? 놀다가 주웠어요. 난 이런 보석 같은 사람이 될 거예요. 늘 이렇게 반짝이는 보석 같은 어른 말이예요"라고 말했습니다. 그 말을 들은 아버지는 한참동안 소년을 가만히 바라보더니 창가에 걸려있는 호롱불 쪽으로 걸어가 성냥으로 불을 밝혔습니다. 어두웠던 방안이 환해졌습니다. 아버지는 소년에게 호롱불을 보여 주며 말했습니다.

"얘야, 보석 같은 사람보다 이런 호롱불 같은 사람이 되려무나."

소년은 바람만 불면 훅 꺼져 버리는 작고 보잘 것 없는 호롱불 같은 사람이 되라는 아버지의 말이 잘 이해되지 않아 어리둥절한 표정을 지었습니다. 그러자 아버지가 자상히 설명해 주었습니다. "아들아, 보석은 태양아래서만 아름다움을 뽐낼 수 있단다. 태양의 힘을 빌려 빛을 내는 건 참된 빛이 아니란다. 너는 이 호롱불처럼 세상이 어두울 때 제 몸을 태워 세상과 사람들의 가슴을 환하게 밝혀주는 사람이 되어라." 진정한 그리스도인은 어느 곳에서든지 어둠을 환하게 비춰줄 수 있는 그런 빛의 역할을 해야 합니다. 진정한 그리스도인인 당신은 가는 모든 곳과 모든 사람들의 마음에 사랑과 믿음의 빛을 환하게 비추고 있습니다. 자신이 작고 초라해 보일지라도 낙심하지 마십시오.

 주님! 세상과 사람들의 마음에 빛을 비추게 하소서.

 당신은 보석과 같은 사람입니까? 호롱불과 같은 사람입니까?

구원 받을 만한 가치

마 1:21-25   5월 6일

- 마 1:21 아들을 낳으리니 이름을 예수라 하라 이는 그가 자기 백성을 저희 죄에서 구원할 자이심이라 하니라
- 요 10:9 내가 문이니 누구든지 나로 말미암아 들어가면 구원을 얻고 또는 들어가며 나오며 꼴을 얻으리라

한 남자가 위험한 파도 속을 헤엄쳐 가서 바다에 빠진 한 소년을 구조했습니다.

얼마 후, 의식을 되찾은 소년이 자기를 구해 준 남자에게 말했습니다.

"제 생명을 구해 주셔서 고맙습니다."

남자는 소년의 눈을 들여다보면서 말했습니다.

"괜찮다, 꼬마야. 다만 너의 생명이 구조할 만한 가치가 있는 것이었다는 것을 앞으로 너의 인생에서 증명해 보이거라."

브라이언 카바노프의 『씨 뿌리는 사람의 더 많은 씨앗』에 나온 이야기입니다. 이 남자의 마음이 예수님의 마음과 같을 것입니다. 예수님께서는 우리를 위해 돌아가셨고, 그로인해 우리는 구원 받았습니다. 그 만큼 우리는 가치 있는 존재입니다. 또한 우리는 많은 이들의 구원을 위해 복음을 전해야하는 가치 있는 사명을 받았습니다.

나를 구원해주심이 매우 가치 있는 일이었음을 증명할 수 있는 멋진 신앙인이 되십시오.

 주님! 구원해주심에 감사하게 하소서.
 요즘 당신이 전도할 대상은 누구입니까?

하나님과의 진정한 만남

5월 7일   고전 15:9-11

- **고전 15:9** 나는 사도 중에 지극히 작은 자라 내가 하나님의 교회를 핍박하였으므로 사도라 칭함을 받기에 감당치 못할 자로라
- **딤전 1:13** 내가 전에는 훼방자요 핍박자요 포행자이었으나 도리어 긍휼을 입은 것은 내가 믿지 아니할 때에 알지 못하고 행하였음이라

매일같이 술을 마시고, 노름으로 재산을 날리며, 폭행을 일삼는 사람이 교회에 나가게 되자, 그를 아는 사람들은 고개를 가로저으며 "저런 사람이 교회를 다녀 봤자 달라질게 있겠어?"라고 흉을 보았습니다.

어느 날 한 친구가 그에게 "교회에서 목사님이 무어라 가르치시던가?"라고 물었습니다. 그러자 그는 "착하게 살라고 하기도 하고, 뭐 그런 말씀을 하신 것 같기도 한데 잘 모르겠어"라고 대답했습니다.

"그럼 성경은 누가 썼다던가?" "글쎄, 잘 모르겠는걸." 친구가 계속 질문을 했지만, 그의 대답은 모두 신통치 않았습니다. 그러자 친구는 답답하다는 듯이 "도대체 교회에 다닌다면서 자네가 배운 것이 뭔가?"라고 물었습니다. "그런 건 잘 모르겠는데, 확실히 달라진 것이 있다네. 전에는 술이 없으면 못 살았는데 요즘은 술 생각이 별로 나질 않아. 그리고 전에는 퇴근만 하면 노름방으로 달려갔는데 지금은 집에 빨리 가고 싶고, 전에는 애들이 나만 보면 슬슬 피했는데 지금은 나랑 함께 저녁식사를 하려고 기다린다네. 그리고 아내도 전에는 내가 퇴근해서 집에 가면 나를 쳐다보지도 못했는데, 지금은 내가 퇴근할 무렵이면 대문 앞까지 나와 나를 기다린다네."

예수님은 지식과 정보로 만나는 것이 아닙니다. 지적 만족을 채우기 보다는 체험 있는 신앙으로 삶에서, 행동에서 변화가 나타나는 진정한 그리스도인이 되십시오.

 주님! 주님으로 늘 변화의 체험을 하게 하소서.
 주님 때문에 행동이나 삶의 변화가 있었다면 간증해 하십시오.

아버지의 사랑

롬 13:1-10   5월 8일

- **롬 13:10** 사랑은 이웃에게 악을 행치 아니하나니 그러므로 사랑은 율법의 완성이니라
- **요일 3:1** 보라 아버지께서 어떠한 사랑을 우리에게 주사 하나님의 자녀라 일컬음을 얻게 하셨는고, 우리가 그러하도다 그러므로 세상이 우리를 알지 못함은 그를 알지 못함이니라

한 소녀가 어릴 적부터 아버지에게서 "난 널 사랑한다. 아가야"라는 말을 들으면서 자랐습니다. 소녀가 어른이 되었을 때에도 아버지는 언제나 똑같이 "사랑한다, 아가야"라고 말했습니다. 아버지는 그녀가 사회인이 되어 집을 떠난 후에도, 또한 그녀가 어디를 가든지 전화를 걸어 사랑한다고 말했습니다. 그녀는 언제나 아버지의 사랑과 보호를 느낄 수 있었습니다.

어느 날 그녀는 아버지가 뇌졸증으로 쓰러지셨다는 전화를 받고 병원으로 달려갔습니다. 아버지는 딸을 보아도 말을 할 수 없는 상태였습니다. 그녀는 아버지 옆에 앉아 아버지와 함께 했던 순간들을 떠올리며, 항상 아버지의 그늘에서 보호받아왔음을 감사했습니다. 그러나 아버지가 해주던 사랑의 말들을 듣지 못하고 살아갈 것을 생각하니 슬펐습니다. 그 때 아버지의 심장 뛰는 소리가 들렸습니다. 그녀가 아버지의 가슴에 귀를 가까이 대자 "사랑한다. 아가야"라는 말이 들렸습니다.

사랑은 모든 것의 완성입니다. 하나님은 우리를 끝까지 보호하시고 보살피시며 사랑하십니다. 오늘도 하나님의 사랑을 기억하며 살아가는 하루가 되십시오.

 주님! 주님의 변함없는 사랑에 감사하게 하소서.
 하나님의 사랑을 체험했던 그 순간을 기억하십시오.

희망을 전하는 레나 마리아

5월 9일 　　　　　　　　　　　　　　　　　　　　　　**눅 19:5-10**

- **눅 19:5** 예수께서 그곳에 이르사 우러러 보시고 이르시되 삭개오야 속히 내려오라 내가 오늘 네 집에 유하여야 하겠다 하시니
- **행 16:14** 두아디라성의 자주 장사로서 하나님을 공경하는 루디아라 하는 한 여자가 들었는데 주께서 그 마음을 열어 바울의 말을 청종하게 하신지라

　　두 팔이 없고 한쪽 발이 짧은 장애를 가지고 있지만, 선천적인 장애를 극복하고 천상의 목소리로 노래하는 가스펠 가수 레나 마리아는 한국의 장애인 청소년들을 만나기 위해 서울의 한 재활원을 찾았습니다. 그녀는 아이들에게 발가락에 크레용을 끼고 그림 그리는 모습을 보여주고, 과일이나 과자를 먹여 주었습니다. 비록 말은 통하지는 않았으나, 그녀의 따뜻한 마음과 미소는 아이들이 자연스럽게 다가오게 만들었습니다. 레나 마리아와 같은 장애를 가지고 있는 두 팔이 없는 한 아이는 그녀에게 기대며 말했습니다. "레나 마리아 선생님을 보니까 나도 앞으로 노력하면 잘 할 수 있다는 생각이 들어요." 또한 성인 장애인 직업반에 들린 그녀는 한 자매로부터 십자수를 선물로 받으며 말했습니다. "나도 평소에 십자수 놓는 것을 즐기며 아주 잘 놓아요."
　　그녀는 함박웃음을 터뜨렸습니다. 그녀에게도 한때는 절망의 때가 있었습니다. 하지만 그녀는 하나님의 사랑과 부모님의 정성으로 일어날 수 있었습니다. 그리고 가장 중요한 것은 그녀의 긍정적인 생각과 밝은 미소는 그녀 자신을 일으켰으며, 세계의 많은 사람들에게 희망을 안겨주었습니다. 오늘도 밝은 미소와 따뜻한 마음을 가지고 다른 이들에게 희망을 전하는 하루가 되십시오.

 주님! 희망을 전하는 사람이 되게 하소서.
 이웃에게 희망의 말을 전해봅시다.

가족(Family)이란?

눅 9:61-62　　　　　　　　　　　　　　　　　　　5월 10일

- 눅 9:61 또 다른 사람이 가로되 주여 내가 주를 좇겠나이다 마는 나로 먼저 내 가족을 작별케 허락하소서
- 딤전 5:8 누구든지 자기 친족 특히 자기 가족을 돌아보지 아니하면 믿음을 배반한 자요 불신자보다 더 악한 자니라

"가정의 달"을 맞이하여 서울시에서는 '가족이란 무엇인가?' 라는 제목으로 설문조사를 실시하였습니다.

응답자 중 절반에 가까운 사람들이 '가족'은 '서로 사랑하는 사람들 모임'이라고 답했습니다. 그 외에 '서로 도우며 사는 사람들 모임', '조상을 같이 하는 같은 피로 맺어진 사람들 모임', '주거를 함께하는 사람들 모임' 등의 순으로 나타났습니다.

그렇다면 여러분은 "가족"이란 무엇이라고 생각하십니까?

원래 "가족"(Family)의 어원은 다음과 같다고 합니다.

"Father And Mother, I Love You." (아버지와 어머니, 나는 당신들을 사랑합니다.)

이 문장의 단어마다 앞 글자들을 조합하여 바로 Family(가족)라는 단어가 만들어진 것입니다.

"가족"이란 단어를 떠올리면 마음이 따뜻해집니까? 가족의 사랑은 단순한 사랑이 아니라 희생과 희망을 함께 나눌 수 있는 그런 사랑입니다. 서로를 사랑하며, 힘들 때 함께 울며, 기쁠 때 함께 웃을 수 있는 그런 소중한 관계가 바로 "가족"입니다. 귀한 가족을 선물로 주신 하나님께 감사하며, 가족의 소중함과 그 사랑을 함께 나눌 수 있는 하루가 되십시오.

 주님! 가족의 소중함을 알고 사랑하며 감사할 수 있게 하소서.

 당신은 "가족"을 무엇이라고 생각하십니까?

"나에게 도움을 청하지 않고 있잖아"

5월 11일　　　　　　　　　　　　　　　　　　　　　마 7:11-12

- **마 7:11** 너희가 악한 자라도 좋은 것으로 자식에게 줄줄 알거든 하물며 하늘에 계신 너희 아버지께서 구하는 자에게 좋은 것으로 주시지 않겠느냐
- **마 28:20** 내가 너희에게 분부한 모든 것을 가르쳐 지키게 하라 볼찌어다 내가 세상 끝날까지 너희와 항상 함께 있으리라 하시니라

　한 아이가 마당에서 땀을 흘리며 큰 돌 하나를 마당 건너편으로 옮기느라고 애쓰고 있었습니다.
　이 모습을 본 아빠가 말했습니다.
　"넌 왜 네가 가진 힘을 다 쓰지 않고 있니?"
　아이는 속상하다는 듯이 말했습니다.
　"아빠, 저는 힘을 다 쓰고 있는데요."
　아빠가 대답했습니다. "너는 나에게 도움을 청하지 않고 있잖아."
　그렇습니다. 주님은 우리를 항상 보고 계시며, 함께 하십니다. 그러나 종종 우리의 눈이 어두워 주님께 도움을 구하지 않고 자신의 힘으로 해결하려고 애쓸 때가 많습니다. 하나님께서는 "왜, 나에게 도움을 청하지 않니?"라며 우리를 안타까운 마음으로 보고 계십니다.
　주님은 우리를 돕기를 원하시고, 함께 하시길 원하십니다.
　주님을 우리의 삶의 중심에 주인으로 모실 수 있는 그리스도인이 되십시오.

 주님! 주님께서 항상 나와 함께하심을 믿게 하소서.
 도움이 필요한 일이 있다면, 지금 주님께 간구하십시오.

가까이에 있는 보화

마 6:21-34　　　　　　　　　　　　　　　　5월 12일

- 마 6:21 네 보물 있는 그 곳에는 네 마음도 있느니라
- 마 13:44 천국은 마치 밭에 감추인 보화와 같으니 사람이 이를 발견한 후 숨겨 두고 기뻐하여 돌아가서 자기의 소유를 다 팔아 그 밭을 샀느니라

신문 편집인이면서 고대 미술품 수집광인 한 사람이 있었습니다. 그는 고대 미술품이라면 뭐든지 좋아해서 어떻게 해서든 그것이 자기 손에 들어와야만 직성이 풀리는 사람이었습니다. 어느 날, 그는 유럽의 왕가에서만 사용되었다는 귀중한 도자기에 대한 소문을 듣게 되었습니다. 그래서 그는 해야 할 일을 모두 뒤로하고 즉시 유럽으로 갔습니다.

그는 유럽의 이곳저곳 안 가본 곳이 없을 정도로 돌아다니면서 도자기의 행방을 찾아내기 위해 피나는 노력을 했습니다.

그러던 어느 날, 한 도자기 상에게 새로운 정보를 듣게 되었습니다. 몇 년 전 어떤 언론인이 그 도자기를 사갔다는 것입니다. 그는 다시 돌아와 그 도자기를 사간 사람이 누구인지를 수소문하는 가운데 그 사람이 다름 아닌 바로 자신임을 알게 되었습니다. 우리는 우리가 가지고 있는 행복을 멀리서 찾을 때가 있습니다. 그 행복을 찾기 위해 온 힘을 다해 애쓰며, 이야기 속의 사람처럼 어리석음을 범하곤 합니다.

하지만 행복은 항상 내 가까이 있으며, 내 안에 있음을 기억하십시오. 눈과 마음을 열어 내 안에 있는 행복을 느낄 수 있는 하루가 되십시오.

 주님! 내 안에 있는 행복을 발견하게 하소서.
 나는 어떤 보화를 가지고 있는지 살펴봅시다.

인내의 열매

5월 13일　　　　　　　　　　　　　　　　　　　　　　**약 1:2-4**

● 약1:4 인내를 온전히 이루라 이는 너희로 온전하고 구비하여 조금도 부족함이 없게 하려 함이라
● 약5:11 보라 인내하는 자를 우리가 복되다 하나니 너희가 욥의 인내를 들었고 주께서 주신 결말을 보았거니와 주는 가장 자비하시고 긍휼히 여기는 자시니라

　우리가 즐겨 먹는 꿀 한 숟가락은 꿀벌이 4천 2백 번이나 꽃을 왕복하며 얻은 것입니다.
　영어사전 웹스터를 집필한 웹스터는 36년 동안 밤낮으로 이 일을 했습니다.
　작곡가 요셉 하이든은 8백개의 작품을 작곡했는데 가장 유명한 천치창조라는 오라토리오는 8백 번이라는 작품을 써본 후 그의 나이 66세가 되서야 나타난 것입니다.
　미켈란젤로의 '최후의 만찬' 도 8년 동안 2천번이나 스케치해본 결과라고 합니다.
　우리가 복음을 전하거나 무슨 일을 할 때는 이처럼 인내를 가지고 꾸준히 해야 합니다. 때로는 실패와 좌절을 경험할 수도 있습니다. 사람들로부터 무시를 당할 수도 있습니다. 그래도 해야 합니다. 오늘도 복음을 전할 대상을 정하고 또는 성취하고자 하는 일을 정하고 이루어지길 바라며 꾸준히 하십시오.

 주님, 무슨 일이든 인내를 가지고 꾸준히 하게 하소서.
 실패리고 생각해서 좌절했다가 성취된 일이 있습니까?

나의 말은 없어지지 아니하리라

행 15:31-35   5월 14일

- **행 15:31** 읽고 그 위로한 말을 기뻐하더라
- **고후 7:4** 내가 너희를 향하여 하는 말이 담대한 것도 많고 너희를 위하여 자랑하는 것도 많으니 내가 우리의 모든 환난 가운데서도 위로가 가득하고 기쁨이 넘치는도다

알코올에 중독되어 비참하게 살아가는 한 남자가 있었습니다.

어느 날, 그의 아내에게 어떤 사람이 성경책을 한 권 주었습니다. 그리고 아내는 그 성경책을 읽다가 예수님을 영접하게 되었습니다. 아내는 성경을 통해 많은 위로를 받았고, 그것을 보물처럼 여겼습니다. 하지만 남편은 아내의 신앙을 비웃기만 했습니다. 하루는 그가 또 만취해 집에 돌아와 아내의 손에서 성경을 빼앗아 난로 속에 던져버렸습니다.

"보자, 네 성경이 뭐가 될지."

다음날 아침, 그는 남은 재를 치우다가 타다 남은 성경 몇 쪽을 보게 되었습니다. 그중 마태복음 24장 35절에 있는 예수님의 말씀이 눈에 들어왔습니다. "천지는 없어지려니와 나의 말은 없어지지 아니하리라."

그 구절을 읽고 그는 깜짝 놀랐습니다. 그 후 그는 죄책감을 강하게 느꼈고, 결국 구원을 얻게 되었습니다. 우리의 아버지 되시고 구원자이신 하나님은 우리가 돌아오기를 언제나 기다리시며, 체험을 통해 그 길을 인도하시기도 합니다. 하나님의 말씀은 마음의 생각과 뜻을 감찰할 수 있는 능력을 가집니다. 그 말씀으로 우리는 변화되고 위로 받을 수 있습니다. 항상 주님의 말씀을 묵상하여, 말씀을 통해 놀라운 체험을 경험하길 바랍니다.

 주님! 말씀을 통해 변화되는 체험을 하게 하소서.

 매일 말씀을 묵상하여 살아있는 하나님의 역사를 체험하십시오.

코르자크 선생님의 동상

5월 15일　　　　　　　　　　　　　　　　　　　　　　마 26:28-29

●마 26:28 이것은 죄 사함을 얻게 하려고 많은 사람을 위하여 흘리는바 나의 피 곧 언약의 피니라
●요 10:11 나는 선한 목자라 선한 목자는 양들을 위하여 목숨을 버리거니와

　폴란드의 조그만 마을에 독일군이 나타났습니다. 일부는 마을로, 나머지는 학교로 들어가 학생 중에 드문드문 섞여 있는 유태인 어린이들을 끌어내리려고 하였습니다. 독일군의 모습을 본, 가슴에 별을 단 유태인 어린이들은 무서워서 선생님에게 달려가 매달렸습니다. 코르자크란 이름을 가진 선생님은 자기 앞으로 몰려온 유태인 어린이들을 두 팔로 꼭 안아 주었습니다.
　"무서워할 것 없단다. 하나님께 기도를 드린다면 마음이 좀 편해질거야."
　결국 코르자크 선생님도 아이들과 함께 트럭에 올랐습니다. 이 광경을 지켜본 독일군이 선생님을 끌어내리려 하자, "어떻게 내가 가르치던 사랑하는 이 어린이들만 죽음으로 보낼 수 있단 말이오"라며 아이들과 함께 강제수용소로 끌려갔습니다. 그리고 트레뮬렌카의 가스실 앞에 도착했습니다. 선생님은 아이들의 손을 꼬옥 잡고 앞장서서 가스실 안으로 들어갔습니다. 자신은 유태인이 아닌데도 사랑하는 제자들의 두려움을 조금이라도 덜어주기 위해서 함께 목숨을 버린 것입니다. 전쟁이 끝난 후, 아드바쉠 박물관에 코르자크 선생님의 동상이 전시되었습니다.
　차별 없는 사랑과 참된 희생은 후대에 이르기까지 존경을 받습니다. 우리를 위해 십자가에 돌아가신 주님의 희생을 닮은 그리스도인이 되십시오.

 주님! 이 땅에서 가치 있는 삶을 살게 하소서.
 당신이 코르자르 선생님이라면 어떻게 하겠습니까?

개와 고양이

행 10:45-48　　　　　　　　　　　　　5월 16일

- 행 10:45 베드로와 함께 온 할례 받은 신자들이 이방인들에게도 성령 부어 주심을 인하여 놀라니
- 행 15:17 이는 그 남은 사람들과 내 이름으로 일컬음을 받는 모든 이방인들로 주를 찾게 하려 함이라 하셨으니

　옛날부터 개와 고양이는 서로 원수지간이라고 했습니다. 하지만 원수지간이기 보다는 동물이 가지는 습성 때문이라고 합니다. 뉴욕타임스에서는 개를 대상으로 연구한 결과, 개가 꼬리를 오른쪽으로 흔들면 기분이 좋은 것이고, 왼쪽으로 흔들면 무엇인가 기분이 안 좋다는 것이라고 발표했습니다. 한편 고양이는 기분이 좋을 때 꼬리를 흔들기 보다는 상대방에게 공격 의사를 표현하기 위해 꼬리를 흔듭니다. 그리고 개는 싸우자는 신호로 꼬리를 세우며, 고양이는 기분이 좋으면 꼬리를 세웁니다. 개와 고양이는 이러한 습성 때문에 만날 때마다 서로를 경계하는 것입니다. 하지만 개와 고양이는 함께하는 시간이 오래될수록 서로를 이해하고 어울려서 살아가게 된다고 합니다. 사람과 사람과의 관계도 마찬가지입니다. 나라마다, 도시마다, 가정마다, 서로의 문화적인 차이와 언어적인 차이가 있습니다. 이러한 문화적인 차이로 인해 서로를 경계하며, 언어적인 차이로 인해 쉽게 어울리지 못하게 됩니다. 하지만 우리가 모두 하나님의 자녀라는 사실은 우리를 하나로 만들어줍니다. 형제, 자매된 우리는 서로의 문화적, 언어적 차이를 이해하며 서로를 사랑해야 합니다. 모두 한 가족이 되어야 합니다. 주님 안에서 세계의 모든 사람들이 서로의 차이점을 극복하고, 한 가족이 되길 기도하는 그리스도인이 되십시오.

 주님! 사람들이 모두 주님 안에서 하나가 되게 하소서.
 문화적, 언어적인 차이를 극복하기 위해 힘쓰십시오.

아름다운 세상

5월 17일 　　　　　　　　　　　　　　　　　　　눅 6:32-38

● **눅 6:32** 너희가 만일 너희를 사랑하는 자를 사랑하면 칭찬 받을 것이 무엇이뇨 죄인들도 사랑하는 자를 사랑하느니라
● **요 13:34** 새 계명을 너희에게 주노니 서로 사랑하라 내가 너희를 사랑한것 같이 너희도 서로 사랑하라

매일 통근 기차를 타고 회사로 출근을 하는 한 젊은이가 있었습니다.

기차 노선에 경사진 언덕을 오르는 곳이 있었는데 여기를 지날 때면 속력이 떨어져 철로 옆에 있는 집안이 들여다보이곤 했습니다. 그런데 수많은 집들 중 어떤 한집에 늙은 노인이 항상 누워 있는 것이 눈에 들어왔습니다. 매일 그 모습을 본 젊은이는 가슴이 아파 무엇인가 도움을 주고 싶었습니다. 그래서 노인의 이름과 주소를 알아내어 병이 회복되기를 기원하는 카드를 보냈습니다. 자신의 이름을 밝히지 않고 그저 "날마다 언덕 철길을 통해 출근하는 한 젊은이가"라고 써서 보냈습니다. 며칠이 지났습니다. 그 날도 출근길에 젊은이는 그곳으로 눈길을 돌렸는데 방은 텅 비어 있었고 유리창에는 큰 글씨가 씌어진 종이가 붙여져 있었습니다. "얼굴을 알 수 없는 그대에게 축복을…"

당신에게는 작은 것이라도 사랑으로 전한다면 그것은 큰일을 해결해줄 수 있습니다. 또한 내가 받은 사랑을 다른 이에게 전하고, 그가 그 사랑을 또 다른 이에게 전하면 사랑은 끝없이 전해집니다. 결국 내가 전한 사랑이 다시 내게로 돌아오게 됩니다. 이런 아름다운 세상이 바로 하나님께서 바라시는 천국과 같은 세상입니다. 아낌없이 사랑을 전하는 하루가 되십시오.

 주님! 계속 지침이 없이 사랑을 전하게 하소서.
 축복의 말과 사랑의 표현을 많은 사람들에게 하십시오.

신앙을 위한 매일 10가지의 확인 사항

창 5:22-24   5월 18일

- 창 5:22 므두셀라를 낳은 후 삼백년을 하나님과 동행하며 자녀를 낳았으며
- 창 6:9 노아의 사적은 이러하니라 노아는 의인이요 당세에 완전한 자라 그가 하나님과 동행하였으며

"신앙을 위한 매일 10가지의 확인 사항"이란 글을 보았습니다.

01. 개인기도 시간을 정해놓고 기도하고 있는가?
02. 매시간 부르짖는가?
03. 대화하거나 행동하기 전이나 후에나 자신이 행하려는 것이 하나님께 어떻게 영광 돌릴 수 있을지에 대하여 심사숙고 하였는가?
04. 기쁜 일이 있었을 때 즉시 하나님께 감사하였는가?
05. 모든 일을 함에 있어서 순수하였고, 또한 반성해 보았는가?
06. 내가 행할 수 있는 선한 일을 감당하거나 행함에 있어서 뜨거운 열심히 있었는가?
07. 먹고 마실 때 감사한 마음을 가졌으며, 잠자기 전에 하루의 일과에 대해 감사의 기도를 드렸는가?
08. 다른 이들에게 교만하게, 허탄하게, 참지 못하게 하지는 않았는가?
09. 다른 사람들에게 불친철하게 행동하거나 말하지 않았는가?
10. 나의 모든 죄를 고백하였는가?

매일 바쁘게 반복되는 생활 속에서 우리 신앙인들은 주님과 만나는 시간을 소홀히 할 때가 종종 생기게 됩니다. 매일 자신의 신앙과 자신을 돌아볼 수 있는 시간을 가져 항상 주님과 함께하는 삶을 살 수 있도록 노력하십시오.

 주님! 매일 주님과 동행함을 느끼게 하소서.
 위 10가지 중 당신에게 필요한 부분은 무엇입니까?

나는 상관입니다

5월 19일 　　　　　　　　　　　　　　　　　　　욥 22:29-30

● 욥 22:29 네가 낮춤을 받거든 높아지리라고 말하라 하나님은 겸손한 자를 구원하시느니라
● 잠 29:23 사람이 교만하면 낮아지게 되겠고 마음이 겸손하면 영예를 얻으리라

　　　병사들이 땀을 뻘뻘 흘리면서 재목을 운반하고 있었습니다. 그런데 상사 한 명은 편안히 앉아서 구경만 하고 있었습니다. 그때 말을 타고 뚜벅뚜벅 길을 가던 한 신사가 그 모습을 보고는 그 상사에게 물었습니다.
　"당신은 왜 같이 일을 하지 않는가요?"
"나는 졸병이 아니고 명령을 하는 상관이기 때문입니다."
　상사는 주저 없이 대답했습니다.
　그 말을 듣자 신사는 말에서 내려 윗옷을 벗어 놓고 병사들 틈에 끼어 통나무를 운반하기 시작했습니다.
　한참 동안 작업을 하느라 많은 땀을 흘린 뒤 겨우 목재를 목적지까지 운반할 수 있었습니다. 신사는 이마의 땀을 닦으면서 상사에게 말했습니다.
　"앞으로 목재를 운반할 일이 있거든 총사령관을 부르게."
　그리고 그는 유유히 자리를 떠났습니다.
　상사와 병사들은 그제야 그 신사가 조지 워싱턴 장군임을 알았습니다.
　하나님께 쓰임을 받는 사람은 오만한 사람이 아니라, 자신을 낮출 수 있는 겸손한 사람입니다. 모든 사람 앞에서 겸손하며, 하나님 쓰시기에 합당한 종이 되십시오.

 주님! 겸손한 크리스천이 되게 하소서.
 당신을 교만하게 하는 것이 있습니까?

온전한 사랑

고전 15:31-34   5월 20일

- 고전 15:31 형제들아 내가 그리스도 예수 우리 주 안에서 가진바 너희에게 대한 나의 자랑을 두고 단언하노니 나는 날마다 죽노라
- 고후 6:10 근심하는 자 같으나 항상 기뻐하고 가난한 자 같으나 많은 사람을 부요하게 하고 아무 것도 없는 자 같으나 모든 것을 가진 자로다

우애가 좋은 오누이가 부모의 사랑을 받으며 착하게 살고 있었습니다.

어느 날 여덟 살 난 아들이 교통사고로 중상을 입어 수술을 받게 되었습니다. 출혈로 인해 피가 급히 필요했습니다. 같은 혈액형을 가진 다섯 살박이 딸을 향해 아버지가 조심스럽게 물어 봤습니다.

"애야, 오빠가 위험하구나. 오빠에게 피를 줄 수 있겠니?"

아이는 가만히 생각하더니 고개를 끄덕이며 침대에 누웠습니다. 수술을 앞둔 오빠가 불쌍했던지 눈물을 흘리면서 팔을 걷어 붙였습니다. 수술이 잘 끝났습니다.

"네 덕분에 오빠가 살게 되었다."

침대에 가만히 누워 있던 아이가 아버지에게 물었습니다. "그런데 나는 언제 죽어요?"

"네가 죽다니?" "피를 뽑아도 죽지 않나요?"

"그럼, 넌 죽는 줄 알면서도 오빠에게 피를 주었단 말이니?"

"예, 오빠를 사랑하거든요"

이처럼 온전한 사랑은 자신의 생명마저도 아까워하지 않습니다. 예수님처럼 말입니다. 그 사랑을 기억하며 주님을 사랑하십시오.

 주님! 나를 향하신 하나님의 사랑을 잊지 않게 하소서.
 내가 가진 귀한 것을 누구에게 준 적이 있습니까?

불가능은 없다

5월 21일   마 21:21-22

- 마 21:21 예수께서 대답하여 가라사대 내가 진실로 너희에게 이르노니 만일 너희가 믿음이 있고 의심치 아니하면 이 무화과나무에게 된 이런 일만 할뿐 아니라 이 산더러 들려 바다에 던지우라 하여도 될것이요
- 행 14:22 제자들의 마음을 굳게 하여 이 믿음에 거하라 권하고 또 우리가 하나님 나라에 들어가려면 많은 환난을 겪어야 할 것이라 하고

남아프리카공화국 출신의 오스카 피스토리우스 선수는 무릎 아래 뼈가 없는 채로 태어났습니다. 한 살 때 무릎 아래를 절단했고, 철제 의족을 사용해 걷는 법을 배워야 했습니다. 그럼에도 불구하고 그는 네발자전거, 수상스키, 럭비 등 못하는 스포츠가 없었습니다.

힘든 재활훈련 끝에 육상을 시작한 그는 장애인 육상대회에서 100미터를 10초 91로 뛰어 세계기록을 세웠으며, 200미터와 400미터에서도 1인자가 되었습니다. 또한 일반인과 함께한 남아공 국내 대회에서도 2등을 차지했습니다.

그는 2008년에 열리는 베이징 올림픽에서도 뛰겠다는 목표를 가지고 그 어떤 선수들보다 열심히 훈련을 하고 있다고 합니다.

피스토리우스 선수는 육상선수에게는 가장 치명적인 장애를 가졌습니다. 하지만 그는 좌절하지 않고 꾸준히 자신을 훈련시켰고, 도전했습니다.

세상을 살아가다 보면 불가능을 가능으로 만드는 놀라운 모습들을 볼 수 있습니다. 하나님에게는 불가능이란 없습니다. 우리는 예수 그리스도와 함께하는 한, 불가능을 가능으로 만들 수 있는 힘을 가질 수 있습니다.

불가능을 뛰어 넘을 수 있는 멋진 그리스도인이 되십시오.

 주님! 불가능도 가능케 하시는 주님을 의지하게 하소서.

 불가능하다고 생각되는 일들을 생각해 봅시다.

영향력 있는 인물

딤전 1:1-2　　　　　　　　　　　　　　　　　　　　　5월 22일

- **딤전 1:2** 믿음 안에서 참 아들 된 디모데에게 편지하노니 하나님 아버지와 그리스도 예수 우리 주께로부터 은혜와 긍휼과 평강이 네게 있을찌어다
- **벧전 5:13** 함께 택하심을 받은 바벨론에 있는 교회가 너희에게 문안하고 내 아들 마가도 그리하느니라

　임진왜란 중 투철한 조국애와 뛰어난 전략으로 조선을 왜적으로부터 지켜냄으로써, 한민족 역사상 가장 추앙받는 인물이며, 거북선을 만든 이순신 장군과 미국의 제16대 대통령이자, 흑인 해방운동의 효시가 되며, 분열하려던 미국을 올바르게 잡은 링컨 대통령이 최근 한 취업포털사이트에서 조사한 가장 존경하는 역사적 인물, 국내외 1위입니다. 또한 이들의 80%이상이 역사적 위인들이 자신의 인생에 어느 정도 영향을 줬다고 말했습니다.

　큰 업적과 희생정신, 애국심등은 존경 받을 수 있는 가장 큰 이유가 됩니다.

　한 사람의 큰 업적은 오랜 시간동안 많은 사람들에게 큰 영향력을 가져다줍니다. 그리고 그 업적을 이루는 데는 여러 가지 고통이 있지만 그것을 극복했습니다. 주님 안에 있는 우리들도 영적인 영향력을 끼칠 수 있는 리더십을 충분히 가진 사람들입니다. 하나님께서 주신 그 능력을 힘껏 발휘하여 오랜 세월이 지나도 많은 사람들에게 복음과 믿음의 영향을 끼칠 수 있는 존경받는 사람이 되십시오.

 주님! 영향력 있는 믿음의 리더가 되게 하소서.
 자신이 가장 존경하는 인물은 누구입니까?

살아있는 동안의 복음 전파

5월 23일　　　　　　　　　　　　　　　　　　　　　　　행 20:24-35

- 행 20:24 나의 달려갈 길과 주 예수께 받은 사명 곧 하나님의 은혜의 복음 증거하는 일을 마치려 함에는 나의 생명을 조금도 귀한 것으로 여기지 아니하노라
- 딤후 4:2 너는 말씀을 전파하라 때를 얻든지 못 얻든지 항상 힘쓰라 범사에 오래 참음과 가르침으로 경책하며 경계하며 권하라

어느 날 불만에 가득 찬 돼지 한 마리가 길을 가다가 젖소를 만났습니다. 젖소는 물었습니다.

"왜 그렇게 얼굴을 찡그리고 있니?"

"나는 죽어서 사람들에게 살코기와 베이컨을 제공하고 심지어 내 발까지도 맛있는 먹을거리로 사람들에게 내주는데 그들은 왜 나보다 너를 좋아하는 걸까?"

그러자 젖소가 빙그레 웃으며 대답했습니다.

"이유가 있지. 넌 죽어서야 유익한 것을 제공하지만, 나는 살아있는 동안에 우유를 나눠 주거든."

선한 일을 해야 할 때 다음으로 미루지 마십시오.

복음전파도 마찬가지입니다. 우리는 죽어서도 무언가를 통해 복음을 전할 수도 있지만, 살아있을 때 복음을 전하는 것은 더욱 중요한 일입니다. 우리가 살아있고 구원 받았음은 복음을 전해야 하는 사명도 함께 받은 증거입니다. 하루하루 살아감에 감사하며, 주님께서 주신 사명을 열심히 감당 할 수 있는 그리스도인이 되십시오.

 주님! 열심히 복음을 전할 수 있게 하소서.

 어떤 방법으로 복음을 전하고 있습니까?

패스트푸드의 아버지

창 15:1-11   5월 24일

●창 15:1 이 후에 여호와의 말씀이 이상 중에 아브람에게 임하여 가라사대 아브람아 두려워 말라 나는 너의 방패요 너의 지극히 큰 상급이니라
●시 3:6 천만인이 나를 둘러치려 하여도 나는 두려워 아니하리이다

패스트푸드의 아버지라고 불리는 KFC의 창시자 커넬 샌드슨이 있기까지 그는 많은 노력과 어려움을 겪어야 했습니다. 커넬 샌드슨은 6세 때 아버지를 잃고 초등학교도 졸업하지 못한 채 농장 인부로 일했습니다. 그는 40세에 켄터키 주 코빈이라는 마을에서 독특한 양념의 닭튀김을 개발했습니다. 소문이 날 무렵, 고속도로가 다른 곳으로 뚫리는 바람에 가게가 경매로 넘어가버렸습니다. 그러나 그는 포기하지 않았고, '예스'라는 대답이 올 때까지 찾고 또 찾았습니다. 65세의 노인이 되어서도 낡은 중고 자동차를 몰고 다니며, 자신의 노하우인 '양념치킨'을 만드는 11가지 기술을 사줄 사람을 찾아 다녔습니다. 그러나 모두 그의 '양념치킨'이 맛있다는 칭찬만 할 뿐 투자할 생각은 하지 않았습니다. 그러다 1009번째 레스토랑에서 '예스'라는 말을 듣게 되었고, 현재 전 세계 100여 개국에 체인점을 확보하게 되었습니다. 그리고 체인점마다 따뜻하고 넉넉한 모습을 하고 있는 그의 모형이 웃으며 서있습니다. 노력하고 끊임 없이 도전 할 때 성공의 문은 열리게 되어있습니다. 또한 하나님은 최선을 다하며 성실하게 노력하는 사람을 크게 쓰십니다. 하나님께서 함께하심을 믿고 실패를 두려워하지 말며, 포기하지 말아야 합니다. 오늘도 자신의 목표를 향해 노력하며 용감하게 전진하는 하루가 되십시오.

 주님! 실패를 두려워하지 않게 하소서.
 목표를 향해 도전하는 하루가 되십시오.

뱀처럼 지혜롭게

5월 25일   잠 3:11-26

- 잠 3:18 지혜는 그 얻은 자에게 생명 나무라 지혜를 가진 자는 복되도다
- 잠 13:20 지혜로운 자와 동행하면 지혜를 얻고 미련한 자와 사귀면 해를 받느니라

찰스 스윈돌 목사님은 달라스 신학대학원의 총장을 하다가 얼마 전 사표를 내고 65세에 교회를 개척했는데 1년만에 2000명이 모였습니다. 어느 날 "우리 그리스도인이 사회법을 지켜야 합니다. 공중도덕을 지켜야 합니다!"하고 강하게 설교를 하고 집으로 돌아가는 도중 신호등에 멈추어 있다가 누군가 출발하는 것 같아 출발을 했는데 빨간 불이었어요. 수많은 눈길들이 자기를 쳐다보았습니다.

이틀쯤 후에 전화가 왔습니다. "지난주에 목사님이 한 설교를 어겼다고 누가 항의를 하면서 목사님께 따져야겠다고 모임을 갖겠다고 합니다. 조심하세요!"며칠 후 금요일에 교인 중에 까다로운 사람이 "제가 모임을 좀 가지려고 하는데 목사님 식당으로 나오시기 바랍니다"하고 연락이 왔어요. 목사님은 큰일났구나 생각하고 그 식당에 가면서 목에다가 "나는 죄인입니다."라는 푯말을 걸었습니다. 식당에 모인 많은 사람들이 "와!"하고 함성을 지르며 박수를 쳤습니다. 험악한 분위기가 다 해결되고 난 후에 찰스 스윈돌 목사님이 뒤로 돌아섰습니다. 거기에는 "너희 중에 죄 없는 자가 돌로 치라!"라고 써 있었어요. 딱딱한 변명대신 평생 성경을 연구한 스윈돌 목사님의 지혜로 인해 그들은 목사님을 더욱 지지하는 사람들이 되었다고 합니다. 이것이 지혜입니다. 오늘도 비둘기처럼 온순하되 뱀처럼 지혜롭게 사십시오.

 주님, 제가 주님이 주신 지혜를 선용하게 하소서.
 어려운 순간 지혜로 상황을 역전시킨 적이 있습니까?

죄수들의 세 가지 유형

마 9:2-6   5월 26일

- 마 9:2 침상에 누운 중풍병자를 사람들이 데리고 오거늘 예수께서 저희의 믿음을 보시고 중풍병자에게 이르시되 소자야 안심하라 네 죄 사함을 받았느니라
- 눅 17:19 그에게 이르시되 일어나 가라 네 믿음이 너를 구원하였느니라 하시더라

닉슨 대통령의 보좌관이었던 척 콜슨은 자신의 감옥 생활을 바탕으로 쓴 책『본 어게인』(Born Again)에서 죄수들의 세 가지 유형에 대해 말했습니다.
- 첫 번째 유형-희망이 없는 죄수로 자신의 머리를 벽에 부딪치며 자신의 몸을 해치는 사람들.
- 두 번째 유형-역시 가망 없는 죄수들로 자기 방구석에 쪼그리고 앉아 움직이지 않는 사람들.
- 세 번째 유형-감옥에서 나갈 날을 기다리며, 기회 있을 때마다 마당에 나가서 운동을 하는 사람들.

그들은 감방에 들어가 있으면서도 마치 내일 나갈 사람처럼 행동하고 있었습니다.

세 가지 유형의 사람들 중에 어떤 유형의 사람이 옳은 것일까요? 물론 세 번째 유형의 사람들입니다. 하지만 막상 우리는 죄인이 되거나 어려움과 환란이 닥쳐왔을 때, 쉽게 절망에 빠지곤 합니다.

하나님은 소망을 주시는 분이심을 기억하십시오. 우리는 그 소망을 가지고 긍정적이고 적극적인 인생을 살아가야 합니다. 하나님만이 소망이십니다. 소망을 품고 살아가는 긍정적인 크리스천이 되십시오.

 주님! 절망가운데도 소망을 갖게 하소서.
 어떤 소망을 가지고 있습니까?

비누장수와 크리스천

5월 27일　　　　　　　　　　　　　　　　　　　행 8:27-39

- 마 8:27 그 사람들이 기이히 여겨 가로되 이 어떠한 사람이기에 바람과 바다도 순종하는고 하더라
- 행 5:29 베드로와 사도들이 대답하여 가로되 사람보다 하나님을 순종하는 것이 마땅하니라

　어떤 크리스천과 비누장수가 함께 길을 걸어가다가 비누장수가 물었습니다.
　"세상에 기독교가 무슨 소용 있습니까? 수천 년 동안 사랑과 평화와 믿음에 대해 가르쳐왔지만 세상은 여전히 죄악으로 가득 차 있지 않습니까? 기독교인들이 그리 많은데 도대체 사회는 왜 이렇게 깨끗해지지 않는 것입니까?"
　그는 할 말을 잃었습니다. 조금 더 걸어가니 놀이터에서 아이들이 흙장난을 하며 놀고 있었습니다. 아이들의 옷과 얼굴, 손은 더러워져있었습니다. 그는 비누장수에게 말했습니다.
　"저 아이들 좀 봐요. 비누는 더러운 것을 깨끗하게 한다는데 저 애들은 왜 더럽지요? 나는 도대체 지금 저 아이들에게 비누가 무슨 소용이 있는지 모르겠습니다."
　비누장수는 버럭 화를 내며 말했습니다.
　"이봐, 형씨! 비누를 사용하지도 않았는데 어떻게 저 아이들이 깨끗해지길 바라나요?"
　"그래요. 그것이요. 아무리 기독교가 위대하다고 해도 그것을 사용하지 않는 사람에겐 아무 소용이 없는 것이랍니다. 비누를 사용하지 않는 사람이 깨끗해지기를 바랄 수 있나요?"
　그렇습니다. 이 교훈을 믿음생활에 적용하십시오.

 주님! 말씀에 순종하게 하소서.
 말씀에 순종하고 있습니까?

문법이 맞지 않는 언어

막 12:33-34 　　　　　　　　　　　　　　　　5월 28일

- 막 12:33 또 마음을 다하고 지혜를 다하고 힘을 다하여 하나님을 사랑하는 것과 또 이웃을 제 몸과 같이 사랑하는 것이 전체로 드리는 모든 번제물과 기타 제물보다 나으니이다
- 시 119:58 내가 전심으로 주의 은혜를 구하였사오니 주의 말씀대로 나를 긍휼히 여기소서

유명한 전도자 무디가 설교를 마치고 나서 사람들과 인사를 나누고 있는데 어느 대학에서 문학을 가르치고 있는 교수가 다가와서 말했습니다.

"설교는 너무 좋았습니다. 하지만 유감스럽게도 문법적으로 틀린 부분이 무려 50군데나 되는 군요."

그 말을 들은 무디는 대답했습니다.

"충고해주셔서 감사합니다. 그런데 선생님께 물어보고 싶은 것이 한 가지 있습니다. 저는 감격스럽게도 지금까지 문법도 안 맞는 엉망진창인 언어로 수천 명의 영혼을 주님께로 인도할 수 있었습니다. 그런데 선생님께서는 그 정확하신 언어로 몇 사람이나 그리스도 앞으로 인도하셨는지요?"

하나님께서는 우리의 지식과 정확한 문법 보다는 얼마나 진솔한지, 얼마나 사랑을 담고 있는지, 얼마나 간절한지를 보십니다.

또한 믿지 않는 사람들도 전도자의 마음과 진실 됨을 보고 감동받아 주님께로 인도됩니다. 지식을 앞세우기 전에 진실 된 마음을 보여 줄 수 있는 크리스천이 되십시오.

 주님! 마음을 다해 영혼을 전도하게 하소서.

 전도할 때 마음을 다하고 있습니까?

두 친구의 이야기

5월 29일　　　　　　　　　　　　　　　　　　　　　요 11:11-16

- 요 11:11 이 말씀을 하신 후에 또 가라사대 우리 친구 나사로가 잠들었도다 그러나 내가 깨우러 가노라
- 요 15:14 너희가 나의 명하는대로 행하면 곧 나의 친구라

　스티븐 브라운의 『당신의 끝은 하나님의 시작입니다』라는 책에 나온 제 2차 세계 대전에 참전했던 두 친구의 이야기입니다. 그들은 어려서부터 함께 자랐고, 군에 함께 입대했습니다. 그런데 전투 중에 한 친구가 총탄을 맞고 죽어 가고 있었습니다. 친구는 선임 하사에게 접전 지대로 가게 해달라고 요청했지만 거절했습니다. "이봐, 너희 둘이 가깝다는 것은 알지만, 너희 둘 다를 잃을 수는 없어. 네 친구는 죽을 거야. 그렇다고 너까지 죽을 필요는 없잖아!" 그러나 그는 고집을 굽히지 않았습니다. 결국 선임 하사는 그에게 친구를 구출하도록 허락했습니다. 한 시간 후에 그는 친구의 시신을 끌고 절뚝거리며 들어왔습니다. 그 역시 부상을 당했는데, 총상을 입은 그 친구는 죽어 있었습니다. 선임 하사는 말했습니다.
　"내가 가면 안 된다고 말했잖아. 그는 이미 죽었고, 그럴 가치가 없었어."
　"아닙니다. 그럴 가치가 있었습니다. 제가 친구에게 갔을 때, 친구는 아직 살아 있었습니다. 제가 친구 옆에 무릎을 꿇자, 친구가 저에게 말했습니다. '난 네가 올 줄 알았어' 저는 친구에게 갈 만한 가치가 충분히 있었습니다."
　생명이 끝날 때까지 함께 할 수 있는 친구야말로 진정한 친구입니다.
　주님은 우리가 태어나서 죽을 때까지, 그리고 죽은 후에도 항상 함께하시며 우리를 항상 돌보시고 보호하십니다. 친구 되신 주님과 동행하십시오.

 주님! 주님이 나의 진정한 친구 되심을 알게 하소서.
 생명이 끝날 때까지 함께해줄 친구가 있습니까?

시들지 않는 꽃

고후 2:15-17　　　　　　　　　　　　　　　　**5월 30일**

- 고후 2:15 우리는 구원 얻는 자들에게나 망하는 자들에게나 하나님 앞에서 그리스도의 향기니
- 빌 4:18 내게는 모든 것이 있고 또 풍부한지라 에바브로디도 편에 너희의 준 것을 받으므로 내가 풍족하니 이는 받으실만한 향기로운 제물이요 하나님을 기쁘시게 한 것이라

미국 볼티모어에 있는 존 홉킨즈 대학의 외과의사며, 교수로서 독실한 신앙을 가졌던 켈리 박사의 일화입니다.

그는 늘 그의 양복에 시들지 않은 장미꽃을 꽂고 다녔다고 합니다. 그러나 언제 보아도 금방 꺾은 장미처럼 싱그러웠습니다. 그래서 한 학생이 물었습니다.

"선생님의 꽃은 언제 봐도 시드는 법이 없는데 무슨 비결이라도 있으신지요."

그러자 그는 웃으면서 그 비법은 별 것이 아니라고 하며 양복 앞섶을 뒤집어보였습니다. 속주머니에 꽃이 꽂힌 작은 물병이 있었습니다. 그래서 꽃이 늘 싱싱하게 보였던 것입니다.

켈리 박사는 말했습니다.

"우리가 이 세상에 다니면서 언제나 신선하고 아름답고 항상 향기를 발하는 크리스천이 되려면 우리 삶의 뿌리가 이 장미꽃과 같이 그리스도의 생수 속에 담겨져 있어야 합니다."

예수 그리스도 안에 뿌리면 주님이 주시는 생수로 말미암아 늘 싱싱한 꽃처럼 살아갈 수 있습니다. 오늘도 신선하고 아름다운 그리스도의 향기를 풍기는 하루가 되길 바랍니다.

 주님! 항상 그리스도의 향기가 있게 하소서.

 당신은 어디서 삶의 에너지를 공급받고 있습니까?

성공법칙 10계명

5월 31일   잠 1:7-9

● 잠 1:7 여호와를 경외하는 것이 지식의 근본이어늘 미련한 자는 지혜와 훈계를 멸시하느니라
● 잠 4:6 지혜를 버리지 말라 그가 너를 보호하리라 그를 사랑하라 그가 너를 지키리라

요리, 테이블 세팅, 정원 손질 등에 남다른 재능을 발휘해 전업주부에서 세계적인 사업가로 성공한 '살림의 여왕' 마사 스튜어트는 1조원대의 글로벌 비즈니스 가치를 창출해낸 전 세계 주부들의 '아줌마 멘토' 입니다.

그녀는 『마사 스튜어트 아름다운 성공』이란 책에서 자신의 경험으로부터 얻은 성공에 필요한 10가지를 제시하고 있습니다.

01. 열정
02. 빅 아이디어
03. 분석력
04. 전문성
05. 준비성
06. 품질관리
07. 인재
08. 판단력
09. 모험심
10. 아름다움

이 모든 것보다 가장 중요한 것은 하나님의 도우심과 하나님께서 주시는 지혜입니다. 지혜로운 사람은 나라를 세우며, 가정을 세우며, 남편을 세우고, 자녀를 세웁니다.

인생을 성공으로 이끄는 지혜를 하나님께 간구하십시오.

 주님! 지혜로운 사람이 되게 하소서.
 자신의 은사를 발휘해보는 하루가 되십시오.

6

우리는 아직 완전한
목적에 다다르지 않았습니다.
다만 그 목적을 향해
주님과 함께 걸어가고 있는 것입니다.

엘리트 자녀 만들기 열풍

6월 1일 **행 17:11-15**

- 행 17:11 베뢰아 사람은 데살로니가에 있는 사람보다 더 신사적이어서 간절한 마음으로 말씀을 받고 이것이 그러한가 하여 날마다 성경을 상고하므로
- 딤후 3:15 또 네가 어려서부터 성경을 알았나니 성경은 능히 너로 하여금 그리스도 예수 안에 있는 믿음으로 말미암아 구원에 이르는 지혜가 있게 하느니라

뉴욕타임스는 중국 부유층의 서구 엘리트 자녀 만들기 열풍에 대해 소개했습니다. 과거 계급투쟁이 모토였던 중국의 부유층 아이들은 이제 '투쟁'을 뺀 '계급'을 배우고 있다고 합니다.

한 가정의 예로 들자면, 부모는 이제 다섯 살이 된 딸을 평일엔 MBA(경영학석사) 프로그램을 수강하게 하며, 주말엔 고액의 골프 레슨을 받게 한다고 합니다. 이 외에도 많은 부유층의 자녀들은 발레, 승마, 스키, 폴로 등을 배우는 것이 유행이며, 서구 상류층과 같은 매너가 필요하다고 느낀 부모들은 아이들을 해외에 자주 데리고 나가고 있습니다.

또한 비싼 과외에 돈을 쓰면서도 사회적 존경을 얻기 위해 자식을 자선단체에 가입시키는 신흥부자들도 있습니다.

최고의 가정교육은 무엇일까요?

물론 사회적 존경을 받기 위해 최상의 교육과 매너를 배우는 것도 중요합니다. 하지만 그들에게 부모의 사랑과 하나님의 말씀이 없다면, 고액의 과외도 자선단체의 가입도 아무런 의미가 없어집니다.

아이들에게 물질적인 사랑을 쏟기 전에 진정한 부모의 사랑과 하나님의 말씀을 심어준다면, 아이들이 미래에 성공적인 인생을 살아가길 원한다면 올바른 방법으로 아이들을 양육하시기 바랍니다.

 주님! 자녀들에게 참된 교육을 할 수 있게 하소서.

 하나님의 말씀이 최우선이라고 생각합니까?

고통가운데 계신 주님

시 107:19-22 　　　　　　　　　　　　　　　　　　6월 2일

- 시 107:19 이에 저희가 그 근심 중에서 여호와께 부르짖으매 그 고통에서 구원하시되
- 시 108:5 하나님이여 주는 하늘 위에 높이 들리시며 주의 영광이 온 세계 위에 높으시기를 원하나이다

　일본에 복음이 전파 될 때 일본 사람들이 예수믿으면 일본정부에 의해 잔혹한 죽음을 당했습니다.
　바다에 썰물이 빠져 나가고 나면 그 해변가에 십자가를 세워놓고 거기다가 예수믿는 사람들을 묶어놓았습니다. 다음날 밀물이 밀려들어올때 물이 가슴에 오고, 목 위에 오고, 숨을 못쉬게 하여 사람들을 죽였습니다. 그때 예수 안 믿겠다고 하면 풀어줘도 예수 믿겠다고 하면 점점 물에 빠져 죽게하는 십자가의 형틀이었습니다.
　그 때 죽어가는 그리스도인들을 보면서 폴류캅이 가슴을 치면서 하나님께 소리치며 기도했습니다. "하나님, 살려주십시오. 저 성도들을 살려주십시오. 왜 하나님은 침묵하고 계십니까?" 그 때 하나님께서 "폴류캅! 나는 침묵하고 있는 것이 아니란다. 나는 저들과 함께 고통을 나누고 있단다" 라고 말씀하셨습니다.
　우리가 고통 당할 때 주님도 함께 고통을 느끼고 있다는 사실을 기억하십시오.

 주님, 어떤 고통중에도 주님이 함께 하심을 느끼게하소서.
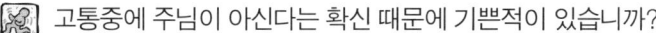 고통중에 주님이 아신다는 확신 때문에 기쁜적이 있습니까?

수통으로 나눈 사랑

6월 3일 롬 12:10-13

- **롬 12:10** 형제를 사랑하여 서로 우애하고 존경하기를 서로 먼저 하며
- **히 13:16** 오직 선을 행함과 서로 나눠주기를 잊지 말라 이같은 제사는 하나님이 기뻐하시느니라

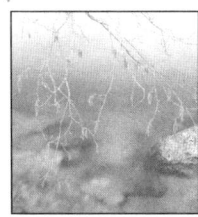 전쟁이 한창 진행 중이던 때, 어느 부대의 한 장교는 전투 중에 부상당한 환자들을 돌보다 심한 상처를 입은 병사가 애타게 물을 찾는 것을 보았습니다. 전쟁 중이라 물이 귀했지만 장교는 자신의 수통에 얼마 남지 않은 물을 그에게 주었습니다. 목이 무척 말랐던 그는 무심코 물을 마시려다가 동료 병사들의 눈길이 자신에게 모아지는 것을 느꼈습니다. 물이 귀한 상황이라 모든 병사들이 갈증을 느끼고 있었던 것입니다. 그는 수통을 입에 대고 '꿀꺽 꿀꺽' 소리를 내면서 물을 마신 후 다른 병사에게 수통을 넘겼습니다. 수통을 넘겨받은 병사가 물을 마시려고 보니 물은 조금도 줄어들지 않았습니다. 그 병사는 깊은 눈빛으로 동료를 쳐다보며 고개를 끄덕였습니다. 그리고 자신도 꿀꺽 소리를 내며 맛있게 물을 마신 후 수통을 또 다른 병사에게 건네주었습니다. 그렇게 돌아가며 모든 병사들이 물을 마셨습니다. 마침내 수통이 장교에게 돌아왔을 때, 놀랍게도 수통의 물은 처음 그대로였습니다. 모든 병사들은 얼굴에 미소를 띠었고, 더 이상 갈증을 느끼는 사람은 없었습니다.

서로를 돕고, 서로를 배려해주는 마음은 참된 그리스도인의 마음입니다. 이 이야기에 나온 장교와 병사들의 마음을 가진 그리스도인이 되십시오.

 주님! 참된 사랑을 나누게 하소서.

 자신이 가진 작은 것이라도 나누어 주십시오.

자동으로 부자되기

마 5:13-16   6월 4일

- 마 5:16 이같이 너희 빛을 사람 앞에 비취게 하여 저희로 너희 착한 행실을 보고 하늘에 계신 너희 아버지께 영광을 돌리게 하라
- 고전 10:31 그런즉 너희가 먹든지 마시든지 무엇을 하든지 다 하나님의 영광을 위하여 하라

누구나 부자가 되고 싶은 마음을 가지고 있습니다. 그리고 적어도 물질적으로 안정적인 삶을 살기를 원합니다. 하지만 어떻게 해야 부자가 되는지를 모릅니다.

자수성가한 억만장자 마이클 매스터슨의 『자동으로 부자 되기』란 책에는 자동적으로 부자가 되는 6가지 조언이 제시되어 있습니다.

1. 어느 정도의 냉엄한 현실을 직시하라.
2. 부자가 되기 위한 계획을 세워라.
3. 부자들의 습관을 관찰하라.
4. 수입을 급격하게 증대시키라.
5. 잠든 사이에도 자동적으로 쌓이는 부를 형성하라.
6. 은퇴기간 동안에 일의 시간과 가치를 조절하라.

하나님의 말씀에 순종할 때 하나님의 복이 넘칩니다.

물질은 하나님께서 주시는 것입니다. 또한 주신 그 물질을 우리 마음대로 사용하는 것이 아니라 그 물질을 잘 관리하고, 자신만을 위해서가 아니라 남을 위해, 하나님의 영광을 위해 사용해야 합니다. 그리할 때 우리는 자동적으로 물질적으로나, 정신적으로나 부자가 될 수 있습니다. 우리의 물질의 통로는 바로 하나님이심을 명심하십시오.

 주님! 하나님께서 주신 물질을 잘 관리하게 하소서.
 부자가 된다면 그 부를 어떻게 사용하겠습니까?

두 마리의 금붕어

6월 5일   롬 12:9-13

● **롬 12:9** 사랑엔 거짓이 없나니 악을 미워하고 선에 속하라
● **요일 3:15** 그 형제를 미워하는 자마다 살인하는 자니 살인하는 자마다 영생이 그 속에 거하지 아니하는 것을 너희가 아는 바라

어느 작은 어항 속에 두 마리의 금붕어가 살고 있었습니다.

두 마리의 금붕어는 서로에게 불만을 가지고 있었습니다. 그래서 서로 미워하며 툭 하면 싸웠습니다.

그러던 어느 날 그들은 크게 싸우게 되었습니다. 결국 그중에서 많이 다친 금붕어는 상처를 이기지 못하고 죽고 말았습니다.

살아남은 한 마리는 '이제 혼자서 편하게 살 수 있을 거야' 라고 생각하며 기뻐했습니다.

그러나 며칠 뒤, 그 금붕어도 죽고 말았습니다. 죽은 물고기가 악취를 내면서 몸이 썩기 시작했기 때문입니다.

우리의 마음 한 곳에는 미움이 자리 잡고 있어서 때때로 미워하는 마음이 불쑥 나올 때가 있습니다. 우리에게 있는 미움을 제거하기 위해서는 성령의 도우심을 받아야 합니다. 만약 나에게 있는 미움을 제거하지 않는다면 금붕어와 같이 다른 이들에게 상처와 죽음을 줄뿐만 아니라 자신에게도 큰 독으로 돌아오게 됩니다.

성령의 도우심을 받아 미움을 제거하고 이웃을 사랑할 수 있는 하루가 되십시오.

 주님! 미워하는 마음을 제거하고 사랑을 가지게 하소서.

 미워하는 사람이 있다면 성령의 도우심을 받아 화해하십시오.

멋진 그림으로 변한 얼룩

사 2:12-22   6월 6일

● **사 2:22** 너희는 인생을 의지하지 말라 그의 호흡은 코에 있나니 수에 칠 가치가 어디 있느뇨
● **렘 10:23** 여호와여 내가 알거니와 인생의 길이 자기에게 있지 아니하니 걸음을 지도함이 걷는 자에게 있지 아니하니이다

어느 날 한 화가가 친한 친구를 만났습니다.

그녀는 깊은 시름에 잠겨 있었습니다. 이유를 묻자, 그녀는 예쁜 손수건을 꺼내 보여주며 말했습니다.

"사랑하는 사람으로부터 받은 선물인데 실수로 잉크를 떨어뜨려 얼룩이 생겼어."

그녀가 내민 손수건 복판에는 잉크가 번져 있었습니다. 화가는 며칠 동안만 그 손수건을 빌려달라고 했습니다.

그로부터 며칠이 지난 후 그 화가로부터 그녀에게 소포가 배달되었습니다. 그녀는 자기의 눈을 의심하지 않을 수 없었습니다.

소포로 배달된 손수건은 화가가 그린 그림으로 가득 차 있었습니다.

화가는 실수로 생긴 잉크자국을 살려 멋진 그림을 그려냈던 것입니다.

하나님은 우리의 화가이십니다. 우리의 마음과 생각, 삶 등 모든 것을 그려주시며, 얼룩진 우리의 인생을 멋진 그림, 예쁜 인생으로 고쳐 주십니다. 나의 삶이 얼룩졌다고 좌절하며 울지 마십시오. 멋지고 예쁜 그림으로 바꿔 주실 하나님께서 항상 우리 곁에 계시기 때문입니다. 모든 것을 주님께 맡기십시오.

 주님! 저의 인생도 멋진 그림으로 바꿔 주소서.
 하나님께서 당신에게는 어떤 그림을 그려주셨습니까?

나눔의 미덕

6월 7일 행 2:45-47

- 행 2:45 또 재산과 소유를 팔아 각 사람의 필요를 따라 나눠 주고
- 눅 12:20 하나님은 이르시되 어리석은 자여 오늘 밤에 네 영혼을 도로 찾으리니 그러면 네 예비한 것이 뉘 것이 되겠느냐 하셨으니

어느 마을에 한 농부가 살고 있었습니다. 농부는 열심히 농사를 지었고 가을에 추수한 곡식이 창고를 채우고도 마당까지 가득 찼습니다.

그런데 하룻밤이 지나면 마당에 쌓아 놓은 곡식이 조금씩 줄어드는 것이었습니다. 알고 보니 이웃 마을 사람들이 논에 병충해가 돌아 추수한 것이 적어서 곡식을 밤에 몰래 훔쳐가는 것이었습니다. 농부의 부인은 걱정이 되어서 물었습니다.

"밤에 도둑이 곡식을 훔쳐가지 못하게 대문을 잠그고 지키는 것이 어떨까요?" 그러자 농부는 대답했습니다.

"호수를 보면 낮에 산과 구름과 하늘이 그림자로 드리워지지만 밤에 그것들이 다 사라진다고 해서 호수는 아까워하거나 가둬두지 않지요. 이웃 마을 사람들이 곡식을 몰래 가져가기 전에 우리가 그들을 찾아가서 그들이 필요한 만큼의 곡식을 전해 주는 것이 도리입니다."

농부의 말에 부인도 동의하는 듯 웃음을 지었습니다.

마음의 넉넉함이란 하나님께서 주신 미덕중에 하나입니다. 또한 하나님께서 주신 물질과 마음은 나눌 때 더욱 가치가 있습니다. 나눔의 미덕을 지닌 사람이 되십시오.

 주님! 나눔의 가치를 아는 사람이 되게 하소서.
 가진 것을 넉넉한 마음으로 나누고 있습니까?

아빠의 기도

눅 9:26-27   6월 8일

- 눅 9:26 누구든지 나와 내 말을 부끄러워하면 인자도 자기와 아버지와 거룩한 천사들의 영광으로 올 때에 그 사람을 부끄러워하리라
- 골 3:8 이제는 너희가 이 모든 것을 벗어버리라 곧 분과 악의와 훼방과 너희 입의 부끄러운 말이라

어느 한 가정에는 어린 두 딸이 있었는데 그 중 막내는 식탁에 둘러 앉아 식구들이 밥을 먹기 전에 아빠가 해주시는 기도를 너무 자랑스럽게 생각했습니다.
"하나님, 감사합니다. 언제나 저희 가정을 지켜 주시고, 이렇게 온 식구가 모여…" 가끔 기도 중에 막내는 살짝 눈을 떠 기도하는 아빠의 모습을 보고 '꼭 커서 아빠처럼 믿음이 아주 훌륭한 사람과 결혼해야지' 라고 생각하며 혼자 웃곤 했습니다. 그러던 어느 날 온 식구가 식당에서 외식을 하게 되었습니다. 맛있는 저녁이 나오자 막내는 집에서처럼 손을 모으고 눈을 감은 채 아빠의 기도를 기다렸습니다. 그런데 아무런 소리가 들리지 않아 눈을 떠보니 아빠, 엄마, 그리고 언니 모두 먼저 밥을 먹고 있는 것이었습니다. 당황한 막내는 아빠에게 물었습니다. "아빠, 왜 기도 안 해주세요?" "응, 이런 곳에서는 사람들이 많아 마음속으로 조용히 기도하고 밥을 먹는 거야. 속으로 기도해도 하나님은 다 들어주신단다." 그때 옆에 앉아 있던 언니가 말했습니다. "바보야, 이렇게 사람들이 많은데 창피하게 어떻게 기도해? 빨리 밥이나 먹어." 막내는 이상하다는 듯 한참 생각한 뒤 아빠에게 물었습니다. "아빠, 그럼 식당에는 하나님이 안 계세요?"

자녀 앞에서나 하나님 앞에서 부끄럼 없는 믿음을 가진 부모님이 되십시오.

 주님! 한결같은 믿음을 소유한 부모가 되게 하소서.
 자녀 앞에서 부끄럽지 않은 믿음을 가지고 있습니까?

한 주일을 시작할 때

6월 9일   **히 3:7-19**

- 히 3:7 그러므로 성령이 이르신 바와 같이 오늘날 너희가 그의 음성을 듣거든
- 히 3:13 오직 오늘이라 일컫는 동안에 매일 피차 권면하여 너희 중에 누구든지 죄의 유혹으로 강퍅케 됨을 면하라

요일에 맞춰 의미를 부여하는 글이 있어 소개합니다. 월요일은 월등히 나은 하루를 만드는 날입니다. 월요병에 걸리기 쉬운 날인만큼 자신의 일을 잘 분배하여 지혜롭게 일을 하십시오. 화요일은 화목한 분위기로 살아가는 날입니다. 즐겁고 신나는 일이 생기도록 항상 웃으시기 바랍니다. 수요일은 수양과 자기개발로 자신을 갈고 닦는 날입니다. 여유시간을 잘 활용하여 독서하는 시간을 만들어 보십시오. 목요일은 목표를 향해 도전하는 날입니다. 포기하지 말고 용기 있게 도전하는 하루가 되십시오. 금요일은 금빛 찬란한 미래를 다시 한 번 점검해 보는 날입니다. 자신이 위대하고 가치 있는 존재임을 다시 깨달을 수 있는 하루가 되십시오. 토요일은 토론과 대화로 문제를 풀어가는 날입니다. 한 주일 동안 한마디도 나누지 못한 사람이 있다면 함께 차 한 잔을 마실 수 있는 시간을 가져 보십시오. 일요일은 일체의 근심을 버리고 마음을 비우는 날입니다. 마음을 비우고 생각을 정리하며 주님께 모든 것을 아뢰는 시간을 가지십시오. 하루도 놓치지 아니하고 매일을 보람 있게 보낸다면 당신은 성공한 삶을 살아가고 있는 것입니다. 오늘을 어떤 날로 만들지를 결정하는 사람은 바로 나 자신임을 기억 하십시오.

 주님! 매일 보람 있게 살게 하소서.

 당신의 요일별 의미는 무엇입니까?

교회 다니는 얘들은 왜 우는 거야?

시 56:8-13　　　　　　　　　　　　　　　　　　**6월 10일**

- **시 56:8** 나의 유리함을 주께서 계수하셨으니 나의 눈물을 주의 병에 담으소서 이것이 주의 책에 기록되지 아니하였나이까
- **요 11:35** 예수께서 눈물을 흘리시더라

신앙생활을 하다 보면 우리는 믿지 않는 친구들에게 가끔 이런 질문을 받곤 합니다.

"교회 다니는 사람들은 왜 우는 거야? 예배시간이나 찬송가 부를 때 왜 눈물을 흘리는 거야? 눈물 흘리는 거 보면 꼭 미친 사람 같아."

하나님을 직접 만나보기 전에는 모든 것이 이상하고 낯설게 느껴지는 것은 당연한 일입니다. 궁금함을 조금이나마 해소시켜 줄 수 있는 이야기가 있습니다. 어떤 사람이 길을 가다가 노란 버스를 보고 갑자기 자리에 멈춰서서 펑펑 울었습니다. 주위의 모든 사람들은 이상하게 생각했습니다. 어떤 사람은 '뭔가 사연이 있나보다' 라고 생각하고, 어떤 사람들은 미친 사람으로 생각했습니다. 그 사람에게는 사연이 있었습니다. 가장 사랑했던 자신의 친구가 얼마 전 자신을 구해주고 노란 버스에 치어 죽었던 것입니다. 그래서 그 사람은 노란 버스만 보면 죽은 친구가 생각나고 표현하기 힘든 미안함과 고마움의 감정들이 뒤섞여서 울었던 것입니다.

나를 위해 대신 십자가에 돌아가신 예수님 때문에 우리는 찬송가만 불러도, 십자가만 생각해도 가슴이 뭉클하며 눈물이 흐르는 것입니다. 하나님의 그 크신 사랑을 알기에 그 사랑에 감격하여 울 수밖에 없는 것입니다. 오늘 하나님의 사랑을 기억하며 감격의 고백과 감사를 하는 하루가 되십시오.

 주님! 그 크신 사랑에 감사의 눈물을 흘릴 수 있게 하소서.

 눈물을 흘리는 의미를 마음속으로 고백해 보십시오.

만족하는 삶

6월 11일　　　　　　　　　　　　　　　　　　　　**롬 14:6-12**

●**롬 14:6** 날을 중히 여기는 자도 주를 위하여 중히 여기고 먹는 자도 주를 위하여 먹으니 이는 하나님께 감사함이요 먹지 않는 자도 주를 위하여 먹지 아니하며 하나님께 감사하느니라
●**고후 3:5** 우리가 무슨 일이든지 우리에게서 난것 같이 생각하여 스스로 만족할 것이 아니니 우리의 만족은 오직 하나님께로서 났느니라

　영국의 어느 시골 마을에 조그마한 물방앗간을 운영하는 가난한 한 사람이 있었습니다. 항상 그는 이른 아침부터 저녁 늦게까지 일했고, 일을 마친 후 그의 몸은 온통 밀가루와 땀으로 얼룩져 있었습니다. 그러나 날마다 즐거운 표정으로 노래를 부르며 집으로 향했습니다.
　"나는 그 누구도 부럽지 않아요. 지금의 생활에 만족하니까요. 나에겐 행복이 있으니까요." 어느 날, 물방앗간을 지나가던 국왕은 행복한 노랫소리를 듣고 궁금하여 행차를 멈추었습니다. 국왕은 물방앗간 주인에게 물었습니다. "당신처럼 그렇게 만족하며 살 수 있는 비결이 무엇이요. 나는 어렵고 답답한 일들 때문에 늘 괴로울 뿐이오." 그러자 물방앗간 주인이 대답했습니다. "그저 정성을 다하여 즐거운 마음으로 일할 뿐입니다. 이웃들 모두 제게 친절하고 저도 그들에게 명랑하게 대합니다. 또 이 시냇물이 저 대신 방아를 찧어주니 얼마나 감사한가요."
　우리도 물방앗간의 주인과 같은 대답을 할 수 있을까요? 작은 것에도 감사하고 만족하는 삶을 살아간다면 그보다 행복한 삶은 없을 것입니다. 아무리 많은 재물을 소유하고 있다 할지라도 하나님께서 주시는 만족이 없다면 모두 물거품과 마찬가지입니다. 주님 안에서 만족하는 삶을 사십시오.

 주님! 작은 것에도 만족하는 삶을 살게 하소서.
 현재의 삶에 감사하며 살아가십니까?

하나님이 쓰시는 사람

엡 3:7-13   6월 12일

- 엡 3:7 이 복음을 위하여 그의 능력이 역사하시는대로 내게 주신 하나님의 은혜의 선물을 따라 내가 일군이 되었노라
- 골 1:10 주께 합당히 행하여 범사에 기쁘시게 하고 모든 선한 일에 열매를 맺게 하시며 하나님을 아는 것에 자라게 하시고

세계적인 첼리스트 파블로 카잘스가 45세 때 한 인터뷰에서 어떤 기자가 그에게 물었습니다.

"선생님께서는 역사상 가장 위대한 첼리스트로 손꼽히는 분입니다. 그런 선생님께서 아직도 하루에 6시간씩 연습을 하시는 이유가 무엇입니까?"

카잘스는 활을 내려놓고 대답했습니다.

"왜냐하면 지금도 제가 조금씩 발전하고 있다고 생각하기 때문입니다."

하나님 앞에서 완벽한 사람은 아무도 없습니다. 그렇기에 끊임 없이 노력해야 하며, 성실하게 자신의 일을 감당해 나가야 합니다.

또한 나이나 환경으로 인해 좌절하지 마십시오. 많은 성경의 인물들이 노인이 되어서도 하나님께 주님의 일꾼으로 사용되었습니다. 그저 소망을 가지고, 성실하고 겸손하게 일하는 꿈을 가진 그리스도인이 되어야 합니다. 하나님께서 나를 사용하실 그때를 기다리며 항상 준비하십시오.

 주님! 항상 최선을 다하여 주님께 쓰임받는 사람이 되게 하소서.

 항상 주님이 쓰시기에 합당하도록 준비하고 계십니까?

아내의 오해

6월 13일   신 32:10-47

● 신 32:10 여호와께서 그를 황무지에서, 짐승이 부르짖는 광야에서 만나시고 호위하시며 보호하시며 자기 눈동자 같이 지키셨도다
● 시 17:8 나를 눈동자 같이 지키시고 주의 날개 그늘 아래 감추사

한 중년의 다정한 부부가 있었습니다.

어느 날 아내는 시력이 갑자기 나빠졌고, 급기야 너무 나빠져서 수술을 해야만 했습니다. 그러나 수술 후 아내는 실명을 하고 말았습니다. 그 후 남편은 매일 같이 아내를 직장까지 출근시켜주고 퇴근 시에도 집까지 데려다 주었습니다.

그러던 어느 날 갑자기 남편이 아내에게 서로 직장이 머니 각자 출근하자고 말했습니다. 이 말에 아내는 남편에게 너무나 섭섭했고, 사랑하는 남편이 그런 말을 한 것에 대해 배신감까지 느꼈습니다.

그리곤 이를 악물고 살아야겠다는 결심을 한 후, 그 다음 날부터 혼자 출근하기 시작했습니다. 지팡이 하나를 의지하면서 버스를 타고 내릴 때마다 많이 넘어지기도 하고, 울기도 하면서 혼자 다니는 훈련을 하기 시작했습니다. 그리고 2년 뒤 어느 날, 버스 운전기사는 그녀에게 말했습니다. "아줌마는 복도 많소. 매일 남편이 버스에 함께 앉아주고 직장 건물에 들어가는 순간까지 지켜보다가 등 뒤에서 손 흔들어주는 보이지 않는 격려를 해주니까요." 이 말을 들은 아내는 울음을 터뜨리고 말았습니다.

늘 우리를 눈동자처럼 지켜보시고 보호하시는 주님께 감사하며, 나를 위해 보이지 않는 곳에서 기도해주는 모든 이들에게 감사하는 하루가 되십시오.

 주님! 늘 지켜주시고 보호해주심에 감사하게 하소서.
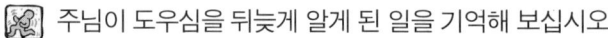 주님이 도우심을 뒤늦게 알게 된 일을 기억해 보십시오.

소녀의 어머니

출 20:9-12　　　　　　　　　　　　　　　　　　　**6월 14일**

- 출 20:12 네 부모를 공경하라 그리하면 너의 하나님 나 여호와가 네게 준 땅에서 네 생명이 길리라
- 신 5:16 너는 너의 하나님 여호와의 명한대로 네 부모를 공경하라 그리하면 너의 하나님 여호와가 네게 준 땅에서 네가 생명이 길고 복을 누리리라

　차를 몰고 가던 한 신사가 꽃가게 앞에 차를 멈추었습니다. 2백 마일이나 떨어진 자신의 어머니에게 꽃다발을 보내달라고 배달주문할 참이었습니다. 그때 한 소녀가 길가에 앉아 울고 있는 것을 보았습니다.
　"왜 울고 있니?"
　"엄마에게 드릴 장미꽃 한 송이를 사고 싶거든요. 그런데 저는 75센트 밖에 갖고 있지 않아요. 장미 한 송이는 2달러나 하는데 말이예요."
　그는 미소를 지으며 말했습니다.
　"나랑 가게 안으로 들어가자. 내가 장미 한 송이를 사줄게."
　그는 소녀에게 장미를 사주고 자신의 어머니에게도 꽃다발을 보내 달라고 주문하고 가게에서 나왔습니다. 그는 소녀를 집까지 태워다 주겠다고 했습니다. 그런데 뜻밖에도 소녀는 공동묘지로 가는 것이었습니다. 소녀는 만든 지 얼마 안되 보이는 무덤 앞에 다가가 장미를 내려놓았습니다. 그 모습을 보던 그는 꽃가게로 다시 돌아가 배달주문을 취소하고 그 자리에서 꽃을 샀습니다. 그리고 꽃을 들고 어머니가 계신 집으로 달려갔습니다.
　부모님이 살아계실 때 효도하지 않는다면 효도할 수 있는 기회는 사라지고 맙니다. 하나님께서는 부모를 공경하라고 말씀하십니다. 오늘은 바쁜 생활 가운데 잠시 잊었던 부모님께 전화하거나 찾아뵙는 하루가 되십시오.

 주님! 부모님께 감사함을 잊지 않게 하소서.

 지금 부모님을 기쁘게 해드리십시오.

하면 할수록 좋은 말 10가지

6월 15일　　　　　　　　　　　　　　　　　마 12:36-37

● **마 12:36** 내가 너희에게 이르노니 사람이 무슨 무익한 말을 하든지 심판날에 이에 대하여 심문을 받으리니
● **약 3:10** 한 입으로 찬송과 저주가 나는도다 내 형제들아 이것이 마땅치 아니하니라

　　말에는 해서는 안 되는 말이 있고, 하면 할수록 좋은 말이 있습니다.
　　항상 좋은 말만 하면서 살아 갈 수는 없지만, 되도록 좋은 말들을 할 수 있도록 노력하십시오.
　　여기 '하면 할수록 좋은 말 10가지' 를 소개합니다.

01. 마음을 넓게 해주는 말 "미안해"
02. 겸손한 인격의 탑을 쌓는 말 "고마워"
03. 날마다 새롭고 감미로운 말 "사랑해"
04. 사람을 사람답게 자리 잡아 주는 말 "잘했어"
05. 화해와 평화를 주는 말 "내가 잘못했어"
06. 모든 것을 하나 되게 해주는 말 "우리는…"
07. 세상에서 가장 귀한 보배로운 말 "친구야"
08. 봄비처럼 사람을 쑥쑥 키워주는 말 "네 생각은 어때?"
09. 언제든 모든 날들을 새로워지게 하는 말 "첫 마음으로 살아가자"
10. 가장 따뜻하고 행복한 말 "너를 위해 기도할게"

　하나님께서 주신 아름다운 입술로 사랑을 담은 좋은 말을 사람들에게 전해보십시오.

 주님! 좋은 말, 행복한 말만 할 수 있게 하소서.
 주위 사람들에게 좋은 말들을 전해보십시오.

다섯 가지 감사

대상 6:8-15　　　　　　　　　　　　　　　　　　6월 16일

- 대상 16:8 너희는 여호와께 감사하며 그 이름을 불러 아뢰며 그 행사를 만민 중에 알게 할지어다
- 엡 5:4 누추함과 어리석은 말이나 희롱의 말이 마땅치 아니하니 돌이켜 감사하는 말을 하라

　토크쇼의 여왕 '오프라 윈프리'는 미혼모, 107kg의 뚱보, 마약중독자가 되어 인생을 자포자기하며 살아온 불행한 시절이 있었습니다. 그녀의 기구한 인생에 종지부를 찍게 된 것은 자신을 버렸던 아버지를 만나게 된 것이었습니다. 예수를 믿고 새사람이 되어 나타난 아버지는 망가진 딸에게 하나님과 성경책을 소개해주고 자신이 암송하는 말씀을 들려주었습니다. 오프라 윈프리는 예수님을 영접하게 됨으로써 새로 태어나게 되었으며, 진리가 그녀를 자유롭게 하였습니다. 성경에 집중한 그녀는 지적 호기심이 생기기 시작했고 많은 독서의 영향으로 열아홉 살에 TV방송국에 들어가게 되었으며, 흑인 여성으로서 최초의 앵커로 발탁되었습니다. 그 후 볼티모어 방송국으로 옮겨가서 골든타임의 앵커를 맡았으나 감정이 오버한다는 이유로 가장 인기 없던 토크쇼의 진행자로 좌천되었습니다. 하지만 자신의 불행했던 삶에 대한 진솔한 고백을 통해 그 토크쇼는 최고 인기 있는 프로그램으로 대성공함으로써 전화위복이 되었습니다. 그녀에겐 잠자기 전에 감사의 일기를 쓰는 좋은 버릇이 있었습니다. 그녀는 감사해야할 다섯 가지를 매일 기록했습니다. 거창한 내용이 아니라 하루 일상생활에서 일어난 일이었습니다. 가장 부유한 사람은 가진 것에 만족하고 감사하는 사람입니다. 모든 환경을 초월하게 하시는 하나님께 감사하십시오.

 주님! 마음과 입술에 감사를 심게 하소서.
 가진 것에 만족하고 감사하십시오.

하나님을 믿으면 운명이 바뀐다

6월 17일   행 10:4-8

● 행 10:4 고넬료가 주목하여 보고 두려워 가로되 주여 무슨 일이니이까 천사가 가로되 네 기도와 구제가 하나님 앞에 상달하여 기억하신 바가 되었으니
● 행 20:36 이 말을 한 후 무릎을 꿇고 저희 모든 사람과 함께 기도하니

1978년 대학가요제로 데뷔하면서 매우 큰 인기를 끌었던 한 여가수가 있었습니다. 그녀는 아버지 없이 자랐기에 외로운 어린 시절을 보내야 했습니다. 한때는 어머니가 이단에 빠져 기독교에 대한 그녀의 생각은 더욱 부정적이었습니다. 어려서 본 무서운 교주의 형상 때문에 기독교에 대한 두려움이 컸습니다. 그러므로 자연스레 타종교를 믿게 되었고, '인간은 왜 태어나고 또 허망하게 죽을까?' 라는 고민을 가진 채 젊은 시절을 보내야 했습니다. 하지만 지금 그녀는 어린 시절부터 힘들고 어려웠던 것들이 결국 하나님의 큰 사랑을 깨닫기 위한 거친 과정이라고 생각하면, 그 어떤 일도 행복한 마음으로 떠올릴 수 있다고 고백합니다. 그녀는 바로 최근 "데이 바이 데이"란 복음성가 앨범을 낸 "사랑밖에 난 몰라" 노래의 주인공 심수봉씨입니다. 그녀는 이번 앨범을 내면서 찬양예배와 치유세미나 등을 위해 자신의 집을 개조하여 지하 공연장과 1층을 일반인에게 공개하고, 또한 몸이 아프고 도움이 필요한 사람들을 위해 섬기는 삶을 살고 싶다며 치유상담가가 되기 위해 교육과정을 밟고 있습니다. 그녀가 하나님을 만나게 된 계기는 그녀를 위해 오랫동안 기도해오던 언니의 '하나님을 믿으면 운명이 바뀐다' 라는 이 한 마디 때문이었습니다. 하나님은 그 누구의 기도도 흘려들으시지 않습니다. 때가 되면 그 기도에 응답해주십니다. 하나님께서 응답해주실 그 때를 기다리며 끊임없이 기도하십시오.

 주님! 때가 올 때까지 포기하지 않고 꾸준히 기도하게 하소서.
 누구를 위해 얼마 동안이나 기도하셨습니까?

사랑의 유통기한

삼상 18:3-5   6월 18일

- 삼상 18:3 요나단은 다윗을 자기 생명 같이 사랑하여 더불어 언약을 맺었으며
- 마 7:12 그러므로 무엇이든지 남에게 대접을 받고자 하는대로 너희도 남을 대접하라 이것이 율법이요 선지자니라

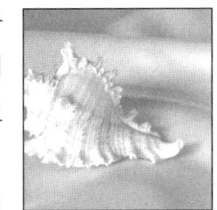

한 편의점에서 밤 늦은 시간에 물건은 안 사고 오랫동안 진열된 빵들을 이리저리 뒤적이기만 하는 청년에게 주인은 참다못해 "손님, 어떤 빵을 찾고 계십니까?"라고 물었습니다.

"유통기한을 봤어요. 혹시 유통기한이 지난 빵을 진열하지 않았나 해서…"

"몇 개는 유통기한이 오늘 자정까지지만 안심하고 드셔도 됩니다."

말도 안 되는 이유를 말하는 청년은 언뜻 보기에도 지저분해 보였습니다. 오랫동안 씻지 않았는지 몸에선 이상한 냄새가 났지만 주인은 그런 청년을 내쫓지 않았습니다. 그러나 시계가 열두 시가 막 넘어서는 순간 청년은 빵 하나를 들고 갑자기 밖으로 뛰어나갔습니다. 힘이 없는지 얼마못가 털썩 주저앉은 청년의 어깨위로 누군가의 손이 올려졌습니다. 돌아보니 편의점 주인이었습니다. 당황한 청년은 들고 있던 빵을 얼른 내밀었습니다.

"용서해주세요. 며칠째 아무것도 먹지 못해서 훔쳤습니다. 이 빵은 자정이 넘었기 때문에 유통기한이 지난 거예요." 그러자 편의점 주인은 우유를 건네주며 "이봐 젊은이, 사랑에는 유통기한이 없으니 이것과 함께 천천히 들게나"라고 말했습니다. 청년은 그 자리에서 눈물을 흘리며 몇 번이고 감사했습니다. 작은 것이라도 나눌 수 있는 마음이 바로 하나님을 닮은 마음입니다. 주님을 대접하는 마음으로 어려운 이들을 대접하십시오.

 주님! 유통기한이 없는 끊임없는 사랑을 하게 하소서.

 당신은 주로 어떤 이들에게 사랑을 나눠주고 있습니까?

사람을 살린 비바람

6월 19일   고후 1:6-11

- **고후 1:6** 우리가 환난 받는 것도 너희의 위로와 구원을 위함이요 혹 위로 받는 것도 너희의 위로를 위함이니 이 위로가 너희 속에 역사하여 우리가 받는것 같은 고난을 너희도 견디게 하느니라
- **약 5:13** 너희 중에 고난 당하는 자가 있느냐 저는 기도할 것이요 즐거워하는 자가 있느냐 저는 찬송할찌니라

한 남자가 배를 타고 바다를 건너던 중 바다 한 가운데에서 표류를 하게 되었습니다. 한참을 바다위에서 헤매던 이 사람은 하나님께 기도하기 시작했습니다.

"제발 저 좀 살려주세요."

그러자 갑자기 비바람이 불기 시작했습니다. 남자는 화가 났습니다.

"안 그래도 곧 죽을 것 같은데 더 빨리 죽이려나 보다."

그러나 이내 비바람이 잦아들고 다시 태양이 내리 쬐었습니다. 그는 목이 말라 배에 가득 차있던 빗물로 목을 축였습니다. 그러는 사이, 바람으로 움직인 보트는 육지 가까이 다다르게 되었습니다. 비바람이 남자를 살린 것입니다.

내가 원하지 않는 어려운 일이 전개된다 해도 실망하거나 투정을 부리지 마십시오.

우리에게 고난은 기적을 바라 볼 수 있는 좋은 기회입니다. 고난과 환란이 닥칠 때 두려워하며 고통스러워하지 마십시오. 고난 뒤에는 모든 것들이 감사할 조건으로 바뀝니다. 오늘의 고난을 원망하지 말고 그 고난 중에 만나게 될 하나님의 기적을 체험하는 하루가 되십시오.

 주님! 고난 가운데서도 기도할 수 있게 하소서.

 현재 참기 힘든 고난이 있습니까?

승리의 발판

고후 1:7-11   6월 20일

- 고후 1:7 너희를 위한 우리의 소망이 견고함은 너희가 고난에 참예하는 자가 된것 같이 위로에도 그러할 줄을 앎이라
- 골 2:15 정사와 권세를 벗어버려 밝히 드러내시고 십자가로 승리하셨느니라

어느 날 새끼 개구리가 도로를 뛰어 다니다가 트럭 바퀴에 의해 만들어진 웅덩이에 빠졌습니다. 새끼 개구리는 그곳에서 빠져 나오지 못하고 허우적거리기만 했습니다. 아빠 개구리와 엄마 개구리는 새끼 개구리를 구하러 왔습니다. 하지만 그들이 이런저런 방법을 가르쳐줘도 속수무책이었습니다.

그때 트럭 한 대가 굉장한 속력으로 멀리서 달려오고 있었습니다. 그 순간 아빠와 엄마 개구리는 자신들의 목숨을 위해 재빨리 도망쳤습니다. 그들은 트럭에 치여 죽었을 새끼 개구리를 생각하며 슬픈 마음으로 뒤를 돌아보았습니다. 그런데 새끼개구리가 보이지 않았습니다. 그때 "엄마! 아빠!"하고 부르는 새끼 개구리의 목소리가 들렸습니다. 뒤를 돌아보니 새끼 개구리는 아빠, 엄마 개구리보다 더 멀리 뛰어 달아나 있었습니다.

우리는 때때로 우리가 절대로 해낼 수 없는 일, 빠져나올 수 없는 곳 등으로 인해 낙심되어 자리에 주저앉을 때가 있습니다. 하지만 분명한 것은 하나님께서 함께하신다는 것입니다. 생각 못한 방법으로 일하시는 하나님의 도우심과 자신의 의지만 있다면 해낼 수 없는 일, 빠져나올 수 없는 곳은 전혀 없습니다. 하나님을 의지하여 지금의 낙심되는 일과 환란이 승리의 발판이 되는 하루가 되십시오.

 주님! 고난 속에서 승리의 주님을 보게 하소서.
 지금 어떤 고난 속에서 허우적대고 있습니까?

자녀 교육의 10계명

6월 21일   잠 23:19-35

- 잠 23:19 내 아들아 너는 듣고 지혜를 얻어 네 마음을 정로로 인도할지니라
- 잠 27:11 내 아들아 지혜를 얻고 내 마음을 기쁘게 하라 그리하면 나를 비방하는 자에게 내가 대답할 수 있겠노라

하나님께서 주신 최고의 선물인 자녀를 바르게 교육하고 양육한다는 것은 결코 쉬운 일이 아닙니다. 그렇기 때문에 더욱 하나님께 기도하며, 하나님께서 주신 지혜로 아이들을 양육해야 합니다.

'자녀 교육의 10계명'을 소개합니다.

01. 어렸을 때부터 주님께 기도하게 하라.
02. 하나님의 뜻을 최고 목표로 삼으라.
03. 계속적인 모범을 보이라.
04. 많이 인정해주고 칭찬해주라.
05. 독립적이고 개성 있는 인격자로 세우라.
06. 부모가 싫어하는 일은 자녀에게도 시키지 말라.
07. 자녀들과 시간을 함께 가지라.
08. 다른 아이들과 비교하지 말라.
09. 모든 환경은 교육의 기회로 삼으라.
10. 가정과 사회에 필요한 존재임을 인식시키라.

자녀는 주님이 우리에게 맡기신 하나님의 사람입니다. 바른 교육을 할 수 있는 지혜로운 부모가 되십시오.

 주님! 지혜로운 부모가 되게 하소서.

 바른 교육을 하는 부모가 되기 위해 어떤 노력을 하고 있나요?

아름다운 부부

삼상 25:36-38　　　　　　　　　　　　　　　　　6월 22일

- **삼상 25:36** 아비가일이 나발에게로 돌아오니 그가 왕의 잔치 같은 잔치를 그 집에 배설하고 대취하여 마음에 기뻐하므로 아비가일이 밝는 아침까지는 다소간 말하지 아니하다가
- **삼하 20:22** 이에 여인이 그 지혜로 모든 백성에게 말하매 저희가 비그리의 아들 세바의 머리를 베어 요압에게 던진지라 이에 요압이 나팔을 불매 무리가 흩어져 성읍에서 물러나서 각기 장막으로 돌아가고 요압은 예루살렘으로 돌아와서 왕에게 나아가니라

비슷한 시기에 결혼을 한 두 청년이 있었습니다.

한 청년은 결혼하자마자, 가정의 행복을 위해서 매일 한 가지씩 아내의 단점을 지적했습니다. 몇 가지 단점만 고치면 완벽한 아내가 되리라고 기대했기에 아내의 장점에 대해서는 이야기하지 않았습니다. 그러나 그의 생각은 빗나갔습니다. 그의 아내는 점점 성격이 더 나빠져만 갔습니다. 그리고 장점마저도 단점으로 바뀌게 되었습니다. 결국 그 가정은 싸움이 끊일 날이 없었습니다.

또 다른 한 청년은 결혼하자마자, 아내의 장점을 찾아내어 하루에 한 가지씩 칭찬을 했습니다. 물론 아내에게는 많은 단점들이 있었습니다. 하지만 그 단점은 남편인 자신이 채워줘야 할 부분이라고 생각하며 늘 장점만 보려고 노력했습니다. 그 가정에는 항상 웃음꽃만 피었고, 부부는 항상 행복했습니다. 하나님께서는 서로 도우며, 서로를 섬길 줄 아는 부부가 되길 원하십니다.

행복한 아름다운 가정, 부부가 되기 위해 남편과 아내의 단점을 찾기 보다는 장점을 발견해 서로에게 칭찬을 하십시오.

 주님! 하나님 보시기에 아름다운 부부가 되게 하소서.

 당신은 배우자의 장점과 단점 중 어느 것을 더 많이 말합니까?

연약한 심령

6월 23일   시 18:1-18

● 시 18:18 저희가 나의 재앙의 날에 내게 이르렀으나 여호와께서 나의 의지가 되셨도다
● 막 14:38 시험에 들지 않게 깨어있어 기도하라 마음에는 원이로되 육신이 약하도다 하시고

　아프리카에는 '뱀잡이수리'라는 아주 특이한 새가 있습니다. 이 새는 평소에 아주 잘 날아다니다가도 어느 순간 고통을 감지하거나 위험한 것을 느끼게 되면 갑자기 날 수 있는 능력을 망각해버리고 만다는 것입니다. 그렇게 날 수 있는 능력을 망각해버린 '뱀잡이수리'는 땅을 엉금엉금 기어 다니다가 끝내는 목숨을 잃어버리거나 다치게 되는 특이한 특징을 가지고 있다는 것입니다.
　우리의 모습 속에 '뱀잡이수리'와 같은 특징은 없는지 살펴봅시다. 처음에는 상당한 훈련에 의해서 의지적으로라도 조금씩 기도를 하며 주님을 바라보고 살아가지만, 막상 기도가 필요한 극심한 고통의 순간에는 기도를 잊어버리고 어쩔 줄 몰라 하며 당황하거나 방황하지는 않는지 말입니다.
　평소 기도의 습관을 살려 위기 때에 백 퍼센트 발휘하는 승리의 삶을 살아가십시다. 비록 심령은 연약하나 하나님을 전적으로 의지함으로써 강하고 담대한 성도가 되십시오.

 주님! 위기의 순간에도 전적으로 주님만 바라보게 하소서.
 하나님 앞에 연약한 모습 그대로를 내어놓으십시오.

환경에 대한 불만족

대상 16:34-36   6월 24일

- **대상 16:34** 여호와께 감사하라 그는 선하시며 그 인자하심이 영원함이로다
- **사 12:1** 그 날에 네가 말하기를 여호와여 주께서 전에는 내게 노하셨사오나 이제는 그 노가 쉬었고 또 나를 안위하시오니 내가 주께 감사하겠나이다 할 것이니라

자녀의 운동화도 사줄 수 없을 만큼 경제적으로 어려운 가정의 부인이 있었습니다. 하루는 세탁기마저 고장이 나서 광고를 보고 중고 세탁기를 판다는 집을 찾아갔습니다. 그 집은 너무나 크고 좋은 집이었습니다. 그녀는 그 집에 있는 최신식, 최고급 가구나 주방시설 을 보면서 마음이 울적했습니다. 세탁기를 내어 오면서 주인 부부와 이런 저런 이야기를 하게 되었습니다. "경제적인 여유가 없어서 중고 세탁기를 사야했어요. 그리고 두 아들 녀석이 얼마나 개구쟁이인지 신발이 너무 빨리 닳아 걱정이에요." 그러자 갑자기 부유한 그 집의 부인이 고개를 숙이면서 방안으로 들어가 버리는 것이었습니다. 순간 그녀는 자기가 무슨 실례를 했는지 당황했습니다. 잠시 후, 그 부인의 남편이 말했습니다.

"우리에게는 딸이 하나 있습니다. 그런데 태어난 후 12년 동안 한 걸음도 걸어 본 적이 없는 장애아입니다. 제 아내는 당신의 아이들에 대한 이야기를 듣고 우리 아이가 불쌍해서…" 그날 집으로 돌아온 그녀는 현관에 있는 아이들의 낡은 운동화를 보면서 회개와 감사의 기도를 드렸습니다.

환경에 대한 불평과 만족함 없이 살아가는 삶을 뉘우치십시오. 그리고 건강을 주심과 항상 하나님께서 함께 하심을 감사하는 하루가 되십시오.

 주님! 모든 상황을 불평하지 않고 감사할 수 있게 하소서.
 요즘 어떤 불평들을 가지고 있습니까?

불친절한 여직원

6월 25일　　　　　　　　　　　　　　　　　　　　**히 6:11-12**

● 히 6:11 우리가 간절히 원하는 것은 너희 각 사람이 동일한 부지런을 나타내어 끝까지 소망의 풍성함에 이르러
● 히 13:2 손님 대접하기를 잊지 말라 이로써 부지중에 천사들을 대접한 이들이 있었느니라

　한 노신사가 은행을 찾았습니다. 마침 이 신사가 만나야 할 직원이 출장을 가고 자리에 없었습니다. 할 수 없이 되돌아 나오다 자동차를 주차장에 세워두며 받아온 주차카드를 여직원에게 내밀며 확인을 요청하였습니다. 그러자 여직원은 사무적인 태도로 말했습니다.
"선생님께서는 오늘 저희 은행에서 아무 업무도 보지 않으셨기 때문에 확인해 드릴 수 없습니다." 신사는 여직원에게 자초지종을 설명했지만 여직원의 태도는 여전히 냉담했고 신사의 요청은 거듭 거절되었습니다. '선생님의 요청을 들어드리지 못해 죄송합니다' 라는 말뿐이었습니다. 신사의 표정이 일그러지며 여직원에게 물었습니다. "그렇다면 이 은행에서 아무 업무라도 보면 주차카드에 확인해줄 수 있습니까?"
　여직원은 그렇다고 짧게 대답하였습니다. 신사는 예금인출서를 작성하여 여직원에게 주었습니다. 예금인출서에는 이 신사의 통장에 든 모든 예금을 인출하겠다고 기록하였는데 그 액수가 100억 원이 넘었습니다. 직원의 얼굴은 사색이 되었고, 잠시 후에 은행지점장이 부랴부랴 달려왔지만 노신사는 자신의 뜻을 굽히지 않았습니다.
　우리는 이웃을 대할 때에 주님께 하듯이 해야 합니다. 부지중에 천사를 만날 수 있습니다. 작은 친절이 큰 성공을 가져오기도 합니다. 날마다 친절을 베푸는 아름다운 그리스도인이 되십시오.

 주님! 누구에게나 친절을 베풀 수 있는 사람이 되게 하소서.
 당신은 친절이 생활화되어 있습니까?

절벽 위의 아기를 구한 한 여인

삼하 21:10-14　　　　　　　　　　　　　　　　　**6월 26일**

- **삼하 21:10** 아야의 딸 리스바가 굵은 베를 가져다가 자기를 위하여 반석 위에 펴고 곡식 베기 시작할 때부터 하늘에서 비가 시체에 쏟아지기까지 그 시체에 낮에는 공중의 새가 앉지 못하게 하고 밤에는 들짐승이 범하지 못하게 한지라
- **왕상 3:26** 그 산 아들의 어미되는 계집이 그 아들을 위하여 마음이 불붙는것 같아서 왕께 아뢰어 가로되 청컨대 내 주여 산 아들을 저에게 주시고 아무쪼록 죽이지 마옵소서 하되 한 계집은 말하기를 내 것도 되게 말고 네 것도 되게 말고 나누게 하라 하는지라

어느 날, 작은 오두막집의 마당에 놓여 있는 평상에서 아기가 잠을 자고 있었습니다. 갑자기 큰 독수리가 아기를 낚아 채 높은 절벽으로 멀리 날아가 버렸습니다. 그때 지나가던 한 청년이 아기를 구하려고 높은 절벽을 기어 올라갔습니다. 그러나 거의 막바지에 포기하고 말았습니다. 다음에는 등산에 익숙한 사람이 해보겠다고 나섰습니다. 그러나 그도 아기 가까이 접근하기는 했지만 실패로 끝났습니다. 이때 연약해 보이는 한 여인이 신발을 벗고 맨발로 바위를 하나씩 디디며 험준한 절벽을 타고 올라갔습니다. 드디어 아기가 있는 곳까지 올라간 그녀는 독수리 둥지에서 아기를 들쳐 안았습니다.

　그동안 마을 사람들은 조바심과 두려움에 싸여 숨을 죽이고 그 광경을 지켜보고 있었습니다. 내려오는 것은 올라가는 것보다 더 어려웠습니다. 한번만 발은 잘못 디뎌도 두 목숨이 죽음으로 끝나게 될 순간이었습니다. 그녀가 무사히 땅을 밟자 마을 사람들은 놀라움에 가득 차서 반겨주었습니다.

　다른 사람들이 실패한 것을 그 여인이 해낼 수 있었던 것은 그녀만이 가진 특별한 동기 때문이었습니다. 그녀가 바로 그 아기의 어머니였던 것입니다. 어머니는 희생과 사랑의 대명사라고 해도 부족함이 없습니다. 어머니보다 더 큰 사랑으로 우리를 돌보아 주시는 주님께 감사하며 사십시오.

 주님! 주님의 사랑을 기억하며 감사하게 하소서.
 주님이 당신에게 베푼 큰 도움을 기억해 보십시오.

감사와 불평의 명암

6월 27일   시 50:1-23

● 시 50:23 감사로 제사를 드리는 자가 나를 영화롭게 하나니 그 행위를 옳게 하는 자에게 내가 하나님의 구원을 보이리라
● 살전 5:18 범사에 감사하라 이는 그리스도 예수 안에서 너희를 향하신 하나님의 뜻이니라.

어떤 동네 머슴 한 사람이 물통을 짊어지고 물을 길으며 하는 소리가 "에이 씨, 이게 도대체 뭐야, 아무리 빈 통에 물을 잔뜩 길어 날라보아야 또 빈 통을 들고 다시 와야 하잖아. 정말 끝이 없네. 끝이 없어"라며 온갖 고통과 불행의 물통을 짊어지고 "에이 씨, 에이 씨" 하며 불평을 할 때 마다 물이 출렁 출렁 다 쏟아져 버립니다. 잠시 후 또 다른 머슴 한 사람이 물을 길으러 왔습니다. 나그네가 조금 전의 그 머슴을 본고로 이 머슴을 보며 "빈 물통 들고 와서 물 길어 나르기가 참으로 어렵겠네"라고 말했더니, 그 머슴 하는 말이 "우물에 올 때는 빈 통으로 오지만 갈 때에는 가득 채워가지고 가니 얼마나 기쁜지 몰라요. 내가 길은 물로 온 가족이 먹고 살고 있거든요."라며 콧노래를 부르며 지고 가는 머슴의 발걸음이 그렇게 가벼울 수가 없었습니다. 이것이 감사와 불평의 명암입니다.

환경과 조건이 아닌 태도의 문제입니다. 마귀는 감사를 하지 못하게 합니다. 감사의 영성을 회복하여 은혜와 축복의 통로가 열리게 하십시오.

 주님! 감사의 영성을 회복하게 하소서.
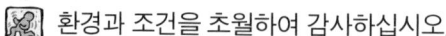 환경과 조건을 초월하여 감사하십시오.

중립

시 49:1-15   6월 28일

●시 49:15 하나님은 나를 영접하시리니 이러므로 내 영혼을 음부의 권세에서 구속하시리로다
●요 1:12 영접하는 자 곧 그 이름을 믿는 자들에게는 하나님의 자녀가 되는 권세를 주셨으니

한 노인의 임종을 앞두고 목사님이 기도를 해주기 위해 오셨습니다.

"예수님을 영접하고 사탄을 부정하세요. 그렇게 하시면 주님의 품에 안길 수 있습니다."

그러나 노인은 아무 말도 하지 않았습니다.

"어서 사탄을 부정하십시오."

그러나 노인은 계속 입을 다물고 있었습니다.

"왜 사탄을 부정하지 않는 거죠?"

그러자 노인은 대답했습니다.

"내가 어느 쪽으로 갈지도 모르는 상황에서 누구를 화나게 하기는 싫습니다."

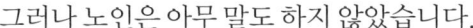

당신은, 이 노인처럼 불확실한 천국 관을 가지고 있지는 않습니까?

중립은 없습니다. 중립은 지옥입니다.

예수님을 선택할 때 비로소 우리는 천국에 갈 수 있습니다.

천국에 갈 확신이 있는지 자신의 믿음을 살펴보십시오.

 주님! 구원의 확신에 바로 서게 하소서.

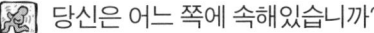 당신은 어느 쪽에 속해있습니까?

13,000원의 행복

6월 29일　　　　　　　　　　　　　　　　　　　　　　　신 24:10-13

- 신 24:10 무릇 네 이웃에게 꾸어줄 때에 네가 그 집에 들어가서 전집물을 취하지 말고
- 엡 4:25 그런즉 거짓을 버리고 각각 그 이웃으로 더불어 참된 것을 말하라 이는 우리가 서로 지체가 됨이니라

　한 텔레비전 프로그램에 소녀가장이 초대되어 진행자와 소녀가장은 토크쇼를 하고 있었습니다.
　소녀는 동생과 할머니, 그렇게 셋이서 산동네에 산다고 하였습니다. 그리고 소녀는 자신도 남들처럼 행복했으면 좋겠다는 말을 조심스럽게 하였습니다.
　그러자 진행자는 "어떻게 하면 행복할 수 있을까요?"라고 물었습니다. 소녀는 대답했습니다.
　"동생과 함께 어린이 대공원에 가서 아이스크림도 먹고, 평소에 타보고 싶었던 바이킹이라는 놀이기구도 타고 싶어요."
　진행자는 눈물 섞인 목소리로 비용은 자신이 낼 테니 얼마면 되겠냐고 물었습니다. 소녀는 한참을 생각하더니 "13,000원"이라고 말했습니다. 그리고 13,000원의 상세한 사용처를 밝혔습니다.
　"입장료, 아이스크림, 바이킹 요금, 대공원까지의 버스요금…"
　당신이라면 얼마라고 대답했을까요? 아마도 13,000원보다는 많은 금액을 생각한 분이 더 많을 것입니다. 지금도 우리 주변에는 우리가 상상도 못하는 적은 액수로 살아가는 사람들이 많습니다. 예수님의 사랑을 본받아 어려운 이웃을 돕는 것을 망설이지 마십시오.

 주님! 이웃을 돌아볼 수 있게 하소서,
 어려운 이웃을 위해 우리가 할 수 있는 일은 어떤 것이 있을까요?

만족을 모르는 끝없는 욕심

시 106:1-14   6월 30일

● 시 106:14 광야에서 욕심을 크게 발하며 사막에서 하나님을 시험하였도다
● 빌 4:11 내가 궁핍하므로 말하는 것이 아니라 어떠한 형편에든지 내가 자족하기를 배웠노니

어느 나라에 남편감을 파는 백화점이 문을 열었습니다. 이 백화점에 가면 마음대로 남편감을 골라 살 수 있었습니다. 그 대신 규정이 하나 있는데, 이미 거쳐 왔던 층으로 되돌아갈 수 없는 것이었습니다. 미혼의 두 여성이 꿈에 그리던 남편을 사려고 백화점을 찾았습니다. 1층에는 직업이 있고, 아이들을 좋아하는 남자들이 진열되어 있었습니다.
"괜찮군. 1층이 이 정도면 한층 더 올라가 볼 필요가 있겠어."
2층에는 돈을 잘 벌고, 아이들도 좋아하며, 아주 잘 생긴 남자들이 진열되어 있었습니다. "흠, 아주 좋아. 더 올라가자."
3층에는 돈 잘 벌고, 아이를 좋아하고, 아주 잘 생겼고, 집안일도 잘 도와주는 남자들이 있었습니다. "우와, 여기서 멈출 수 없어."
4층에는 돈 잘 벌고, 아이 좋아하고, 잘 생겼고, 집안일 도와주고, 아주 로맨틱한 남자들이 진열되어 있었습니다. "맙소사! 4층이 이 정도면 5층은 상상을 초월하겠지." 그러나 5층으로 올라가자, 5층의 안내문은 이렇게 적혀 있었습니다. "5층은 비어 있음. 만족을 모르는 당신, 출구는 왼편에 있으니 계단을 따라 쏜살같이 내려가기 바람."
모든 욕심을 버리고 자족하며 감사하며 살아가십시오.

 주님! 자족하는 삶을 살게 하소서.
 큰 욕심으로 인해 큰 손해를 본적이 있습니까?

7

우리는 헌신하는 것뿐만 아니라
쉬는 것도 배워야 합니다.
균형을 배우면 더 오랜 세월 동안
헌신할 수 있을 것입니다.

하나님의 축복

7월 1일   시 121:1-2

- 시 121:2 나의 도움이 천지를 지으신 여호와에게서로다
- 렘 32:17 슬프도소이다 주 여호와여 주께서 큰 능과 드신 팔로 천지를 지으셨사오니 주에게는 능치 못한 일이 없으시니이다

"인기비결은 바로 하나님의 축복이죠." 최근 재치 있는 말솜씨와 몸짓으로 인기를 끌고 있는 개그맨 L씨의 고백입니다. 대학 졸업 후 취업과 물질적으로 고민을 하던 그는 부모님이 다니시는 교회에 나가게 되었고, 부모님의 권유로 교회학교 교사로 봉사하고, 성경공부도 하며 신앙을 키웠습니다. 그 후, 그는 공채 개그맨이 되었고, 어느 해에는 연예대상을 받는 영예까지 얻었습니다. 그가 이렇게 되기까지는 매일 새벽예배를 드리며 매년 30~40명씩 전도하고 항상 긍정적인 마음을 가지고 계신 믿음의 부모님이 계셨기 때문입니다. 또한 그는 몇 차례나 집장만을 위해 모아두었던 돈을 교회 건축헌금으로 내놓았습니다. 그리곤 "내 것을 버리면 하나님이 채워주세요"라고 겸손하게 말합니다. 그 후 8년 만에 집장만을 했는데 놀랍게도 헌금한 금액의 몇 배가 되는 금액의 집을 장만하게 되었습니다. 현재 최고의 정상의 자리에 있음에도 그는 주일에 방송 스케줄을 잡지 않으며, 주일을 온전히 영성을 충전하는 시간으로 보내고 있습니다. 하나님의 복은 겉모습의 화려함으로 인하여 얻어지는 것이 아닙니다. 하나님을 믿는 중심이 바로 서 있을 때 하나님은 인기도 주시고 재물도 허락해 주십니다. 나의 모든 성공과 삶의 행복이 주님께 달려 있음을 다시 한 번 되새기십시오. 그리고 겸손한 마음으로 사람들에게 웃음을 줄 수 있는 그리스도인이 되십시오.

 주님! 하나님의 복을 받기에 합당한 삶을 살게 하소서.
 하나님의 복이 어디서 온다고 생각합니까?

두 명의 나그네

욥 31:32   7월 2일

- 욥 31:32 나그네로 거리에서 자게 하지 아니하고 내가 행인에게 문을 열어 주었노라
- 마 25:35 내가 주릴 때에 너희가 먹을 것을 주었고, 목마를 때에 마시게 하였고 나그네 되었을 때에 영접하였고

눈보라가 치는 추운 어느 겨울 날, 한 나그네가 산 건너편에 있는 마을에 가기 위해 눈을 헤치며 힘겹게 걷고 있었습니다. 그런데 눈 속에 어떤 사람이 쓰러져 동사하기 직전이었습니다. 이 나그네는 어물어물하다가 자신도 얼어 죽겠다고 생각을 하고는 그냥 지나쳐갔습니다.

얼마 후, 그 길을 또 한 사람의 나그네가 지나가다가 거의 죽어가는 그 사람을 보게 되었습니다. 그는 '내가 도와주지 않으면 이 사람은 죽을 거야. 내가 구해야 되겠구나'라고 생각하고는 그를 업고서 갔습니다. 그런데 길을 가다보니 길가에 한 사람이 얼어 죽어 있었습니다. 첫 번째로 지나갔던 바로 그 나그네였습니다. 자기만 살겠다고 혼자 지나쳐간 사람은 죽고 말았습니다. 그러나 다 죽어가는 사람을 살리기 위해 그를 업고 가던 사람은 그를 업었던 탓으로 힘을 쏟아 자신의 체온이 높아지고, 그로인해 등에 업힌 사람까지 살아났습니다. 결국 두 사람의 주고받은 체온 덕분에 둘 다 살아남게 된 것입니다. "심은 대로 거둔다"라는 말이 있습니다. 우리의 욕심과 이기적인 마음으로 인해 선을 베풀어야 할 것에 베풀지 못한다면 그 결과는 첫 번째의 나그네와 다름없을 것입니다.

진심으로 사랑하는 마음을 가지고 이웃에게 선을 베푸는 진정한 그리스도인이 되십시오.

 주님! 이웃을 도울 수 있는 그리스도인이 되게 하소서.

 도움이 필요한 곳에 선을 베풀고 있습니까?

축복이라는 짐

7월 3일　　　　　　　　　　　　　　　　　　시 68:1-19

● 시 68:19 날마다 우리 짐을 지시는 주 곧 우리의 구원이신 하나님을 찬송할지로다
● 마 11:30 이는 내 멍에는 쉽고 내 짐은 가벼움이라 하시니라

　한 청년 개미가 길 건너편에 사는 아가씨 개미를 사랑했습니다. 어느 날 청년개미는 아가씨 개미를 만나기 위해 용기를 내어 큰 길을 건너기로 결심했습니다. 그 길은 오래되어 낡고 험한 아스팔트길이기 때문에 아버지 개미는 무척 염려가 되었습니다. 아버지 개미는 아들에게 건너갈 때 쓰라고 커다란 지푸라기 두 개를 등에다 묶어 주었습니다. 아들 개미는 이것을 왜 가져가야 하느냐고 아버지께 항의했지만 아버지의 명령을 거역할 순 없었습니다. 청년개미는 무거운 짐을 등에 지고 투덜거리며 그 길을 건너가고 있었습니다. 조금 가다보니 아스팔트에 상당히 넓어 보이는 갈라진 틈새가 있었습니다. 개미가 건너가기엔 깊은 벼랑과도 같은 난관이었습니다. 청년개미는 낙담한 채 등에 업고 있던 지푸라기 두 개를 던져버리고 그 자리에 주저앉았습니다. 그런데 그 지푸라기가 틈 사이를 이어 주어서 건너갈 수 있는 다리가 되었습니다. 무거운 짐이라고 생각했던 지푸라기 두 개가 만든 구원의 다리를 건너가면서 청년개미는 아버지 개미의 지혜에 감탄하며 감사했습니다.

　시행착오를 통한 경험이 때로는 우리에게 지혜를 가르쳐 줍니다. 일평생 지고가야 할 십자가가 있습니까? 그것은 우리의 인생에 축복임을 기억하십시오.

 주님! 짐을 져주심에 감사하는 마음을 갖게 하소서.
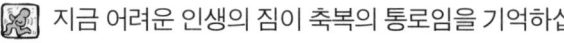 지금 어려운 인생의 짐이 축복의 통로임을 기억하십시오.

시간 관리 10계명

민 12:7-11   7월 4일

● 민 12:7 내 종 모세와는 그렇지 아니하니 그는 나의 온 집에 충성됨이라
● 단 6:4 이에 총리들과 방백들이 국사에 대하여 다니엘을 고소할 틈을 얻고자 하였으나 능히 아무 틈, 아무 허물을 얻지 못하였으니 이는 그가 충성되어 아무 그릇함도 없고 아무 허물도 없음이었더라

"시간 관리 10계명"이란 글이 있어 소개합니다.
01. 시간 사용 내역을 구체적으로 파악한다.
02. 사소한 일보다 중요한 일을 먼저 한다.
03. 해야 할 일들을 반드시 기한 내에 마무리 짓는다.
04. 자투리 시간을 생산적으로 활용한다.
05. 핵심적인 일에 치중하고 나머지 일은 적임자에게 위임한다.
06. 맺고 끊는 일을 명확하게 하고 가능한 삶을 단순화한다.
07. 완벽하게 준비될 때까지 기다리지 말고 즉시 실천한다.
08. 불필요한 요구는 단호하되 지혜롭게 거절한다.
09. 포기할 것은 빨리 포기하고 버릴 것은 그때그때 버린다.
10. 자기만의 안식처를 갖고 휴식시간은 철저히 지킨다.
시간을 얼마나 잘 활용하고 계십니까?
이미 흘려간 시간은 잡을 수 없습니다. 그렇기에 시간 관리를 잘해야 후회 없는 인생을 살 수 있습니다. 주님께서 주신 귀한 시간을 흘려버리지 말고 시간을 잘 관리하여 더 많은 것들을 더 효율적으로 하십시오.

♥ 주님! 주님께서 주신 시간을 잘 관리하게 하소서.
 당신은 어떻게 시간 관리를 하고 있습니까?

마지막 건축

7월 5일　　　　　　　　　　　　　　　시 89:24-26

● 시 89:24 나의 성실함과 인자함이 저와 함께 하리니 내 이름을 인하여 그 뿔이 높아지리로다
● 잠28:10 정직한 자를 악한 길로 유인하는 자는 스스로 자기 함정에 빠져도 성실한 자는 복을 얻느니라

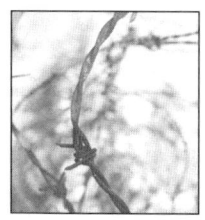

유능한 건축가 한 사람이 있었습니다.

큰 회사에서 일해 온 그가 은퇴할 날이 되자, 그 회사의 사장은 그에게 은퇴하기 전에 집 하나만 더 지어 달라고 부탁했습니다. 그 건축가는 마지막 집을 짓기 시작했습니다. 그러나 그는 좋지 않은 재료들을 사용하였고, 재목도 엉성했습니다. 뿐만 아니라 그는 집을 지으면서 세심하게 살펴보아야 할 많은 일들을 잘 감독하고 있는지 조차도 모르고 지냈습니다.

드디어 집이 완성되었습니다. 그 회사의 사장이 찾아와 말했습니다.

"이 집은 바로 당신의 것입니다. 여기 열쇠가 있습니다. 당신의 은퇴를 기념하기 위해 준비한 선물입니다."

건축가는 가장 좋은 재료를 사용하지 않은 것과 일급 기술자들을 사용하지 않은 것을 몹시 후회하였습니다.

우리의 행하는 모든 일은 앞에서나 뒤에서나 항상 동일해야 합니다. 자기 꾀에 속는 일이 없어야 합니다. 변함없는 마음으로 생활해야 합니다. 욕심을 따라가다 보면 오히려 자신이 손해를 보게 됩니다. 그저 주님께서 주신 것에 자족하는 마음으로 살아가십시오.

 주님! 변함없이 성실한 사람이 되게 하소서.
 자신의 욕심 때문에 손해를 본 경험이 있습니까?

텔레비전 시청

룻 4:16-21 　　　　　　　　　　　　　　　　7월 6일

● 룻 4:16 나오미가 아기를 취하여 품에 품고 그의 양육자가 되니
● 에 2:20 에스더가 모르드개의 명한대로 그 종족과 민족을 고하지 아니하니 저가 모르드개의 명을 양육 받을 때와 같이 좇음이더라

최근 미국의 워싱턴 대학 연구진이 실시한 한 조사에 따르면 유아들의 40%가 정기적으로 텔레비전을 보고 있다고 합니다. 미국의 이른바 'TV 교육'을 믿는 부모들의 성화 탓에 태어난지 석 달된 갓난아기들까지도 많은 시간을 텔레비전 앞에서 보내고 있는 것으로 나타났습니다.

물론 텔레비전을 통한 교육도 중요합니다. 하지만 영국의 일간 가디언 인터넷 판이 보도한 바에 의하면 텔레비전을 많이 시청하는 젊은이일수록 학력이 떨어져 대학에 들어갈 가능성이 낮은 것으로 조사되었다고 밝혔습니다. 또한 최근 발표한 연구논문에서 제프리 존슨 컬럼비아 대학 교수는 이렇게 주장했습니다.

"청소년들이 여가시간을 독서와 숙제 혹은 다른 학습경험으로 보내는 대신 텔레비전 시청으로 낭비할 경우 이들의 인지능력은 억제된다."

자녀들의 바른 교육을 위해 부모님들은 텔레비전 시청 시간을 잘 조절해줘야 합니다. 또한 아이들의 바른 교육과 유익한 시간을 보내게 하기 위해 부모님들이 먼저 깨어있고, 모범을 보여야 합니다. 하나님께서 허락하신 귀한 자녀들을 깨끗하고 맑은 하나님의 자녀로 키우기 위해 주님의 교양과 훈계로 양육하십시오.

 주님! 자녀들을 바르게 성장시켜 주소서.
 당신은 하루에 텔레비전을 몇 시간이나 시청하고 있습니까?

아내의 끝없는 격려

7월 7일   창 37:19-24

- 창 37:19 서로 이르되 꿈 꾸는 자가 오는도다
- 마 4:16 흑암에 앉은 백성이 큰 빛을 보았고 사망의 땅과 그늘에 앉은 자들에게 빛이 비취었도다 하였느니라

미국의 자동차 왕 헨리 포드는 미국의 한 전등회사에서 근무했습니다. 그는 가난하지만 매우 성실했습니다. 하루에 10시간씩 일하고 집으로 돌아와서는 집 뒤뜰에 있는 낡은 창고로 만든 그의 연구실에서 밤을 새우곤 했습니다. 그 창고는 온갖 종류의 부품들과 기름 냄새로 꽉 차 있었습니다. 농부인 그의 아버지는 그를 대단히 못마땅하게 여겨 몇 번이나 그 창고를 헐어 버리겠다고 야단을 쳤습니다. 동네 사람들마저 쓸데없는 일로 허송세월하고 있다고 손가락질 했습니다. 그러나 그는 실망하지 않고 계속 밤을 새우며 일을 했습니다. 자신을 믿어주는 단 한 사람, 바로 그의 아내가 있었기 때문입니다. 그의 아내는 늦은 밤 연구에 몰두하고 있는 남편 곁에서 말없이 석유 등불을 비춰주었고, 추운 겨울밤에는 꽁꽁 얼어붙은 손을 호호 불어가면서도 그의 일을 도우며 격려했습니다. "당신은 꼭 성공할 거예요. 난 믿어요. 언젠가는 당신의 꿈을 이룰 거예요." 3년 후 어느 날 마을 사람들은 생전 처음 듣는 시끄러운 엔진 소리에 놀라 잠에서 깨어났습니다. 그가 자동차를 타고 거리를 달려가고 있었던 것입니다. 마침내 그의 노력과 아내의 내조가 결실을 맺은 것입니다. 배우자의 믿음과 사랑이 큰 기적을 일으킵니다. 어려움과 고통, 기쁨, 행복, 모든 일을 함께 나누며, 서로에게 힘이 되어 주십시오.

 주님! 배우자를 위해 격려를 아끼지 않게 하소서.

 당신은 이웃에게 희망과 꿈을 안겨주는 사람입니까?

아름다운 그림

욥 23:10-17   7월 8일

- 욥 23:10 나의 가는 길을 오직 그가 아시나니 그가 나를 단련하신 후에는 내가 정금 같이 나오리라
- 마 13:44 천국은 마치 밭에 감추인 보화와 같으니 사람이 이를 발견한 후 숨겨 두고 기뻐하여 돌아가서 자기의 소유를 다 팔아 그 밭을 샀느니라

어느 나라에 최고의 화가로 칭송 받는 두 명의 화가가 있었습니다. 두 화가는 서로 만나 1년 뒤 이 세상에서 가장 아름다운 장면을 그림으로 그려 누구의 실력이 더 뛰어난지 겨루기로 한 후, 다시 만날 것을 약속하고 헤어졌습니다. 시간이 흘러 꼭 1년이 지났을 때, 두 사람은 약속한 장소에서 다시 만났습니다. 서로 1년간 심혈을 기울여 세상에서 가장 아름다운 장면을 화폭에 담아온 두 사람은 각자의 그림을 보고 깜짝 놀랐습니다. 한 화가가 먼저 말을 건넸습니다. "나는 평화로운 시골마을을 배경으로 아름다운 저녁 노을이 지는 장면을 그렸네. 마을에는 아이들이 정겹게 뛰놀고, 농부들이 추수하는 즐거움을 그림으로 담았지. 하지만 자네의 그림은 전혀 뜻밖이네. 이게 어떻게 아름다운 그림이라고 생각했는가?" 이 질문에 다른 화가는 빙그레 웃으며 대답했습니다. "나도 처음에는 자네처럼 그림을 그리기 시작했다네. 하지만 비바람과 폭풍우가 몰아치던 캄캄한 어느 밤에 파도에 휩쓸릴 것 같은 바위 위에 굳건하게 서 있는 갈매기의 모습을 보고 이전의 그림을 찢어버리고 말았지. 자네가 그린 아름다움은 비바람이 불면 무너질 아름다움이지만, 가장 힘든 순간에도 평화를 찾은 그 갈매기의 모습은 너무나 아름다웠다네."

인생의 참된 아름다움은 고난 속에 숨겨져 있음을 기억하십시오.

 주님! 고난 속에 숨겨져 있는 행복을 찾게 하소서.
 당신은 인생의 어떤 그림을 그리십니까?

빚지지 마라

7월 9일　　　　　　　　　　　　　　　　　　　　　**롬 13:8-10**

- **롬 13:8** 피차 사랑의 빚 외에는 아무에게든지 아무 빚도 지지 말라 남을 사랑하는 자는 율법을 다 이루었느니라
- **몬 1:19** 나 바울이 친필로 쓰노니 내가 갚으려니와 너는 이 외에 네 자신으로 내게 빚진 것을 내가 말하지 아니하노라

　미국 제 1의 파워 투자의 귀재 워런 버핏 회장은 매년 정기 주주총회에서 주주들의 다양한 질문에도 성실히 답변하기로 알려져 있습니다. '주주들과의 질의응답'의 시간을 가질 때의 이야기입니다. 캔터키 주에서 찾아온 10세의 한 소녀가 그에게 물었습니다.
　"돈을 버는 가장 좋은 방법은 무엇인가요?"
　다른 주주들은 웃음을 터뜨렸지만 그는 너무도 진지하게 대답했습니다.
　"나는 11세에 주식 투자를 시작했고, 골프장 캐디로 일하며 공을 주워 팔고, 워싱턴 포스트를 배달하며 돈을 모았다. 부모나 어른들은 아이들이 고교생이 되면 '네가 돈을 벌 수 있는 건전한 일을 찾아 보거라. 그리고 빚지지 마라' 라고 자꾸 얘기해야 한다."
　하나님의 뜻대로 재물을 모아가는 습관을 들여야 합니다. 그리고 사랑의 빚 이외엔 그 어떤 빚도 지지 마십시오. 그저 하나님께서 주신 지혜와 자신의 노력으로 재물을 늘려가고 그 재물을 바르게 사용하십시오.

 주님! 빚지는 삶을 살지 않게 하소서.
 돈을 버는 가장 좋은 방법은 무엇이라고 생각합니까?

두 개의 씨앗

창 1:12-13　　　　　　　　　　　　　　　　　　　　　　7월 10일

- ●창 1:12 땅이 풀과 각기 종류대로 씨 맺는 채소와 각기 종류대로 씨 가진 열매 맺는 나무를 내니 하나님의 보시기에 좋았더라
- ●눅 8:5 씨를 뿌리는 자가 그 씨를 뿌리러 나가서 뿌릴쌔 더러는 길 가에 떨어지매 밟히며 공중의 새들이 먹어버렸고

어느 따뜻한 봄날, 비옥한 토양위에 두 개의 씨앗이 나란히 누워 있었습니다.

●첫 번째 씨앗은 뿌리를 땅에 깊이 박고 싹을 땅 밖으로 틔우고, 자신의 싹으로 봄의 시작을 알리고, 태양의 따스함과 아침 이슬을 느끼고 싶었습니다.

●두 번째 씨앗은 뿌리를 땅에 내리면 어둠 속에 닥칠 일이 두려웠습니다. 그리고 딱딱한 땅 위로 나가다가 싹을 다칠까봐 염려했습니다. 또한 싹을 틔웠는데 달팽이가 와서 먹거나 어린아이가 잡아당기면 어떡하나 걱정이 태산이었습니다. 그래서 안전할 때까지 기다리기로 했습니다.

며칠이 지난 후 암탉이 먹이를 찾아 땅을 파다가 싹을 틔우지 않은 두 번째 씨앗을 냉큼 먹어버렸습니다. 그리고 싹을 틔운 싹은 건강하게 무럭무럭 자랐습니다.

우리는 하나님의 섭리에 따라 살아가야 합니다. 하나님께서는 우리의 머리부터 발끝까지를 창조하시고 구석구석을 너무나도 잘 알고 계신 분입니다. 하나님의 창조의 섭리를 믿고, 감사하며 따라가십시오.

 주님! 창조의 섭리대로 살게 하소서.
 하나님의 섭리대로 살아가고 있습니까?

앞으로만 전진

7월 11일　　　　　　　　　　　　　　　　　　　　　　**왕상 18:21-24**

● 왕상 18:21 엘리야가 모든 백성에게 가까이 나아가 이르되 너희가 어느때까지 두 사이에서 머뭇머뭇 하려느냐 여호와가 만일 하나님이면 그를 좇고 바알이 만일 하나님이면 그를 좇을 찌니라 하니 백성이 한 말도 대답지 아니하는지라
● 마 10:38 또 자기 십자가를 지고 나를 좇지 않는 자도 내게 합당치 아니하니라

　미국에서 대서양 횡단을 처음으로 성공시킨 아주 유명한 한 여자 비행사가 있었습니다. 그녀는 대서양을 횡단하던 중에 엔진이 고장 나는 엄청난 어려움을 겪게 되었습니다. 도저히 더 이상 비행을 할 수 없는 상황이었습니다. 그러나 그녀는 그런 위험한 상황에도 불구하고 당황하지 않고 그 위기를 넘겨 무사히 대서양 횡단 항공을 마쳤습니다.
　대서양 횡단을 성공하고 돌아와 기자회견이 열렸을 때 한 기자가 물었습니다. "당신은 엔진이 고장 났을 때 그 위급하고 어려운 순간을 어떻게 견딜 수 있었습니까?"
　그녀가 대답했습니다.
　"그것은 간단합니다. 그 위기를 넘길 수 있었던 것은 제가 바다 위 한복판에 있었기 때문입니다." 이 말을 이해하지 못한 기자는 자세한 의미를 말해달라고 했습니다. "제가 위기에 있었을 때는 이미 대서양의 반을 넘어왔을 때였습니다. 그런데 어떻게 돌아갈 수가 있었겠습니까? 포기하면 떨어져서 죽을 것이 당연했지요. 그 당시 제가 할 수 있었던 것은 앞으로 가는 것밖에 없었습니다." 실패에 대한 두려움과 후회 때문에 뒤돌아보지 마십시오. 용기를 가지고 담대하게 앞으로 전진 하십시오. 그리고 하나님께서 주시는 승리의 깃발을 흔들 수 있는 믿음의 용사가 되십시오.

 주님! 주님께서 주신 담대함으로 승리하게 하소서.
 두려움으로 인해 머뭇거리고 있지는 않습니까?

어리석은 왕

삼상 18:14-16　　　　　　　　　　　　　　　　　**7월 12일**

- 삼상 18:14 그 모든 일을 지혜롭게 행하니라 여호와께서 그와 함께 계시니라
- 왕상 3:12 내가 네 말대로 하여 네게 지혜롭고 총명한 마음을 주노니 너의 전에도 너와 같은 자가 없었거니와 너의 후에도 너와 같은 자가 일어남이 없으리라

어느 나라에 어리석은 한 왕이 살고 있었습니다.

어느 날 왕은 울퉁불퉁한 길을 걷고 있었습니다. 그런데 그 울퉁불퉁한 땅 때문에 발에 상처가 났습니다. 화가 난 왕은 온 나라의 길마다 쇠가죽을 깔도록 명령했습니다. 이 말을 들은 어릿광대는 그 어리석은 왕에게 가서 제안했습니다.

"폐하, 발을 보호하시려면 쇠가죽 두 조각만 있으셔도 됩니다."

왕은 그때서야 깨닫고 그의 말을 받아들여 두 조각의 쇠가죽을 만들었고, 이것이 후에 신발이 되었다고 합니다.

불편을 느꼈을 때 그것을 해결하기 위해서는 지혜의 근원이신 하나님께 물어야합니다. 하나님께 지혜를 구하여 세상을 살아갈 때 지혜로운 그리스도인의 모습으로 살아가십시오.

 주님! 하나님께서 주시는 지혜로 살아가게 하소서.

 당신은 얼마나 자주 하나님께 지혜를 구합니까?

특별한 초대

7월 13일　　　　　　　　　　　　　　**잠 23:25-35**

- 잠 23:25 네 부모를 즐겁게 하며 너 낳은 어미를 기쁘게 하라
- 딤후 3:2 사람들은 자기를 사랑하며 돈을 사랑하며 자긍하며 교만하며 훼방하며 부모를 거역하며 감사치 아니하며 거룩하지 아니하며

부산에 사는 한 노인이 서울의 아들에게 전화를 걸었습니다.

"우리 이혼하기로 했다." 아들은 깜짝 놀랐습니다.

"아버지, 아니 그게 도대체 무슨 말씀이세요?"

"우리는 지긋지긋해서 같이 못살겠단 말이다. 이 문제는 더 이상 이야기하기도 싫으니 네가 대전 누이에게 알려줘라."

노인이 전화를 끊자 아들은 누이에게 전화를 했습니다. 동생에게 내용을 들은 누이는 발끈했습니다.

"이혼은 있을 수 없는 일이야. 나한테 맡겨둬." 당장 부산에 전화를 건 딸은 고함을 질렀습니다.

"이혼은 안돼요. 우리가 갈 때까지 그냥 계세요." 그러자 노인은 수화기를 내려놓고 옆에 있는 할머니에게 말했습니다. "됐어요. 애들, 우리 결혼기념일에 꼭 올 거요."

하나님은 부모님을 통해 나를 이 땅에 있게 하셨습니다. 살아생전에 부모님을 잘 찾아뵙고 주님의 명령에 따라 공경하기를 게을리하지 맙시다.

 주님! 주안에서 부모님을 공경하게 하소서.

 부모님에 대한 사랑을 생각하는 하루가 되십시오.

아내가 남편에게 바라는 5가지

룻 2:1-7   7월 14일

● 룻 2:2 모압 여인 룻이 나오미에게 이르되 나로 밭에 가게 하소서 내가 뉘게 은혜를 입으면 그를 따라서 이삭을 줍겠나이다 나오미가 그에게 이르되 내 딸아 갈찌어다 하매
● 삿 5:24 겐 사람 헤벨의 아내 야엘은 다른 여인보다 복을 받을 것이니 장막에 거한 여인보다 더욱 복을 받을 것이로다

오늘은 '부부행복 비결'을 전파하는 박수웅 장로님과 김예자 권사님이 말한 '아내가 남편에게 바라는 5가지' 입니다.

1. "당신은 내게 가장 중요해", "내가 도와줄게", "당신이 자랑스러워" 등의 말로 아내가 따뜻한 보살핌을 받는다고 느끼게 해주어야 한다.
2. 아내가 원하는 대화를 하는 시간을 가지라.
3. 여성은 배우자가 전적으로 자신을 신뢰하길 바란다. 작은 일이라도 아내에게 감추지 말아야 한다.
4. 아내가 재정적으로 궁색하지 않도록 현실적인 바탕에 근거한 희망예산을 세우라.
5. 아이들 훈육에 중심역할을 하며, 처가와 화목하라.

아내는 남편 내조의 역할을 지니기 이전에 보호와 사랑을 원하는 여성입니다.

하나님께서 만나게 해주신 배우자를 사랑하고 배려하는 성숙한 남성 크리스천이 되십시오.

 주님! 아내를 중심에서 사랑하는 남편이 될 수 있게 하소서.
 아내를 위해 어떤 외조를 하고 있습니까?

노인의 욕심

7월 15일   민 15:39-41

- 민 15:39 이 술은 너희로 보고 여호와의 모든 계명을 기억하여 준행하고 너희로 방종케 하는 자기의 마음과 눈의 욕심을 좇지 않게 하기 위함이라
- 막 4:19 세상의 염려와 재리의 유혹과 기타 욕심이 들어와 말씀을 막아 결실치 못하게 되는 자요

사막에 조그만 오두막을 짓고 사는 한 노인이 있었습니다.

그곳에는 맑은 샘물과 우거진 야자수가 있어 노인은 지나가는 나그네들에게 시원한 샘물을 퍼주며 기쁨과 보람을 느끼며 살았습니다.

그런데 언제부턴가 나그네들은 물을 얻어먹고 노인에게 몇 푼의 동전을 주었고, 동전이 쌓여가면서 노인은 욕심이 생겼습니다. 노인은 샘물을 철저히 관리하고, 나그네들에게 돈을 요구했습니다.

어느 날 노인은 물이 점점 줄어들고 있는 것을 알고, 야자수가 샘물을 흡수하고 있다고 생각해 야자수를 몽땅 잘랐습니다.

샘물은 말라버렸고, 야자수 그늘도 없어졌습니다.

결국 노인은 뜨거운 햇볕을 견디지 못한 채 죽고 말았습니다.

욕심의 결과는 사망입니다. 욕심의 노예가 되지 말고 주어진 환경에서 감사하십시오.

 주님! 욕심을 버리게 하소서.
 당신의 눈을 가리고 있는 욕심은 어떤 것입니까?

멀리보고 걷기

히 12:1-13   7월 16일

- 히 12:2 믿음의 주요 또 온전케 하시는 이인 예수를 바라보자 저는 그 앞에 있는 즐거움을 위하여 십자가를 참으사 부끄러움을 개의치 아니하시더니 하나님 보좌 우편에 앉으셨느니라
- 벧후 3:13 우리는 그의 약속대로 의의 거하는바 새 하늘과 새 땅을 바라보도다

어느 날 세 친구가 기차가 다니지 않는 녹슨 철길 위에서 빨리 걷기 놀이를 하고 있었습니다.

두 친구는 좁은 철길 위에서 자꾸만 미끄러지는데, 한 친구만은 미끄러지지 않고 계속 잘 걸었습니다.

두 친구는 물었습니다.

"너는 어떻게 한 번도 떨어지지 않는 거니?"

그러자 한 친구가 말했습니다.

"너희는 발밑만 보고 걸었지만 나는 저 멀리 있는 나무를 보고 걸었거든."

앞만 보고 가다보면 부딪치기도 하고 넘어지기도 합니다. 하지만 앞을 보고 또한 더 멀리 보고 걷는다면 똑바로 걸을 수 있습니다.

하나님 안에서도 마찬가지입니다. 두렵고 힘들다고 불평하며 밑만 보고 있으면 우리의 구원자이신 하나님의 손길을 볼 수 없습니다. 어려움 속에서도 두려움 속에서도 하나님을 바라보십시오. 그리고 평안히 걸으십시오.

 주님! 주님을 바라보며 걸어가게 하소서.

 단기적인 안목으로만 살아가고 있지는 않습니까?

1파운드짜리 빵

7월 17일　　　　　　　　　　　　　　　　　　　**고후 9:6-15**

- **고후 9:6** 이것이 곧 적게 심는 자는 적게 거두고 많이 심는 자는 많이 거둔다 하는 말이로다
- **갈 6:7** 스스로 속이지 말라 하나님은 만홀히 여김을 받지 아니하시나니 사람이 무엇으로 심든지 그대로 거두리라

　어느 작은 마을의 제과점 주인은 빵을 만드는 데 사용되는 버터를 동네의 한 농부에게 구입하곤 했습니다.
　그러던 어느 날 제과점 주인은 버터의 무게를 달아보니 정량이 되지 않았습니다. 그는 화가 나서 농부를 사기죄로 고발하였습니다. 판사가 농부에게 물었습니다.
　"당신이 이 제과점 주인에게 준 버터가 양이 모자랐다는 것을 아십니까?"
　"그런 것 같기는 한데 확신은 없습니다."
　"그러면 어떻게 버터의 양을 쟀습니까?"
　농부는 대답했습니다.
　"저는 늘 제과점에서 1파운드짜리 빵을 사서 저울대신 사용하곤 했습니다."
　이 말을 들은 제과점 주인은 고개를 들 수가 없었고, 고발을 취소하였습니다.
　모든 일은 심은 대로 거두는 법입니다. 하나님께서는 언제나 정직하길 바라십니다. 지금 자신의 모습과 행동이 정직한지, 또한 나의 잘못은 보지 못한 채 남을 판단하고 있지는 않은지 자신을 돌아보십시오.

 주님! 나의 잘못을 먼저 볼 수 있는 사람이 되게 하소서.
 하루하루를 정직하게 살아가려 힘쓰고 있습니까?

단단한 나무를 베는 톱

빌 3:14-21   7월 18일

- 빌 3:14 푯대를 향하여 그리스도 예수 안에서 하나님이 위에서 부르신 부름의 상을 위하여 좇아가노라
- 히 3:5 또한 모세는 장래에 말할 것을 증거하기 위하여 하나님의 온집에서 사환으로 충성하였고

어느 대학의 총장이 한 강의실에 들어가 학생들에게 물었습니다.

"여러분 중에 단단한 나무에 톱질을 해본 사람 있습니까?"

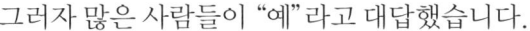

그러자 많은 사람들이 "예"라고 대답했습니다.

총장은 다시 질문하였습니다.

"그러면 여러분 중에 톱밥을 톱질해본 사람이 있습니까?"

아무도 대답하지 않자 총장은 말을 이었습니다.

"그렇습니다. 하나님께서 우리에게 주신 톱은 단단한 나무를 자르라고 주신 것입니다. 톱밥은 여러분들의 과거입니다. 그런데 우리는 왜 자주 톱밥을 톱질하느라 시간을 낭비하는지 모르겠습니다. 여러분의 날카로운 톱으로 나무를 찾아 베십시오. 그 일에 모든 힘을 기울이십시오."

과거를 돌아보는 일에 시간을 낭비해서는 안 됩니다. 하나님께서는 우리에게 많은 사명과 일들을 주셨습니다. 우리는 복음을 전해야 하며, 이웃을 사랑으로 돌보아야 하며, 가족과 화목해야 합니다.

단단한 나무를 찾아 톱질을 하십시오.

 주님! 푯대를 향해 달려가게 하소서.
 현재에 충실하고 있습니까?

스트레스 퇴치 10계명

7월 19일   삼상 1:1-19

● 삼상 1:17 엘리가 대답하여 가로되 평안히 가라 이스라엘의 하나님이 너의 기도하여 구한 것을 허락하시기를 원하노라
● 요 14:27 평안을 너희에게 끼치노니 곧 나의 평안을 너희에게 주노라 내가 너희에게 주는 것은 세상이 주는 것 같지 아니하니라 너희는 마음에 근심도 말고 두려워하지도 말라

현대인들의 고민 중 하나가 스트레스로부터 오는 여러 가지 증상들이라고 합니다. 그 스트레스를 줄이기 위한 "스트레스 퇴치법 10가지"가 있어 소개합니다.
　01. 부드러운 대화법을 사용하라.
　02. 우선순위를 정해서 일하라.
　03. 문제의 원인을 찾고, 해결을 위해 나서라.
　04. 규칙적인 운동을 하라.
　05. 충분한 수면을 취하라.
　06. 규칙적이고 균형 있는 식사를 하라.
　07. 술과 담배를 피하라. 건강만 해칠 뿐이다.
　08. 심호흡, 묵상, 스트레칭 등 몸과 마음을 풀라.
　09. 스포츠 취미활동 등 좋아하는 시간을 만들라.
　10. 자신을 도와 줄 수 있는 사람들과 만나라. 특히 기도를 통해 주님과 만나라.
　스트레스를 퇴치하는 방법은 여러 가지가 있습니다. 그중 제일 좋은 방법은 주님께 의지하며 기도하는 것입니다. 기도하는 가운데 주님을 만나십시오. 그리고 주님께서 주시는 평안과 기쁨을 누릴 수 있는 하루가 되십시오.

 주님! 기도하므로 주님이 주시는 평안을 누리게 하소서.
 위 10가지 중 당신에게 가장 필요한 것은 무엇입니까?

모두가 죄인

전 1:1-11　　　　　　　　　　　　　　　　　　　7월 20일

- ●전 1:9 이미 있던 것이 후에 다시 있겠고 이미 한 일을 후에 다시 할찌라 해 아래는 새것이 없나니
- ●롬 3:10 기록한바 의인은 없나니 하나도 없으며

네 명의 친구들이 있었습니다. 그들은 함께 성경공부를 했습니다. 야고보서를 공부하던 중에 그들은 '이러므로 너희 죄를 서로 고하며(약5:16)' 라는 말씀에 감동을 받았습니다. 그들은 자신의 죄를 솔직하게 고백하기로 했습니다.

먼저 한 사람이 고백했습니다.

"나는 교회에 다니긴 하지만 담배를 끊을 수가 없다네."

두 번째 사람도 고백을 했습니다.

"나는 자꾸만 거짓말이 입에서 나도 모르게 튀어나온다네."

세 번째 사람도 고백 했습니다.

"나는 아직 남의 물건만 보면 자꾸만 손이 간다네."

이야기를 다 듣고 있던 네 번째 사람은 말을 하지 않다가 세 사람이 재촉하니까 고백을 했습니다.

"실은 나는 남의 약점을 알기만 하면 그것을 불고 다니는 것이 내 약점이라네."

세상에 약점이 없는 사람은 아무도 없습니다. 하나님 앞에 연약한 존재임을 고백하고 남을 나보다 더 존귀하게 생각하십시오.

 주님! 죄 된 습관을 버리게 하소서.

 회개가 아닌 반성에만 머물러 있지는 않습니까?

크리스천을 향한 고정관념

7월 21일　　　　　　　　　　　　　　　　　　　　　　마 6:8-18

- 마 6:8 그러므로 저희를 본받지 말라 구하기 전에 너희에게 있어야 할 것을 하나님 너희 아버지께서 아시느니라
- 요 13:15 내가 너희에게 행한것 같이 너희도 행하게 하려하여 본을 보였노라

고등학교 시절부터 우정이 돈독하여 늘 서로를 아끼던 세 명의 청년들이 있었습니다. 그러던 중 한 청년이 교회를 가게 되면서 예수님을 영접하게 되었습니다. 그러자 나머지 두 친구는 그 친구에게 섭섭한 마음이 들었습니다. 어느 날 이들은 한자리에 모이게 되었고 한 친구가 물었습니다. "천국이 있다는 걸 어떻게 알아?"

"성경에 써있어."

"성경은 기독교인들만 믿는 거잖아!"

그는 말문이 막혔습니다. 그러자 또 다른 친구가 물었습니다.

"믿는 사람과 안 믿는 사람은 무슨 차이가 있어? 내 주변에 교회 다니는 사람들은 우리와 별로 차이점이 없던데?"

역시 그는 이 질문에도 아무런 대답을 할 수 없었습니다. 결국 이들은 서로의 감정만 상한 채 헤어지게 되었습니다. 어느 설문조사에 의하면 비기독인들은 '기독인들은 모범적인 삶을 살아야 한다' 라는 고정관념을 가지고 있다고 합니다. 이러한 고정관념으로 인해 때때로 크리스천들은 비난의 대상이 되기도 합니다. 하지만 비난의 대상이 되기 이전에 사회 안팎에서 크리스천으로서 모범적인 자세를 유지하십시오.

♡ 주님! 부끄럽지 않은 그리스도인이 되게 하소서.

 믿지 않는 이들과 생활이 차별화 되어 있습니까?

독서광 대통령

요 5:39-42   7월 22일

- 요 5:39 너희가 성경에서 영생을 얻는줄 생각하고 성경을 상고하거니와 이 성경이 곧 내게 대하여 증거하는 것이로다
- 행 17:11 베뢰아 사람은 데살로니가에 있는 사람보다 더 신사적이어서 간절한 마음으로 말씀을 받고 이것이 그러한가 하여 날마다 성경을 상고하므로

미국 대부분의 역대 대통령들은 '독서광'이라는 공통점을 가지고 있습니다. 2대 존 애덤스와 3대 토머스 제퍼슨은 책 읽기를 좋아했던 대통령으로 잘 알려져 있습니다. 애덤스는 새벽 4시에 일어나 그리스어를 연구할 만큼 학구적이었고, 제퍼슨은 6500권의 책을 모아 의회도서관의 토대를 만들었습니다. 미국의 역사상 최연소 대통령이었던 26대 시어도어 루즈벨트도 역시 독서광이었습니다. 그는 임기를 마친 뒤 아프리카 사파리 여행을 떠나면서도 셰익스피어, 호메로스, 존 밀턴 등의 책 60여권을 가져갈 정도로 책 읽는 것을 좋아했습니다. 이들은 책을 통해 지식을 얻었으며, 대통령으로서의 자질을 향상시킬 수 있었습니다. 또한 '독서를 많이 하는 대통령'이라는 좋은 이미지로 인해 국민들의 존경을 받기도 했습니다.

우리는 책을 통해 경험할 수 없는 것들을 경험할 수 있으며, 때로는 책을 통해 위로받으며 기쁨을 얻을 수 있습니다. 그리스도인들은 책을 통해 지식과 경험을 얻으며, 성경을 통해 지혜와 명철을 얻어야 합니다. 그리하여 사회에서 꼭 필요한 리더가 되어야 하고, 하나님의 나라에 충성된 일꾼의 역할을 잘 감당할 수 있어야 합니다. 책과 성경을 통해 자신을 한 단계 업그레이드 시킬 수 있는 지혜로운 사람이 되십시오.

 주님! 독서하는 습관을 가질 수 있게 하소서.

 시간을 잘 활용하여 독서하는 습관을 갖고 있습니까?

숫자에 불과한 나이

7월 23일   눅 5:5-11

- 눅 5:5 시몬이 대답하여 가로되 선생이여 우리들이 밤이 맞도록 수고를 하였으되 얻은 것이 없지마는 말씀에 의지하여 내가 그물을 내리리이다 하고
- 히 2:13 또 다시 내가 그를 의지하리라 하시고 또 다시 볼찌어다 나와 및 하나님께서 내게 주신 자녀라 하셨으니

"인생은 60부터"라는 말이 현실적인 일이라는 것을 보여준 한 남자가 있습니다. 그는 '다시 공부해야겠다' 라는 생각으로 60대 후반부터 경영학 박사학위에 여러 차례 도전했습니다. 하지만 찾아간 대학마다 '나이가 너무 많다' 라는 이유로 거절을 당해야 하는 아픔을 겪어야만 했습니다. 하지만 그는 그 이유를 받아들일 수 없었기에 계속 도전하였고, 결국 '중도 탈락도 감수한다' 라는 조건아래 한 대학원의 박사과정에 등록할 수 있었습니다. 그는 친구들과의 술자리와 골프 등의 유혹을 뿌리치고 그 누구보다 열심히 학업에 투자했으며, 단 한 번의 지각이나 결석, 휴학 없이 3년간의 모든 과정을 마쳤습니다. "나이는 숫자에 불과하고 배움에는 결코 지각이 없습니다"라고 말하는 그는 바로 원풍물산의 이원기 회장입니다. 그는 석사 취득 후, 40년 만에 경영학 박사학위를 받을 수 있었습니다.

마음속에 무언가를 이루고 싶어 하는 열정을 가지고 있다면 어려운 장애물이 있더라도 그 장애물을 뛰어 넘을 수 있습니다. 물론 나이가 많고 적음은 상관이 전혀 없습니다. 늦은 나이에도 불구하고 하나님의 쓰임을 받은 많은 인물들이 성경 속에 있습니다. 두드리는 자에게 문은 열리는 법이니 자신의 상황을 탓하며 하나씩 포기하는 그런 어리석은 행동들은 과감히 버리고, 주님을 의지하며 열정을 다해 도전하십시오.

 주님! 끊임없이 도전하는 열정을 갖게 하소서.

 도전하고 싶은 것이 있으면 주님을 의지하여 시작해보십시오.

환자치료에 도움이 되는 신앙

요 6:35-40   7월 24일

- **요 6:35** 예수께서 가라사대 내가 곧 생명의 떡이니 내게 오는 자는 결코 주리지 아니할 터이요 나를 믿는 자는 영원히 목마르지 아니하리라
- **딤후 1:12** 이를 인하여 내가 또 이 고난을 받되 부끄러워하지 아니함은 나의 의뢰한 자를 내가 알고 또한 나의 의탁한 것을 그 날까지 저가 능히 지키실 줄을 확신함이라

미국 시카고 선타임스는 최근 시카고 대학이 의사 2000명을 대상으로 한 "신앙이 환자치료에 도움이 되는가?"라는 설문조사에 대한 결과를 발표했습니다.

설문조사 결과, 미국의 의사들 가운데 75%가량은 환자의 신앙심이 병마와 싸우고 고통을 견디는 데 도움을 주며, 환자에게 희망적인 마음상태를 갖도록 한다고 생각하는 것으로 나타났습니다.

하지만 33%의 의사들은 종교를 가진 환자들 중 치료를 거부하거나 미루는 등 자신의 건강에 대한 실질적 조치를 원하지 않기 때문에 신앙이 치료를 방해하는 경우도 적지 않다고 말했습니다.

주님께서는 우리에게 생명을 주고 더 풍성히 주기 위해 이 땅에 오셨습니다. 우리를 구원해 주신 것만이 아니라, 모든 병마를 이기게 하시고, 모든 관계를 원만케 하시며, 모든 필요를 공급해 주시는 분이십니다. 어떤 어려운 상황에서도 주님을 의지하는 것이 가장 현명합니다. 먼저 주님의 나라와 주님의 의를 구하듯, 모든 일에 먼저 주님을 찾아 도움을 청하십시오.

 주님! 가장 먼저 주님께 의논하는 자세를 갖게 하소서.
 모든 일을 주님과 의논하고 있습니까?

볼런테인먼트

7월 25일　　　　　　　　　　　　　　　　　　　　고후 9:12-15

- **고후 9:12** 이 봉사의 직무가 성도들의 부족한 것만 보충할 뿐 아니라 사람들의 하나님께 드리는 많은 감사를 인하여 넘쳤느니라
- **벧전 4:11** 만일 누가 말하려면 하나님의 말씀을 하는것 같이 하고 누가 봉사하려면 하나님의 공급하시는 힘으로 하는것 같이 하라 이는 범사에 예수 그리스도로 말미암아 하나님이 영광을 받으시게 하려 함이니 그에게 영광과 권능이 세세에 무궁토록 있느니라 아멘

'볼런테인먼트' 란 자유 자원봉사(volunteerism)와 오락(entertainment)이 접목된 새로운 개념의 봉사 형태입니다.

한 마디로 표현하자면 볼런테인먼트는 함께 놀이를 즐기면서 봉사하는 것입니다.

최근 장애인·노인·저소득층 아이들과 축구·농구·힙합댄스·연주·마사지 등을 함께하는 동호회 형태의 볼런테인먼트단체도 다양하게 있습니다. 또한 봉사자들의 지원이 두 배로 늘어 수만 명의 자원봉사자들이 지속적인 활동을 벌이고 있습니다.

'봉사는 남을 위해 하는 것' 이라는 고정관념에서 벗어나, 봉사를 하는 사람들도 이로 인해 생활의 활력을 얻을 수 있습니다.

남을 위해 봉사를 한다는 것은 누가 시켜서가 아니라, 자기 자신이 즐거움과 보람을 느끼며 해야 하는 것입니다.

내가 기쁨으로 봉사할 수 있는 곳을 찾아 그곳에 동참하여 삶의 보람과 기쁨을 찾으십시오.

 주님! 봉사하는 기쁨이 넘치게 하소서.
 내가 기쁘게 할 수 있는 봉사는 무엇입니까?

노력하는 천재

롬 12:11-21　　　　　　　　　　　　　　　　　7월 26일

● **롬 12:11** 부지런하여 게으르지 말고 열심을 품고 주를 섬기라
● **벧전 3:13** 또 너희가 열심으로 선을 행하면 누가 너희를 해하리요

우리나라의 모든 국민들에게 큰 기쁨을 주었던 제12회 국제수영연맹(FLNA) 세계선수권대회 자유형 400m 금메달의 주인공 박태환 선수를 기억하실 것입니다. 박태환 선수는 천부적인 유연성과 엄청난 폐활량 등을 소유함과 동시에 정신력 또한 뛰어난 선수입니다. 하지만 박태환 선수는 '타고난 천재'라는 말보다 '노력하는 천재'라는 수식어가 더 잘 어울립니다. 그는 5살 때 천식을 앓던 연약한 소년이었습니다. 천식치료를 위해 부모들은 수영을 시작하게 하였고, 엄청난 훈련과 노력 끝에 또래 선수들의 기량을 뛰어넘어 성인 선수와 겨룰 수 있을 정도의 실력을 갖추게 되었습니다. 중3 때에는 2004년 아테네올림픽 최연소 대표로 발탁되기도 했습니다. 지금의 박태환 선수는 십대의 소년이라고는 믿을 수 없을 만큼 무서운 정신력과 승부욕을 지니고 있습니다. 정신적인 역경과 맹훈련을 묵묵히 견뎌낸 노력이 있었기 때문에 그는 여러 대회에서 좋은 결과를 나타내며 '수영 천재'라는 별명과 함께 국민의 영웅이 될 수 있었습니다. 자신의 약점을 잘 활용하면 새로운 멋진 길을 걸을 수 있습니다. 그리고 최고의 자리에 서기까지는 그 누구보다 힘든 역경과 고난을 겪어야만 합니다. '뿌린 대로 거둔다'라는 성경말씀처럼 노력한 만큼 결과가 나옵니다. 하나님께서 주신 자신의 일을 더욱 잘 감당하기 위하여 열심히 노력하십시오.

 주님! 주어진 일에 더욱 노력하는 삶을 살아가게 하소서.
 노력은 게을리하고 좋은 결과만 바라고 있지는 않습니까?

이상형으로 보는 콤플렉스

7월 27일 창 1:27-31

- **창 1:27** 하나님이 자기 형상 곧 하나님의 형상대로 사람을 창조하시되 남자와 여자를 창조하시고
- **롬 8:29** 하나님이 미리 아신 자들로 또한 그 아들의 형상을 본받게 하기 위하여 미리 정하셨으니 이는 그로 많은 형제 중에서 맏아들이 되게 하려 하심이니라

모든 미혼의 남성과 여성은 미래의 배우자에 대한 이상형을 가지고 있습니다. 만약 누군가가 "이상형이 어떻게 되세요?"라고 묻는다면 사람들은 성격, 개성, 외모, 능력 등에 대한 다양한 이상형의 조건들을 말할 것입니다. 어느 연애 컬럼니스트는 "이상형은 바로 그 사람의 환상과 보상심리가 결합되어 있기 때문에 이상형 속에 자신의 콤플렉스가 숨겨져 있다"라고 말합니다.

1. 오르지 못할 나무만 쳐다보는 "신데렐라 콤플렉스"
2. 아버지를 닮은 남자를 좋아하는 "일렉트라 콤플렉스"
3. 여러 면에서 뒤떨어지는 남자를 좋아하는 "평강공주 콤플렉스"
4. 가까운 사람의 남자를 넘보는 "카인 콤플렉스"
5. 자신을 우상시하는 남자를 좋아하는 "나르시스 콤플렉스"
6. 나쁜 남자만 좋아하는 "착한 여자 콤플렉스"
7. 오로지 내가 좋아야 하는 "도브 콤플렉스"

당신의 이상형에는 어떠한 콤플렉스가 숨겨져 있습니까? 콤플렉스로 생각하는 것을 숨기기보다는 그대로 드러낸다면 그것은 더 이상 콤플렉스가 되지 않습니다. 또한 우리는 하나님의 형상으로 지음 받은 하나님의 자녀입니다. 자신을 사랑할 줄 아는, 하나님께서 기뻐하시는 사람이 되십시오.

 주님! 나의 단점마저도 사랑할 수 있게 하소서.

 어떠한 콤플렉스를 가지고 있습니까?

사랑의 손길

잠 28:1-27　　　　　　　　　　　　　　　　　7월 28일

- 잠 28:27 가난한 자를 구제하는 자는 궁핍하지 아니 하려니와 못 본 체하는 자에게는 저주가 많으리라
- 마 6:3-4 너는 구제할 때에 오른손의 하는 것을 왼손이 모르게 하여 네 구제함이 은밀하게 하라 은밀한 중에 보시는 너의 아버지가 갚으시리라

　산문집 '연탄 길' 중에 있는 이야기입니다. 음식점 출입문이 열리더니 한 여자 아이가 동생들을 데리고 들어 왔습니다. "아저씨, 자장면 두 개 주세요?" "그런데, 인혜 언니는 왜 안 먹어?" "응, 점심 먹은 게 체했나봐" "우리도 엄마아빠가 계셨으면 좋겠다." 바로 그때 아주머니가 주방에서 나왔습니다. "너 혹시 인혜 아니니?" "네, 맞는데요. 누구세요?" "나 모르겠니? 영선이 아줌마, 네가 어릴 때 한 동네 살았는데. 기억이 안 나는 모양이구나. 그나저나 엄마아빠 없이 어떻게들 사니?" 그제서야 아이들의 얼굴에 환한 미소가 번졌습니다. "조금만 기다려. 아줌마가 맛있는 것 해줄게." 잠시 후 자장면 세 그릇과 탕수육 한 접시를 내어 왔습니다. 음식을 먹는 동안 그녀는 아이들을 바라보고 있었습니다. "안녕히 계세요." "그래, 잘 가거라. 자장면 먹고 싶으면 언제든지 와, 알았지?" "네." 돌아가는 아이들의 뒷모습이 힘겨워 보였습니다. 아저씨는 물었습니다. "누구네 집 아이들이지?" "사실은 나도 모르는 애들이에요. 엄마아빠가 없는 아이들이라고 해서 공짜로 음식을 주면 아이들이 상처받을까봐…. 엄마친구라고 하면 아이들이 또 올 수도 있고 해서…." 주님의 사랑으로 굶주린 이웃을 돌아봅시다. 우리의 받은바 소유로 나누어 줍시다.

 주님! 주님이 주신 지혜로 베푸는 삶을 살게 하소서.
 자장면 한 그릇의 사랑을 실천합시다.

튼튼한 도끼 자루 목재

7월 29일　　　　　　　　　　　　　　　　　　　　　　　창 41:51-57

● 창 41:51 요셉이 그 장자의 이름을 므낫세라 하였으니 하나님이 나로 나의 모든 고난과 나의 아비의 온 집 일을 잊어버리게 하셨다 함이요
● 롬 8:18 생각건대 현재의 고난은 장차 우리에게 나타날 영광과 족히 비교할 수 없도다

　어느 마을에 목수 할아버지와 어린 손자가 함께 살고 있었습니다. 하루는 도끼 자루를 만들 목재를 구하러 할아버지와 어린 손자는 함께 숲으로 갔습니다. 그들은 곧 숲속에서 도끼 자루를 만들 만한 나무를 찾을 수 있었습니다. 어린 손자는 말했습니다. "이 나무들은 도끼 자루를 만드는 데 아주 좋을 것 같아요. 이것들을 잘라 가지고 가요."
　그러나 할아버지는 조금만 더 살펴보자고 말했습니다.
　한참 뒤 힘이든 손자는 짜증 섞인 목소리로 다시 말했습니다.
　"할아버지 이렇게 나무들이 많은데 왜 자꾸만 더 숲속으로 들어가시는 거예요?" 그러자 할아버지는 대답했습니다.
　"낮은 지대에 있는 나무들은 높은 곳을 휩쓸고 지나가는 폭풍우를 맞아본 적이 없단다. 사나운 바람이 이리저리로 나무들을 뒤흔드는 높은 곳으로 가야 해. 그곳에 있는 나무들은 매서운 비바람에 시달려서 단단해져 있을 거야. 그것들이라야 아주 튼튼한 도끼 자루를 만들 수 있단다."
　폭풍우와 사나운 바람 속에서 튼튼한 나무가 만들어지듯이 인생은 고난 속에서 성숙해집니다. 고난은 하나님이 주신 가장 좋은 인생 훈련의 기회이며, 장소입니다. 지금 내가 가지고 있는 고난을 큰 상급의 기회로 삼는 믿음을 가지십시오.

　 주님! 고난가운데 더욱 강한 믿음을 주소서.
　 고난 중에서도 주님을 더 간절히 찾으십시오.

꼬마의 순수한 사랑의 약

요 11:33-44   7월 30일

- ●요 11:33 예수께서 그의 우는 것과 또 함께 온 유대인들의 우는 것을 보시고 심령에 통분히 여기시고 민망히 여기사
- ●롬 12:15 즐거워하는 자들로 함께 즐거워하고 우는 자들로 함께 울라

어느 동네에 항상 웃음을 띠며 인자한 성품을 가진 한 할아버지가 살고 있었습니다. 그런데 어느 날 병원에서 암이라는 진단을 받은 후 갑자기 할아버지는 성격이 난폭해져 식구들에게 욕을 하기도 하며, 주변 사람들에게도 욕을 퍼부었습니다. 심지어는 아무도 만나지 않으려 했습니다. 할아버지는 병원에 입원을 해서도 의사들과 간호사들에게 포악하게 대했습니다. 참다못한 가족들은 할아버지를 돕기 위해 할아버지의 옛날 친구들을 데려왔습니다. 할아버지는 친구들에게 큰 소리를 치며 쫓아 버렸습니다. 그 후에 목사님과 카운슬러 등 많은 사람들이 왔지만 하나 같이 소용이 없었습니다. 그런데 한번은 동네 꼬마가 할아버지가 아프다는 소식을 듣고 병원에 왔습니다. 식구들은 혹시나 하는 마음에 "그럼 네가 들어가서 할아버지를 만나보렴"하며 그 꼬마를 병실로 들여보냈습니다. 그런데 놀랍게도 20~30분 동안 그 꼬마가 할아버지를 만나고 나오더니 그 이후로 할아버지는 태도가 갑자기 누그러지고 부드러워져서 사람들도 만나고 얘기도 하게 되었습니다. 사람들은 하도 이상해서 그 꼬마에게 할아버지와 어떤 이야기를 했는지를 물었습니다. 그러자 꼬마는 말했습니다. "아무 이야기도 하지 않았어요. 그냥 할아버지랑 같이 껴안고 울기만 했어요."

진정한 사랑은 사람을 변화시키며, 치유의 역사도 일어납니다. 다른 이들의 아픔을 진심으로 공감하며 함께 하는 진정한 사랑을 나누십시오.

 주님! 남의 아픔도 내 아픔으로 느끼는 사랑의 마음을 갖게 하소서.
 고통 속에 있는 사람에게 진정한 사랑을 나누십시오.

화병 속의 동전

7월 31일　　　　　　　　　　　　　　　　　　　　　　　시 106:1-14

●시 106:14 광야에서 욕심을 크게 발하며 사막에서 하나님을 시험하였도다
●갈 5:24 그리스도 예수의 사람들은 육체와 함께 그 정과 욕심을 십자가에 못 박았느니라

　어느 날 아버지는 예쁜 그림이 그려져 있는 속이 보이지 않는 화병 하나를 사왔습니다. 아버지는 가끔 그 화병 속에 땡그랑 소리가 나게 동전을 집어넣었습니다. 그러던 어느 날 꼬마 아이는 화병이 거실 바닥에 있는 것을 보고는 신이 나서 화병이 있는 쪽으로 달려갔습니다. 그리고 화병 안에 손을 집어넣어 보았습니다. 동전이 손에 잡혔습니다. 그러나 꼬마가 손을 화병에서 꺼내려 애를 썼지만 손이 빠지지 않았습니다. 두려움에 소리를 지르며 울기 시작했습니다. 아이의 울음소리에 놀라 달려온 식구들은 아이의 손을 빼내어 보려고 비누칠을 하고 식용유를 발라보는 등 애를 썼지만 빠지지 않았습니다. 시간이 흐를수록 가족들의 마음은 긴장되고 안타깝기만 했습니다. 그런데 갑자기 꼬마 아이가 "아빠, 나 손에 쥐고 있는 것이 있는데, 그것을 놓으면 내 손이 빠질까?"라고 물었습니다.
　"무엇을 쥐고 있는데?" "아빠가 넣은 동전이야."
　"그럼, 동전을 놔야지." 쥐고 있던 동전을 놓자, 아이의 손이 쉽게 빠졌습니다. 화병 속의 동전은 우리가 지닌 삶 속의 욕심들과도 같습니다. 움켜쥐고 있는 욕심들 때문에 안간힘을 쓰며 고민하고 애를 쓰며 고통스러워 합니다. 모든 욕심들을 손을 펴 내려놓으십시오. 그리고 내려놓았을 때의 참된 행복을 느끼십시오.

　 주님! 욕심을 내려놓는 행복한 사람이 되게 하소서.
　 지금 당신이 움켜쥐고 있는 욕심은 무엇입니까?

8

하루를 내가 계획하는 것이 아니라
이미 그분께서 계획하신 하루를
발견해야 한다는 사실을
이른 아침에 기억해야 합니다.

사랑의 힘

8월 1일   요 16:27-33

- 요 16:27 이는 너희가 나를 사랑하고 또 나를 하나님께로서 온줄 믿은 고로 아버지께서 친히 너희를 사랑하심이니라
- 요일 4:9 하나님의 사랑이 우리에게 이렇게 나타난바 되었으니 하나님이 자기의 독생자를 세상에 보내심은 저로 말미암아 우리를 살리려 하심이니라

어느 농촌에서 귤 생산 경진대회가 있었는데 우승한 사람에게 한 기자가 그 비결을 물었습니다. "아침이면 일찍 일어나서 귤 밭에 나가서 한 그루 한 그루에게 아침인사를 하며, 쓰다듬어 주고, '많이 자랐다' 라던지, '아름다워졌다' 라던지 칭찬을 아끼지 않았으며, 좀 시들어진 나무에게는 입맞춤도 하며 잘 돌보지 못함을 사과합니다. 그리고 잠자는 시간 이외에는 늘 귤나무와 이야기를 합니다. 물론 벌레도 잡아주고 비료도 주었지만 가장 중요한 것은 나무를 사랑하는 것입니다." 또 어느 사과 경진대회에서 우승을 차지한 사람은 "매일 음악을 들려주었습니다. 나무는 사랑을 받으면 그 잎이나 과일에서 빛이 나며 꽃이 활짝 웃지만, 사랑을 받지 못하면 금방 시들해지고 풀이 죽어 있는 것을 사과나무를 가꾸며 체험했습니다. 꼭 사람과 같더군요"라고 말했습니다.

삶을 살아가면서 우리에게 필요한 것들이 너무나도 많습니다. 지식의 힘도 필요하며, 물질의 힘도 필요하고, 명예의 힘도 필요합니다. 하지만 가장 필요한 것은 사랑, 바로 예수 그리스도의 사랑입니다. 농부처럼 하나님께서는 우리를 지으셨고, 가꾸시고, 사랑으로 보호하십니다. 그 사랑이 없다면 우리는 곧 시들어버립니다. 우리를 향한 하나님의 사랑과 관심을 기억하며 그 사랑을 다른 이들에게도 전하는 하루가 되십시오.

 주님! 하나님의 사랑에 감사하는 하루가 되게 하소서.
 지쳐있는 사람들을 향해 주님의 사랑과 관심을 나누십시오.

이기적인 기도

시 66:1-20   8월 2일

- 시 66:18 내가 내 마음에 죄악을 품으면 주께서 듣지 아니하시리라.
- 요일 5:14 그를 향하여 우리의 가진바 담대한 것이 이것이니 그의 뜻대로 무엇을 구하면 들으심이라

어느 교회에서 예수 믿지 않는 남편을 전도하기 위하여 기도하는 이유를 조사해보았더니 '남편이 예수를 믿으면 자기만을 더 많이 사랑해주며, 자기의 일을 도와주며, 헌금을 더 많이 할 수 있도록 도와주고, 자기만을 사랑하여 외도하지 않으며, 가정에 더욱 더 충실하고, 자녀를 사랑하기 때문에 기도한다' 는 통계가 발표된 적이 있습니다. 이러한 기도제목은 이기적인 행동입니다. 진정으로 남편의 영혼을 사랑하고 그 영혼이 지옥가지 않고 구원받아 하나님의 영광을 위하여 살도록 기도하는 것이 아니라, 자기 자신만의 이익을 위하여 남편이 믿도록 기도하기 때문에 그 기도는 응답이 더딥니다.

우리의 정욕과 이기적인 생각은 기도의 장애물이 됩니다. 올바른 기도로 주님 앞에 무릎 꿇을 때 주님은 응답하십니다. 주님의 영광과 주님의 나라 확장을 위해 기도하십시오.

 주님! 욕심을 버리고 주님 뜻대로 기도하게 하소서.
 하나님이 원하시는 기도를 하고 있습니까?

세 사람의 생각과 행동

8월 3일　　　　　　　　　　　　　　　　　　　　　　　　**딤후 1:13-18**

- 딤후 1:13 너는 그리스도 예수 안에 있는 믿음과 사랑으로써 내게 들은바 바른 말을 본받아 지키고
- 딛 2:8 책망할 것이 없는 바른 말을 하게 하라 이는 대적하는 자로 하여금 부끄러워 우리를 악하다 할 것이 없게 하려 함이라

탈무드에 나오는 이야기입니다. 어느 날 세 사람이 함께 가다가 돈을 한데 모아 비밀장소에 묻어두었습니다. 며칠 후 세 사람이 같이 돈을 찾으러 가보니 돈이 없어졌습니다. 그 범인이 셋 중에 누군지 알 수 없어 솔로몬 왕에게 재판을 청했습니다. 솔로몬 왕은 이들의 이야기를 듣고는 재판은 하지 않고 이야기를 들려주었습니다. "한 돈 많은 젊은 아가씨는 한 남자를 좋아해서 약혼을 했습니다. 그러나 얼마 안 지나 여자의 마음이 변해 다른 남자를 사랑하게 되어 약혼자에게 위자료를 줄 테니 파혼을 해달라고 요청했습니다. 그러자 약혼자는 그 남자와 더 행복할 수만 있다면 기꺼이 양보하겠노라고 위자료를 거절했습니다. 그런데 그 여자가 사랑하는 사람에게 돌아가는 도중 한 노인에게 납치를 당했습니다. 여자는 사랑하는 사람과 결혼을 하러가는 중이니 제발 놓아달라고 애원하며 몸값으로 돈을 주겠다고 노인에게 사정했습니다. 그러나 여자의 말에 감동을 받은 노인은 돈도 받지 않고 그녀에게 자유를 주었습니다. 그럼 이 중 누가 가장 칭찬 받을 만한 사람인가요?" 첫 번째 사람은 너그러운 마음을 가진 약혼자라고 말했고, 두 번째 사람은 사랑을 위해 솔직했던 젊은 아가씨라고 대답했는데 세 번째 사람은 이건 이치에 안 맞는 이야기라고 투덜거리며 "다 바보들입니다"라고 말했습니다. 솔로몬 왕은 한참 너털웃음을 웃고 나더니 세 번째 사람에게 말했습니다. "네 이놈, 네 놈이 바로 돈을 훔친 도둑놈이다."

이처럼 생각과 마음과 행동은 서로가 일치하기 마련입니다. 바른 생각과 바른 마음을 갖고 살아가는 믿음의 크리스천이 되십시오.

 주님! 주님 안에서 바른 마음으로 정직한 삶을 살게 하소서.

 당신은 세 사람 중 어디에 속합니까?

호랑이에게 정확하게 꽂힌 화살

요 16:12-24 　　　　　　　　　　　　　　　　8월 4일

- 요 16:12 내가 아직도 너희에게 이를 것이 많으나 지금은 너희가 감당치 못하리라
- 고전 10:13 사람이 감당할 시험 밖에는 너희에게 당한 것이 없나니 오직 하나님은 미쁘사 너희가 감당치 못할 시험 당함을 허락지 아니하시고 시험 당할 즈음에 또한 피할 길을 내사 너희로 능히 감당하게 하시느니라

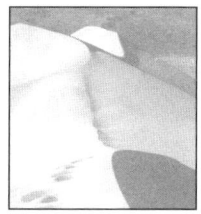

　어느 날 한 젊은이가 사냥을 하기 위해 산 속으로 깊이 들어갔습니다.
　한참을 가던 중 그는 호랑이를 만나게 되었습니다. 너무나도 놀랜 나머지 있는 힘을 다해 활을 겨누고 앞에 있는 호랑이의 가슴을 향해 화살을 쏘았습니다. 그야말로 사력을 다해 화살을 쏘았습니다. 그 화살은 호랑이의 가슴에 정확하게 꽂혔습니다. 그런데 호랑이는 쓰러지지 않고 그 자리에 그냥 서있는 것이었습니다. 웬일인가 놀라면서 천천히 호랑이가 있는 곳으로 가까이 가보니 화살이 박힌 것은 호랑이가 아니라 호랑이와 비슷하게 생긴 바위였습니다. 그 큰 바위에는 젊은이가 쏜 화살이 박혀있었습니다. 활 하나로 바위를 뚫는다는 것은 상상도 할 수 없는 일이었습니다. 하지만 마음을 모으고 온 힘을 모아 활을 쏘자 그 활은 정확하게 바위를 뚫었습니다.
　이처럼 마음을 모으고 온 힘을 다한다면 일이 이루어집니다. 이뤄지지 않는 것은 할 수 없어서가 아니라 노력을 안 하기 때문입니다. 하나님께서는 감당할 만한 능력과 힘을 주십니다.
　하나님께서 주시는 능력과 힘으로 모든 일들을 승리할 수 있다는 강한 믿음을 가지십시오.

 주님! 하나님께서 힘주시고 능력 주심을 믿게 하소서.
 감당할 수 있는 일들을 쉽게 포기한 적이 있습니까?

벼룩을 보내 주심도 감사

8월 5일　　　　　　　　　　　　　　　　　　　　창 39:1-6

- 창 39:3 그 주인이 여호와께서 그와 함께하심을 보며 또 여호와께서 그의 범사에 형통케 하심을 보았더라
- 살전 5:18 범사에 감사하라 이는 그리스도 예수 안에서 너희를 향하신 하나님의 뜻이니라

　　코리텐 붐의 저서 「주님은 나의 피난처」는 그녀가 제2차 세계대전 때 독일의 포로수용소에서 겪은 일을 수기로 기록해놓은 책입니다. 그녀는 추위, 고문, 굶주림, 갈증, 헐벗음 등 그야말로 인간이 육체적으로 당할 수 있는 고통은 거의 다 겪었습니다. 그러나 그녀는 모두 견딜 수 있었습니다. 하지만 가장 견디기 힘들었던 것은 놀랍게도 '벼룩'이었습니다. 그녀는 수용소 안에서 숨어서 성경공부를 했습니다. 하지만 다른 말씀은 다 이해할 수 있고, 다 행할 수 있어도 데살로니가전서 5장 18절 이하의 말씀을 공부할 때는 도무지 그 말씀대로 할 수가 없었습니다. "어떻게 하나님은 항상 기뻐하라고 하시지? 이렇게 벼룩이 나를 괴롭히는데…." 그런데 어느 날 그녀는 한 환자를 데리고 의무실로 가는 도중 우연히 독일병사들이 서로 나누는 말을 듣고 그것도 감사해야 할 이유를 알게 되었습니다. "저 감방 안에는 벼룩이 많으니 밖에서 슬슬 지키도록 하자." 그녀는 이 말을 듣고 그동안의 원망과 불평이 다 사라졌습니다. "벼룩을 보내주신 주님, 정말 감사합니다. 저희에게 이 감방 안에서라도 자유를 주시기 위해 벼룩을 보내셨군요. 이제 성경을 숨어서 보지 않아도 됩니다. 감사합니다." 우리에겐 그저 감사할 수 있는 정도가 아니라 마땅히 감사해야 할 것들이 너무나도 많이 있습니다. 벼룩을 보내주신 하나님께 감사했던 코리텐 붐처럼 자신이 감사 할 수 없었던 모든 일들을 다시 깊이 생각해보십시오.

💗 주님! 어려운 환경 가운데서도 감사할 수 있는 사람이 되게 하소서.

🎗 마땅히 감사해야 할 일들을 생각해보십시오.

여성들의 현명한 투자

창 41:39-45   8월 6일

- ●창 41:39 요셉에게 이르되 하나님이 이 모든 것을 네게 보이셨으니 너와 같이 명철하고 지혜 있는 자가 없도다
- ●잠 14:33 지혜는 명철한 자의 마음에 머물거니와 미련한 자의 속에 있는 것은 나타나느니라

「지금 당장 시작하는 서른 살 여자 재테크」란 책에서 저자는 남자에 비해 여자는 부자 될 재능을 더 많이 타고났다고 말합니다. 그리고 여자가 남자보다 부자가 되기 쉬운 이유가 무엇인지 여자들의 8가지 재능을 이렇게 말하고 있습니다.

1. 여자는 수학보다 산수를 잘한다.
2. 여자는 물가를 피부로 느낀다.
3. 여자는 가계부를 끼고 산다.
4. 여자는 월급통장과 친하다.
5. 여자는 실리를 따지면서 쇼핑한다.
6. 여자는 단순하고 안전한 것을 좋아한다.
7. 여자는 수다를 통해 유익한 정보를 캐낸다.
8. 여자는 돈 쓸 데, 안 쓸 데를 확실히 챙긴다.

최근 여성들 사이에서는 재테크의 붐이 일어나고 있습니다. 자신의 삶의 질과 수준을 높이기 위해 계획적인 소비와 현명한 투자는 하되 하나님을 믿는 여성은 영적인 질과 수준, 그리고 자신의 미래를 위해 현명하게 기도해야 함을 결코 잊어서는 안 됩니다. 모든 지혜와 명철은 하나님을 경외할 때 얻을 수 있는 것입니다. 주님이 주시는 은혜를 누리며 사십시오.

 주님! 현명한 그리스도인이 되게 하소서.
 지혜와 명철을 얻기 위해 기도하십시오.

가장 소중한 것은?

8월 7일 요일 3:18-24

● 요일 3:18 자녀들아 우리가 말과 혀로만 사랑하지 말고 오직 행함과 진실함으로 하자
● 요일 4:20 누구든지 하나님을 사랑하노라 하고 그 형제를 미워하면 이는 거짓말 하는 자니 보는바 그 형제를 사랑치 아니하는 자가 보지 못하는바 하나님을 사랑할 수가 없느니라

낚시를 너무도 좋아하는 한 아버지가 있었습니다. 그에게는 딸 하나가 있었는데 아빠를 잘 따랐기 때문에 그는 딸을 데리고 다니기를 좋아했습니다. 어느 날 그 아버지는 여느 때처럼 딸을 데리고 낚시를 하러 갔습니다. 낚시를 하기 위해 바위 위에서 한참을 있었으나 별 소득이 없었습니다. 아버지는 딸에게 그곳에 있으라고 하고는 다른 곳에 가서 낚시를 시작하였습니다. 그곳에서는 고기가 잘 잡혔습니다. 시간 가는 줄 모르고 한참을 낚다가 밤이 어둑해져서야 비로소 혼자 있을 딸이 생각났습니다. 급하게 딸이 있던 바위로 가보니 그곳은 이미 물로 덮여있고 딸은 온데간데없었습니다. 그는 배를 타고 딸을 찾으려고 애썼지만 아무 소용이 없었습니다. 아버지는 딸이 너무도 귀하고 소중하다는 것을 알고 있었습니다. 하지만 낚시 때문에 순간 그 사실을 잊어버렸습니다. 우리 그리스도인도 마찬가지입니다. 하나님의 말씀이 귀하고 소중하다는 것을 알면서도 삶을 살아가면서 그 사실을 잊어버릴 때가 얼마나 많은지요. 사랑해야 하는 것을 알면서도 미워하는 마음을 가지게 되고, 베풀어야 한다는 것을 알면서도 어느 순간 자신의 욕심이 앞서게 됩니다.

말로만 그리고 입술로만 "사랑한다", "소중하다"라고 하지 말고 오직 행함과 진실함으로 실천할 수 있는 그리스도인이 되십시오.

 주님! 가장 소중한 것을 먼저 알고 행할 수 있게 하소서.
 입술로만 "사랑한다", "소중하다"라고 말하지 마십시오.

기도로 세운 나라

시 127:1-5 　　　　　　　　　　　　　　　　　　　　　8월 8일

- **시 127:1** 여호와께서 집을 세우지 아니하시면 세우는 자의 수고가 헛되며 여호와께서 성을 지키지 아니하시면 파숫군의 경성함이 허사로다
- **롬 13:1** 각 사람은 위에 있는 권세들에게 굴복하라 권세는 하나님께로 나지 않음이 없나니 모든 권세는 다 하나님의 정하신바라

　19세기 초 프랑스 정부는 신생국인 미국이 어떻게 짧은 역사 가운데 그렇게 발전할 수 있었는지를 조사하기 위해 알렉시스 드 토크빌(Alexis de Tocqueville)을 미국에 파견하였습니다.
　그가 보고한 보고서의 기록입니다.
　"나는 미국의 위대함을 강이나 넓은 항구에서 찾아보려고 하였으나 거기엔 있지 않았습니다. 미국의 풍성함을 비옥한 농토와 무성한 숲에서 찾아보려고 하였으나 거기에 있지 않았습니다. 미국의 위대함을 공공시설이나 학교에서 찾으려 하였으나 거기에도 있지 않았습니다. 결국 나는 미국의 교회들을 방문하였고, 그리고 발견하였습니다. 강단마다 불붙는 말씀이 넘쳤고 미국의 능력이 거기에서 흘러나옴을 알았습니다. 미국은 좋은 일을 하려합니다. 그래서 많은 발전을 이룩하였습니다. 만일 이들이 좋은 일을 멈춘다면 미국의 위대함도 멈출 것입니다."
　위대함이나 풍요함의 근원은 하나님이십니다. 하나님을 주인 삼으며, 그분의 말씀을 믿고 순종하면 자신도, 가정도, 심지어 나라도 축복을 받습니다. 그러므로 복의 근원이신 하나님을 잘 섬기고, 매일 시간을 정하여 나라의 안정과 번영을 위해 기도하십시오.

 주님! 우리나라가 하나님의 축복을 받게 하소서.
 나라를 위해 기도하고 있습니까?

연약한 아이

8월 9일   롬 15:1-13

- **롬 15:1** 우리 강한 자가 마땅히 연약한 자의 약점을 담당하고 자기를 기쁘게 하지 아니할 것이라
- **갈 6:2** 너희가 짐을 서로 지라 그리하여 그리스도의 법을 성취하라

프랑스의 한 초등학교에 다니는 한 아이의 담임교사는 그 아이의 신상생활카드에 이렇게 적었습니다.

"루이는 반에서 키가 제일 작고 가장 병약한 아이입니다. 장차 이 아이가 어떻게 자랄지 걱정이 됩니다."

이 아이는 바로 프랑스의 가장 위대한 인물로 선정되었으며, 그의 생일을 국가공휴일로 제정할 정도로 유명한 루이스 파스퇴르였습니다. 그는 현대 의학의 아버지로 불릴 정도로 많은 예방접종법을 발견하였고, 그로 인해 많은 생명을 구하는 역할을 했습니다. 어렸을 적부터 연약했던 그는 어른이 되어서도 보행이 어려울 정도로 건강하지 못하였고, 외적으로도 볼품은 없었지만 인류역사에 훌륭한 일을 감당하는 위대한 인물이 되었습니다.

그는 한 연설문에서 이렇게 말했습니다.

"미래의 세계는 힘을 가진 자들이 지배해서는 안 되고 하나님의 사랑으로 인류를 구원하려고 노력하는 사람들에 의해 움직여져야 한다. 십자가의 정신없이 행복한 세계는 기대할 수 없다."

하나님께서는 우리의 연약함을 아시고 항상 함께 하시며, 보호하시고, 능력을 주십니다. 그리고 약한 자를 강하게 하십니다. 당신의 부족을 하나님께서 채워주심을 믿으십시오.

 주님! 연약한 저를 강하게 하실 것을 믿게 하소서.

 당신의 연약한 부분을 기도로 극복하십시오.

생명을 구한 작은 행동

느 7:2-38   8월 10일

- 느 7:2 내 아우 하나니와 영문의 관원 하나냐로 함께 예루살렘을 다스리게 하였는데 하나냐는 위인이 충성되어 하나님을 경외함이 무리에서 뛰어난 자라
- 단 6:4 이에 총리들과 방백들이… 다니엘을 고소할 틈을 얻고자 하였으나 능히 아무 틈, 아무 허물을 얻지 못하였으니 이는 그가 충성되어 아무 그릇함도 없고 아무 허물도 없음이었더라

어떤 젊은이가 대서양을 횡단하는 배를 타고 있었습니다. 그런데 뱃멀미를 심하게 해서 선실에 틀어박혀 꼼짝도 못했습니다. 그러던 어느 날 밤, 밖에서 "사람이 바다에 빠졌다!"고 외치는 소리가 들려왔습니다. 젊은이는 돕고 싶은 마음은 있었지만 자기가 할 수 있는 일이 아무것도 없다고 생각하다가 가만히 생각해보니 적어도 선두에 등불을 달아 놓는 일은 할 수 있겠다는 생각이 들어 간신히 기다시피하여 어둠을 밝힐 수 있도록 불을 달아 놓았습니다. 얼마 후에 물에 빠진 사람이 가까스로 구조되었는데 그 사람은 이렇게 말했습니다. "제가 물속에서 기운이 다해 소망을 잃고 빠져가고 있을 때 배 앞머리에서 등불이 빛나고 있는 것을 보았습니다. 그 등불이 제 손을 비추었고 그 빛이 반사되어 선원들이 제가 있는 위치를 알아보았고 저를 끌어올릴 수 있었습니다."

아무리 작은 일이라 할지라도 최선을 다해 한다면 이 사람같이 생명을 살리는 엄청난 일을 할 수 있습니다. 하나님 앞에서도 마찬가지입니다. '작은 일에 충성된 자가 큰일에도 충성되다' 라는 하나님의 말씀처럼 사소한 하나라도 충성하고 최선을 다한다면 하나님께서는 크게 들어 쓰실 것입니다. 작은 일이라도 최선을 다하는 충성된 종이 되십시오.

 주님! 작은 일에도 충성하게 하소서.
 맡은 일 중에 최선을 다하고 있지 못한 부분이 있습니까?

오프라 윈프리의 십계명

8월 11일   요 8:32-59

- 요 8:32 진리를 알지니 진리가 너희를 자유케 하리라
- 딤후 1:7 하나님이 우리에게 주신 것은 두려워하는 마음이 아니요 오직 능력과 사랑과 근신하는 마음이니

흑인에다 뚱뚱했고, 가난하고 미혼모였던 불행한 어린 시절을 지나왔지만 오늘날 세계에서 성공한 여성중 하나로 손꼽히는 '토크쇼의 여왕' 오프라 윈프리는 "제가 얻은 교훈은, 우리가 가장 두려워하는 것이 실상은 아무것도 아니라는 사실이었으며, 오직 진실이 우리를 자유롭게 해준다는 사실이었습니다"라고 말하면서 다음과 같은 십계명을 제시하고 있습니다.

01. 남들의 호감을 얻으려 애쓰지 말라
02. 앞으로 나아가기 위해 외적인 것에 의존하지 말라
03. 일과 삶이 최대한 조화를 이루도록 노력하라.
04. 주변에 험담하는 사람들을 멀리하라.
05. 다른 사람들에게 친절하라.
06. 중독된 것들을 끊어라.
07. 당신에 버금가는 혹은 당신보다 나은 사람들로 주위를 채워라.
08. 돈 때문에 하는 일이 아니라면 돈 생각은 아예 잊어라.
09. 당신의 권한을 다른 사람에게 넘겨주지 말라.
10. 포기하지 말라.

우리 삶에 어떤 원칙이 있는 것은 삶을 발전시키는 데 큰 도움이 됩니다. 성경 안에서 그 원칙을 찾으십시오.

 주님! 진실하고 성실하며 자유롭게 하소서.

 당신은 무엇을 두려워합니까?

왕비가 선택한 꽃

아 4:6-16   8월 12일

● 아 4:16 북풍아 일어나라 남풍아 오라 나의 동산에 불어서 향기를 날리라 나의 사랑하는 자가 그 동산에 들어가서 그 아름다운 실과 먹기를 원하노라
● 빌 4:18 내게는 모든 것이 있고 또 풍부한지라 에바브로디도 편에 너희의 준 것을 받으므로 내가 풍족하니 이는 받으실만한 향기로운 제물이요 하나님을 기쁘시게 한 것이라

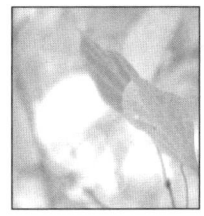

왕비를 너무나도 사랑하는 한 왕이 있었습니다. 어느 날 왕은 왕비의 생일을 맞이하여 어떤 선물을 준비할지 고민한 끝에 아름다운 정원을 선물하기로 하였습니다. 왕은 나라에서 제일가는 정원사를 불러 왕비의 건강이 좋지 않음을 고려하여 추운 겨울에도 즐길 수 있는 실내정원을 꾸미도록 명령했습니다. 정원사는 며칠 동안 갖은 실력을 발휘하여 아름답고 화려한 정원을 만들었습니다. 특히 멋진 조화를 사용하여 사시사철 아름다움을 언제나 즐길 수 있도록 만들었습니다. 왕은 왕비의 생일 날 이 아름다운 정원으로 왕비를 인도하여 그 정원을 선물로 증정하였습니다. 왕비는 왕의 사랑에 감동하면서 수많은 꽃들을 어루만졌습니다. 그러자 왕은 가장 아름다운 꽃을 하나 택하라고 말했습니다. 그런데 다른 사람들의 상상과는 달리 왕비는 아름다운 조화 꽃이 아닌 들풀을 선택하였습니다. 사실 왕비는 시력이 약해져서 거의 앞을 못 보는 상태였습니다. 그러기에 겉모습이 화려한 꽃을 선택한 것이 아니라 향기로 인해 볼품없는 들풀을 선택한 것입니다. 향기 없는 화려한 조화보다는 향기 있는 들풀이 더욱 가치가 있듯이 그리스도인으로서 우리는 아름다운 향기를 가지고 있어야 합니다. 예수 그리스도와 함께 할 때 비로소 삶의 향기를 발할 수 있습니다. 하나님께서 주신 아름다운 것들로만 담으십시오.

 주님! 그리스도의 향기가 가득한 삶을 살게 하소서.
 그리스도인으로서 삶의 향기를 담고 있습니까?

돈과 재물

8월 13일   마 6:24-34

● **마 6:24** 한 사람이 두 주인을 섬기지 못할 것이니 혹 이를 미워하며 저를 사랑하거나 혹 이를 중히 여기며 저를 경히 여김이라 너희가 하나님과 재물을 겸하여 섬기지 못하느니라
● **딤전 6:17** 네가 이 세대에 부한 자들을 명하여 마음을 높이지 말고 정함이 없는 재물에 소망을 두지 말고 오직 우리에게 모든 것을 후히 주사 누리게 하시는 하나님께 두며

한성생명에서 부산지역 직장인 436명을 대상으로 실시한 의식조사 통계 결과를 보면, 67.9%인 296명이 돈이면 뭐든지 할 수 있다고 생각하고 있으며, 50.7%인 221명이 돈이 많으면 지위도 높아진다고 생각하고 있었습니다. 황금만능주의가 팽배한 이 세대의 한 단면을 나타내 줍니다.

오늘날 돈이 곧 행복이라고 생각하지만 돈은 행복을 주지 않습니다. 돈은 육체적인 만족을 가져다 줄 수는 있지만 인간성과 영혼을 철저하게 파괴시킬 수 있다는 사실에 대해 많은 사람들이 무감각합니다.

쇼펜하우어는 "돈은 바닷물과 같다. 그것을 마시면 마실수록 목이 말라진다"고 말했습니다.

그리고 보에티우스는 이렇게 말했습니다.

"재물이란 결핍한 자나 만족한 자 모두에게 아무런 만족도 줄 수가 없다. 그러나 재물은 마치 그렇게 할 수 있는 것처럼 보여 온 것뿐이다."

주님과 재물을 겸하여 섬길 수는 없습니다. 주님 한 분 만으로 만족합시다.

 주님! 두 주인을 섬기지 않게 하소서.
 재물이 우상이 되어있지는 않습니까?

불평으로 가득 찬 아이

창 37:4-11   8월 14일

- 창 37:4 그 형들이 아비가 형제들보다 그를 사랑함을 보고 그를 미워하여 그에게 언사가 불평하였더라
- 시 37:8 분을 그치고 노를 버리라 불평하여 말라 행악에 치우칠 뿐이라

이제 7살이 된 한 아이는 부모님이 어떤 물건을 가져다주어도, 그리고 그를 위해 무슨 일을 해주어도 그저 징징거리며 울기만 하는 아이였습니다. 그의 부모는 많은 고민 끝에 아이의 부정적인 사고방식을 고칠 수 있는 기막힌 방법을 생각해냈습니다. 그들은 세상에서 제일 큰 '장난감 백화점'에 아이를 데리고 가서 한 시간 동안 원하는 장난감을 다 고르라고 했습니다. 뭐든지 고르기만 하면 다 사주겠다고 약속을 했습니다. 아이의 부모는 한 시간 후면 만족스럽게 웃고 있는 아이의 얼굴을 보게 될 것이라고 확신했습니다. 그러나 한 시간이 지난 후에 아이를 찾았을 때, 부모의 기대와는 달리 아이는 백화점 한 가운데에 앉아 엉엉 울고 있었고, 장난감들은 주변에 마구 흩어져 있었습니다. 그리고 아이의 손에는 멋진 소방차 한 대가 들려있었습니다. 부모님이 다가가자 아이는 이런 불평을 터뜨리며 목이 터져라 울었습니다.

"난 노란색 소방차를 갖고 싶단 말이야! 빨간색 소방차는 너무 흔해 빠졌어. 그건 누구나 다 가지고 있다구!"

불평을 하다보면 불평할 일들이 점점 많아지며, 사소한 것들까지도 불평의 원인이 됩니다. 불평으로 인해 삶을 허비하지 말고 항상 감사하는 마음을 지니고 살아가십시오.

 주님! 늘 감사하는 삶을 살 수 있게 하소서.
 요즘 당신은 무슨 불평을 하고 있습니까?

신앙도 챔피언

8월 15일 마 16:16-20

- 마 16:16 시몬 베드로가 대답하여 가로되 주는 그리스도시요 살아계신 하나님의 아들이시니이다
- 요 17:3 영생은 곧 유일하신 참 하나님과 그의 보내신 자 예수 그리스도를 아는 것이니이다

전 세계 헤비급 복싱 챔피언 조지 포먼은 자신의 신앙 자서전 「내속의 신: 영적인 회고록」(God in My Corner:A Spiritual Memoir)에서 하나님을 만나게 된 계기에 대해 말하고 있습니다. 1976년 4월 30일 프에르토리코에서 벌어진 지미 영과의 경기에서 패배하고 녹초 상태로 탈의실에서 쉬고 있을 때 극히 짧은 시간이었지만 죽음을 경험했다고 합니다. 완전히 텅 빈 상태에서 공포와 절망에 빠져있는 그의 앞에 바로 예수님이 오셔서 그에게 다시 생명을 주셨다는 겁니다. 그 후 그는 많은 기적을 경험했고, 아내의 간절한 기도로 인해 은퇴 후 45세라는 많은 나이에 다시 헤비급 세계 챔피언 벨트를 거머쥐는 기회도 얻었습니다. 현재 미국 텍사스주 휴스턴의 '지저스 크라이스트 교회' 의 담임목사인 그는 이렇게 말합니다. "다른 사람들이 나에 대해 뭐라고 말할지 걱정하지 않는다. 경기를 마친 후 멍들고 부어오른 눈 주위를 바라보며 교회 어린이들이 놀리는 것처럼 나는 '오즈의 마법사' 에 나오는 겁쟁이 사자처럼 보일 수도 있다. 하지만 주님의 눈에 나는 항상 세계 헤비급 챔피언이다. 그리고 만약 주님이 당신들의 마음에 있다면 당신들도 마찬가지이다."

하나님과 사람들 앞에서 믿음의 챔피언이 되기 위해 항상 하나님과 동행하십시오. 하나님을 마음의 주인으로 모십시오.

 주님! 믿음의 챔피언이 되게 하소서.

 당신은 예수 그리스도를 구세주와 주님으로 믿습니까?

진정한 행복의 조건

고전 1:9-17   8월 16일

- **고전 1:9** 너희를 불러 그의 아들 예수 그리스도 우리 주로 더불어 교제케 하시는 하나님은 미쁘시도다
- **빌 2:1** 그러므로 그리스도 안에 무슨 권면이나 사랑에 무슨 위로나 성령의 무슨 교제나 긍휼이나 자비가 있거든

　최근 삼성경제연구소는 성균관대와 함께 조사한 "한국인이 생각하는 행복 조건"에 대한 연구 결과를 다음과 같이 발표했습니다.
　1. 젊어야 한다.
　2. 남보다 잘 산다고 느껴야 한다.
　3. 많이 배워야 한다.
　4. 사회에 대한 신뢰감이 높아야 한다.
　5. 종교행사에 자주 가야 한다.
　6. 가족과의 여가를 중시해야 한다.
　7. 결혼유무는 행복과 무관하다.
　그렇다면 그리스도인인 우리의 행복의 조건은 무엇일까요?
　물질, 명예, 지식 모두 아닙니다. 바로 하나님과의 올바른 교제입니다. 그리스도인들은 하나님과 친밀한 교제를 나눌 때 비로소 큰 행복을 느끼며 기쁨을 가지게 됩니다.
　삶을 살아가면서 여전히 진정한 행복을 느껴 보지 못했다면, 바로 지금 하나님과의 올바른 교제를 통해 진정한 행복을 느끼십시오.

 주님! 하나님과 친밀한 교제를 나눌 수 있게 하소서.
 진정한 행복의 조건은 무엇이라고 생각합니까?

가슴 따뜻한 사랑

8월 17일 **잠 14:1-10**

- **잠 14:10** 마음의 고통은 자기가 알고 마음의 즐거움도 타인이 참여하지 못하느니라
- **롬 8:22** 피조물이 다 이제까지 함께 탄식하며 함께 고통하는 것을 우리가 아나니

어느 시골마을에 브레인 튜머라는 병을 앓고 있는 15세의 한 소년이 살고 있었습니다. 이 병은 뇌종양과 비슷한 것으로 소년은 수술을 받고 방사선 치료를 받아야만 했습니다. 수술을 받은 후 방사선 치료 때문에 소년은 머리카락이 다 빠졌지만 조금씩 회복되어서 학교에도 갈 수 있게 되었습니다. 소년이 다니는 학교는 한 학급에 20명 정도 되는 시골 학교였습니다. 드디어 소년이 학교에 가는 날이 되었습니다. 그런데 소년이 학교에 나오기 전날, 반 친구들은 소년이 머리카락이 하나도 없는 모습으로 학교에 올 것이라는 것을 알고 서로에게 연락을 해서 중요한 결정을 하였습니다. 소년의 수업 첫날, 선생님이 교실에 들어와 보니 소년뿐만 아니라 반 학생들 모두 머리를 밀고 앉아 있었습니다. 반 학생들의 모습을 본 선생님은 교단에 서서 눈물을 흘리기 시작했습니다. 그러자 반 학생들 모두 같이 울었습니다. 반 친구들은 사랑하는 친구인 소년이 자존심을 상하지 않고 부끄러워하지 않도록 하기 위해 이러한 결정을 하게 되었고, 그 결정이 소년뿐만 아니라 모든 이들의 가슴을 따뜻하게 해주었습니다.

아픔과 고통을 함께 나눈다는 것은 진정한 사랑이라 할 수 있습니다. 죄인인 우리를 위해 독생자의 생명까지도 아끼시지 아니한 하나님의 진정한 사랑을 본받으십시오.

 주님! 고통을 함께 나눌 줄 아는 사람이 되게 하소서.

 주위에 사랑을 나눠줘야 할 곳이 있는지 돌아보십시오.

세상에서 가장 아름다운 것

엡 3:17-19   8월 18일

●엡 3:17 믿음으로 말미암아 그리스도께서 너희 마음에 계시게 하옵시고 너희가 사랑 가운데서 뿌리가 박히고 터가 굳어져서
●롬 12:18 할 수 있거든 너희로서는 모든 사람으로 더불어 평화하라

　이 세상에서 가장 아름다운 그림을 그리는 것이 소원인 한 화가가 있었습니다. 그러나 세상에서 가장 아름다운 것이 무엇인지를 찾기란 쉬운 일이 아니었습니다. 그래서 그는 사람들을 찾아가 물어보기로 결정했습니다. 처음으로 찾아간 사람은 종교인이었습니다.
　"당신에게 있어서 가장 아름다운 것은 무엇입니까?" "믿음입니다."
　이번에는 한 숙녀에게 물었습니다. "사랑이요."
　그리고 어떤 군인은 "평화"라고 대답했습니다. 그는 '믿음, 사랑, 평화, 이 세 가지를 한 곳에 모을 수 있는 그림은 없을까?'를 고민하며 집으로 돌아갔습니다. 그가 집에 도착하여 초인종을 누르자, 그의 아이들이 마중을 나와 "아빠!"를 외치며 그의 품에 안겼습니다. 그때 그는 자신의 팔에 매달리는 아이들의 눈동자 속에서 아버지를 신뢰하는 믿음이 반짝거리고 있음을 보았습니다. 그리고 아이들을 뒤따라 나오며, "여보, 이제 오세요?"라고 말하는 아내의 눈동자에 자신을 향한 사랑이 가득 담겨 있는 것을 보았습니다. 그리고 자신의 집안에서 평화가 감돌고 있음을 느꼈습니다. 그토록 화가가 열심히 찾던 세상에서 가장 아름다운 것은 바로 가정이었습니다. 가정은 하나님이 우리에게 주신 가장 값진 보물입니다. 우리의 가정 안에 어떠한 값진 보물들이 있는지 돌아보고, 귀한 보물을 주신 하나님께 감사하십시오.

 주님! 가정의 아름다움을 깨닫게 하소서.
 당신의 가정생활은 어떻습니까?

믿음이 좋은 한 여인의 대답

8월 19일 시 149:4-9

● 시 149:4 여호와께서는 자기 백성을 기뻐하시며 겸손한 자를 구원으로 아름답게 하심이로다
● 잠 18:12 사람의 마음의 교만은 멸망의 선봉이요 겸손은 존귀의 앞잡이니라

어떤 동네에 믿음이 아주 좋은 한 여인이 있었습니다. 어느 날 그녀의 남편은 병으로 인해 세상을 먼저 떠나게 되었습니다.

그러나 그녀는 남편을 잃고 일찍이 혼자가 되어 말할 수 없는 시련과 어려움을 당하면서도 믿음으로 잘 견디며 살았습니다. 동네 사람들은 이런 이 여인을 존경하고 칭찬했습니다.

믿음이 너무 좋은 그녀의 소문을 들은 다른 동네의 여인들은 그녀를 찾아와 "아주머니가 바로 그 큰 믿음을 가졌다는 분이세요?"라고 물었습니다. 그러자 그녀는 대답하였습니다.

"아니에요. 저는 그렇게 큰 믿음을 가진 사람이 못됩니다. 다만 작은 믿음을 가지고도 크신 하나님을 믿고 살다 보니까 하나님께서 저를 큰 복으로 인도하여 주시는 것뿐입니다."

겸손은 좋은 믿음을 갖기 위한 필수적인 귀한 성품입니다. 하나님 앞에서나 사람들 앞에 항상 겸손한 모습을 지닌 믿음의 그리스도인이 되십시오.

 주님! 겸손한 사람이 되게 하소서.

 하나님 앞에서나 사람들 앞에서 항상 겸손하십니까?

요구할 대상이 있는 행복

시 127:1-5   8월 20일

- 시 127:3 자식은 여호와의 주신 기업이요. 태의 열매는 그의 상급이로다
- 롬 9:8 곧 육신의 자녀가 하나님의 자녀가 아니라 오직 약속의 자녀가 씨로 여기심을 받느니라

아주 오래간만에 만난 두 사람이 서로 자기의 살아온 이야기며, 가정 이야기를 나누고 있었습니다. 마침내 자녀들의 이야기를 하게 되었을 때, 한 사람이 "자네 아들은 어떤가?"라고 물었습니다.

질문을 받은 사람은 "자네와 마찬가지로 밤낮 돈 드는 일뿐이네. 처음에는 자전거 사줬더니 조금 있다가는 자동차를 사달라고 난리야. 눈만 뜨면 자식들이 그저 돈만 요구한다네. 자네는 어때?"라고 했습니다.

그러자 그 친구는 가만히 생각하더니 이렇게 대답했습니다.

"내게도 자네같이 요구하는 아들이라도 있었으면 좋겠네. 내 아들은 2년 전에 교통사고로 세상을 떠났네. 죽은 내 아들은 내게 아무것도 요구하지 않는단 말이야."

세상에서 가장 소중한 것은 사랑하는 가족입니다. 소중한 진실을 잃어버리지 맙시다.

 주님! 요구할 대상이 있음에 감사하게 하소서.
 소중한 가족 주심을 감사하십시오.

행복하고 만족스러운 인생

8월 21일   합 3:1-19

● 합 3:18 나는 여호와를 인하여 즐거워하며 나의 구원의 하나님을 인하여 기뻐하리로다
● 살전 5:16 항상 기뻐하라

옛날에 우울증으로 인해 고통 받는 한 임금이 있었습니다. 우울증을 치료하기 위해 온갖 방법을 사용하여 보았지만 치료되지 않았습니다. 해가 거듭할수록 우울증 증상이 더욱 심해져만 갔습니다.

그러던 어느 날 우울증을 치료하는 방법을 아는 점성학자들이 있다는 소식을 듣게 되었습니다. 임금은 그들에게 자문을 구했습니다. 그러자 점성학자들은 아주 행복하고 만족스러운 인생을 사는 사람의 외투를 한 벌 빌려다 입으면 우울증이 치료될 수 있다고 말했습니다. 왕은 신하들을 동원하여 1년 만에 바로 그 행복의 주인공을 찾아냈습니다. 그러나 안타깝게도 그 행운의 주인공은 추운 겨울인데도 불구하고 남에게 빌려줄 외투 한 벌 없이 지내고 있었습니다. 그 모습을 본 왕은 자신이 얼마나 행복한 사람인지 깨닫게 되었고, 또한 자신의 인생에 대해 만족하지 못한 것에 대해 부끄러웠습니다. 그 후로 임금은 우울증이 거짓말처럼 씻은 듯이 치료되었고, 하루하루를 기쁨으로 감사하며 살았습니다.

우리는 고민과 근심, 걱정 등 인생의 모든 무거운 짐들을 등에 짊어진 채 살아가고 있습니다. 이런 모든 짐들을 내려놓을 때 비로소 진정한 행복과 만족을 맛볼 수 있습니다. 우리의 인생 속에 주어진 행복을 찾고, 그 행복에 만족하며 감사하는 하루가 되십시오.

 주님! 주어진 삶에 감사하며 살아가게 하소서.
 행복하고 만족스러운 삶을 살아가고 있습니까?

행복한 교회

마 6:27-34　　　　　　　　　　　　　　　　8월 22일

●마 6:27 너희 중에 누가 염려함으로 그 키를 한 자나 더할 수 있느냐
●벧전 5:7 너희 염려를 다 주께 맡겨 버리라 이는 저가 너희를 권고하심이니라

　한 기독교인이 회사의 일 때문에 지방으로 출장을 가게 되었습니다. 주일 아침이 되어서 숙소 주변에 있는 교회에 가기 위해 택시를 탔습니다. 그리고는 택시기사에게 부탁했습니다. "선생님, 이 지역에서 제일 좋은 교회로 저를 데려다 주십시오." 출발을 하여 가는 도중 창문을 통해 주변을 보니 큰 교회들이 많이 보였습니다. 그러나 택시기사는 그를 내려주지 않고 꽤 멀리까지 가는 것이었습니다. 그리고 조금 더 가다가 별로 크지 않은 교회 앞에 차를 세웠습니다. 그는 이상해서 기사에게 물었습니다. "아니, 오는 길에 큰 교회들도 많이 보이던데 왜 이렇게 멀리까지 와서 하필이면 이 조그만 교회 앞에 세워주십니까?"
　그러자 택시기사는 대답했습니다. "선생님, 제가 비록 교회는 안 다니지만 주일예배를 마치고 나오는 사람들의 얼굴을 보면 어느 교회가 행복한 교회인지 알 수 있습니다. 이 교회는 그리 크지는 않지만 교인들이 예배를 마치고 나올 때 보면 얼굴이 화사하고 햇님같이 밝답니다. 그러니 분명히 뭔가 있는 교회 아니겠습니까?" 그렇습니다. 믿지 않는 사람들은 우리의 말보다는 우리의 표정을 보고 믿음을 판단할 수 있습니다. 주님께서 모든 짐을 다 해결해주신다고 약속하였으니 모든 짐을 다 주님께 맡기고, 가벼운 마음으로 기뻐하며 감사하며 사십시오.

 주님! 늘 기쁨이 넘치는 삶이 되게 하소서.
 당신의 모든 짐을 다 주님께 맡겼습니까?

진정한 리더

8월 23일　　　　　　　　　　　　　　　　　　　　　신 15:11-18

- ●신 15:11 땅에는 언제든지 가난한 자가 그치지 아니하겠으므로 내가 네게 명하여 이르노니 너는 반드시 네 경내 네 형제의 곤란한 자와 궁핍한 자에게 네 손을 펼지니라.
- ●마 20:26,27 너희 중에는 그렇지 아니하니 너희 중에 누구든지 크고자 하는 자는 너희를 섬기는 자가 되고 너희 중에 누구든지 으뜸이 되고자 하는 자는 너희 종이 되어야 하리라

　2007년 7월 18일 미국 뉴욕 유엔본부 3층에 자리 잡은 안전보장이사회 회의장에서 미래의 세계 지도자를 꿈꾸며 '적십자 글로벌리더 프로젝트'에 참가한 국내 초·중·고·대학생들로 구성된 청소년 43명을 환한 미소로 맞이한 반기문 유엔 사무총장은 "리더가 되기 위해서는 머리는 하늘에 두되 두 발은 땅을 굳게 딛고 있어야 한다. 즉 이상은 높게 갖되 현실도 잘 생각해야 한다"고 덕담을 했습니다. 반 총장은 어려운 이들에게 따뜻한 눈길을 주는 것을 잊지 말라고 주문하면서, "이 세상에는 혼자서 헤쳐 나가기 힘든 현실에서 생활하는 비참한 사람들이 너무 많은데 이런 이들을 도우면서 함께 사는 방법을 모색하지 않는다면 세상은 행복해지지 않을 것"이며, "여러분들이 하는 일이 작아 보일지 모르겠지만 이것들을 모으면 큰 힘이 된다"며 봉사 활동을 적극 권유했습니다. 반총장은 자신이 고교생이던 1962년, 워싱턴서 열린 '청소년 적십자 국제대회'에 한국 대표로 참석해 존 F. 케네디 당시 대통령을 만났으며, 이것이 원대한 꿈을 키우는 데 밑거름이 되었습니다.

　꿈이 있는 사람은 믿음을 가지고 아름다운 영향력을 끼치는 사람입니다. 더불어 살아가는 섬김의 리더십을 키웁시다.

 주님! 이상과 현실이 조화를 이루게 하소서.
 지도자가 되고 싶습니까? 먼저 섬기십시오.

이 세상에서 가장 중요한 것

스 3:8-13　　　　　　　　　　　　　　　　8월 24일

- 스 3:11 서로 찬송가를 화답하며 여호와께 감사하여 가로되 주는 지선하시므로 그 인자하심이 이스라엘에게 영원하시도다 하니 모든 백성이 여호와의 전 지대가 놓임을 보고 여호와를 찬송하며 큰 소리로 즐거이 부르며
- 롬 14:6 날을 중히 여기는 자도 주를 위하여 중히 여기고 먹는 자도 주를 위하여 먹으니 이는 하나님께 감사함이요 먹지 않는 자도 주를 위하여 먹지 아니하며 하나님께 감사하느니라

　톨스토이의 단편집 「세 가지 질문」이라는 책 속의 이야기입니다. 이 책의 주인공 니콜라이라는 소년은 어떤 행동이 올바른 것인지 궁금할 때가 많았습니다. 그리고 니콜라이는 이 세 가지 질문에 대한 답을 알 수만 있다면 언제나 올바른 행동을 하면서 살아갈 수 있을 것이라고 생각했습니다.
　첫째, 가장 중요한 때는 언제일까? 둘째, 가장 중요한 사람은 누구일까? 셋째, 가장 중요한 일은 무엇일까?
　이 세 가지 질문을 놓고 해답을 찾기 위해 애를 쓰던 중, 니콜라이는 나이가 많은 거북이 레오 할아버지를 찾아가 드디어 그 해답을 얻게 되었습니다.
　"할아버지, 인생에서 가장 중요한 때와 가장 중요한 사람과 가장 중요한 일은 무엇인가요?" "인생에서 가장 중요한 때란 바로 지금, 이 순간이란다. 그리고 가장 중요한 사람은 지금 너와 함께 있는 사람이고, 가장 중요한 일은 지금 네 곁에 있는 사람을 위해 좋은 일을 하는 거야. 니콜라이야, 바로 이 세 가지가 이 세상에서 가장 중요한 것들이란다."
　인생의 과거와 미래에 얽매이기 보다는 지금 주님께서 우리에게 주신 시간, 사람 그리고 사명 등 모든 것에 감사하며 하루하루를 살아가는 것이야 말로 이 세상에서 가장 중요한 것입니다. 현재의 삶에 충실한 그리스도인이 되십시오.

 주님! 나에게 주신 모든 것에 감사하게 하소서.
 바로 지금 이 순간의 상황을 감사하십니까?

순종의 결과

8월 25일 　　　　　　　　　　　　　　　　　　　창 26:5-11

- 창 26:5 이는 아브라함이 내 말을 순종하고 내 명령과 내 계명과 내 율례와 내 법도를 지켰음이니라 하시니라
- 눅 2:51 예수께서 한가지로 내려가사 나사렛에 이르러 순종하여 받드시더라 그 모친은 이 모든 말을 마음에 두니라

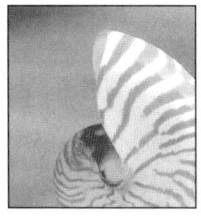

옛날에 어떤 한 임금님이 신하들이 얼마나 순종을 잘 하는지 테스트하기 위해서 세 명의 신하를 불러 "경들은 저 연못의 물을 퍼다가 왕실의 항아리를 다 채우도록 하라"라고 명령했습니다. 그들은 명령을 받자마자 연못으로 가서 물을 떠다가 항아리를 채우기 시작하였습니다. 그러나 모든 항아리에 금이 가 있고, 깨진 곳도 있어서 아무리 채워도 항아리는 채워지지 않았습니다. 몇 번을 퍼붓다가 두 명의 신하는 "이거, 채우나마나군!"이라고 화를 내며 도중에 그만 두었습니다. 그러나 나머지 한 사람은 '그래도 임금님 명인데'라고 생각하며 끝까지 연못의 물을 떠다가 항아리에 부었습니다. 계속 물을 붓다보니 어느새 연못의 바닥이 드러났습니다. 그러면서 동시에 연못 바닥에서 번쩍번쩍 빛나는 물체가 보였습니다. 얼른 내려가서 보니 금덩어리였습니다. 그것을 임금님에게 가지고 가서 사실을 얘기하자 임금님은 기뻐하며 말했습니다. "이 금덩어리는 충성되게 순종한 경의 것이로다." 순종함에 있어서 고난과 역경이 있을 지라도 모든 것을 이겨내며 충성한다면 하나님께서는 금덩어리보다도 더 귀한 것을 우리에게 주십니다. 우리의 순종으로 말미암아 하나님은 기뻐하십니다.

우리의 구원자이시며, 생명 되시는 주님 말씀 앞에 온전히 순종하십시오.

 주님! 온전히 순종하는 충성된 일꾼이 되게 하소서.

 하나님의 말씀에 순종하고 있습니까?

새로운 희망

사 21:1-9　　　　　　　　　　　　　　　　　　　8월 26일

● 사 21:4 내 마음이 진동하며 두려움이 나를 놀래며 희망의 서광이 변하여 내게 떨림이 되도다
● 행 2:26 이러므로 내 마음이 기뻐하였고 내 입술도 즐거워하였으며 육체는 희망에 거하리니

"맨발의 왕자"로 불리는 에티오피아의 마라토너 아베베의 이야기입니다. 그는 1960년 로마 올림픽에서 맨발로 세계신기록을 세우며 우승을 하였습니다. 게다가 맨발로 말입니다. 또한 1964년 도쿄올림픽 개최 한 달 전, 맹장 수술을 받은 후 출전했을 때에도 또다시 세계신기록을 세우며 금메달을 획득하였습니다. 그러나 3연패를 도전하는 1968년 멕시코 올림픽 때, 그는 경기 도중 다리가 골절되어 어쩔 수 없이 금메달을 포기해야 했습니다. 그리고 안타깝게도 얼마 뒤, 교통사고로 하반신을 잃게 되었습니다. 하지만 그는 절망하지 않았으며, 포기하지 않았고, 또 다른 기적을 만들어 냈습니다. 그는 남은 두 팔로 열심히 훈련하여 노르웨이에서 열린 장애인 올림픽대회에서 당당히 금메달을 획득하였습니다. 그에겐 예수 그리스도께서 주신 희망이 있었습니다. 그의 간증입니다.

"저는 두 다리를 쓰지 못하게 되었지만 잃은 두 다리를 생각하기 보다는 아직도 쓸 수 있는 두 팔을 봄으로써 새로운 희망을 찾게 되었습니다."

절망은 희망의 꽃을 피우기 위한 거름과도 같은 역할을 합니다. 잃어버린 것을 보고 다시 오지 않는 것을 기다리며 좌절하지 말고 남은 것, 지금 있는 것에 기대를 거십시오. 우리의 주인 되시는 하나님께서 주시는 모든 시련과 고통을 잘 이겨내어 더욱 아름답게 희망의 꽃을 피우십시오.

 주님! 희망을 보는 믿음의 사람이 되게 하소서.
 나를 일으켜 줄 새로운 희망을 찾아보십시오.

생명의 은인

8월 27일   롬 15:2-13

● **롬 15:2** 우리 각 사람이 이웃을 기쁘게 하되 선을 이루고 덕을 세우도록 할찌니라
● **엡 5:28** 이와 같이 남편들도 자기 아내 사랑하기를 제 몸 같이 할찌니 자기 아내를 사랑하는 자는 자기를 사랑하는 것이라

 탁월한 리더십을 지녔던 영국 수상 윈스턴 처칠이 어릴 때 수영하는 것을 좋아했습니다. 어느 날 소년인 그가 동네 앞 저수지에서 물장구를 치다가 다리가 마비되는 바람에 물에 빠져 허우적대고 있었습니다. 그 앞을 지나가던 젊은 청년이 물속으로 뛰어들어 처칠을 구해주었습니다. 처칠의 부모는 생명의 은인인 젊은이의 은혜에 조금이나마 보답하는 뜻으로 그의 대학 등록금을 지원해주었습니다. 그는 훌륭한 생물학자가 되었습니다.

몇 십 년의 시간이 흐른 뒤 윈스턴 처칠은 영국의 수상이 되었습니다.

어느 날 회담에 참석을 하고 있던 그는 열병을 앓아 생사의 기로에 놓이게 되었습니다. 바로 그때 한 생물학자가 자신이 발명한 페니실린 주사를 가지고 와서 윈스턴 처칠의 생명을 구해주게 되었습니다. 그런데 그 학자가 바로 어릴 적 처칠을 구해준 청년이었고, 유명한 페니실린의 발명자 알렉산더 플레밍이었습니다.

남을 돕는 것은 자기를 돕는 것입니다. 주변의 어려운 이들에게 도움을 주십시오.

 주님! 주님이 주신 것으로 이웃을 섬기게 하소서.
 내가 아는 가장 어려운 사람을 도우십시오.

점점 흐려져만 가는 믿음

왕상 3:4-15　　　　　　　　　　　　　　　　　　　8월 28일

- 왕상 3:9 누가 주의 이 많은 백성을 재판할 수 있사오리이까 지혜로운 마음을 종에게 주사 주의 백성을 재판하여 선악을 분별하게 하옵소서
- 마 16:3 아침에 하늘이 붉고 흐리면 오늘은 날이 궂겠다 하나니 너희가 천기는 분별할줄 알면서 시대의 표적은 분별할 수 없느냐

교회 안에서 착실한 아이로 성장한 한 소년이 있었습니다. 소년은 성경암송대회를 휩쓸다시피 했고, 주일학교도 빠지는 법이 없었습니다. 그리고 중고등학교 때에는 줄곧 리더를 도맡았습니다. 부모님은 그가 교회생활을 열심히 하는 모습을 보고 크게 기뻐하였습니다. 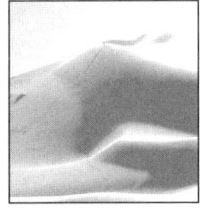그 후 대학에 진학하게 된 그는 처음으로 집을 떠나게 되었습니다. 대학 2학년 때, "비교종교학 개론"이라는 과목이 그의 관심을 끌었고, 그 영향으로 그의 생각은 점점 변해가기 시작했습니다. 결국 성경말씀대로 살아가는 부모님의 신앙이 너무나 순박한 것으로 여겨졌고, 부모님의 신앙을 교수의 해박한 지식에 비추어 보았을 때 원시적인 수준에 머물러있는 것으로 느껴졌습니다. 그는 점점 예수님과 성도들에게서 멀어져만 갔습니다. 대학 졸업반이 된 그는 아름다운 회화과 여학생과 사귀게 되었습니다. 그녀는 예수님을 모르며, 예술 작품에 나타난 아름다움과 기교만을 숭상하였습니다. 하지만 그는 개의치 않았고, 졸업을 하자마자 그녀와 결혼식을 올렸습니다. 결국 그가 과거에 가졌던 믿음과 신앙은 바쁜 일상과 가정생활로 잊혀지게 되었습니다. 아마 그는 날이 갈수록 마음에 갈등과 고통이 있었을 것입니다.

우리가 살고 있는 이 세상 곳곳에는 우리 눈과 귀를 가리는 많은 유혹들이 있습니다. 항상 주님의 진리 안에서 분별할 수 있는 능력을 지니도록 깨어 기도하십시오.

 주님! 분별할 수 있는 능력을 허락하소서.
 타협하고 있는 것은 무엇입니까?

남편의 반지

8월 29일　　　　　　　　　　　　　　　　　　　　　　　엡 5:22-33

- 엡 5:25　남편들아 아내 사랑하기를 그리스도께서 교회를 사랑하시고 위하여 자신을 주심 같이 하라
- 골 3:19　남편들아 아내를 사랑하며 괴롭게 하지 말라

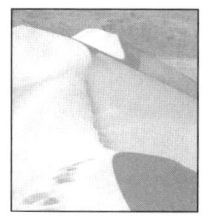　어느 마을에 결혼한 지 14년이 된 부부가 있었습니다. 결혼기념일을 며칠 앞두고 아내는 '반지 하나 없는 신세'를 하소연하며 투정부렸습니다. 심지어 결혼한 것이 후회된다는 말까지 하였습니다. 그래도 남편은 묵묵부답이었습니다. 그런데 결혼기념일이 되자, 남편은 뜻밖의 선물상자를 아내에게 주었습니다. 그것은 작은 다이아몬드가 박힌 예쁜 반지였습니다. 부인은 난생처음 받는 반지를 끼웠다가 뺏다가, 닦고 또 닦고를 반복하면서 너무 기뻐하였습니다. 하지만 끼고 다니기에는 반지가 너무 아깝게 느껴졌습니다. 그래서 부인은 화장대 서랍에 잘 보관하기로 마음 먹었습니다. 잠시 후, 부인은 아무래도 반지를 화장대 서랍에 놔두기가 불안하여 패물함에 넣어두기로 했습니다. 그런데 패물함을 열어보니 그 속에 있던 남편의 결혼반지가 보이지 않았습니다. 남편은 자신의 결혼반지를 녹여 아내의 반지를 만들어 선물한 것이었습니다. 그 순간 부인은 남편에게 철없이 굴었던 자기 자신이 부끄럽게 느껴졌습니다. 그래서 부인은 남편에게 편지를 써서 보냈습니다. "깨끗하고 빛나는 이 다이아몬드 반지도 정직하고 소중한 당신과 비교될 수는 없지요. 잠깐 동안의 불찰이었지만 당신께 염려를 끼쳐서 정말 미안해요. 그리고 그런 당신을 진심으로 사랑해요."
　하나님께서 허락하신 배우자를 염려하고 힘들게 하지 마십시오.

 주님! 배우자를 평안하게 하는 사람이 되게 하소서.
 욕심 때문에 배우자를 힘들게 하지는 않습니까?

가장 고귀한 손님

마 16:13-20　　　　　　　　　　　　　　　　　　　　8월 30일

● 마 16:16 시몬 베드로가 대답하여 가로되 주는 그리스도시요 살아계신 하나님의 아들이시니이다
● 요 20:28 도마가 대답하여 가로되 나의 주시며 나의 하나님이시니이다

어느 나라에 궁궐 밖의 서민들과 대화하며 사귀는 것을 즐기는 여왕이 있었습니다.

어느 날 여왕은 믿음이 좋은 한 여인의 집을 찾아가 같이 기도하고 신앙에 대한 이야기를 나누게 되었습니다. 대화중에 그 여인의 믿음에 감동받은 여왕은 그녀에게 물었습니다.

"당신을 찾아와준 손님 중에 가장 고귀한 손님은 누구입니까?"

여왕은 그녀가 "당연히 예수님이십니다"라고 대답할 것이라고 생각했습니다. 그러나 그녀는 이렇게 대답하였습니다.

"저에게 가장 고귀한 손님은 두말할 것도 없이 여왕님이십니다. 여왕님은 제 생애에 최고의 손님이십니다."

그녀의 대답에 실망한 여왕은 다시 물었습니다.

"예수님이 당신을 찾아주신 최고의 손님이 아닐까요?"

그러자 여인은 "여왕님, 예수님은 결코 손님이 아닙니다. 저의 주인이십니다. 예수님은 저희 집에 처음부터 계신 분이십니다. 저는 그분을 위해 존재할 뿐입니다"라고 대답하였습니다.

예수님은 우리 삶의 주인이 되십니다. 주님의 은혜에 감사하며 마음속에 예수님을 주인삼아 살아가십시오.

 주님! 주님을 늘 나의 삶의 주인으로 모시게 하소서.

 예수님을 손님으로 생각하고 있지는 않습니까?

스트레스 습관 단련법

8월 31일　　　　　　　　　　　　　　　　　　　　요 16:1-24

- 요 16:24 지금까지는 너희가 내 이름으로 아무 것도 구하지 아니하였으나 구하라 그리하면 받으리니 너희 기쁨이 충만하리라
- 빌 2:4 각각 자기 일을 돌아볼 뿐더러 또한 각각 다른 사람들의 일을 돌아보아 나의 기쁨을 충만케 하라

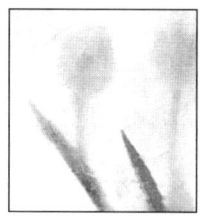

　　심리학자 제임스 로어의 『유쾌한 스트레스 활용법』이란 책에서 그가 제시한 스트레스 습관 단련법입니다.
　1. 수면습관 : 가능하면 규칙적으로 잠자리에 들고 일어납니다. 수면에 들기 전에 긍정적이건 부정적이건 어떤 생각도 하지 않는 훈련을 하십시오.
　2. 운동습관 : 균형있는 생활을 위해 매일 운동을 해야만 합니다.
　3. 가족과의 시간을 보내는 습관 : 가족과 함께하는 일상은 나에게 가장 중요한 사람이 누구인지 알 수 있게 해줍니다.
　4. 업무습관 : 업무에 임하기 전에 자신만의 업무 습관을 수행해야 합니다.
　5. 전화습관 : 하루 종일 전화에 매달려 있어야 한다면, 전화하는 시간의 반만이라도 몸을 움직이는 습관을 가져보십시오.
　6. 시간을 창의적으로 쓰는 습관 : 창의적인 일은 스트레스를 극복하고 균형있는 삶을 사는 데 중요한 역할을 합니다.
　7. 혼자만의 시간을 가지는 습관 : 하루에 한 두 번씩 잠깐만이라도 자신만의 시간을 가진다면 통제력이 향상되고 긍정적인 감정이 일어날 것입니다.
　심한 스트레스는 하나님께서 주시는 기쁨과 삶의 의욕을 빼앗아 갈 수도 있지만, 적절한 스트레스는 성장과 능력의 힘이 될 수도 있습니다. 자신만의 '유쾌한 스트레스 습관'을 만들어 하나님께서 주시는 기쁨을 누리는 하루가 되십시오.

 주님! 스트레스에서 벗어나 승리하는 하루가 되게 하소서.
 자신이 가진 스트레스 해소법은 무엇인가요?

9

천국에 소망을 두면 그 안에서
땅의 것을 얻게 될 것이지만
땅에 소망을 두면 아무것도
얻지 못할 것입니다.

청년과 노인

9월 1일   레 19:32-37

- ●레 19:32 너는 센 머리 앞에 일어서고 노인의 얼굴을 공경하며 네 하나님을 경외하라 나는 여호와니라
- ●딤후 2:22 네가 청년의 정욕을 피하고 주를 깨끗한 마음으로 부르는 자들과 함께 의와 믿음과 사랑과 화평을 좇으라

청년과 노인의 차이점에 대하여 시드니 그린버그(Sydney Greenberg)는 다음의 여덟 가지 차원에서 살펴보고 있습니다.

❶만약 우리가 사람들을 믿으면 청년이지만, 사람들을 믿지 않으면 노인이다. ❷만약 우리가 인생을 즐길 줄 안다면 청년이지만, 모든 것을 포기하면 노인이다. ❸만약 우리가 새로운 아이디어를 찾고 있다면 청년이지만, 과거의 전통과 방법에만 의지하고 있다면 우리는 참으로 노인이다. ❹만약 우리가 아름다워지려고 노력한다면 청년이지만, 과거만을 회상하고 있다면 우리는 노인이다.

❺만약 우리가 친교와 즐거움을 찾고 있다면 청년이지만, 고독에서 헤어나지 못하고 있다면 우리는 노인이다. ❻만약 우리가 행복을 갈망한다면 청년이지만, 회상만을 하고 있다면 노인이다. ❼만약 우리가 사랑을 줄 줄 안다면 청년이지만, 받으려고만 하고 있다면 노인이다. 8. 만약 우리가 꿈을 아직도 갖고 있다면 청년이지만, 꿈을 포기하고 오늘만을 바라보고 있다면 우리는 노인이다.

늘 청년과 같은 열정으로 꿈을 키워가는 사람이 됩시다.

 주님! 내 속의 진정한 가치와 가능성을 바라보게 하소서.
 당신은 노인입니까, 청년입니까?

겸손한 은혜의 나눔

눅 23:26-43　　　　　　　　　　　　　　　　9월 2일

● 눅 23:42 가로되 예수여 당신의 나라에 임하실 때에 나를 생각하소서 하니
● 엡 4:7 우리 각 사람에게 그리스도의 선물의 분량대로 은혜를 주셨나니

　근대 과학의 기초를 놓은 코페르니쿠스의 유언 기도입니다.
　"주님, 저는 사도 베드로에게 주신 은혜를 구하지 않습니다. 바울에게 주신 은혜도 구하지 않습니다. 다만 저는 주님의 십자가 옆에 있었던 강도에게 주신 은혜를 구합니다." 그는 10세 때 상인이셨던 아버지를 잃고, 신부였던 외삼촌 아래에서 자라는 불우한 어린 시절을 보냈습니다. 그러나 그는 역사상 가장 위대한 천문학자 중 한 사람이 되었습니다. 하나님의 은혜와 진리를 진리 그 자체로써 사랑한 그는 겸손이라는 귀한 성품을 지니고 있었습니다. 그는 밤에는 밤을 새우며 하늘을 관측했고, 낮에는 교회와 사회에 봉사하는 따뜻한 마음을 소유한 목회자이자 의사였습니다. 또한 그는 자신의 나라의 어려운 이웃들에 대한 애정이 깊은 사람으로서 매일 아침이면 교외로 나가 가난한 사람들을 무료로 치료해주었습니다. 그는 어려운 환경 속에서도 좌절하지 않았으며, 하나님의 자녀 된 겸손한 모습으로 이웃을 위해 나라를 위해 봉사하였습니다. 또한 하나님께서 주신 은혜를 결코 헛되이 쓰지 않았습니다. 하나님께서는 우리에게 은혜 내려주시기를 원하시며 복주시기를 원하십니다. 이제는 하나님께서 주신 은혜와 축복을 이웃과 나라를 위해 사용할 수 있는 믿음의 사람이 되십시오.

 주님! 주신 은혜와 축복을 이웃과 나눌 수 있게 하소서.
 하나님이 주신 은혜와 복을 헛되이 나누고 있지는 않습니까?

가슴 따뜻한 판결

9월 3일   롬 15:1-2

- **롬 15:2** 우리 각 사람이 이웃을 기쁘게 하되 선을 이루고 덕을 세우도록 할지니라
- **잠 14:31** 궁핍한 사람을 불쌍히 여기는 자는 주를 존경하는 자니라

어느 날 한 노인이 가게에서 빵을 훔친 죄로 기소되어 판사 앞에 섰습니다. 노인은 "배가 고파 빵에 손을 댔습니다"라고 판사에게 말했습니다. 하지만 그 판사는 노인에게 10불의 벌금형을 내렸습니다. 당연히 노인에게는 그만한 돈이 없었습니다. 그런데 갑자기 판사는 자신의 지갑에서 10불을 꺼내며 말했습니다.

"이토록 배고픈 사람이 거리를 헤매고 있는데 저는 그 동안 너무 좋은 음식을 배불리 먹었습니다. 그 죄 값으로 그를 위해 대신 벌금을 내겠습니다." 그리고 그는 자신의 중절모자를 재판부 서기에게 주면서 법정에 있는 다른 사람들 중에 자기처럼 너무 잘 먹은 것에 대해 벌금을 내고 싶다면 그 모자에 넣어달라고 말했습니다. 결국 빵을 훔친 그 노인은 오히려 47불을 받아들고 눈물을 흘리며 법정에서 나가게 되었습니다. 이 이야기 속의 지혜로운 판사는 바로 뉴욕의 역대 시장 중 가장 뛰어난 시장으로 알려진 라과디아 시장입니다. 다른 사람의 어려움이 나에게도 책임이 있다고 생각하며 그들과 나누는 삶을 산다면 우리 사회는 지금보다 훨씬 범죄율이 낮아지고 밝은 세상이 될 것입니다. 그러나 자기만을 위해 산다면 그 이기심이 결국 가지고 있는 것을 날려버리게 되는 날이 올 수도 있습니다. 하나님이 주신 복을 나누며 사십시오.

 주님! 어려운 이웃에 대한 책임을 느끼게 하소서.

 당신은 주님이 주신 복을 얼마나 나누고 있습니까?

아빠는 너를 사랑한다

요 6:41-51　　　　　　　　　　　　　　　　　　　9월 4일

● 요 6:44 나를 보내신 아버지께서 이끌지 아니하면 아무라도 내게 올 수 없으니 오는 그를 내가 마지막 날에 다시 살리리라
● 요 11:26 무릇 살아서 나를 믿는 자는 영원히 죽지 아니하리니 이것을 네가 믿느냐

사막을 지나가던 한 경비행기가 폭풍을 만나 추락하게 되었습니다. 그 경비행기 안에는 한 사업가의 아들이 타고 있었습니다. 수색대가 며칠 만에 비행기의 잔해와 비행사의 시체를 발견하였습니다. 그 사업가는 일단 자신의 아들이 살아있다고 생각하고 먼저 하나님께 눈물로 기도를 드렸습니다. "하나님, 제 아들이 살았는지, 살았으면 어디에 있는지 저는 알 수가 없습니다. 저와 제 아들을 도와주십시오."

기도를 끝낸 후 그는 수백만 장의 전단을 사막에 뿌리기로 했습니다. 그때 어떤 사람이 말하기를 "지금 아이는 가정과 부모로부터 격리되어있기 때문에 고독감을 가장 많이 느낄 것입니다"라고 말했습니다. 그래서 그는 '내 아들아, 아빠는 너를 사랑한다'라고만 써서 전단을 뿌렸습니다. 며칠 후 극적으로 구조된 아들은 아버지에게 달려와 안기며 말했습니다.

"아빠, 제가 사막에서 탈진했을 때 그 전단지를 보게 되었어요. 그래서 저는 '아빠가 나를 사랑한다. 그렇다면 아빠는 반드시 나를 찾아올 것이다. 용기를 가지고 버티자'라고 다짐하면서 힘을 내었어요."

사랑의 힘은 참으로 대단합니다. 아버지의 눈물의 기도와 사랑이 있었기에 아들은 살아서 돌아올 수 있었습니다. 하나님의 사랑은 아버지의 사랑과 동일합니다. 하나님과 부모님의 사랑을 기억하며 감사하십시오.

 주님! 하나님과 부모님의 사랑에 감사하게 하소서.
 당신을 사랑하는 부모님의 희생을 돌아보십시오.

헌금의 개념

9월 5일 막 12:41-44

● 막 12:43 예수께서 제자들을 불러다가 이르시되 내가 진실로 너희에게 이르노니 이 가난한 과부는 연보 궤에 넣는 모든 사람보다 많이 넣었도다
● 눅 21:4 저들은 그 풍족한 중에서 헌금을 넣었거니와 이 과부는 그 구차한 중에서 자기의 있는바 생활비 전부를 넣었느니라 하시니라

윤형주 장로님의 간증속에 이런 이야기가 있습니다. 그가 연대 의대생 시절부터 성가대원으로 봉사를 하는데, 어느 주일날 성가대석에 앉아 예배를 드리는데 헌금시간이 되었습니다.

뒷자리에 앉아있던 선배가 옆구리를 꾹찌르면서 '야 헌금 좀 꿔줘' 하는 것이었습니다. 못마땅한 생각이 들었지만 부득이 한 일이 있어서 헌금을 준비해오지 않았나보다 생각하고 헌금을 빌려주었습니다.

그런데 그다음 주일도 마찬가지 였습니다. 주일마다 '야 헌금 좀 꿔줘' 그것도 예배중, 헌금시간이 다 되어서 번번히 그러는 것이었습니다.

윤장로는 어려서 부터 부모님의 엄격한 신앙교육을 받은 학생이라 이를 용납할 수가 없었습니다. 그래서 그날 예배를 마친 후 그 짓궂은 선배를 교회 뒷편으로 불러냈습니다. 그리고 정색을 하고 단호하게 잘라 말했습니다. "형님, 해도 너무합니다. 헌금은 하나님 앞에 드리는 것인데 준비도 해오지 않고 번번히 꾸어달라고 하는데 이제 앞으로는 절대로 꾸어줄 수 없습니다." 그러니까 그 친구가 하는 말이 "야, 너 가진 돈이 누구 것이냐? 하나님의 것이지! 야, 하나님의 것 가지고 골치앞프게 뭐 이러쿵 저러쿵하니. 하나님의 것을 갈라내는데 뭐가 어떻단 말이야" 하더랍니다.

그 골치아픈 선배가 바로 가수 C씨라고 하는데 지금까지 꿔간 헌금 한번도 갚지 않았다고 합니다. 주님이 주신 물질에 대한 올바른 관념을 가지십시오.

 주님, 헌금할 때마다 주님께 감사하는 마음으로 드리게 하소서.

 하나님께 드리는 헌금을 어떻게 준비하고 있습니까?

친구의 무료간병

삼하 1:17-26   9월 6일

- **삼하 1:26** 내 형 요나단이여 내가 그대를 애통함은 그대는 내게 심히 아름다움이라 그대가 나를 사랑함이 기이하여 여인의 사랑보다 승하였도다
- **욥 19:21** 나의 친구야 너희는 나를 불쌍히 여기라 나를 불쌍히 여기라 하나님의 손이 나를 치셨구나

1986년 서울아시안게임 개막을 20여일 앞두고 맹훈련을 하던 중 이단 평행봉에서 추락하여 1급 장애인이 됐던 김소영씨는 5년 전 힘든 몸으로 낯선 미국 땅으로 건너가 대학에 입학하였고, 졸업하여 학사모를 쓰게 되었습니다.

사지가 마비된 몸으로 3년 동안 학업생활을 하는 것은 쉬운 일이 아니었습니다. 하지만 그녀는 한 번도 좌절하지 않았습니다. 그녀에게는 제니 시멘스라는 친구가 있었기 때문입니다.

김소영씨와 항상 함께 동행했던 동생이 갑자기 귀국하게 되어 간병인을 구하지 못하자, 같은 기숙사를 사용했던 제니는 선뜻 무료간병인 역할을 대신해주었습니다. 그리고 3년 동안 계속 그녀 옆에 있었습니다. 제니는 그녀의 손과 발이 되어주었습니다. 또한 제니는 학교를 비우게 될 때에는 자신의 동생을 불러 수발을 하도록 하였습니다. 이들 백인 자매의 희생으로 인해 김소영씨는 좌절보다는 희망을 바라보게 되었고, 짧지 않은 3년이라는 기간 동안을 잘 견뎌내고 졸업할 수 있게 되었습니다.

우정이란 귀한 것입니다. 그 중 믿음 안에서의 우정과 사랑은 말로 표현할 수 없는 귀한 것입니다. 하나님께서 우리와 만나게 하신 그 친구들을 귀하게 여기고 도움이 되는 사랑을 나누기 바랍니다.

 주님! 주님께서 만나게 하신 친구들을 귀하게 여기게 하소서.
 도움이 필요한 친구가 있는지 돌아보십시오.

만약 오늘 저녁에 죽는다면

9월 7일   단 12:1-4

- 단 12:3 많은 사람을 옳은 데로 돌아오게 한 자는 별과 같이 영원토록 비취리라
- 행 1:8 오직 성령이 너희에게 임하시면 너희가 권능을 받고 예루살렘과 온 유대와 사마리아와 땅 끝까지 이르러 내 증인이 되리라 하시니라

40년간 호주의 번화가인 George Street에서 "선생님, 구원받으셨습니까? 만약 오늘 저녁에 죽는다면 천국에 갈 수 있습니까?"라는 똑같은 전도방법으로 최소한 146,000명을 전도한 Genor씨는 과거 호주 전투함을 타고 있을 당시 형편없이 타락한 삶으로 인해 인생의 큰 위기에 봉착해 있었는데 그때 소책자를 주며 도와준 동료를 통하여 주님을 영접하게 되었다고 합니다. 그 이후 그의 인생은 완전히 바뀌었고, 하나님의 은혜가 너무도 감사해서 '주님, 하루에 최소한 열 명에게 이런 방법으로 전도하겠습니다' 라고 약속을 했다고 합니다. 그때부터 40년이 넘도록 전도를 했는데 간혹 몸이 아파 전도를 못한 날은 다른 날에 보충을 하면서까지 매일 전도했다는 것입니다. 직장에서 은퇴한 이후에는 시드니에서 가장 번화한 George Street 거리가 최고의 전도장소라 생각되어 그곳에서 계속 소책자를 나누어주며 전도했습니다. 40년 넘게 전도를 해왔지만, 지금까지 그 어느 누구도 이 전도로 인해 주님을 영접했다고 직접 그에게 찾아와 말한 사람은 없었는데, 세계 각 곳의 수많은 목사 선교사 성도들이 Genor씨의 복음 메시지를 통해 주님을 영접했다고 간증했다고 합니다. 전도는 주님께서 주신 지상명령입니다.

💗 주님! 전도를 통해 천국에서 빛나는 사람 되게 하소서.

당신은 매일 몇 명에게 전도하십니까?

긍정적인 사고

막 7:24-30　　　　　　　　　　　　　　　　　9월 8일

- 막 7:28 여자가 대답하여 가로되 주여 옳소이다마는 상 아래 개들도 아이들의 먹던 부스러기를 먹나이다
- 엡 3:12 우리가 그 안에서 그를 믿음으로 말미암아 담대함과 하나님께 당당히 나아감을 얻느니라

한 심리학자는 '긍정적인 사고'에 대해 실험하기 위해 매우 긍정적인 사고를 지닌 한 아이를 좁은 방에 혼자 있게 하였습니다. 그리고는 방 한 가운데에다가 말똥으로 만든 퇴비를 쌓아놓았습니다. 아이는 한 시간 동안이나 악취 나는 그 방에 있어야만 했습니다.

아이는 몇 분 동안 퇴비 더미를 그저 지켜보기만 했습니다. 그러다가 갑자기 퇴비 더미를 파헤치기 시작했습니다.

한 시간이 지난 뒤, 심리학자와 부모가 그 방으로 들어가 보았습니다.

온몸이 퇴비로 범벅이 된 아이를 보자 놀란 부모는 "세상에, 너 지금 뭐 하고 있니?"라고 물었습니다.

아이는 잠시 숨을 내쉬더니 자리에서 일어났습니다. 그리곤 이렇게 말했습니다.

"이렇게 말똥이 많은 것을 보니 여기 어딘가에 분명히 조랑말이 있을 거예요."

긍정적인 생각과 마음을 가진다면 어떠한 상황에 처할지라도 긍정적인 결과를 얻을 수 있습니다. 어려운 상황과 인간관계 속에서도 하나님 안에서 항상 긍정적이고 낙천적인 생각과 마음을 가지는 습관을 기르십시오.

 주님! 항상 긍정적인 믿음의 사람이 되게 하소서.
 어떤 상황에서도 긍정적인 태도를 가지고 있습니까?

기발한 아이디어

9월 9일   갈 5:16-26

● 갈 5:22 오직 성령의 열매는 사랑과 희락과 화평과 오래 참음과 자비와 양선과 충성과
● 약 3:18 화평케 하는 자들은 화평으로 심어 의의 열매를 거두느니라

 낸시 오스틴은 사이즈가 큰 여성들을 위해 옷을 만들어 여성 의류업계에서 크게 성공을 했습니다. 그녀가 의류업계에서 큰 성공을 이룬 비결은 바로 그녀의 기발한 아이디어 덕분입니다.

옷을 살 때마다 자신의 신체적인 콤플렉스를 상기시키는 숫자로 된 치수를 표시하지 않고 새로운 용어들을 사용하여 표시했습니다.

허리사이즈가 16~20인치인 경우는 '쁘띠형'(꼬마형), 22~26인치의 경우는 '코킷형'(요염형), 27~33인치정도의 통통한 여성들은 '마드모아젤형'(아가씨형), 그리고 33인치 이상의 여성들은 '퀸사이즈'(여왕형)로 구분지어 표시하였습니다.

이러한 그녀의 기발한 아이디어로 인해 신체적인 콤플렉스를 가졌던 여성들은 기분 좋게 옷을 고를 수 있었습니다. 그녀의 작은 배려가 많은 여성들에게 큰 위로와 도움이 된 것처럼 우리의 작은 생각과 배려는 많은 사람들에게 큰 기쁨이 될 수 있다는 것을 기억하십시오. 특히 전도 할 때 상대방의 입장을 고려한 친절한 맞춤 전도를 하면 열매가 많을 것입니다. 하나님께서 우리에게 주신 창의성과 은사로 인해 많은 사람들과 많은 곳에 멋진 열매를 거둘 수 있는 그리스도인이 되십시오.

 주님! 배려가 있는 창의성을 가질 수 있게 하소서.
 당신도 맞춤 전도를 할 수 있습니까?

항상 나와 함께하시는 하나님

마 1:18-26　　　　　　　　　　　　　　　　　　　9월 10일

● **마 1:23** 보라 처녀가 잉태하여 아들을 낳을 것이요 그 이름은 임마누엘이라 하리라 하셨으니 이를 번역한즉 하나님이 우리와 함께 계시다 함이라
● **롬 6:8** 만일 우리가 그리스도와 함께 죽었으면 또한 그와 함께 살 줄을 믿노니

　암을 이겨낸 프로 골퍼 스타 폴 에이징거는 1993년 PGA 메이저 대회에서 우승하여 트로피를 받아 하늘 높이 들어 올리던 순간 오른 쪽 어깨에 찢어지는 듯한 통증을 느꼈고 조직검사 결과 암이라는 충격적인 소식을 듣게 되었습니다. 완치가 될 가능성이 전혀 없었던 그는 마음속의 두려움과 절망을 이겨내기가 힘들었습니다. 하지만 크리스천이었던 그는 기도 중에 하나님께서 주시는 평안을 느꼈고, 하나님께서 함께 하심을 느꼈습니다. 그 후 두려움과 절망과 심지어 암까지 이겨낸 그는 이렇게 말합니다. "무슨 일이 일어날 것인지 하나님께서 말씀해 주신 것도 아니고, 암이 다 없어질 것이라고 가르쳐 주신 것도 아니었습니다. 다만 무슨 일이 일어나더라도 하나님께서 나를 사랑으로 돌봐주실 것이라는 사실을 뼈저리게 느꼈습니다. 암 진단을 받은 지 2년이 지난 지금 제 몸엔 암세포가 하나도 남아 있지 않습니다. 우리가 알아야 할 것은 살다가 힘든 일이 닥쳤을 때 무슨 일이 생기더라도 하나님은 항상 나와 함께하실 것이라는 것입니다. 그리고 다른 사람들에게도 그것을 알려야 합니다." 그는 암이라는 진단을 받은 후 절망 속에서 모든 것을 포기할 수도 있었습니다. 하지만 그 어려운 상황 가운데에서도 꿋꿋이 살아남을 수 있었던 것은 하나님께서 항상 함께 하심이었다는 사실을 잊지 마십시오.

 주님! 어떤 때도 함께하시는 하나님을 바라보게 하소서.
 하나님께서 항상 함께 계심을 느끼며 삽니까?

한 할머니의 고백

9월 11일　　　　　　　　　　　　　　　　　　　　**단 6:1-9**

- 단 6:4 이에 총리들과 방백들이 국사에 대하여 다니엘을 고소할 틈을 얻고자 하였으나 능히 아무 틈, 아무 허물을 얻지 못하였으니 이는 그가 충성되어 아무 그릇함도 없고 아무 허물도 없음이었더라
- 고전 4:2 그리고 맡은 자들에게 구할 것은 충성이니라

　어느 해 그 겨울은 몹시도 추웠습니다.
　그 해 눈보라 치는 어느 주일날 한 교회의 예배시간에는 평소의 절반 정도밖에 안 되는 성도들만이 예배를 드리러 나왔습니다. 그런데 놀라운 사실은 눈보라치며 매우 추운 날씨였기에 젊은이들도 예배참석을 못했음에도 불구하고 80~100세 노인들은 평소와 다름없이 예배를 드리러 나왔다는 것이었습니다.
　걱정과 염려가 섞인 목소리로 담임 목사님은 한 할머니에게 "이 추운 날씨에 어떻게 나오셨어요?"라고 물었습니다.
　그러자 할머니는 매우 인상적인 고백을 하였습니다.
　"88세의 한 살이라도 젊은 제가 차를 몰고 100세인 할아버지의 집에 들려 그를 태우고, 걷지 못하는 94세의 할머니 집에 가서 그녀를 태우고 교회에 왔습니다. 이것은 작은 십자가지요. 아직도 목숨 받친 충성은 못됩니다."
　"맡은 자들에게 구할 것은 충성이니라"라고 성경은 말씀하고 있습니다. 우리에게 주어진 작은 일들도 주님을 섬기는 마음으로 충성을 다해야 합니다. 어떠한 작은 일일지라도 충성을 다하는 하나님의 선한 일꾼이 되십시오.

 주님! 작은 일에도 충성된 자가 되게 하소서.
 맡은 작은 일에도 최선을 다하고 있는지 돌아보십시오.

원수를 용서한 사랑

마 5:43-48　　　　　　　　　　　　　　　　9월 12일

- 마 5:44 나는 너희에게 이르노니 너희 원수를 사랑하며 너희를 핍박하는 자를 위하여 기도하라
- 막 11:25 서서 기도할 때에 아무에게나 혐의가 있거든 용서하라 그리하여야 하늘에 계신 너희 아버지도 너희 허물을 사하여 주시리라 하셨더라

한 선교사 부부는 결혼을 한 후 인도에 정착하여 교회 뒤뜰에 신혼살림을 차리고 세 자녀를 낳아 기르며 나환자 병원과 교회 일을 해오며 살았습니다. 어느 날 남편과 두 아들은 성경연구 캠프에 참가하게 되었습니다. 그런데 갑자기 힌두교 광신도로 보이는 폭도들이 캠프를 덮쳐 이들이 자고 있던 차에 불을 질렀고, 그들이 밖으로 빠져나오지 못하게 하였습니다. 폭도들은 곧 쫓겨났지만 그들은 새까만 시체로 변해 있었습니다. 집에 머무르고 있던 선교사의 아내는 이 소식을 듣고 딸을 안으며 절망이 가득한 눈물을 흘렸습니다. 하지만 그들은 혼자가 아니었습니다. 그들이 돌보던 나환자들과 그곳의 원주민들은 종교에 상관없이 장례식에 참가하여 눈물을 흘리며 그들을 위로해 주었습니다. 그 후 그녀는 인도를 떠나지 않고 남편이 생전에 몸 받쳤던 나환자를 돌보기 위해 남은 인생을 다 바치겠노라고 다짐하며 말했습니다. "매우 힘들고 혼란스러웠지만 남편을 죽인 이들을 미워하지 않습니다. 오히려 남편과 아이들이 천국에 있다는 생각에 감사하지요. 남편은 예수그리스도를 사랑했고, 예수님께서는 우리에게 적을 사랑하라고 가르치셨기 때문입니다." 그리스도인이라면 원수마저 용서해야 하는 사랑의 향기를 지녀야 하지만 말처럼 쉬운 일이 전혀 아닙니다. 하지만 하나님께서 주신 사랑은 모든 허물과 죄를 덮을 수 있습니다. 원수가 있다면 용서하며 기도하십시오.

 주님! 용서할 수 있는 사랑하는 마음을 허락하소서.

 용서함으로 인해 그리스도의 사랑을 전한 적이 있습니까?

양심을 책망하신 하나님

9월 13일 　　　　　　　　　　　　　　　　　　　　　　　행 23:1-10

● 행 23:1 바울이 공회를 주목하여 가로되 여러분 형제들아 오늘날까지 내가 범사에 양심을 따라 하나님을 섬겼노라 하거늘
● 딤전 3:9 깨끗한 양심에 믿음의 비밀을 가진 자라야 할찌니

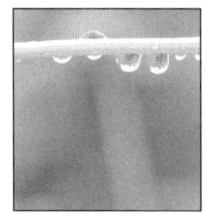

"15분의 실천"으로 유명한 부흥사 빌리 선데이 목사님은 고아원에서 자랐으며, 14세 때부터 학교에서 새벽에 일어나 석탄 난로를 피우는 일을 하였습니다. 그의 월급은 그 당시 25달러였습니다. 어느 날 그는 월급으로 받은 25달러 수표를 현금으로 바꾸려고 은행에 갔습니다. 그런데 직원의 실수로 40달러를 주었습니다. 양심의 가책을 느낀 그는 친구에게 물었습니다. 그러자 친구는 자기라면 그 돈으로 연극이라도 보겠다고 말했습니다. 친구의 말에 용기를 얻은 그는 그 돈으로 양복을 샀습니다. 그는 난생처음으로 양복을 입어보았으나 양심이 편치 않아 기쁘지 않았습니다. 하나님께서 계속 이렇게 책망하셨기 때문입니다.

"빌리야, 너에게는 은행 빚 15달러가 있다. 그것을 어떻게 하겠느냐? 아무도 모르는 일이지만 나는 알고 있고 절대로 잊지 않을 것이다."

그 후 5년 동안 계속 하나님의 책망을 받으며 그는 이 죄를 해결하지 않고는 평안한 생활을 할 수 없다는 사실을 깨달았습니다. 결국 사과의 편지와 함께 15달러를 은행에 보냈습니다. 그때 비로소 그는 "네 죄 사함을 받았느니라"라고 하시는 주님의 음성을 듣게 되었습니다.

하나님께서는 언제이든 어디서든 정직하길 원하십니다. 선한 양심을 가지고 살아가길 원하십니다. 깨끗한 양심을 가지고 정직하게 살아가십시오.

 주님! 깨끗한 양심을 가진 그리스도인으로 살게 하소서.
 양심에 편치 않은 일이 있다면 지금 해결하십시오.

가장 소중한 가정

시 128:1-6   9월 14일

- 시 128:3 네 집 내실에 있는 네 아내는 결실한 포도나무 같으며 네 상에 둘린 자식은 어린 감람나무 같으리로다
- 잠 31:27-28 그 집안 일을 보살피고 게을리 얻은 양식을 먹지 아니하나니 그 자식들은 일어나 사례하며 그 남편은 칭찬하기를

세계적인 자동차 제작회사 포드의 창설자이자 자동차 왕으로 불리는 헨리 포드는 사업에 성공한 뒤, 처음으로 자신의 집을 지었습니다. 그 집은 자신이 농부의 아들로 태어나 어렸을 때 뛰어 놀던 밭 가운데 지은 작은 집이었습니다.

어느 날 주택이라고 하기엔 너무 초라한 그의 집에 방문한 한 부하직원은 물었습니다.

"사장님의 저택답게 다시 건축하시면 어떻습니까?"

그러자 헨리 포드는 "건물을 세우는 것은 문제가 아닐세. 그 속에 가정을 세우는 것이 문제지"라고 대답하였습니다.

또한 그가 80세 생일 만찬에서 "당신이 이룬 일들 가운데 가장 크고 중요하게 여기는 일은 무엇입니까?"라는 질문에 그는 "바로 나의 '가정' 입니다"라고 말했습니다.

바쁜 삶속에서 가정을 소홀히 하기가 쉽습니다. 하지만 가정을 소홀히 하다보면 직장뿐만 아니라 나라까지도 안정을 찾을 수 없게 됩니다. 그만큼 가정은 너무나 소중한 하나님의 선물입니다. 아름다운 가정, 그리스도가 주인 되시는 믿음의 가정을 세우십시오.

 주님! 가정을 소중히 여기는 마음을 갖게 하소서.
 가정을 소중히 여기고 있습니까?

천국을 향한 준비

9월 15일   마 7:15-29

● **마 7:21** 나더러 주여 주여 하는 자마다 천국에 다 들어갈 것이 아니요 다만 하늘에 계신 내 아버지의 뜻대로 행하는 자라야 들어가리라
● **딤후 4:18** 주께서 나를 모든 악한 일에서 건져내시고 또 그의 천국에 들어가도록 구원하시리니 그에게 영광이 세세 무궁토록 있을찌어다 아멘

어느 날 한 임금이 갑자기 죽게 되었습니다. 그가 죽자 신하들은 임금의 시신을 앞에 두고 다음과 같은 대화를 나누었습니다.

"과연 임금님이 천국에 가셨을까? 못 가셨을까?"

그러자 평소에 임금에게 고마운 마음을 가졌던 신하는 "천국에 가셨을 거야"라고 말했고, 임금에게 서운한 마음을 가지고 있던 신하는 "천국에 못 가셨을 거야"라고 말했습니다. 그때 옆에 있던 다른 한 신하가 입을 열었습니다.

"아마 임금님은 천국에 못 갔을 거야."

의아하게 생각한 다른 종들이 어떤 이유로 그렇게 생각하게 되었는지 물었습니다. 그러자 그는 이렇게 대답하였습니다.

"천국은 아주 먼 곳인데, 임금님은 생전에 단 한 번도 천국에 대해 얘기한 적이 없거든. 준비 없이는 절대로 여행을 떠나지 않는 분이잖아."

우리는 예수 그리스도를 구세주로 믿어 천국에 갈 수 있다는 확실한 소망을 가져야 합니다. 그리고 오늘밤 주님께서 천국에서 부르신다면 망설임 없이 갈 수 있을 만큼 준비를 하고 있어야 합니다.

천국의 시민으로서 확신을 가지고 하나님 만나게 되는 그날을 준비하십시오.

 주님! 이 땅에 있는 동안 더욱 충성케 하소서.
 천국에 갈 준비가 되어있습니까?

사람을 얻는 비결

시 22:22-31　　　　　　　　　　　　　　　　　9월 16일

- 시 22:24 그는 곤고한 자의 곤고를 멸시하거나 싫어하지 아니하시며 그 얼굴을 저에게서 숨기지 아니하시고 부르짖을 때에 들으셨도다
- 빌 2:1-2 그러므로 그리스도 안에 무슨 권면이나 사랑에 무슨 위로나 성령의 무슨 교제나 긍휼이나 자비가 있거든 마음을 같이하여 같은 사랑을 가지고 뜻을 합하며 한 마음을 품어

사람을 얻는 비결에 대하여 '노만 빈센트 필' 박사는 다섯 가지로 요약하고 있습니다.

1. 미워하는 사람이 있으면 그 사람의 장점을 종이에 기록해서 날마다 읽어라. 사람들에게는 단점도 있고 장점도 있다. 장점을 보아야 실망하지 않는다. 미워지기 시작하고 싫어지기 시작하면 사사건건 모든 것이 싫어진다. 그러나 좋아하려고 노력하고 긍정적으로 보기 시작하면 변할 수 있다.

2. 그를 위해서 매일 기도하라. 기도하다보면 마음을 변화시켜 주실 것이다.

3. 미워하는 사람이 어려움을 당할 때 도와주어라.

4. 미워하는 사람을 의식적으로 칭찬하라.

5. 미소 띤 얼굴로 친절을 베풀어라.

이웃과 가까워지려고 노력하는 일은 즐겁고 재미있는 일입니다. 더 나아가 우리를 미워하는 사람마저도 용납하고 교제하십시오.

 주님! 용서를 실천함으로 많은 사람을 얻게 하소서.
 미워하는 사람을 위해 기도해보셨나요?

끝없는 사랑

9월 17일 · 빌 2:1-11

- ●빌 2:5 너희 안에 이 마음을 품으라 곧 그리스도 예수의 마음이니
- ●유 1:24 능히 너희를 보호하사 거침이 없게 하시고 너희로 그 영광 앞에 흠이 없이 즐거움으로 서게 하실 자

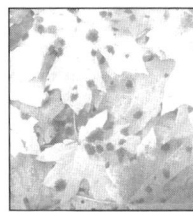

철강의 창업자인 철강왕 앤드류 카네기의 일화입니다. 그가 공장에서 일하던 시절 같이 일하던 게으르고 불량기가 있는 바비라는 동료인 카네기가 열심히 일하는 것을 늘 못 마땅히 여겨 카네기에게 험한 말들을 퍼붓기도 하였습니다. 하루는 바비가 카네기에게 폭력을 휘둘렀고, 참다못한 카네기도 그와 함께 싸웠습니다. 얼마 후 게으른 바비는 공장에서 쫓겨나게 되었습니다. 돈이 떨어진 바비는 카네기 집에 와서 카네기의 어머니를 속이고 돈을 훔쳤습니다. 이 사실을 안 카네기는 바비 집을 찾아갔습니다. 바비네 집은 누추했고 눈먼 어머니만 계셨습니다. 어머니는 카네기에게 "회사 동료라구요? 바비는 불쌍한 아이입니다. 잘 도와주세요"라고 부탁을 하였습니다. 어머니의 말씀에 카네기는 바비를 돕기로 결심하였습니다. 그는 공장장을 찾아가 바비를 다시 써달라고 부탁하였습니다. 그러나 공장장은 고개를 가로저었습니다. 결국 카네기는 친구 바비를 위해 자신이 인정받고 일하던 공장에 사표를 냈습니다. 그리고 바비와 함께 일할 곳을 찾아다녔습니다. 그 후 그들은 함께 취직하게 되었고 바비는 칭찬받는 직원이 되었습니다.

예수님께서는 우리를 끝까지 사랑하시며, 보호해 주십니다. 이런 예수님의 모습을 닮아 나의 가족, 친구, 주위의 모든 이들을 사랑하십시오.

 주님! 주님과 같은 마음을 가지고 사랑하게 하소서.
 지금 사랑하지 못하고 미워하고 있는 사람이 있습니까?

쳇바퀴와 같은 삶

엡 2:11-22　　　　　　　　　　　　　　　　　　9월 18일

- 엡 2:17 또 오셔서 먼데 있는 너희에게 평안을 전하고 가까운데 있는 자들에게 평안을 전하셨으니
- 딤전 2:2 임금들과 높은 지위에 있는 모든 사람을 위하여 하라 이는 우리가 모든 경건과 단정한 중에 고요하고 평안한 생활을 하려 함이니라

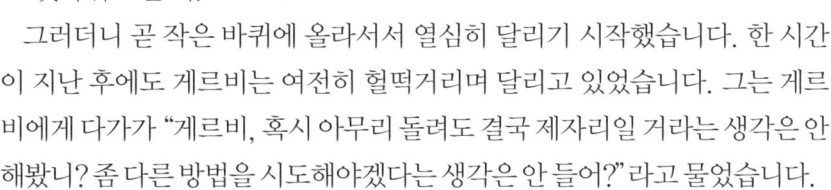

「마음도둑」이란 책에 나오는 주인공과 그의 애완동물 게르빌루스 쥐와의 대화입니다.

"게르비, 오늘 뭘 할 계획인지 한번 말해볼래?"

"먼저 아침, 사료를 먹고 난 다음에 시작해야지."

"뭘 시작해?"

"쳇바퀴 도는 거."

그러더니 곧 작은 바퀴에 올라서서 열심히 달리기 시작했습니다. 한 시간이 지난 후에도 게르비는 여전히 헐떡거리며 달리고 있었습니다. 그는 게르비에게 다가가 "게르비, 혹시 아무리 돌려도 결국 제자리일 거라는 생각은 안 해봤니? 좀 다른 방법을 시도해야겠다는 생각은 안 들어?"라고 물었습니다.

"네 말이 맞아. 좀 변화를 줘야겠어."

게르비는 이렇게 말하고는 정말 변화를 주었습니다. 게르비는 쳇바퀴 위에서 더 빨리 달리기 시작했습니다. 그것도 엄청나게 빨리!

우리가 살아가고 있는 이 세상의 모습과 같은 모습은 아닐까요? 우리는 열심히 일하면서 많은 힘과 열정을 모두 소진해버리기도 합니다. 또한 쳇바퀴를 더 빨리 돌리기 위해 시간과 인생을 허비하며 살아가곤 합니다. 그 뒤에는 결국 좌절과 절망이 기다리고 있을 뿐입니다. 하나님께서 주신 여유와 평안을 가지고 삶을 살아가는 지혜로운 그리스도인이 되십시오.

 주님! 삶의 여유와 평안을 내게 허락하소서.

 쳇바퀴 속에서 제자리를 달리고 있지는 않습니까?

노력, 겸손, 기도가 이뤄낸 우승

9월 19일　　　　　　　　　　　　　　　　　삿 13:1-14

●삿 13:8 마노아가 여호와께 기도하여 가로되 주여 구하옵나니 주의 보내셨던 하나님의 사람을 우리에게 다시 임하게 하사 그로 우리가 그 낳을 아이에게 어떻게 행할 것을 우리에게 가르치게 하소서
●마 6:6 너는 기도할 때에 네 골방에 들어가 문을 닫고 은밀한 중에 계신 네 아버지께 기도하라 은밀한 중에 보시는 네 아버지께서 갚으시리라

완도에 사는 한 섬 소년이 체육 선생님으로부터 한 권의 책을 받았습니다. 그 책은 바로 당시 세계 골프의 '황금 곰' 잭 니클스로가 쓴 골프 레슨서 한글 번역판이었습니다. 소년의 인생은 한권의 책으로 인해 변화되었습니다. 개인 코치가 없었던 소년은 밤낮없이 이 책을 가지고 다니며 골프의 기본기를 익혔습니다. 그 책을 보며 자신의 꿈을 위해 노력했던 것입니다. 마침내 그 소년은 20년이 흐른 지금 '세계 골프 별들의 잔치'라고 할 수 있는 메모리얼 토너먼트 대회에서 우승의 영광을 얻었습니다. 또한 그가 어릴 적 항상 끼고 다니던 책의 저자이며, 그의 우상인 잭 니클스로의 축하를 받게 되었습니다. 섬 소년에서 골프의 챔피언이 된 그는 바로 우리나라의 최경주 골프 선수입니다. 그는 각종 대회에 참가해 우즈, 엘스, 싱 등 유명한 선수들과의 경쟁에서 기적 같은 대역전극을 벌이며 우승을 얻어냈습니다. 그는 이렇게 고백합니다. "사실 우승까지는 예상하지 못했습니다. 아내가 열심히 기도해준 덕에 이런 영광을 안을 수 있었던 것 같습니다." 완도의 한 섬 소년이 세계 챔피언이 되기까지는 그의 끊임없는 노력과 겸손 그리고 아내의 기도 때문이었습니다. 하나님께서는 노력하는 자, 겸손한 자, 기도하는 자에게 복 주십니다. 자신에게 주어진 일들을 겸손한 모습으로 꾸준히 노력하여 기도의 열매를 맺을 수 있는 그리스도인이 되십시오.

 주님! 노력, 겸손, 기도의 열매를 맺는 사람이 되게 하소서.
 자신의 꿈을 위해 끊임없이 노력하며, 기도하고 있습니까?

지진 발생 시 대피 요령

눅 18:1-8   9월 20일

- 눅 18:8 내가 너희에게 이르노니 속히 그 원한을 풀어 주시리라 그러나 인자가 올 때에 세상에서 믿음을 보겠느냐 하시니라
- 살전 4:17 그 후에 우리 살아 남은 자도 저희와 함께 구름 속으로 끌어 올려 공중에서 주를 영접하게 하시리니 그리하여 우리가 항상 주와 함께 있으리라

최근 소방방재청장은 신문 인터뷰에서 '지진 발생시 10대 국민 행동요령'을 이렇게 말했습니다.

01. 집안에 있을 경우, 사용 중인 불을 끄고 테이블 밑으로 몸을 보호하거나, 문을 열어 출구를 확보합니다.
02. 집 밖에 있을 경우, 낙하물을 주의해야 합니다.
03. 상가에 있을 경우, 침착하게 행동해야 합니다.
04. 엘리베이터 안에 있을 경우, 가까운 층에 내려야 합니다.
05. 전철을 타고 있을 경우, 고정물을 꼭 잡아야 합니다.
06. 운전을 하고 있을 경우, 도로 우측에 정차합니다.
07. 산이나 바다에 있을 경우, 산사태 위험지역에서 대피해야 합니다.
08. 부상자가 있을 경우, 서로 협력해 응급구호를 해야 합니다.
09. 대피는 도로로 해야 하며, 짐은 최소, 피난은 마지막 수단입니다.
10. 유언비어를 믿지 말며, 올바른 정보를 따라야 합니다.

만약 주님께서 재림하시면 더 큰 재앙이 있을 텐데 믿지 않는 사람들은 어떻게 해야 할까요? 우리는 그들에게 하루 빨리 복음을 전해야 합니다. 주님은 예고 없이 다시 오신다고 했습니다. 그날을 기다리며 그들에게 재앙을 피하는 요령, 복음을 전하십시오.

 주님! 내가 아는 이들이 모두 휴거 되게 하소서.
 가장 먼저 전도할 사람은 누구입니까?

온전한 주일 성수

9월 21일 마 12:1-8

- 마 12:8 인자는 안식일의 주인이니라 하시니라
- 행 17:2 바울이 자기의 규례대로 저희에게로 들어가서 세 안식일에 성경을 가지고 강론하며

 믿음을 온전히 지킨 에릭 리델(Eric Liddell)의 아버지는 스코틀랜드 출신 전도자였습니다. 그 또한 독실한 기독교인이었으며, 타고난 운동선수였습니다. 그는 정기적인 연습 없이도 매우 빠르게 달릴 수 있었습니다. 1924년 에릭은 파리 올림픽의 100미터 육상 영국대표선수로 선발되었습니다. 그는 모든 사람들이 주목하는 최고의 선수 중 한 명이였습니다. 그런데 경기 일정이 발표되자, 그는 100미터 경기를 거절하였습니다. 영국 팀은 그를 설득했지만 그는 마음을 바꾸지 않았습니다. 그 이유는 바로 100미터 경기가 있는 날이 일요일이었기 때문입니다. 그는 일요일은 교회에서 예배드리는 것 외엔 아무것도 하지 않는 날이라고 생각했습니다. 사람들은 거절한 이유를 듣고는 매우 놀라며 그를 비난하고 손가락질 하였습니다. 하지만 에릭은 전혀 동요하지 않고 주일을 거룩하게 지켰습니다. 그러던 중 평일에 실시된 400미터 경기를 참가하려던 한 선수가 갑자기 출전하지 못하게 되자 에릭이 대신 뛰게 되었습니다. 400미터 경기는 에릭의 주 종목이 아니었기에 사람들은 우승을 기대하지 않았습니다. 그러나 에릭은 최선을 다해 뛰었고, 47.6초라는 세계 신기록을 수립하며 우승을 차지하였습니다.

주일을 귀하게 여기십시다. 하나님께서 우리의 예배를 받기 원하십니다. 주일예배를 꼬박꼬박 잘 드릴 수 있는 그리스도인이 되십시오.

 주님! 주일을 온전히 지킬 수 있게 하소서.
 온전한 주일성수를 하고 있습니까?

민망한 닉네임

마 1:18-25 　　　　　　　　　　　　　　　　　　9월 22일

- 마 1:25 아들을 낳기까지 동침치 아니하더니 낳으매 이름을 예수라 하니라
- 계 21:12 크고 높은 성곽이 있고 열 두 문이 있는데 문에 열 두 천사가 있고 그 문들 위에 이름을 썼으니 이스라엘 자손 열 두 지파의 이름들이라

　어느 날, 어느 인터넷 동호회의 회원 한 명이 부친상을 당했습니다. 동호회의 몇몇 회원들은 모여 조문을 갔습니다. 그런데 영안실에 도착하자 당황스러운 일이 벌어졌습니다. 부조금을 내려고 하자 안내를 맡은 청년이 방명록에 이름을 적어달라고 부탁하는 것이었습니다. 이름을 적으려고 펜을 들었지만 망설여졌습니다. 늘 닉네임으로만 대화했기 때문에 이름을 쓰게 되면 상주인 그 회원이 모르기 때문입니다. 그래서 결국 방명록에 닉네임을 적었습니다. "산꼭대기" "거북이 왕자" "……" 모두들 닉네임을 적으며 민망한 표정을 지었습니다. 안내를 하던 청년은 웃지도 못하고 울지도 못하고 얼굴이 빨개졌습니다. 그런데 한 회원이 이름을 적지 못하고 계속 머뭇거리고 있었습니다. "아, 빨리 쓰고 나갑시다. 창피해 죽겠어요." 다른 회원들의 다그치는 소리에 그는 어쩔 수 없이 작은 글씨로 "에헤라디야"라고 썼습니다. 그때였습니다. 마지막 남은 한 회원이 갑자기 자리를 박차고 영안실을 뛰쳐나가는 것이었습니다. 놀란 나머지 회원들은 모두 큰 소리로 그를 불렀습니다. "저승사자님! 어디가세요?" 그러자 영안실 안은 순간 썰렁해졌습니다. 결국 그들은 밥도 제대로 먹지 못하고 장례식장에서 나와야 했습니다.
　하나님께서는 우리의 이름을 아시고, 우리의 이름을 부르신다고 성경에 기록돼 있습니다. 닉네임도 예쁘게 지어 사람들이 그리스도의 향기를 느끼게 하십시오.

 주님! 남들이 당혹해하지 않는 삶을 살게 하소서.
 당신의 닉네임은 무엇입니까?

한 몸이 된 온 가족

9월 23일　　　　　　　　　　　　　　　　　　　　　　　갈 6:1-5

- 갈 6:2 너희가 짐을 서로 지라 그리하여 그리스도의 법을 성취하라
- 히 13:16 오직 선을 행함과 서로 나눠주기를 잊지 말라 이같은 제사는 하나님이 기뻐하시느니라

뇌성마비를 앓고 있으며 시력까지 나빠 책 읽는 것조차 힘들어하는 아들을 위해 부모님뿐만 아니라 동생까지 온 가족이 같은 대학 같은 학과에 편입하여 가족의 사랑을 보여주었습니다.

아버지는 아들을 위해 다니던 직장까지 그만 두고 편입을 하였습니다. 이들 가족은 아침이 되면 서로를 도와가며 휠체어를 끌고 등교를 합니다. 또한 강의 시간에는 수업시간 내용을 정리하여 함께 공부합니다.

어찌 보면 다니던 직장까지 그만두며 가족과 함께 학교에 다니는 모습이 힘들어 보일 수도 있겠지만 그들은 개의치 않습니다. 그저 서로에게 도움이 되기 위해 온 가족이 함께 노력하고 힘쓸 뿐입니다.

가족이란 너무나도 소중해서 잃어버려서는 안 되며, 사랑과 믿음과 평화가 가득한 가정이 되어야 합니다. 한 몸이 된 가족이 되려면 가족 모두의 노력이 필요합니다. 우리의 가정을 항상 지켜주시고 보호해 주시는 하나님께서 늘 함께하시는 가정이 되게 하십시오.

 주님! 한몸 된 가족으로서 서로를 사랑하게 하소서.
 소중한 가정을 위해 무슨 노력을 하고 있습니까?

자녀 교육

신 34:9-12 9월 24일

- **신 34:9** 모세가 눈의 아들 여호수아에게 안수하였으므로 그에게 지혜의 신이 충만하니 이스라엘 자손이 여호와께서 모세에게 명하신대로 여호수아의 말을 순종하였더라
- **왕상 3:12** 내가 네 말대로 하여 네게 지혜롭고 총명한 마음을 주노니 너의 전에도 너와 같은 자가 없었거니와 너의 후에도 너와 같은 자가 일어남이 없으리라

중학생이 된 아들을 둔 한 부모가 하루는 아들의 잘못으로 인해 너무 화가 나서 아버지가 아들을 야단치다가 "너 그렇게 하려면 집에서 나가! 너 같은 아들은 필요 없어!"라고 소리쳤습니다. 그 말을 듣자마자 아들은 그만 집을 뛰쳐나가 버리고 말았습니다. 그 상황을 지켜보던 어머니는 갑자기 나가버린 아들 때문에 당황스러웠습니다. 그리고 남편이 원망스러웠습니다.

몇 시간이 지나도 아들이 들어오지 않자 그들은 아들을 찾기 위해 학교, 공원, 오락실 등 아들이 갈만한 곳을 찾아다녔습니다. 하지만 그 어디에서도 아들을 찾을 수 없었습니다. 결국 그들은 뜬 눈으로 밤을 지새워야 했습니다. 다음 날 아침, 누군가가 현관문을 두드리는 소리가 나서 문을 열어보니 집을 나갔던 아들이 부들부들 떨며 서있었습니다. 아들은 아파트 옥상에서 하루를 보냈던 것입니다. 아버지는 그 뒤로는 아들이 잘못하면 야단은 치되 "집을 나가라"라는 말과 "필요 없다"라는 말을 절대로 하지 않았습니다. 아이가 잘못했다고 윽박지르며 상처 주는 말을 해서는 안 됩니다. 자녀는 하나님께서 주신 소중한 선물입니다. 부모는 하나님께서 주시는 지혜로 자녀를 양육하고 훈계하여야 합니다. 자녀를 지혜롭게 양육할 수 있도록 하나님께 지혜를 간구하십시오.

 주님! 자녀를 잘 양육할 수 있도록 지혜를 허락하소서.
 자신의 감정대로 자녀를 양육하고 있지는 않습니까?

소년의 용기

9월 25일   엡 4:16

- 엡 4:16 그에게서 온 몸이 각 마디를 통하여 도움을 입음으로 연락하고
- 시 146:5 야곱의 하나님으로 자기 도움을 삼으며 여호와 자기 하나님에게 그 소망을 두는 자는 복이 있도다

어느 날 밤, 바람이 거세게 불고 구름이 밀려오더니 곧이어 사나운 폭풍이 일어나자 바다 한 가운데에 있던 고기잡이 한 척이 위험해졌습니다. 선원들은 급히 구조 신호를 타전했고 그 신호를 본 구조대는 노를 저어 거센 파도와 싸우며 고기잡이 배 쪽으로 갔고, 마을 주민 모두는 바닷가 마을 광장에 모여 랜턴으로 바다를 비추며 초조하게 기다렸습니다. 한 시간 뒤 구조대원들이 돌아왔고, 마을 사람들은 환성을 지르며 그들에게로 달려갔습니다. 지친 구조대원들은 모래사장에 쓰러지며 "인원이 넘쳐 더 이상 구조선에 태울 수 없어 어쩔 수 없이 한 남자를 남겨두고 올 수밖에 없었습니다"라고 말했습니다. 구조대 대장은 애가타서 그 외로운 생존자를 구하기 위한 다른 봉사자를 찾았습니다. 그때 열여섯살 먹은 한 소년이 앞으로 걸어 나왔습니다. 소년의 어머니는 애원하며 말했습니다. "제발 가지마라. 아버지도 배가 난파되어 죽었지 않니? 네 형도 며칠 전에 바다에서 실종되었고 이제 내게 남은 것은 너뿐이다." "어머니, 전 가야만해요. 이번엔 제가 가서 도와야죠. 남을 위해 희생하라는 부름이 왔을 때에는 누구든지 그렇게 해야만 해요." 소년은 어머니와 포옹을 한 뒤 구조대에 합류하고 어둠 속으로 사라졌습니다. 한 시간 뒤 마침내 구조대원들이 탄 배가 도착했습니다. 배에서 내린 소년은 기쁜 목소리로 "어머니, 실종자를 구조했어요, 그런데 그 실종자가 바로 우리 형이었어요"라고 말했습니다. 어린 소년의 용기가 형을 살릴 수 있었습니다. 남을 돕는 것이 나를 돕는 것임을 믿고 남을 도우십시오.

 주님! 주님 주신 힘으로 이웃을 섬기게 하소서.

 오늘 당신이 남을 위해 할 수 있는 일은 무엇입니까?

정신적 안정의 요소

전 9:7-12　　　　　　　　　　　　　　　　9월 26일

- 전 9:10 무릇 네 손이 일을 당하는 대로 힘을 다하여 할 지어다
- 골 3:23 무슨 일을 하든지 마음을 다하여 주께 하듯 하고 사람에게 하듯 하지 말라

　정신위생의 전문가인 '데이비드 핑크' 박사는 정신적 안정을 찾기 위해서는 네 가지의 요소가 균형을 이루어야 한다고 주장했습니다.
　1. 일 – 일할 수 있는 직장이 있는 것이 행복하고 감사하다.
　2. 놀이 – 사람은 일만하고 살 수 없는 존재이므로 반드시 노는 것이 있어야 하는데, 운동도 하고 예술을 즐기는 것과 같은 노는 방법의 개발도 중요하다.
　3. 사랑 – 사랑의 대상, 내가 기쁘게 해줄 대상, 내가 아낌없이 바칠 대상이 있는 것이 인간행복의 중요한 요소이다.
　4. 믿음 – 일과 놀이, 사랑이 있어도 인간의 영혼은 완전히 만족할 수 없으므로 오직 초월적 존재와의 교통으로 채워져야 한다.
　이 네 가지의 균형을 통해 정신적 안정은 물론 심리적 육체적인 안정도 취할 수 있습니다. 일과 놀이와 사랑, 그리고 믿음의 조화를 이루어 나가는 삶을 사십시오.

 주님! 조화로운 삶을 살게 하소서.
 당신의 삶에는 이 네 가지가 균형을 이루고 있습니까?

지혜를 간구한 사람

9월 27일   막 1:40-45

● 막 1:40 한 문둥병자가 예수께 와서 꿇어 엎드리어 간구하여 가로되 원하시면 저를 깨끗케 하실 수 있나이다
● 행 3:8 뛰어 서서 걸으며 그들과 함께 성전으로 들어 가면서 걷기도 하고 뛰기도 하며 하나님을 찬미하니

어느 날 길거리에서 동냥을 하고 있던 한 거지 앞에 고급차 한 대가 지나갔습니다. 순간 그는 가슴 속 깊은 곳에서 스스로에 대한 분노가 치밀어 올라왔습니다. "왜 똑같은 인간으로 태어나서 누구는 고급승용차를 타고 누구는 거지 짓을 해야 하는 거야." 그는 간절히 기도하며 자신의 새로운 비전을 세우고 결단을 했습니다. 그는 드디어 보험설계사가 되어 열정을 가지고 열심히 일했습니다. 그리고 새로운 아이디어를 가지고 길거리로 나갔습니다. 고급승용차가 지나가면 차번호를 재빨리 적고, 조사하여 그들의 주소를 찾아냈습니다. 그렇게 하여 그곳을 지나가는 모든 부자들을 자신의 고객으로 만들었습니다. 그는 만약 바쁘다는 핑계로 자신을 만나주지 않는 부자가 있을 때는 "너희 중에 누구든지 지혜가 부족하거든 후히 주시고 꾸짖지 아니하시는 하나님께 구하라 그리하면 주시리라"라는 말씀을 붙들고 지혜를 간구하며 기도하였습니다. 이 경험을 토대로 해서 그는 30대에 그가 꿈꾸던 첫 번째 비전을 이루었습니다. 그는 바로 미국의 성공 동기 연구원 원장인 폴 마이어입니다. 그는 자신의 인생을 역전시킨 믿음의 사람이었습니다. 항상 하나님께 지혜를 간구하였고 말씀을 붙들고 기도하였습니다. 하나님께서는 못 하실 일이 없으십니다. 하나님의 전능하신 능력을 신뢰하고 인생의 기회가 될 수 있는 지혜를 간구하십시오.

 주님! 나의 인생을 변화 시키실 주님을 신뢰하게 하소서.
 하나님께 지혜를 간구 하십니까?

바른 신앙의 자녀 교육

눅 22:39-46   9월 28일

● 눅 22:39 예수께서 나가사 습관을 좇아 감람산에 가시매 제자들도 좇았더니
● 히 10:25 모이기를 폐하는 어떤 사람들의 습관과 같이 하지 말고 오직 권하여 그날이 가까움을 볼수록 더욱 그리하자

"살아온 모든 것이 하나님의 은혜입니다. 내 잔이 넘치나이다"라고 고백하며, 믿음의 가정을 지닌 서울 역삼 앤빅치과 원장 이원유 집사의 '자녀들에게 강조하는 신앙 교육지침 네 가지' 입니다.

첫째, 아침마다 성경을 묵상하라. 음식보다 하나님의 양식이 더 중요하고 우리 삶의 정답은 성경밖에 없다는 것이 그의 신앙관입니다.

둘째, 철저한 십일조를 드리라. 그는 자녀들에게 십일조를 철저히 하지 않으면 채우지 않은 분량만큼 가져가시고 십일조에 충실하면 복을 쌓아 주신다고 강조합니다.

셋째, 주일을 성수하라. 주님이 주신 안식일을 거룩하게 지내야 새 힘을 충전 받는다고 강조합니다.

넷째, 가정예배를 드려라. 그는 가정예배는 화목의 지름길이라고 강조합니다.

자녀들에게 바른 신앙과 하나님의 말씀을 가르치십시오. 그리고 쉬지 않고 기도하는 습관을 길러주며 하나님과 늘 가까이 하는 믿음의 일꾼으로 키우십시오.

 주님! 자녀를 잘 양육할 수 있는 부모가 되게 하소서.
 자녀들에게 하나님의 말씀을 가르치고 있습니까?

라디오 중계방송

9월 29일　　　　　　　　　　　　　　　　　　　　신 4:32-40

● 신 4:33 어떤 국민이 불 가운데서 말씀하시는 하나님의 음성을 너처럼 듣고 생존하였었느냐
● 욥 37:5 하나님이 기이하게 음성을 울리시며 우리의 헤아릴 수 없는 큰 일을 행하시느니라

　평소에 요트를 즐기는 청년이 하루는 한 섬에서 한가하게 요트를 즐기며 오후를 보내고 있었습니다. 바깥 세상과의 유일한 접촉은 라디오를 통해서 들려오는 야구 중계방송이었습니다. 야구 중계 중 갑자기 아나운서가 "여러분 경기장 주위의 모든 것들이 바람에 휘날리고 있습니다. 일 분전만 해도 고요하던 경기장에 지금 강한 바람이 몰아치고 있습니다"라고 말하자 그의 귀가 번쩍 뜨였습니다. 그는 즉시 돛을 내렸습니다. 10분 후, 그는 주위의 요트들이 하나 둘 옆으로 쓰러지며 물속으로 잠기는 것을 바라보았습니다. 그는 라디오를 통해 미리 강한 바람이 몰아칠 것이라는 것을 알았기 때문에 피할 수 있었습니다.
　극동방송은 우리 인생의 피난처가 되시고, 힘이신 하나님을 소개하고 있습니다.
　하나님께서는 우리의 삶 속의 고난과 어려움의 피할 길과 해결책을 알려주십니다. 하지만 우리가 하나님의 인도하심에 귀 기울이지 않는다면 고난을 피할 길이 없습니다. 하나님의 음성에 귀 기울이십시오. 그리고 보호하시고 인도해주시는 하나님을 믿고 따르십시오.

 주님! 주님의 음성에 귀 기울이게 하소서.
 하나님의 인도하심을 경험한 적이 있습니까?

부담없는 인격, 온유

시 37:1-11　　　　　　　　　　　　　　　　　　9월 30일

- 시 37:11 오직 온유한 자는 땅을 차지하며 풍부한 화평으로 즐기리로다
- 마 5:5 온유한 자는 복이 있나니 저희가 땅을 기업으로 받을 것임이요

　미국 자동차 잡지 오토모티브 뉴스특파원이 한국에서 운전하는 법을 소개해 화제를 모은 일이 있습니다.
　첫째, 파란 불은 자동차경주의 출발신호이다. 파란 불이 켜지는 순간 반드시 뒷차의 경적이 울릴 것입니다. 그 전에 나아가라.
　둘째, 차간 거리는 1인치의 거리도 두지 말라. 그 틈을 메우지 않으면 뒷차가 메울 것입니다.
　셋째, 시원하게 달릴려면 레미콘차를 사서 타라. 모든 차가 길을 비켜 줄 것입니다.
　넷째, 모든 차선을 헤집고 다녀라. 주행차선만 골라서 다니면 앞으로 가기 어려울 것입니다.
　다섯째, 차가 막힐 때마다 경적을 길게 울려라. 스트레스도 풀고, 건강에 좋을 것이다. 여섯째, 손을 흔들어라. 마구 끼어들고도 손만 흔들면 된다. 얼굴은 보이지 않으니까….
　한마디로 말하면 우리의 자동차 문화를 비아냥댄 글이었습니다.
　주님은 우리에게 주님처럼 온유하라고 하십니다. 혹시 우리가 그 중에 한 사람이 아닌지, 위 여섯가지 중 해당되는 것은 무엇인지 점검하고 고치십시오.

 주님, 온유한 마음이 온유한 행동이 되게 하소서.
 교통법규를 잘 지키고 있습니까?

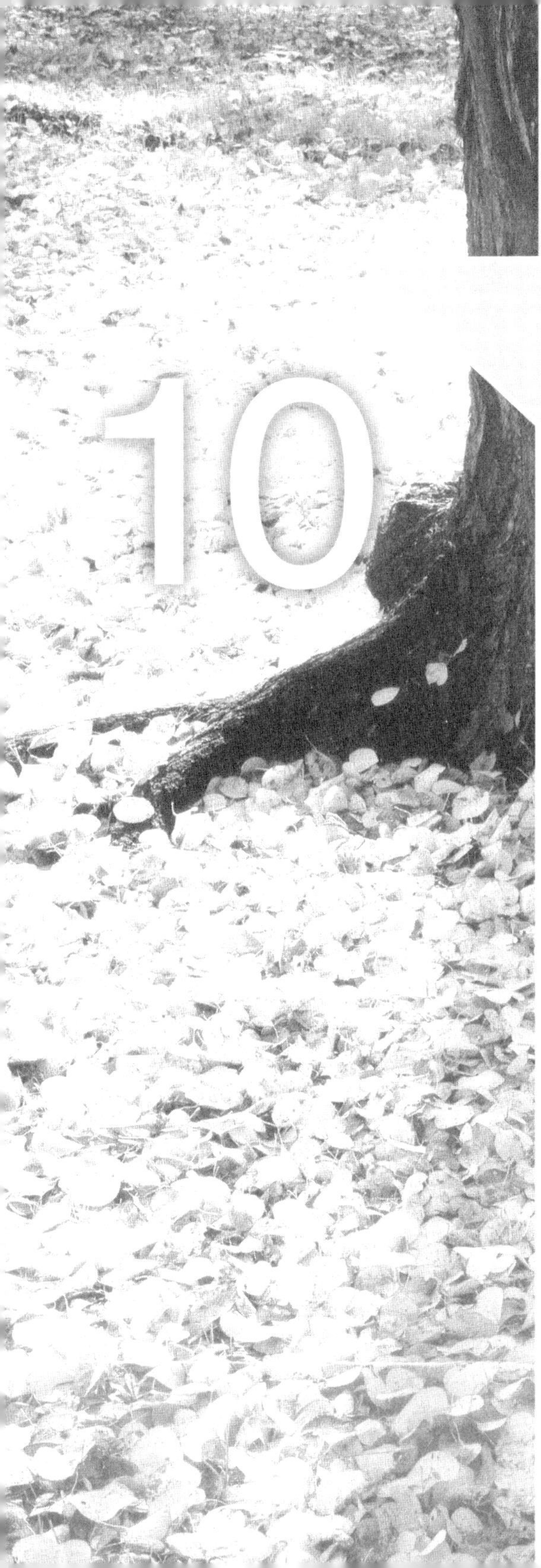

10

'올해 하나님께 더 가까이 가기' 로
한 약속은 오늘 아침 주님과
보낸 시간을 일기에 기록함으로써
가장 잘 실천할 수 있을 것입니다.

평준화의 인생

10월 1일 시 62:1-12

- 시 62:9 진실로 천한 자도 헛되고 높은 자도 거짓되니 저울에 달면 들려 입김보다 경하리로다
- 고전 15:17 그리스도께서 다시 사신 것이 없으면 너희의 믿음도 헛되고 너희가 여전히 죄 가운데 있을 것이요

사람은 연령이 올라감에 따라 이전에는 차이가 있던 것들이 점차 사라져 누구나가 비슷한 시기가 온다고 합니다. 40대가 되면 '지식의 평준화'가 옵니다. 학력에 관계없이 다 똑같아지고, 과거에 배운 것들은 다 소용이 없다는 이야기입니다. 50대가 되면 '외모의 평준화'가 옵니다. 예쁜 것도 없고 미운 것도 없고 다 거기서 거기라고 합니다. 60대가 되면 '성의 평준화'가 옵니다. 남자인지 여자인지 구분이 가지 않고 행동방식도 그렇다고 합니다. 70대가 되면 '건강의 평준화'가 옵니다. 안 아픈 사람도 아픈 사람도 모두가 비슷하다는 것입니다. 80대가 되면 '재물의 평준화'가 옵니다. 돈이 많건 없건 쓸 곳도 없고 먹을 것을 제대로 맛나게 먹을 수도 없고 좋은 집에 모든 것 다 가지고 있어도 다 소용이 없어진다고 합니다. 90대가 되면 '삶과 죽음의 평준화'가 옵니다. 살아있건 혹은 죽게 되더라도 별 다를 게 없다는 표현입니다.

나이가 들어 곤고한 날이 오기 전에 날마다 하나님의 사람으로 온전케 변화되고 성화되어 천국을 준비하는 축복의 사람이 되십시오.

 주님! 나그네 삶임을 깨닫고 오직 믿음으로만 살아가게 하소서.
 더 나이가 들기 전에 하나님이 기뻐하는 삶을 살아가십시오.

삶을 아름답게 요리하는 방법

롬 13:8-14　　　　　　　　　　　　　　　　　　　　　**10월 2일**

- **롬 13:10** 사랑은 이웃에게 악을 행치 아니하나니 그러므로 사랑은 율법의 완성이니라
- **고전 13:13** 그런즉 믿음, 소망, 사랑, 이 세 가지는 항상 있을 것인데 그 중에 제일은 사랑이라

　로렌스베인즈의「삶이 아름다운 이유」에 나오는 "삶을 아름답게 요리하는 방법"입니다.
　먼저 크고 깨끗한 마음이라는 냄비를 준비한 후 냄비를 열정이라는 불에 달굽니다. 충분히 달구어지면 자신감을 교만이라는 눈금이 안보일 만큼 붓습니다. 자신감이 잘 채워지고 나면 성실함과 노력이라는 양념을 충분히 넣어줍니다. 또한 특별한 맛을 내기위해 사랑을 넣어줍니다. 하지만 이 사랑이 너무 뜨거워지면 집착이라는 것이 생기기 때문에 불 조절을 잘해야 합니다. 만약 실패하여 실연이라는 쓴 맛이 날 경우 약간의 용서와 너그러움 그리고 여유로움을 넣어주면 어느 정도 없앨 수 있습니다. 깊은 맛을 원할 경우는 선행과 관용을 넣어줍니다. 가끔 질투, 욕심이라는 것이 생기는데 계속 방치해두면 음식이 타게 되므로 그때그때 제거합니다. 이쯤 만약 삶이라는 음식을 만드는 것이 힘들어서 포기하고 싶어지면 신앙이라는 큰 재료를 넣어주면 맛과 향을 느낄 수 있게 됩니다. 그 후에 평안과 감사함이라는 행복한 향이 더해짐으로 음식의 완성도도 높아집니다. 이것은 아주 특별한 것이라서 이웃에게 베풀어 주고 싶어집니다. 마지막으로 진실이라는 양념을 넣은 후 사랑이라는 소스를 충분히 뿌려주면 이 모든 맛이 더욱 잘 어우러져서 정말 맛있고 깊은 맛이 나는 "삶"이라는 음식을 맛 볼 수 있습니다.
　삶을 정말 맛있고, 아주 깊은 맛이 나게 요리하십시오.

 주님! 아름다운 삶을 살아가게 하소서.

 내가 요리한 삶의 맛은 어떻습니까?

록펠러 어머니의 신앙유산

10월 3일　　　　　　　　　　　　　　　　　　　　　　　**빌 1:12-30**

● 빌 1:27 오직 너희는 그리스도 복음에 합당하게 생활하라 이는 내가 너희를 가보나 떠나 있으나 너희가 일심으로 서서 한 뜻으로 복음의 신앙을 위하여 협력하는 것과
● 히 6:1 그러므로 우리가 그리스도 도의 초보를 버리고 죽은 행실을 회개함과 하나님께 대한 신앙과

세계의 최고 부자 록펠러의 어머니가 아들에게 남긴 신앙유산 10가지입니다.

01. 하나님을 친아버지 이상으로 섬겨라.
02. 목사님을 하나님 다음으로 섬겨라.
03. 주일에는 본 교회에서 예배를 드려라.
04. 오른쪽 주머니는 항상 십일조 주머니로 하라.
05. 아무도 원수로 만들지 말라.
06. 아침에 목표를 세우고 기도하라.
07. 잠자리에 들기 전 하루를 반성하고 기도하라.
08. 아침에는 꼭 하나님의 말씀을 읽어라.
09. 남을 도울 수 있으면 힘껏 도우라.
10. 예배 시간에 항상 앞에 앉으라.

　우리는 이 모든 것들을 이미 잘 알고는 있지만 잘 실천하지 않는 듯합니다. 하나님께서 힘주시고 능력을 주심을 믿고 행하면 어느새 우리의 신앙과 믿음이 자라고 하나님의 복이 쌓임을 느끼게 될 것입니다. 하나님께 기도하며 하나씩 하나씩 실행해보십시오.

 주님! 성숙한 신앙을 갖기 위해 힘쓰게 하소서.
 신앙을 지키기 위해 힘쓰고 있는 것들이 있습니까?

좋은 사람이 지닌 마음

마 7:7-12　　　　　　　　　　　　　　　　10월 4일

- 마 7:7 구하라 그러면 너희에게 주실 것이요 찾으라 그러면 찾을 것이요 문을 두드리라 그러면 너희에게 열릴 것이니
- 요 15:7 너희가 내 안에 거하고 내 말이 너희 안에 거하면 무엇이든지 원하는대로 구하라 그리하면 이루리라

노먼 빈센트 필 목사님은 "노(no)를 거꾸로 쓰면 전진을 의미하는 온(on)이 된다. 모든 문제에는 반드시 문제를 푸는 열쇠가 있다. 끊임없이 생각하고 찾아내어라"라고 말했습니다.

헬런켈러는 "행복의 문 하나가 닫히면 다른 문들이 열린다. 그러나 우리는 대게 닫힌 문만 보고 한탄하지 우리를 향해 열린 문을 보지 못한다"라고 말했습니다.

또한 아리스토 텔레스는 이렇게 말했습니다.

"희망은 잠자고 있지 않는 인간의 꿈이다. 인간의 꿈이 있는 한, 이 세상은 도전해 볼만하다. 어떠한 일이 있더라도 꿈을 잃지 말자, 꿈을 꾸자. 꿈은 희망을 버리지 않는 사람에겐 선물로 주어진다."

마음에 꿈을 향한 소원과 목표가 있다면 꿈을 이루기 위한 열쇠를 이미 가지고 있는 것과 마찬가지입니다. 좌절하지 말고 끊임없이 노력하며 희망을 가지십시오. 하나님께서는 꿈을 가진 사람을 통해 역사하시며, 더 큰 꿈을 선물로 주십니다. 하나님께서 주시는 꿈을 지니고 살아가는 그리스도인이 되십시오.

 주님! 희망과 목표를 가지고 살게 하소서.
 꿈이 이루어지지 않아 좌절하고 있지는 않습니까?

의심과 후회

10월 5일 　　　　　　　　　　　　　　　　　마 14:22-36

- 마 14:31 예수께서 즉시 손을 내밀어 저를 붙잡으시며 가라사대 믿음이 적은 자여 왜 의심하였느냐 하시고
- 유 1:22 어떤 의심하는 자들을 긍휼히 여기라

어느 날 한 여인이 외출에서 돌아오는 길에 주택가를 돌며 과일을 파는 이동 과일 가게를 보았습니다. 평소에 과일을 너무 좋아하는 가족들이 생각난 그녀는 사과 한 박스와 수박 한 통을 산 후 배달을 부탁했습니다.
"예, 걱정 마십시오. 동, 호수만 알려주시면 갖다 드리겠습니다." 그녀는 동과 호수를 알려주고 사과와 수박 값을 지불한 뒤 집으로 돌아왔습니다. 그러나 해가 저물어도 곧 갖다 준다고 하였던 과일 장수는 오지 않았습니다. 게다가 갑자기 소나기까지 내리기 시작했습니다. 비가 그치면 오겠지 하는 마음에 밤까지 기다렸지만 결국 오지 않았습니다. 그녀는 화가 치밀어 참을 수가 없었습니다. 결국 포기하는 마음을 가지고 하루가 지났습니다. 다음 날 오후 초인종이 울리는 소리가 났습니다. 문을 열어보니 문 앞에는 땀에 젖은 허름한 차림의 남자가 서 있었습니다. 그는 바로 과일장수였습니다. 그녀는 따지는 듯한 말투로 "왜 이제 오셨어요?"라고 물었습니다. 그러자 그는 미안한 듯 고개를 숙이고 정중히 사과하며 말했습니다. "죄송합니다. 동, 호수를 적은 종이가 비에 젖어서 글자가 다 번지고 맨 끝에 3자만 남았어요. 그래서 3호란 3호는 다 돌아다니다가 날이 어두워져서 그만." 그녀는 그를 의심했던 자신이 부끄러워 고개를 들 수 없었습니다. 섣부른 판단과 의심을 버리십시오.

 주님! 불신과 의심을 버리게 하소서.

 다른 사람을 의심하여서 후회한 적이 있습니까?

크리스천의 행복

신 30:15-20   10월 6일

- 시118:26 여호와의 이름으로 오는 자가 복이 있음이여 우리가 여호와의 집에서 너희를 축복하였도다.
- 마5:3 심령이 가난한 자는 복이 있나니 천국이 저희 것임이요

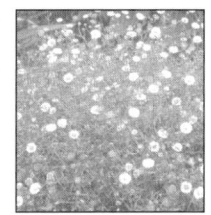

기독교 철학자이며 전도자였던 '프란시스 쉐퍼' 박사님은 그의 생애 말년에 암에 걸려 투병생활을 해야 했음에도 불구하고 아픈 몸을 이끌고 사랑하는 조국과 젊은 이들에게 말씀을 전하기 위해서 강단에 섰습니다. 그리고 얼마 남지 않은 생애의 마지막 설교를 자신의 온 힘을 쏟아 피를 토하듯 전했습니다.

"사랑하는 젊은이들이여! 여러분의 젊음을 어디에 쓰려고 합니까? 행복한 삶을 사는 데에 인생의 목표를 두고 계십니까? 예수 믿지 않는 사람들도 행복을 추구하며 그것을 목표로 삼고 살아갑니다. 그러나 예수 믿는 이들은 달라야 하지 않겠습니까? 지금 우리들의 문제는 바로 행복만을 구하고 거룩을 구하지 않는 데 있습니다."

사람들이 말하는 행복의 영어단어는 happiness로서 '우연히 발생하다'(happen)라는 동사에서 나왔습니다. 결국 인생의 목표가 우연하게 일이 잘 되고, 돈이 벌리고, 성공하는 것이 됩니다. 하지만 산상수훈에서의 복은 happiness가 아니라 복(blessing)이라는 단어입니다. blessing은 '피를 흘리다'(bleed)라는 동사에서 나온 것으로, 피의 제사를 통해 하나님과의 바른 관계를 맺는 것을 뜻합니다. 하나님이 주시는 복을 구합시다.

 주님! 하나님이 주시는 복을 구하게 하소서.
 나는 행복과 복 중 무엇을 구하고 있습니까?

깨어진 물 항아리

10월 7일　　　　　　　　　　　　　　　　　　　　　　롬 9:19-29

- **롬 9:21** 토기장이가 진흙 한 덩이로 하나는 귀히 쓸 그릇을, 하나는 천히 쓸 그릇을 만드는 권이 없느냐
- **고전 15:8** 맨 나중에 만삭되지 못하여 난 자 같은 내게도 보이셨느니라

　　금이 가고 조금 깨어진 못생긴 물 항아리가 있었습니다. 그러나 그 항아리의 주인은 다른 온전한 것들과 함께 그 깨어진 항아리를 물을 길러오는 데 사용했습니다. 오랜 세월이 지나도록 그 주인은 깨어진 물 항아리를 버리지 않고 온전한 물 항아리와 똑같이 아끼며 사용했습니다. 깨어진 물 항아리는 늘 주인에게 미안한 마음이었습니다. 어느 날 너무 미안하다고 느낀 깨어진 물 항아리는 주인에게 "주인님, 어찌하여 저를 버리고 새로운 온전한 항아리를 구하지 않으시나요? 저는 별로 소용 가치가 없는 물건인데요"라고 물었습니다. 그러나 주인은 그 항아리의 물음에 아무 말도 하지 않은 채 그 물 항아리를 지고 계속 집으로 가고 있었습니다. 그러다가 어느 길을 지나면서 조용하고 부드럽게 "얘야, 우리가 걸어온 길을 보렴"이라고 말했습니다. 길가에는 예쁜 꽃들이 아름다운 자태를 자랑하듯 싱싱하게 피어 있었습니다. "주인님, 어떻게 이 산골 길가에 이렇게 예쁜 꽃들이 피어있을까요?" "메마른 산 길가에서 너의 깨어진 틈으로 새어 나온 물을 먹고 자란 꽃들이란다." 깨어지고 못생긴 물 항아리라고 해도 그로인해 아름다운 꽃들이 피어나듯이 세상에서 쓸모없는 것은 아무것도 없습니다. 아무리 작고 초라해도 하나님은 사랑하시고 우리를 통해 하나님의 아름다운 역사를 이루시기를 원하십니다. 만약 자신의 가치에 대해 자신이 없어 절망하고 있다면 그 모든 생각들을 버리십시오.

 주님! 나를 사랑하여 주심에 감사하게 하소서.
 나는 어떠한 가치를 지닌 사람인지 생각해보십시오.

아름다운 신혼부부

고전 7:1-7   10월 8일

●고전 7:3 남편은 그 아내에게 대한 의무를 다하고 아내도 그 남편에게 그렇게 할찌라
●엡 5:31 이러므로 사람이 부모를 떠나 그 아내와 합하여 그 둘이 한 육체가 될찌니

「연탄길」이라는 책에 나오는 아름다운 신혼부부의 이야기입니다.

어느 교회의 결혼식장에서 '신부입장' 이라는 주례의 말과 함께 신부가 입장을 하자 갑자기 장내가 조용해졌습니다. 신부의 아버지가 다리를 절면서 걷는 딸의 손을 잡고 조심스럽게 입장하고 있었습니다. 그런데 주례 앞에 거의 가까이 왔을 때, 그만 신부가 넘어져 버렸습니다. 순간 사람들은 당황하기 시작했습니다. 아버지는 당황해서 어쩔 줄 몰라 했습니다. 바로 그 순간, 신랑이 재빨리 달려오더니 신부를 부축해 올리고, 당당하게 주례 앞에 서서 팔짱을 꼈습니다. 그런데 가만히 보니 신랑이 신부의 웨딩드레스 밑으로 살짝 자기의 발을 디밀어서 그 위에 신부의 발을 올려놓았습니다. 그리고 신랑은 얼굴 가득 미소를 짓고 있었습니다. 그 모습을 본 하객들은 큰 감동을 받았습니다. 그리고 신혼여행을 다녀온 후 신부는 결혼사진을 보기위해 앨범을 펼치는 순간 메모 한 장이 떨어졌습니다. 그 메모에는 신랑이 신부에게 쓴 짧지만 감동적인 글이 적혀 있었습니다. "제가 늘 기쁨으로 당신의 한쪽 다리가 되겠습니다. 만일 그렇게 하지 못한다면 당신과 내가 하나가 될 수 있도록 차라리 내 한쪽 다리를 절개해달라고 기도하겠습니다."

부부는 하나님께서 맺어주신 관계이며, 서로 부족을 채워줘야 합니다. 하나님께서 허락하신 배우자를 끝까지 사랑하십시오.

 주님! 배우자를 아낌없이 사랑하게 하소서.
 배우자를 아낌없이 사랑하고 있습니까?

실패가 주는 10가지

10월 9일   신 1:19-30

●**신 1:28** 우리가 어디로 갈꼬 우리의 형제들이 우리로 낙심케 하여 말하기를 그 백성은 우리보다 장대하며 그 성읍은 크고 성곽은 하늘에 닿았으며 우리가 또 거기서 아낙 자손을 보았노라 하는도다 하기로
●**전 10:10** 무딘 철 연장 날을 갈지 아니하면 힘이 더 드느니라 오직 지혜는 성공하기에 유익하니라

로버트 슐러 목사님이 말한 '실패가 주는 10가지 의미'입니다.

01. 실패는 당신이 실패자임을 의미하는 것이 아니다.
02. 실패는 당신이 아무것도 성취하지 못했음을 의미하는 것이 아니라 무엇인가를 새로 배웠다는 것을 의미한다.
03. 실패는 당신의 체면이 손상되었음을 의미하는 것이 아니다.
04. 실패는 당신이 소유하지 못했음을 의미하는 것이 아니다.
05. 실패는 당신이 열등함을 의미하는 것이 아니다.
06. 실패는 당신이 인생을 낭비했음을 의미하는 것이 아니다.
07. 실패는 당신이 포기해야함을 의미하는 것이 아니다.
08. 실패는 당신이 결코 할 수 없음을 의미하는 것이 아니다.
09. 실패는 하나님께서 당신을 외면했음을 의미하는 것이 아니다.
10. 실패가 당신을 실패하게 만드는 것이 아니다. 다만 중단하는 것만이 실패하게 만드는 것이다.

실패했다고 그 자리에 머물러 있지 마십시오. 실패가운데 교훈을 얻는다면 그것은 실패가 아니라 성공의 시작입니다. 실패를 통해 큰 역사를 이루실 하나님을 믿고 마음에 소망을 품고 계속 도전하십시오. 실패를 성공으로 바꾸는 사람이 되십시오.

 주님! 낙심하기보다는 성공을 보게 하소서.
 당신을 좌절하게 하는 것이 있다면, 무엇입니까?

지혜로운 화가

민 23:13-26　　　　　　　　　　　　　　　　　　　10월 10일

- 민 23:21 여호와는 야곱의 허물을 보지 아니하시며 이스라엘의 패역을 보지 아니하시는도다 여호와 그의 하나님이 그와 함께 계시니 왕을 부르는 소리가 그 중에 있도다
- 고전 6:7 너희가 피차 송사함으로 너희 가운데 이미 완연한 허물이 있나니 차라리 불의를 당하는 것이 낫지 아니하며 차라리 속는 것이 낫지 아니하냐

　옛날 그리스에 유명한 애꾸눈 장군이 있었습니다. 이 장군은 죽기 전에 자신의 초상화를 부탁했습니다. 그러나 화가들이 그려낸 초상화를 보고 장군은 못마땅하게 생각했습니다. 어떤 화가는 애꾸눈을 그대로 그렸고, 또 어떤 화가는 장군의 심중을 짐작한 나머지 양쪽 눈이 모두 성한 모습으로 그렸습니다. 장군은 애꾸눈의 흉한 자기 초상화도 못마땅했지만, 그렇다고 성한 모습으로 그렸던 것은 사실과 다르기 때문에 받아들일 수 없었습니다. 그때 고민하고 있는 장군에게 어리고 이름도 없는 화가가 나타나서 자기가 장군의 초상화를 그려보겠다고 했습니다. 장군은 못 미더웠지만 마지못해 허락을 했습니다. 그런데 얼마 후 장군은 이 무명화가의 초상화를 보고 매우 만족스러워 하면서 후한 대접을 해주었습니다. 그 화가는 장군의 성한 눈이 있는 옆모습을 그렸던 것입니다.
　하나님이 주신 지혜로 다른 사람의 허물을 덮어준다면 복이 옵니다. 성숙한 신앙을 가지고 전도 할 때뿐만 아니라 삶에서 다른 이들의 허물을 사랑으로 덮어주고 참 지혜이신 주님을 지혜롭게 나타내는 하루가 되십시오.

 주님! 사랑으로 허물을 덮어 주는 사람이 되게 하소서.
 다른 사람들의 약점을 감싸주고 있습니까?

노력이 안겨준 우승

10월 11일　　　　　　　　　　　　　　　　　　　　**고후 1:1-11**

- **고후 1:6** 우리가 환난 받는 것도 너희의 위로와 구원을 위함이요 혹 위로 받는 것도 너희의 위로를 위함이니 이 위로가 너희 속에 역사하여 우리가 받는것 같은 고난을 너희도 견디게 하느니라
- **딤후 2:21** 그러므로 누구든지 이런 것에서 자기를 깨끗하게 하면 귀히 쓰는 그릇이 되어 거룩하고 주인의 쓰심에 합당하며 모든 선한 일에 예비함이 되리라

제15회 헬싱키 올림픽에서 입지전적인 인물로 뽑히는 선수는 바로 헝가리의 레슬링 웰터급 미크로스 질바시 선수입니다.

질바시는 경찰관으로 근무하던 때에 동료의 오발로 다리에 총알관통상을 입었습니다. 그 때의 총상으로 신경이 마비되어 얼마동안 걷지도 못했으나, 그는 거기에서 좌절하지 않았습니다. 매일 다리에 큰 돌을 매달고 다리 운동을 계속했습니다.

그러자 차츰 마비증세가 없어지고 결국 국가 대표 선수가 되었고 런던 올림픽에 출전하여 준우승을 했습니다. 그리고 4년 뒤 헬싱키올림픽에서 금메달을 따냈던 것입니다.

그의 삶을 보면서 우리는 그리스도인으로서의 삶의 자세를 되돌아 볼 필요가 있습니다. 어려운 환경조건이나 고난은 우리를 강하게 하고 하나님을 바라보게 합니다. 고난 속에서도 나를 향한 하나님의 큰 뜻을 볼 수 있어야합니다.

고난 중에도 주님을 찬양하며, 우리를 위해 예비된 의의 면류관을 향해 달려가는 하루가 되십시오.

 주님! 고난 중에도 주님의 큰 뜻을 보게 하소서.
 고난 속에서도 주님을 찬양하고 있습니까?

칭찬기계

고후 10:1-18   10월 12일

● 고후 10:18 옳다 인정함을 받는 자는 자기를 칭찬하는 자가 아니요 오직 주께서 칭찬하시는 자니라
● 히 10:24 서로 돌아보아 사랑과 선행을 격려하며

「선택된 남자 당당한 여자」란 책에 실린 노래입니다.
그해 봄, 우리는 약속을 비옥한 땅에 심었다.
서로 약속했지. 가을이 되었을 때 상대방에게 주기로 뜻밖의 기쁜 선물을.
당신의 약속은 바람 속에서 흔들리고 빗속에서 여위어진다.
햇빛 아래에서 바람에 말라가고 찬 서리에 빛이 바랜다.
나의 약속,
바람 속에서 성장하고, 빗속에서 풍부해진다.
햇빛 아래서 성숙하고, 찬 서리에 굳건해진다.
그해 겨울, 당신의 약속은 그림자도 없이 사라졌다.
나의 약속은 살에 에는 듯한 추위에 신성한 경치가 되었다.

약속이란 신뢰의 저축입니다. 약속을 지키는 습관을 기른다면 다른 사람들은 당신의 성숙함으로 인해 당신의 의견과 충고를 주의하여 들을 것입니다. 하나님과 우리의 관계에 있어서도 마찬가지입니다. 하나님과의 신뢰를 잘 쌓아, 하나님과 우리와의 끈을 더욱 두텁게 하십시오.

 주님! 약속을 잘 지키는 습관을 가지게 하소서.
 지키지 못한 약속이 있다면, 그 약속을 실천하는 하루가 되십시오.

세계를 놀라게 한 사랑의 결말

10월 13일　　　　　　　　　　　　　　　　　　**욥 8:1-7**

● 욥 8:7 네 시작은 미약하였으나 네 나중은 심히 창대하리라
● 잠 24:10 네가 만일 환난날에 낙담하면 네 힘의 미약함을 보임이니라

　1936년, 영국 전체뿐만 아니라 세계를 놀라게 한 일이 있었습니다. 대영제국의 국왕이었던 에드워드 8세가 취임한지 11개월 만에 돌연히 왕위를 물러나겠다는 것이었습니다. 노총각인 왕이 두 번 이혼한 적이 있는 심프슨이라는 미국 여성과 결혼하려다가 극심한 반대에 부딪히자, 사랑을 택해 왕위를 버렸던 놀라운 사건이었습니다. 많은 사람들은 애석해 하면서 이에 감복했고, 언론들은 "사랑의 승리"라고도 했습니다. 어떤 이들은 "어쩌면 그는 사랑 때문이 아니라 틀에 박힌 영국 왕실의 형식화와 영국의 기존 질서에 항거하여 왕관을 버린 것인지도 모른다"라고 했습니다. 결국 그는 그 후 윈저공이라는 이름으로 내려앉아 프랑스에서 살았습니다. 하지만 이들은 시간이 흐를수록 서로에 대한 애정이 식어갔고, 아내인 심프슨의 잔소리는 심해졌습니다. 심지어 아내의 잔소리를 이기지 못한 그는 친구들을 만나 힘들다며 눈물을 흘리며 불행을 호소하였습니다. 그리고 아내는 중풍으로 몸조차 가누지 못하게 되었고 더욱더 신경질적으로 변했습니다. 지금은 둘 다 고인이 되었지만, 참으로 안타까운 일이 아닐 수 없습니다. 아름답게 시작했다가 안타깝게 끝나는 일들이 있습니다. 시끌벅적하게 시작했다가 시시하게 끝나는 일들도 있습니다. 그러나 시작부터 끝까지 주님을 의지하고 주님께 필요를 구하면 시작과 끝이 다 아름다울 수 있다는 사실을 기억하며 사십시오.

 주님! 모든 일의 시작부터 끝까지 주님이 도와주소서.
 당신이 지금 시작한 일의 기준은 무엇입니까?

양심의 거울

히 10:21-25   10월 14일

- 히 10:22 우리가 마음에 뿌림을 받아 양심의 악을 깨닫고 몸을 맑은 물로 씻어스니 참 마음과 온전한 믿음으로 하나님께 나아가자
- 딛 1:15 깨끗한 자들에게는 모든 것이 깨끗하나 더럽고 믿지 아니하는 자들에게는 아무것도 깨끗한 것이 없고 오직 저희 마음과 양심이 더러운지라

오래전 어느 신문에서 전과자들의 간담회를 열은 적이 있었습니다. 그때 절도 전과자들은 자신의 경험담들을 털어 놓았습니다. 한 전과자가 말했습니다.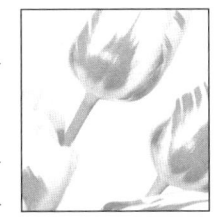

"난 도둑질하러 들어갔을 때, 그 집 현관에 놓여있는 신발들이 가지런하면 긴장을 하게 됩니다. 그러나 만일 흐트러져 있으면 내 집같이 마음 놓고 들어갑니다. 하나를 보면 열을 알 수 있거든요."

그러자 또 한 명의 전과자가 말했습니다.

"주인이 코를 골고 자면 도둑질하기에 아주 편합니다. 코고는 소리에 맞추어 한 발짝씩 떼어 놓으면 행진곡에 맞추어 입장하듯이 들킬 염려가 없습니다."

하지만 이들은 특히 복도나 식당 같은 엉뚱한 장소에서 비치는 자신의 모습을 보게 되면 지레 겁에 질려 도망치기 조차한다고 합니다.

그렇습니다. 그들은 거울 속에 비치는 자신의 모습을 통해 자신의 양심을 본 것입니다. 우리는 양심의 거울에 비추었을 때 부끄러움이 없어야 합니다. 더욱이 하나님을 믿는 그리스도인들은 죄에 대해 흐려지고 무뎌지기 전에 하나님의 말씀으로 양심의 거울을 깨끗이 닦아내야 합니다. 하나님 안에서 깨끗한 양심을 가지고 뜨겁게 주님을 사랑하며, 순결한 그리스도의 신부답게 살아가십시오.

 주님! 부끄럼 없는 그리스도인 되게 하소서.

 현관에 신발들이 가지런하게 놓여 있습니까?

사랑하기 때문에

10월 15일 **눅 7:36-50**

- 눅 7:47 이러므로 내가 네게 말하노니 저의 많은 죄가 사하여졌도다 이는 저의 사랑함이 많음이라 사함을 받은 일이 적은 자는 적게 사랑하느니라
- 요일 4:10 사랑은 여기 있으니 우리가 하나님을 사랑한 것이 아니요 오직 하나님이 우리를 사랑하사 우리 죄를 위하여 화목제로 그 아들을 보내셨음이니라

삼국지에서 나온 제갈공명이 아들처럼 길러온 사람으로 마속이라는 장군이 있었습니다. 그런데 마속장군이 그만 제갈공명의 작전 지시를 어겨서 싸움에 패하고 말았습니다. 그러나 충성된 애국심에서 잘해보려고 하다 그런 것이었고, 또 총 지휘관인 제갈공명과는 각별한 관계였기 때문에, 인정상으로 한 번 쯤은 눈감아 줄만 했습니다. 그러나 제갈공명은 중상을 입고 돌아온 패전장 마속에게 "이런 때에 군대 기강을 바로 하지 않으면 누가 나를 따르겠는가?" 하고 크게 꾸짖으며 그 자리에서 참수형을 내렸습니다. 그러나 "울면서 마음속의 목을 베었다" 하여 "읍참마속"이라는 고사성어가 생겼습니다. 그리고 제갈공명은 참수한 후 자신의 지위를 강등시켜 달라고 군주에게 상소했습니다.

이 이야기는 우리에게 큰 교훈을 줍니다. 하나님께서는 우리를 너무나 사랑하십니다. 그러나 우리는 하나님의 계명을 잊은 채 살아가며 죄를 짓습니다. 그리고 하나님은 그에 대해 심판하십니다. 죄악을 눈감아 주고 넘어가는 것은 정의가 아니기 때문입니다. 하지만 하나님은 우리를 너무나도 사랑하셔서 독생자 예수 그리스도를 보내어 인류의 모든 죄 값을 대신 치루게 하셨고, 예수님을 믿으면 모든 죄가 용서되게 하셨습니다.

그러므로 오늘도 하나님의 사랑을 마음 깊이 품고 당당하게 사십시오.

 주님! 깊은 하나님의 사랑을 깨달을 수 있게 하소서.

 당신의 죄를 용서해주신 하나님의 사랑을 전하십시오.

정봉이 보낸 편지

마 5:1-16   10월 16일

- 마 5:16 이같이 너희 빛을 사람 앞에 비취게 하여 저희로 너희 착한 행실을 보고 하늘에 계신 너희 아버지께 영광을 돌리게 하라
- 롬 8:13 너희가 육신대로 살면 반드시 죽을 것이로되 영으로써 몸의 행실을 죽이면 살리니

조선 연산군 때에 정봉이라는 사람이 있었는데, 그는 연산군에게 바른 말을 했다가 몇 번이나 죽을 고비를 넘기기도 했습니다.

한번은 정봉이 청송부사로 있을 때에 영의정 성희안으로부터 꿀과 잣을 좀 보내라는 청탁이 들어왔습니다. 청송은 석청 꿀과 잣의 명산지였기 때문이었습니다. 이에 정봉은 답장을 보냈습니다.

"잣은 높은 산꼭대기에 있고, 꿀은 백성들의 벌통 속에 들어 있는데, 그것들을 지켜줘야 할 내가 어디 가서 그 물건을 구한단 말입니까?"

이 편지를 받은 성희안은 크게 후회하며 정중하게 사과의 글을 써서 보냈고, 정봉이 보낸 그 편지를 여러 사람들에게 보여 주었습니다.

우리들도 모든 점에서 본이 되도록 해야 합니다. "모든 행실에 거룩한 자가 되라"라는 하나님의 말씀을 마음 깊이 새기고, 성령님의 인도를 따라 살아가야 합니다. 하나님 앞에 사람들 앞에 정결한 그리스도인이 되십시오.

 주님! 본이 되는 그리스도인이 되게 하소서.

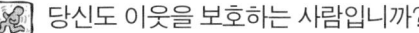 당신도 이웃을 보호하는 사람입니까?

행함과 진실로

10월 17일　　　　　　　　　　　　　　　　　　　　　　　　　**약 2:14-26**

● 약 2:17 이와 같이 행함이 없는 믿음은 그 자체가 죽은 것이라
● 요일 3:18 자녀들아 우리가 말과 혀로만 사랑하지 말고 오직 행함과 진실함으로 하자

어느 목사님이 신장기능이 약화되어 건강한 사람의 신장을 이식해야 된다는 결론이 나왔습니다.

주일 날 임시로 강단을 맡아 설교를 하게된 유명한 목사님이 전후사정을 설명한 후 아무래도 교인들 가운데서 신장기증자가 나와야 될 것이라고 말하면서 고통받는 주님의 종을 위해서 신장을 기증할 뜻이 있는 사람은 손을 들어 표하라고 했습니다. 잠시 후 여기저기서 손을 들기 시작하더니 거기 모인 천여명이 거의 다 손을 들었습니다. 그날 설교를 맡은 목사님은 감격하며 말했습니다.

"여러분, 참으로 감격스럽습니다. 이처럼 주의 종을 사랑하는 사람이 많다는데 놀랐습니다. 그러나 신장은 한 사람 것이면 되는데, 이런 상황에서 어느 한 사람을 지적하는 것은 덕스럽지 못하기 때문에 오리털 하나를 꺼내 입으로 분 후, 이 오리털이 머리 위에 내려앉는 사람을 신장기증자로 선정하겠습니다. 그리고 우리는 주님의 뜻을 기다리며 조용히 기도하며 기다립시다."

드디어 오리털이 강단을 떠나 회중석으로 날아가기 시작했습니다. 그런데 이게 웬일입니까? 오리털이 가까이 날아오면 사방에서 '주여, 할렐루야, 아멘' 소리가 입바람에 섞여 나오고 그와 동시에 오리털은 다른 곳으로 날아갑니다. 오리털은 누구 머리 위에도 내려앉지 못했답니다. 사실일지는 모르겠지만, 우리는 말과 혀로만 사랑하지 맙시다.

 주님, 진실과 행함으로 사랑하게 하소서.
 고난 받는 이웃을 위해 어떤 일을 할 수 있습니까?

고부간의 거짓말

고후 1:12-20 10월 18일

● 룻 1:16 어머니의 백성이 나의 백성이 되고 어머니의 하나님이 나의 하나님이 되시리니
● 요일 3:18 자녀들아 우리가 말과 혀로만 사랑하지 말고 오직 행함과 진실함으로 하자

한 방송사가 신년 특집 프로그램으로 며느리와 시어머니 천여 명을 대상으로 조사한 '고부간의 거짓말'을 방영한 적이 있습니다.

며느리가 가장 많이 하는 거짓말 1위는 "어머님 벌써 가시게요? 며칠 더 계시다 가세요.", 2위는 "용돈 적게 드려 죄송해요. 다음엔 많이 드릴게요", 3위는 "어머니가 한 음식이 제일 맛있어요.", 4위는 "전화 드렸는데 안 계시더라구요.", 5위는 "저도 어머님 같은 시어머니가 될래요." 등이었습니다.

시어머니가 며느리에게 가장 많이 하는 거짓말 1위는 "아가야, 난 널 딸처럼 생각한단다.", 2위는 "생일상은 뭘… 그냥 대충 먹자구나.", 3위는 "내가 얼른 죽어야지.", 4위는 "내가 며느리 땐 그보다 더 한 것도 했다.", 5위는 "좀 더 자라. 아침은 내가 하마." 등의 거짓말을 자주 하는 것으로 조사되었습니다.

서로를 알기 위해서는 정확한 이해와 지식이 필요합니다. 때로 선의의 거짓말도 필요하겠지만, 거짓보다는 진실이 관계를 촉진시킬 수 있습니다. 인생의 만족과 행복을 주는 좋은 성품을 가지십시오.

 주님! 진실을 말할 수 있는 용기를 가지게 하소서.
 내가 자주하는 선의의 거짓말은 무엇입니까?

암을 정복하는 방법

10월 19일 　　　　　　　　　　　　　　　　　엡 3:14-21

● 엡 3:16 그 영광의 풍성을 따라 그의 성령으로 말미암아 너희 속 사람을 능력으로 강건하게 하옵시며
● 요삼 1:2 사랑하는 자여 네 영혼이 잘 됨같이 네가 범사에 잘되고 강건하기를 내가 간구하노라

　　　　　국제적으로나 국내적으로 암 발생률과 암 사망률이 높아짐으로 인해 사회의 심각한 문제가 되고 있습니다. 암 전문의 장석원 원장은 암을 정복하는 방법을 「암 예방과 치료법」에서 이렇게 말하고 있습니다.
　01. 신선한 공기를 들이 마시기 위해 삼림욕을 자주 하라.
　02. 피로하다고 느끼면 바로 충분한 휴식을 취하라.
　03. 자신의 병과 치료에 대한 궁금증뿐만 아니라 사소한 약물복용에 대해서도 주치의에게 꼭 물어본 후 실행하라.
　04. 각종 항암물질이 함유된 식품을 골고루 섭취하라. 올바른 식습관이 중요하다.
　05. 피곤하지 않을 정도의 적당한 운동을 규칙적으로 하라.
　06. 자신의 곁에는 항상 가족들이 있음을 명심하라.
　07. 몸무게를 유지하도록 노력하라.
　08. 삶에 대한 '희망의 끈'을 놓지 말라.
　09. 면역기능을 떨어뜨리는 스트레스를 줄이도록 노력하라.
　10. 확신이 서지 않을 때는 의사의 조언을 구하라.
　건강은 하나님께서 주신 귀한 선물 중 하나입니다. 기도와 실천으로 건강을 잘 관리하여 건강한 몸으로 주님의 일을 잘 감당하십시오.

 주님! 영육간에 강건하게 하소서.
 영육간에 강건하기 위해 어떠한 노력을 하고 있습니까?

I.Q.와 지혜

시 119:81-88   10월 20일

- 시 119:81 나의 영혼이 주의 구원을 사모하기에 피곤하오나 나는 오히려 주의 말씀을 바라나이다
- 요 8:15 너희는 육체를 따라 판단하나 나는 아무도 판단치 아니하노라

I.Q.란 사람의 지능을 수치로 말해주는 지능 지수입니다. 그런데 사람들은 흔히 "우리 아이는 아이큐가 정말 높아" 또는 "난 아이큐가 너무 낮아"라며 자랑하기도 하며 실망하기도 합니다. 그러나 어느 조사에 따르면, 지능 지수가 아주 높은 사람들은 보통 눈에 띄지 않는 직업을 가지고 있는데, 분명한 사실은 반복하는 것을 잘 참지 못하기 때문에 오히려 학문적으로 성공하는 경우가 적다고 합니다.

위대한 과학자 아인슈타인도 그리 특출난 사람은 아니어서, 누군가가 어떤 이론을 설명할 때면 종종 "좀 천천히 설명해 주세요. 나는 이해가 빠른 사람이 아닙니다"라고 말하곤 했습니다.

요즘은 활동 지수인 A.Q.와 I.Q.와의 조화가 중요합니다. 하지만 더욱 중요한 것은 도덕적으로 인간다워야 하고 영적으로도 깨어 있어야 합니다. I.Q.와 A.Q.가 높고 낮고를 떠나서 모든 지혜의 근본은 하나님이라고 하셨습니다.

세상의 표면적인 지식을 높이는 것도 중요하나 하나님께서 지혜를 주시도록 더욱 간구하는 지혜로운 사람이 되십시오. 오늘도 하나님의 자녀로서 부족함 없는 하루가 되도록 하십시오.

 주님! 하나님께서 주시는 지혜를 사모하게 하소서.
 지능 지수로 사람을 판단하고 있지는 않습니까?

가장 귀한 것

10월 21일 마 26:6-16

- 마 26:7 한 여자가 매우 귀한 향유 한 옥합을 가지고 나아와서 식사하시는 예수의 머리에 부으니
- 요 1:12 영접하는 자 곧 그 이름을 믿는 자들에게는 하나님의 자녀가 되는 권세를 주셨으니

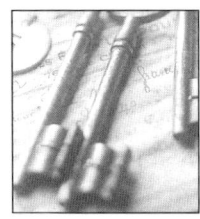

동물성 향료 가운데 가장 비싼 것 중 하나가 '무스콘'이라는 향수라고 합니다.

이 무스콘 향수는 재미있게도 숫 사향노루의 분비물에서 추출해낸다고 합니다. 누구나 고개를 돌리며 가까이 하기 싫어하는 분비물이 가장 좋은 향기를 내는 최고의 향수로 변한다니 신기한 일이 아닐 수 없습니다.

그러나 이 사실이 우리와 밀접한 관계가 있음을 알 수 있습니다. 주님께서는 만물보다 거짓되고 부패했던 우리들을 변화시키셔서 '그리스도의 향기'를 낼 수 있게 만드셨고, 하나님의 자녀로 영원히 영광 받게 하셨기 때문입니다.

성경에는 예수님께서 시몬 집에 계실 때 어떤 여인이 매우 귀한 향유 한 옥합을 가지고 와서 예수님께 부어드린 사실이 기록되어 있습니다. 이렇듯이 우리는 주님께 감사해야 하며, 자신이 가진 가장 귀한 것을 아낌없이 드릴 수 있어야 합니다.

죄인 된 우리를 사랑하셔서 세상의 빛과 소금이 되게 하신 하나님께 감사해야 하며, 아직도 죄악 속에서 방황하는 사람들에게 그리스도의 향기를 풍길 수 있는 하루가 되십시오.

 주님! 귀한 하나님의 자녀로 삼아 주심을 감사하게 하소서.

 내가 가지고 있는 가장 귀한 것을 주님께 드릴 수 있습니까?

신비와 행운의 벽조목

신 30:15-20   10월 22일

● 신 30:15 보라, 내가 오늘날 생명과 복과 사망과 화를 네 앞에 두었나니
● 행 2:21 누구든지 주의 이름을 부르는 자는 구원을 얻으리라 하였느니라

우리 민족은 옛부터 도장을 매우 중요시 여기고 소중하게 사용해왔습니다.

한 예를 들자면, 도장 중 벼락 맞은 대추나무를 말하는 벽조목이라는 고급도장이 있습니다. 이 도장은 "신비와 행운의 벽조목"이라고 말합니다.

오래전부터 사람들은, 이것이 요사한 잡귀의 기운을 물리치고 행운을 부른다고 하여 몸에 지니고 있으면 액운을 쫓아내고 행운을 부른다고 하여 몸에 지니고 다니곤 했습니다. 대추나무가 벼락을 맞아 액땜을 대신한 셈이어서, 그것을 지니고 있으면 액운을 쫓고 행운을 부른다는 것입니다. 그래서 벽조목으로 만든 작은 도장과 부적은 가격이 꽤 나간다고 합니다.

화와 복의 주관자는 벼락 맞은 대추나무로 만든 벽조목이 아니라 하나님이십니다. 이 사실을 모른 채 수많은 부적과 우상을 섬기는 사람들이 많이 있습니다. 주님만이 진정한 우리의 구원자 되심을 믿고 주님만을 의지할 수 있어야 합니다. 그러므로 우리를 대신하여 십자가의 고난을 받으심으로 우리의 죄와 사망의 모든 문제를 해결하시고, 부활하셔서 거듭난 삶을 살게 하신 예수님을 그들에게 전하십시오.

 주님! 우리의 진정한 구원자는 주님이심을 전하게 하소서.
 우상을 섬기며 사는 사람에게 복음을 전하십시오.

자녀를 망치는 길

10월 23일　　　　　　　　　　　　　　　　　삼상 2:12-17

● **삼상 2:12** 엘리의 아들들은 불량자라 여호와를 알지 아니하더라
● **삼상 2:17** 이 소년들의 죄가 여호와 앞에 심히 큼은 그들이 여호와의 제사를 멸시함이었더라

"행복닷컴"에 나오는 "자녀를 망치는 10가지 길"을 소개합니다.

01. 아이가 갖고 싶어 하는 것은 무엇이든 다 주라.
02. 아이가 나쁜 말을 쓸 때면 그냥 웃어 넘겨라.
03. 그 어떠한 형태의 교훈적인 훈련과 교육도 시키지 말라.
04. 잘못된 품행은 책망하지 말고 그냥 두어라.
05. 아이가 어질러 놓은 침대, 옷, 신발 등을 모두 정돈해 주라.
06. 텔레비전이나 비디오를 마음대로 볼 수 있게 해주라.
07. 아이들 앞에서 부부나 가족들이 싸우는 모습을 자주 보여라.
08. 달라고 하는 대로 용돈을 얼마든지 주라.
09. 먹고 싶다는 것 다 먹이고, 마시고 싶다는 것도 다 마시게 하고, 좋다는 것은 다 해주라.
10. 아이가 이웃과 대립하는 자세나 마음을 가질 때에는 언제나 아이편이 되어 주라.

자녀는 하나님께서 주신 귀한 선물입니다. 하지만 뭐든지 다 들어주고 다 해주는 것은 최선의 방법이 아닙니다. 잘못했을 경우엔 잘못을 뉘우치도록 가르쳐 자녀가 바른 길로 가도록 해주는 것이 진정 부모의 역할입니다. 하나님께서 주신 귀한 자녀를 바르게 양육하는 부모가 되십시오.

 주님! 자녀의 잘못을 바로 잡아주는 부모가 되게 하소서.
 자녀의 잘못을 눈감아 주고 있지는 않습니까?

아름다운 벽돌 길을 만든 소년

잠 26:20-28   10월 24일

● **잠 26:20** 나무가 다하면 불이 꺼지고 말장이가 없어지면 다툼이 쉬느니라
● **롬 1:15** 그러므로 나는 할 수 있는대로 로마에 있는 너희에게도 복음 전하기를 원하노라

미국과 전 세계에 있는 YMCA 건물을 수없이 지어준 '백화점 왕' 존 워너메이커의 일화입니다.

13세의 소년 존은 필라델피아의 한 벽돌공장에서 일을 하고 있었습니다. 어느 날 일을 마치고 돌아오는 길이었는데 비가 내려 마을의 도로는 진창길이 되어있었습니다. 비가 조금만 내려도 그 길은 걷기가 불편했습니다, 그러나 사람들은 옷자락을 움켜쥐고 힘겹게 걸으면서 불평만 할 뿐 길을 고칠 생각은 하지 않았습니다. 존은 그 길을 벽돌로 포장해야겠다고 결심하고 다음날부터 얼마 안 되는 자신의 임금에서 날마다 일부를 떼어 벽돌 한 장을 샀고 길에 깔기 시작했습니다. 그 넓고 긴 길을 혼자서 완성하려면 2년은 넘게 걸릴 일이었습니다. 그런데 한 달 뒤, 기적 같은 일이 일어났습니다. 존은 그날도 벽돌 한 장을 깔고 있었습니다. 그런데 마을의 어느 사람이 우연히 그것을 보았고, 존이 날마다 벽돌을 한 장씩 깔아온 이야기도 듣게 되었습니다. 이 소문은 곧 마을 전체로 퍼졌습니다. 존의 이야기를 듣고 반성한 마을 사람들은 길을 포장하기로 하고 힘을 모았습니다. 그리고 얼마 후, 그 길은 아름다운 벽돌길이 되었습니다. 우리는 어려운 일이 생길 때, 그 일을 해결하기 위해 노력하기 보다는 불평, 불만을 터트릴 때가 많이 있습니다. 이제는 어려움을 솔선수범해서 해결하는 사람이 되십시오.

 주님! 어려움을 타파하는 사람이 되게 하소서.
 지금 있는 어려움들을 적고 해결방법을 생각하십시오.

우유 한 잔과 빵 한 조각

10월 25일   행 16:6-10

● 행 16:9 밤에 환상이 바울에게 보이니 마게도냐 사람 하나가 서서 그에게 청하여 가로되 마게도냐로 건너와서 우리를 도우라 하거늘
● 빌 4:3 또 참으로 나와 멍에를 같이 한 자 네게 구하노니 복음에 나와 함께 힘쓰던 저 부녀들을 돕고 또한 글레멘드와 그 외에 나의 동역자들을 도우라 그 이름들이 생명책에 있느니라

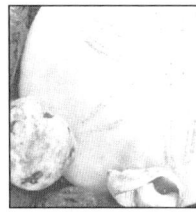

가난한 의대생인 한 젊은이가 있었습니다. 어느 날 너무 빈곤하여 평소에 소중히 여기던 비싼 책을 팔기 위해 헌 책방에 갔더니 문이 닫혀 있었습니다. 어쩔 수 없이 집으로 돌아오던 그는 배가 고파 근처에 있는 어느 집에 들어갔습니다. 마침 어린 여자아이가 집을 지키고 있었습니다. 그는 여자아이에게 물었습니다.

"배고파서 그런데 먹을 것 좀 줄 수 있니?"

그러자 아이는 우유 한잔과 빵 한 조각을 가져다주었습니다. 그는 맛있게 먹은 후 그 집 주소와 여자아이와 어머니의 이름을 적어갔습니다.

몇 년이 지난 어느 날 여자아이의 어머니가 병원에 입원하여 수술을 받았는데 여자아이는 병원비가 없어서 걱정하고 있었습니다. 그런데 계산서를 받아든 여자아이는 놀랐습니다. 계산서에는 "입원비와 수술비는 우유 한잔과 빵 한 조각입니다. 그리고 그 값은 몇 년 전에 이미 받았습니다."라고 쓰여 있었습니다.

남을 돕는 일이 결국은 자기 자신을 돕는 투자도 됩니다. 어려운 이웃에게 내가 할 수 있는 일을 찾아 도우십시오.

 주님! 도움을 요청하는 사람에게 베푸는 사람이 되게 하소서.

 남을 얼마나 도우며 살아왔는지 생각해 보십시오.

신발 한 짝

행 2:43-47　　　　　　　　　　　　　　　　　10월 26일

● **행 2:45** 또 재산과 소유를 팔아 각 사람의 필요를 따라 나눠 주고
● **빌 2:25** 그러나 에바브로디도를 너희에게 보내는 것이 필요한 줄로 생각하노니 그는 나의 형제요 함께 수고하고 함께 군사된 자요 너희 사자로 나의 쓸 것을 돕는 자라

인도의 민족지도자 간디의 일화입니다.

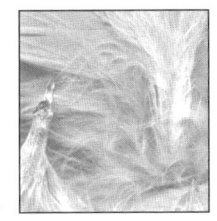

어느 날 간디는 먼 지역으로 강연을 가게 되었습니다. 그러나 바쁘게 하루를 보내다 보니 어느새 기차시간이 되었습니다. 간디는 몇몇의 사람들과 함께 급히 역으로 달려갔습니다. 그리고 그들은 급하게 기차를 타야 했습니다. 그런데 급하게 기차를 타는 바람에 간디의 신발 한 짝이 벗겨져 기차 밖의 바닥으로 떨어져 버렸습니다. 하지만 기차가 빠른 속도로 달리기 시작했기 때문에 신발을 주울 수가 없었습니다. 사람들은 안타까워하며 창밖으로 고개를 내밀었습니다. 그 순간 간디는 다른 한 짝을 벗더니 기차 밖으로 힘껏 던졌습니다.

간디의 행동에 놀란 사람들은 "선생님, 두 발 다 맨발로 어쩌려고 그러십니까?"라고 물었습니다. 그러자 간디를 미소 지으며 말했습니다.

"어떤 가난한 사람이 바닥에 떨어진 신발 한 짝을 주웠다고 상상해 보십시오. 그에게는 아무런 쓸모가 없을 것입니다. 하지만 이제는 나머지 한 짝마저 갖게 되지 않았습니까?"

남의 필요를 배려하는 사람이 되십시오.

 주님! 상대방 입장에서 생각하게 하소서.
 못다 베푼 친절이 있었다면 그것을 완성하십시오.

참 만족의 조건

10월 27일 미 6:1-5

- 미 6:4 내가 너를 애굽 땅에서 인도하여 내어 종노릇 하는 집에서 속량하였고
- 빌 4:12-13 내가 비천에 처할 줄도 알고 풍부에 처할 줄도 알아 모든 일에 배부르며 배고픔과 풍부와 궁핍에도 일체의 비결을 배웠노라 내게 능력 주시는 자 안에서 내가 모든 것을 할 수 있느니라

'통로를 찾는 사람들'이라는 글을 쓴 미국의 작가 '게일 페일'은 현대인들이 만족 결핍증을 앓고 있다며, 참 만족을 갖고 사는 사람들의 7가지 조건을 제시하고 있습니다.

무슨 조건이 부족한지요?

1. 삶과 뜻에 분명한 방향을 가진 사람.
2. 허무와 실망에 매이지 않는 사람.
3. 앞날의 계획을 믿음과 용기로 성취하는 사람.
4. 누군가를 무척이나 사랑하는 사람.
5. 신뢰할 친구가 많은 사람.
6. 낙천적이고 비밀이 없는 사람.
7. 자기 비평에 신경 쓰지 않는 사람.

아무리 모든 조건이 좋고 필요한 모든 것이 갖추어졌다고 해도 결국 자기가 자기 자신의 삶을 지금 있는 그대로 받아들이고 좋아하지 않으면 행복을 느낄 수 없습니다. 하나님이 진정 원하시는 모습은 자유함 속에 많은 것을 누리며 살아가는 삶의 모습입니다. 주님이 주신 자유를 누리고 사십시오.

 주님! 주님이 주시는 가치를 알게 하소서.

 당신은 삶에 매여 종노릇하며 살아가고 있지는 않습니까?

동생을 향한 소년의 사랑

롬 14:1-12　　　　　　　　　　　　　　　　　　　　**10월 28일**

- 롬 14:9 이를 위하여 그리스도께서 죽었다가 다시 살으셨으니 곧 죽은 자와 산 자의 주가 되려 하심이니라
- 고전 2:2 내가 너희 중에서 예수 그리스도와 그의 십자가에 못 박히신 것 외에는 아무 것도 알지 아니하기로 작정하였음이라

기근이 극심했던 어느 해. 기자는 소말리아의 비극을 취재하기 위해 한 마을에 들어갔습니다. 그런데 마을의 사람들은 거의 죽어있었습니다. 그 기자는 한 작은 소년을 발견했습니다. 소년은 온몸이 벌레에 물려 있었고, 영양실조에 걸려 배가 불룩 나와 있었습니다. 마침 일행 중의 한 사진기자가 과일 하나를 갖고 있어서 소년에게 주었습니다. 그러나 소년은 너무 허약해서 그것을 들고 있을 힘이 없었습니다. 기자는 사과를 반으로 잘라서 소년에게 주었습니다. 소년은 그것을 받아 들고는 고맙다는 눈짓을 하더니 마을을 향해 걸어갔습니다. 기자일행은 조용히 소년을 따라가 보았습니다. 소년이 마을에 들어섰을 때, 이미 죽은 것처럼 보이는 한 작은 아이가 땅바닥에 누워 있었습니다. 아이의 눈은 완전히 감겨 있었습니다. 이 작은 아이는 소년의 동생이었습니다. 소년은 동생 옆에 무릎을 꿇더니 손에 쥐고 있던 과일을 한 입 베어 그것을 씹은 후, 동생의 입을 벌리고 그것을 입안에 넣어 주었습니다. 그리고 동생이 씹을 수 있도록 입을 벌렸다 오므렸다를 도와주었습니다. 기자 일행은 그 소년이 자기 동생을 위해 보름동안이나 그렇게 해온 것을 나중에야 알았습니다. 며칠 뒤 결국 소년은 영양실조로 죽게 되었고, 소년의 동생은 살아남았습니다.

우리는 예수님의 사랑과 희생으로 인해 살아가고 있습니다. 또한 우리의 죄를 대신 지게 하셨습니다. 하나님의 희생적인 사랑을 항상 기억하고 감사하십시오.

 주님! 나를 향한 하나님의 희생적인 사랑에 감사하게 하소서.

 자신의 소중한 사람을 위해 목숨마저도 희생할 수 있습니까?

커다란 항아리

10월 29일 행 6:8-15

- 행 6:8 스데반이 은혜와 권능이 충만하여 큰 기사와 표적을 민간에 행하니
- 엡 1:23 교회는 그의 몸이니 만물 안에서 만물을 충만케 하시는 자의 충만이니라

 한 강사가 학생들 앞에서 강의를 하고 있었습니다. 그는 "자, 실험을 한 가지 해봅시다"라며 커다란 항아리를 꺼내어 테이블 위에 올려놓았습니다. 그리곤 그 옆에는 상자 하나를 올려놓고, 주먹만한 돌을 하나씩 항아리 속에 옮겨 넣기 시작했습니다. 항아리에 돌이 가득차자 그는 "이 항아리가 가득찼습니까?"라고 물었습니다. 학생들은 "예"하고 이구동성으로 대답했습니다. 그러자 그는 다시 조그만 자갈 부스러기를 한 웅큼 꺼내어 항아리에 집어넣고 항아리를 흔들었습니다. 주먹만한 돌 사이에 조그만 자갈이 가득 차자, 그는 "이 항아리가 가득 찼습니까?"라고 다시 물었습니다. 학생들은 당황했습니다. 이번에 그는 모래주머니를 꺼내어 주먹만한 돌과 자갈사이의 빈틈을 가득 채운 뒤 다시 "이 항아리가 가득 찼습니까?"라고 물었습니다. 학생들은 "아니요"라고 대답했습니다. 그리고 그는 주전자를 꺼내어 물을 항아리에 붓고 나서는 학생들에게 물었습니다.

"이 실험의 의미가 무엇이겠습니까? 이 실험이 우리에게 주는 의미는 만약 큰 돌을 가장 먼저 집어넣지 않았다면 그 큰 돌은 영원히 넣지 못할 것이라는 것입니다. 여러분의 인생에서 가장 큰 돌은 무엇인가요? 그것을 항아리에 가장 먼저 넣어야 하는 것을 절대 잊지 마십시오." 우리의 인생에서 가장 먼저 채워야 할 가장 큰 돌은 무엇일까요? 바로 주님이십니다. 주님을 우리 안에 먼저 채운 뒤 가족, 물질, 직장, 우정 등을 차곡차곡 채워 나간다면 어떤 것이라도 모두 채울 수 있습니다. 내 안에 주님을 먼저 채울 수 있는 하루가 되십시오.

 주님! 내 안에 주님을 가장 먼저 채울 수 있게 하소서.

 가장 큰 돌이 내 안에 채워져 있습니까?

기도가 더 좋은 이유

눅 6:12-26   10월 30일

● 눅 6:12 이 때에 예수께서 기도하시러 산으로 가사 밤이 맞도록 하나님께 기도하시고
● 살전 5:17 쉬지 말고 기도하라

인터넷에서 돌고 있는 "핸드폰보다 기도가 더 좋은 7가지 이유"입니다.

1. 핸드폰은 잘해봐야 한 달 200분 무료통화이지만, 기도는 한 번 가입하면 평생 무료 통화입니다.
2. 핸드폰은 환경에 따라 통화성능이 결정 나지만, 기도는 성능이 좋아 어디서나 가능합니다.
3. 핸드폰은 공공장소에서 사용하기에 눈치 보이지만, 기도는 때와 장소를 가리지 않고 사용이 가능합니다.
4. 핸드폰의 사용내역은 통신회사에 남지만, 기도의 사용내역은 하늘나라 책에 남습니다.
5. 한 대의 핸드폰으로는 한 사람밖에 통화할 수 없지만, 기도는 원한다면 수많은 사람이 동시 통화할 수 있습니다.
6. 핸드폰에서의 침묵은 쓸데없는 상상을 일으키지만, 기도할 때의 침묵은 주님이 알아서 접수하십니다.
7. 핸드폰의 업그레이드는 사람의 시선을 끌지만, 기도의 업그레이드는 하나님의 시선을 끕니다.

하나님과의 대화인 기도하는 일에 더욱 힘쓰십시오.

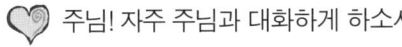

🖤 주님! 자주 주님과 대화하게 하소서.
🧎 핸드폰을 사용할 때마다 기도를 생각하십시오.

외다리 축구스타

10월 31일 **렘 29:1-23**

- 렘 29:11 나 여호와가 말하노라 너희를 향한 나의 생각은 내가 아나니 재앙이 아니라 곧 평안이요 너희 장래에 소망을 주려 하는 생각이라
- 벧전 1:6 그러므로 너희가 이제 여러 가지 시험을 인하여 잠깐 근심하게 되지 않을 수 없었으나 오히려 크게 기뻐하도다

월스트리트저널은 라이베리아의 소년병으로 징집돼 전쟁의 참화에 발 하나를 잃고 비참한 생활을 하다가 외다리 축구스타로 도약한 '데니스 파커'(33)의 인생역전을 커버스토리로 소개, 독자들에게 잔잔한 감동을 주었습니다. 길을 가면 사람들은 그를 '대선수'라며 환호하지만 1년여 전만 해도 그는 '살인자'로 손가락질 받던 몸이었다고 합니다. 14년에 걸친 아프리카 라이베리아 내전에서 약물에 취한 채 살인하고 약탈했던 다른 소년병들처럼 죽고 죽이는 전투 속에 발 하나를 잃고 살길이 막막해졌을 때, '외다리축구연맹'을 창설한 로버트 칼로 목사를 만났고, 칼로 목사는 "죽을 각오가 돼 있다"며 가장 호전적인 태도를 보인 파커와 그의 동료들에게 "악이 아니라 미래의 희망을 준비하자"며 이웃나라 시에라리온에서 유사 프로그램을 도입해 상이용사들로 구성된 최초의 외다리축구클럽을 창설하였습니다. 축구는 그에게 새로운 인생의 전환점이 됐습니다. 비록 자잘한 벌이로 생계를 유지하지만 시 외곽에 있는 월 5달러짜리 방에서 가족들과 함께 행복한 내일을 설계하고 있다고 합니다.

실패감에 젖어 살아가는 사람들에게도 찾아보면 가능성은 있습니다. 불가능케 하는 약점이 오히려 창조적인 인생의 도구됨을 믿으십시오.

 주님! 아픔이 하나님의 도구가 되게 하소서.
 격려가 필요한 사람을 찾아보십시오.

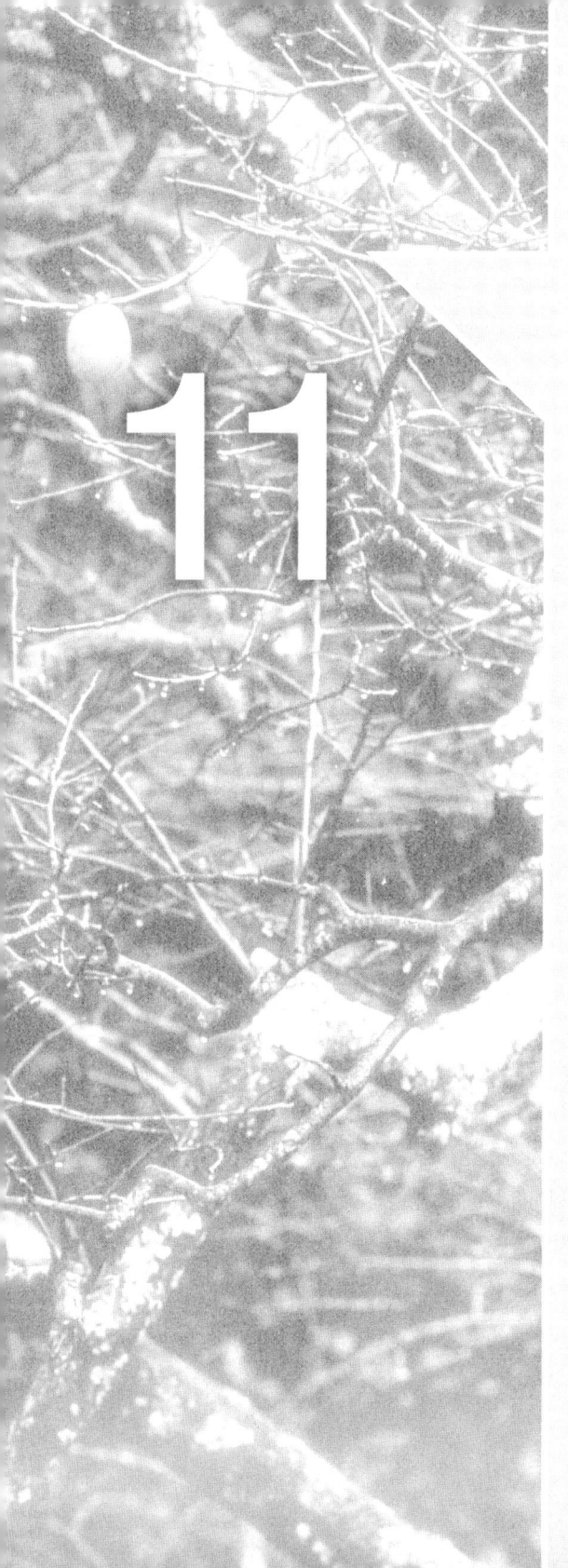

11

어제의 내가 없이 오늘의 내가
있을 수 없습니다. 하나님은 어제나
오늘이나 내일이나 변함없이 나와
동행하시는 분이십니다.

지혜롭게 기도하기

11월 1일 　　　　　　　　　　　　　　　　　　　　　　　**딤전 2:8-15**

- **딤전 2:8** 그러므로 각처에서 남자들이 분노와 다툼이 없이 거룩한 손을 들어 기도하기를 원하노라
- **벧전 4:7** 만물의 마지막이 가까웠으니 그러므로 너희는 정신을 차리고 근신하여 기도하라

매일 기도하는 엄마의 모습을 보며 자란 5살의 여자 아이가 하루는 엄마에게 이렇게 물었습니다.

"엄마, 기도는 어떻게 해요?"

그러자 엄마는 "기도는 이렇게 손가락을 꼽으면서 하는 거란다"라며 지혜롭게 가르쳐 주었습니다.

"심장에서 가장 가까운 엄지손가락은 자신을 포함해서 가족, 친구, 이웃 등 사랑하는 사람을 위해 뜨거운 심장으로 하는 기도이고, 무엇을 가리킬 때 쓰는 집게손가락은 선생님, 경찰관, 항해사 등 미래의 방향을 위한 기도란다. 그리고 가장 긴 중지 손가락은 나라를 지키는 사람들이나 지도자, 어른과 윗사람, 정치인이나 경제인들을 위한 기도이며, 가장 힘이 없는 약지손가락은 병들어 있거나 슬픈 일을 당해 슬퍼하는 사람들을 위한 기도란다. 그리고 마지막으로 가장 작은 새끼손가락은 가난하고 소외된 사람들, 장애인이나 불쌍한 노인들, 그리고 동생이나 어린아이들을 위한 기도란다."

하나님께서 주신 기도 제목들을 조목조목 손꼽아 기도 할 수 있는 아름다운 기도의 사람이 되십시오.

 주님! 많은 영혼들을 위해 지혜롭게 기도하게 하소서.

 기도 제목들을 자세히 적어 기도해 보십시오.

손님과 대학생

마 21:1-11　　　　　　　　　　　　　　　11월 2일

- 마 21:5 시온 딸에게 이르기를 네 왕이 네게 임하나니 그는 겸손하여 나귀, 곧 멍에 메는 짐승의 새끼를 탔도다 하라 하였느니라
- 고전 4:6 형제들아 내가 너희를 위하여 이 일에 나와 아볼로를 가지고 본을 보였으니 이는 너희로 하여금 기록한 말씀 밖에 넘어가지 말라 한 것을 우리에게서 배워 서로 대적하여 교만한 마음을 먹지 말게 하려 함이라

교포 2세인 한 대학생이 캐나다에 있는 어느 한국 식당에서 아르바이트를 하고 있었습니다.

하루는 한국 관광객들이 단체로 식당에 와서 식사를 하고 있었습니다.

그 중 한 관광객이 큰 소리로 "여기 김치 더 줘!"라고 소리쳤습니다. 손님이 너무 많아 너무 바빴던 이 대학생은 "조금만 기다리세요"라고 말했습니다.

그러자 그 관광객은 더 큰 소리로 "야! 너 내가 누군 줄 알아? 난 사장이야. 100명이나 되는 직원을 거느리고 있는 사장이라고!"라고 말했습니다.

당황한 이 대학생은 기가 막혔습니다. 그러나 순간 정신을 차린 후, 분명하게 또박 또박 말했습니다.

"선생님, 제가 누군 줄 아세요? 저는 손님께 김치를 얼마나 빠르게 많이 주느냐를 결정하는 사람이에요."

높은 자리에 있을수록 겸손은 꼭 갖추어야 할 덕목 중 하나입니다. 하나님께서는 교만한 자보다는 자신을 낮추는 겸손한 사람을 찾으십니다. 언제든지 어느 장소에서든지 교만하고 오만해지지 않도록 늘 주의하며 겸손한 주님의 본을 따를 수 있는 겸손한 사람이 되십시오.

 주님! 늘 겸손한 사람이 되게 하소서.

 사람들 앞에 잘난척 한 적이 있습니까?

한 젊은이의 메아리

11월 3일 요 15:9-15

- 요 15:9 아버지께서 나를 사랑하신 것같이 나도 너희를 사랑하였으니 나의 사랑 안에 거하라
- 고전 16:14 너희 모든 일을 사랑으로 행하라

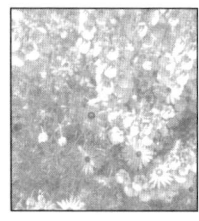

한 젊은이가 고민에 빠졌습니다.

그의 고민은 자신을 아무도 인정해 주지 않는다는 것이었습니다. 낙심한 그는 답답한 마음에 산에 올라갔습니다. 그러나 산도 그를 아는 체하지 않았습니다.

그는 큰소리를 질렀습니다.

"나는 너를 싫어한다." 그때 바로 산울림이 들려왔습니다.

"나는 너를 싫어한다." 산울림에 놀란 그는 산에 오른 한 사람에게 물었습니다. "왜 산이 저를 싫어하는 것일까요?"

그 사람은 웃으며 대답했습니다.

"그러면 큰소리로 이렇게 외쳐보십시오. 나는 너를 사랑한다."

그는 그 사람의 말을 듣고 다시 소리쳤습니다.

"나는 너를 사랑한단다."

그러자 바로 "나는 너를 사랑한단다"라는 메아리가 들려왔습니다. 어느새 그의 볼에서는 눈물이 흘렀습니다.

사랑은 좌절한 자들에게는 용기를 주며, 피곤한 자에게는 휴식이 되고, 슬퍼하는 자에게는 위로가 되어줍니다. 사랑은 결코 돈으로 살 수 없습니다. 사랑을 아낌없이 전하는 사람이 되십시오.

 주님! 사람을 전하는 사랑의 메아리가 되게 하소서.

 사랑한다는 말을 하루에 몇 번 합니까?

콜레라 부인

마 6:19-34　　　　　　　　　　　　　　　　　　11월 4일

- 마 6:31 그러므로 염려하여 이르기를 무엇을 먹을까 무엇을 마실까 무엇을 입을까 하지 말라
- 빌 4:6 아무 것도 염려하지 말고 오직 모든 일에 기도와 간구로, 너희 구할 것을 감사함으로 하나님께 아뢰라

　콜레라가 한참 유행하던 중세시대의 이야기입니다. 한 농부가 마차를 몰고 성을 향해 가는데 갑자기 나타난 한 부인이 농부에게 성까지 태워다 줄 수 없냐고 부탁했고, 농부는 부인의 부탁에 승낙하였습니다. 그런데 한참을 함께 가다가 보니 좀 이상한 느낌이 들어 농부는 부인에게 "당신은 누구십니까?"라고 물었습니다. 그러자 부인은 "저는 콜레라 부인입니다"라고 대답했습니다. 농부는 계속해서 물었습니다.
　"왜 제 마차에 타셨습니까?" "저 성에 있는 사람들을 죽이러 가기 위해서지요." "그렇다면 부인을 태워 줄 수 없으니 당장 내리시오."
　"지금 날 태워주지 않으면 당신부터 죽이겠소." "그러면 나와 한 가지 약속을 합시다. 내가 당신을 성까지 태워 줄 테니 꼭 다섯 명만 죽이시오."
　농부와 부인은 약속한 후에 다시 출발을 하였습니다. 드디어 성 앞에 도착하였습니다. 그런데 놀랍게도 이미 천여 명이 넘어 보이는 사람들이 죽어있었습니다. 농부는 화가 나서 "부인, 약속이 틀리지 않소. 다섯 명만 죽이기로 했는데 많은 사람들이 죽었지 않소?"라고 소리쳤습니다. 그러자 부인은 말했습니다. "난 아직 한 사람도 죽이지 않았습니다. 저 사람들이 내가 온다는 소식을 듣고는 지레 겁을 먹고 죽은 사람들입니다."
　모든 염려와 걱정을 전적으로 주님께 맡기고 주님의 인도하심을 경험하십시오.

 주님! 어떠한 상황에서도 함께하시는 주님을 믿게 하소서.
 염려때문에 앞서 일을 그르친 일이 있습니까?

그리스도인의 정체성

11월 5일 창 1:24-31

● 창 1:27 하나님이 자기 형상 곧 하나님의 형상대로 사람을 창조하시되 남자와 여자를 창조하시고
● 요 1:12 영접하는 자 곧 그 이름을 믿는 자들에게는 하나님의 자녀가 되는 권세를 주셨으니

성공 동기 부여가인 지글러 박사가 한 번은 뉴욕의 지하도로 들어가는데 한 거지가 연필을 팔고 있었습니다. 다른 사람들처럼 지글러 박사도 1달러를 주고 연필은 받지 않고 지하도로 내려가다가 다시 발을 옮겨 거지에게 말했습니다. "여보시오, 내가 아까 1달러를 주었는데 그 대가로 연필을 주시오." 거지가 연필을 주자 지글러 박사가 그 연필을 받고 이렇게 얘기했습니다. "당신도 나와 같은 비즈니스맨이요. 당신은 더 이상 거지가 아닙니다." 이 한마디에 거지는 가만히 생각했습니다. "그래 맞아. 난 거지가 아니야. 길거리에서 돈 일 달러를 받고 연필 한 자루씩을 파는 사업가야." 그 순간부터 거지의 자아상이 달아졌을 뿐만 아니라, 새로운 꿈과 용기를 얻을 수 있었습니다. 그리고 자신의 운명과 환경을 바꾸어 놓은 말을 늘 자기 마음속에 되새깁니다. '나는 거지가 아니야, 연필을 파는 사업가야.' 이러한 생각의 변화를 겪은 거지는 훗날에 큰 성공한 비즈니스맨이 되어 지글러를 찾아와 고백합니다. "박사님은 저를 향하여 '당신은 더 이상 거지가 아니라, 사업가입니다' 라고 하셨습니다. 나는 늘 거지의 자아상을 갖고 있었는데 박사님의 말 한마디가 나의 인생을 이렇게 바꾸어 놓았습니다"라고 고백했답니다. 긍정적인 자아상을 가지고 매일매일 새롭게 변화된 삶을 살아가십시다.

 주님! 주님 안에서 모든 것이 가능함을 믿게 하소서.
 자신을 어떤 존재로 보십니까?

안녕하세요 이후의 한마디

창 12:1-3　　　　　　　　　　　　　　　　11월 6일

● 창 12:3 너를 축복하는 자에게는 내가 복을 내리고 너를 저주하는 자에게는 내가 저주하리니 땅의 모든 족속이 너를 인하여 복을 얻을 것이니라 하신지라
● 시 109:17 저가 저주하기를 좋아하더니 그것이 자기에게 임하고 축복하기를 기뻐 아니하더니 복이 저를 멀리 떠났으며

미국의 유명한 정신과 의사인 Eric Berne이 쓴 책 중에 「안녕하세요 이후의 한마디」라는 책이 있습니다.

"당신은 안녕하세요 이후에 어떤 한마디를 할 것인가!

우리는 평소 많은 사람을 만나고 만날 때 "안녕하세요"라고 인사를 합니다. 그리고 우리는 "안녕하세요" 그 한마디로 인사가 끝납니다. 그런데 "안녕하세요" 그 말 한마디 다음에 내가 어떤 의미를 두고 말을 이어가느냐에 따라서 우리 인간 관계가 완전히 바뀌게 된다는 것입니다. 이 사람이 내세운 이론을 통해 많은 미국인들, 기업체들, 국가 기관들, 단체들, 가정들이 변화되었습니다. '안녕하세요 이후의 한마디' 운동을 전개한 단체나 회사들이 3개월 안에 인간관계가 바뀌게 되었고, 역동성을 발휘할 수 있게 된 것입니다.

성경은 우리에게 늘 할 말을 준비하고 다니라고 권합니다. 「안녕하세요?!」이후에 할 한마디의 좋은 말을 늘 준비하여 역동적인 삶을 사십시오.

 주님, 늘 남을 축복하는 말을 하게 하소서.
 당신은 이웃에게 무슨 말로 축복합니까?

목마른 자들에게

11월 7일 사 61:1-3

- **사 61:1** 주 여호와의 신이 내게 임하셨으니 이는 여호와께서 내게 기름을 부으사 가난한 자에게 아름다운 소식을 전하게 하려 하심이라 나를 보내사 마음이 상한 자를 고치며 포로된 자에게 자유를, 갇힌 자에게 놓임을 전파하며
- **딛 1:3** 자기 때에 자기의 말씀을 전도로 나타내셨으니 이 전도는 우리 구주 하나님의 명대로 내게 맡기신 것이라

미국 서부 사막 지대에 사는 미국 원주민이 뉴욕시의 초청을 받았습니다. 며칠 동안을 뉴욕에서 지내며 여기 저기를 구경했습니다. 어떤 사람이 그에게 물었습니다.

"당신이 뉴욕에서 며칠 동 안 지내면서 가장 인상 깊었던 것이 무엇입니까?"

그때 그 원주민이 수도꼭지 옆으로 가서 수도꼭지를 틀면서 "원하면 이렇게 언제나 물을 구할 수 있는 것이 가장 인상 깊었습니다"라고 대답했다고 합니다.

하늘을 찌를 듯이 높이 솟은 빌딩이 아니고, 거리를 메운 자동차가 아니고, 호화찬란한 의복이나 구미를 돋우는 음식이 아니라 언제나 원하면 마실 수 있는 물이 사막에 사는 인디언에게는 가장 인상적이었습니다. 이것이 목마름을 뼈저리게 당하고 있는 사람의 전형적인 표현입니다. 우리는 이웃이 목마르게 그리고 뼈저리게 필요한 복음을 전합시다.

 주님, 언제든지 누구에게나 복음을 전하게 하소서.

 지금 당신이 복음을 전해야 할 사람은 누구입니까?

삿갓조개의 강한 밀착

마 26:36-46　　　　　　　　　　　　　　　　　11월 8일

- 마 26:40 제자들에게 오사 그 자는 것을 보시고 베드로에게 말씀하시되 너희가 나와 함께 한 시 동안도 이렇게 깨어 있을 수 없더냐
- 롬 15:33 평강의 하나님께서 너희 모든 사람과 함께 계실찌어다 아멘

　조개의 종류 중 삿갓 모양을 닮아 삿갓조개라고 불리는 조개가 있습니다. 이 삿갓조개는 바위나 배 밑에 붙어삽니다. 이 조개의 특징은 조개가 바위에 붙어 있을 경우 바위는 깰 수 있어도 조개는 뗄 수 없을 정도로 강하게 밀착되어 있다는 것입니다.
　과학자들은 삿갓 조개가 이렇게 강하게 붙어 있는 이유 중에 하나로 오랫동안 파도와 싸웠다는 점을 꼽습니다. 파도의 힘은 시속 500킬로미터의 엄청난 바람과 비슷한데 그렇게 강한 파도 속에서 오랜 세월을 견디는 동안 삿갓조개는 바위와 한 몸처럼 밀착하여 뗄래야 뗄 수 없는 사이가 된 것입니다. 엄청난 파도와 바람 속에서도 오랜 세월동안 견뎌내는 삿갓조개처럼 우리 또한 힘들고 지친 인생 훈련을 통해 좌절하고 낙심될 때에도 견뎌낼 수 있는 것은 우리와 매우 강하게 밀착되어 있는 하나님 때문입니다. 험난한 파도와 바람을 견뎌내기 위해 우리는 하나님께 딱 붙어 있어야 하는 것입니다.
　바위에 딱 붙어사는 삿갓조개의 삶처럼 하나님에게서 뗄래야 뗄 수 없이 딱 붙어사는 삶을 살아가십시오.

 주님! 언제, 어디서든 항상 주님과 함께하는 삶을 살게 하소서.
 주님과 나와의 거리가 너무 멀게 느껴지지는 않습니까?

화평과 만족을 얻으려면

11월 9일　　　　　　　　　　　　　　　　　　　　　　　　　**마 5:1-12**

● **마 5:9** 화평케 하는 자는 복이 있나니 저희가 하나님의 아들이라 일컬음을 받을 것임이요
● **고후 3:5** 우리가 무슨 일이든지 우리에게서 난것 같이 생각하여 스스로 만족할 것이 아니니 우리의 만족은 오직 하나님께로서 났느니라

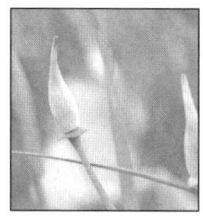

미국 텍사스 휴스톤에 세계 제일의 교회 목사 아렌 목사의 마음속에 화평과 만족을 가져다주는 다섯 단계입니다.

1. 탐심을 버리고 있는 것을 족하게 여기는 연습을 하라.
2. 마음에 여유를 가지고 적은 소득이라도 조금씩 저축하며 살라.
3. 미래에 대한 희망을 가지고 꿈과 모험을 잃어버리지 말라.
4. 제일 좋은 친구는 예수님이지만 참된 친구를 많이 사귀라.
5. 최선을 다하면 항상 길이 열리는 것을 믿으라.

위 다섯가지 중 당신의 삶에 잘되지 않는 것은 무엇입니까?
어느 날 당신도 마음에 화평과 만족이 가득하기 위하여, 지금 주님께 그것에서 승리하기 위해 기도하십시오.

 주님, 주님의 주시는 기쁨을 누리게 하소서.
 무엇이 당신을 두렵게 합니까?

다섯 블록

민 14:11-19　　　　　　　　　　　　　　11월 10일

● 민 14:14 이 땅 거민에게 고하리이다 주 여호와께서 이 백성 중에 계심을 그들도 들었으니 곧 주 여호와께서 대면하여 보이시며 주의 구름이 그들 위에 섰으며 주께서 낮에는 구름기둥 가운데서, 밤에는 불기둥 가운데서 그들 앞에서 행하시는 것이니이다
● 잠 16:9 사람이 마음으로 자기의 길을 계획할지라도 그 걸음을 인도하는 자는 여호와시니라

직업이 없어 끼니도 챙겨 먹지 못할 지경의 한 젊은이가 있었습니다. 그는 집주인의 방값 독촉을 피하기 위해 매일 낮에는 길거리를 하염없이 돌아다녔습니다. 그러던 어느 날, 직장을 잃기 전 예전에 그가 취재한 적이 있었던 유명한 한 성악가와 우연히 만났습니다. 그 성악가는 그를 알아보고 "바쁜가요?"라고 먼저 물었습니다. 그리고는 "내가 있는 호텔은 103번가에 있어요. 나와 함께 가실래요? 커피 한잔 대접하고 싶네요"라고 말했습니다. 그러자 그는 "걸어서요? 그렇지만 그곳에 가려면 예순 블록이나 가야하는데요. 걸어서 가기에는 너무 멀지 않나요?"라고 물었습니다. 성악가는 웃으며 "그저 다섯 블록인걸요. 그래요. 내가 말한 것은 6번가의 사격 연습장이에요"라고 대답했습니다. 동문서답과 같은 그의 말이었지만 젊은이는 그의 말을 따라 그와 같이 걷기 시작했습니다. 사격장에 도착하자 그 성악가는 "이제 열한 블록 남았어요"라고 말했습니다. 얼마 지나지 않아, 한 극장에 도착하자 그 성악가는 "이제 다섯 블록만 더 지나면 동물원에 도착할 거예요"라고 말했습니다. 또다시 열두 블록이 지나 그들이 성악가의 호텔에 도착했을 때, 젊은이는 이상하게도 전혀 피곤하지 않았습니다. 성악가는 왜 피로를 느끼지 않았는지 이유를 설명해 주었습니다.

"당신의 목표가 아무리 멀리 떨어져 있어도 걱정하지 마세요. 당신의 정신이 다섯 블록만큼 가까이 있다면 그 먼 미래도 당신을 고민하게 하지 않을 겁니다." 인생의 최종 목표를 성취하기 위해서 자신의 목표를 구체적으로 세우는 하루가 되십시오.

💗 주님! 분명하고 구체적인 목표를 세울 수 있도록 하소서.
 자신의 목표를 너무 추상적으로만 계획하고 있지는 않습니까?

어리석은 신자

11월 11일   **엡 5:17**

- 엡 5:17 그러므로 어리석은 자가 되지 말고 오직 주의 뜻이 무엇인가 이해하라
- 잠 27:12 슬기로운 자는 재앙을 보면 숨어 피하여도 어리석은 자들은 나아가다가 해를 받느니라

어느 마을에 한 기독교 신자는 하나님이 어느 때나 어디 장소나 존재한다고 믿고 살았습니다. 그래서 그는 매일 열심히 기도했습니다. 그러던 어느 날, 갑작스럽게 큰비가 내려 마을에 홍수가 났습니다. 그래서 다른 사람들은 높은 곳으로 피신을 했습니다. 하지만 이 신자는 자기가 이렇게 열심히 하나님을 믿고 있으니 하나님이 반드시 알아서 도와주겠거니 생각하고 가만히 앉아 있었습니다. 그는 지붕 꼭대기에 서서도 그렇게 생각했습니다. 그래서 구조대원들이 구명보트를 타고 그를 구하러 왔을 때도 그는 여전히 하나님이 자기를 직접 구해주실 거라고 생각하고 거절했습니다. 결국 그는 물에 빠져 숨지고 말았습니다. 천국에 올라가자 그는 하나님께 물었습니다.

"제가 그렇게 열심히 기도했는데, 왜 저를 구하러 오시지 않았습니까?"

"내가 특별히 구명보트를 보내 너를 구하려 했는데 네가 구조를 거절하지 않았느냐? 그런데 이제 와서 누굴 탓하느냐?"

하나님께서는 인생을 바꿔줄 수 있고 성공할 수 있는 기회를 우리에게 주십니다. 바른 신앙과 지혜로운 눈을 가지고 하나님께서 우리에게 주시는 귀한 기회를 놓치지 마십시오.

 주님! 기회를 볼 수 있는 눈과 마음이 열리게 하소서.

 자신에게 찾아온 기회를 놓친 적이 있습니까?

진실된 마음

엡 5:1-11　　　　　　　　　　　　　　　　　　11월 12일

- 엡 5:9 빛의 열매는 모든 착함과 의로움과 진실함에 있느니라
- 빌 2:20 이는 뜻을 같이 하여 너희 사정을 진실히 생각할 자가 이 밖에 내게 없음이라

　진실의 힘으로 성공을 일구어낸 미국의 대표적 항공기 제조업체인 도널드 더글라스사의 일화입니다. 회사 초창기 때 도널드 더글라스사 사장은 자사가 처음 개발한 제트기를 이스트 항공사가 구매해주길 희망하며 당시 이스트 항공사의 사장이었던 레이큰벅스를 찾아갔습니다. 레이큰벅스는 서류를 보며 말했습니다.
　"성능은 좋으나 소음이 너무 큽니다. 만약 제트기의 소음을 줄일 수 있다고 보장하신다면 계약을 약속드리죠."
　그는 기술자들과 진지하게 연구하고 토론한 후 다시 레이큰벅스를 찾아갔습니다. "솔직히 말씀드려서 소음을 줄일 수 있다는 장담은 못 드리겠습니다." "그럼 저도 어쩔 수 없네요." 레이큰벅스는 웃으면서 계속 말했습니다. "제가 정말 알고 싶었던 것은 사장님이 진실한가였습니다."
　레이큰벅스는 이어서 더글라스에게 정중하게 부탁했습니다.
　"1억 6천 5백만 달러 상당의 주문 계약을 체결하고 싶습니다. 비행기를 제조할 때 엔진의 소음을 줄여보도록 노력해주세요."
　결국 더글라스의 솔직하고 진실된 마음으로 인해 사업을 더욱 번창시키는 근본이 되었습니다. 진실한 삶을 살아가면 하나님의 놀라운 축복을 경험할 수 있습니다. 주님 앞에, 사람들 앞에 진실하십시오.

 주님! 진실한 삶을 살아가게 하소서.
 삶 속에서 진실된 모습으로 살아가고 있습니까?

개그맨의 미담

11월 13일   신 6:16-19

- **신 6:18** 여호와의 보시기에 정직하고 선량한 일을 행하라 그리하면 네가 복을 얻고
- **롬 2:10** 선을 행하는 각 사람에게는 영광과 존귀와 평강이 있으리니

    뉴스에 소개된 한 개그맨의 이야기입니다. 그가 한 번은 소아암과 백혈암으로 고생하는 어린이 소아병동으로부터 위문공연 초청을 받았다는 것입니다. 그래서 공연시간에 맞춰 출발한다는 것이 약속된 시간보다 좀 더 일찍 도착하는 바람에 시간이 남아서 소아암과 백혈암으로 고생하는 소아병동을 죽 둘러보았답니다. 그 병원이 부유층의 병원이었기 때문에 부유층 사람들의 자녀들이 소아암과 백혈암으로 고생하는 줄 알고 '돈 많이 있으니까, 부모들이 잘 사니까' 하는 생각으로 병실을 둘러보다가 큰 충격을 받았다는 것입니다. 잘 사는 아이들이 아니라, 넉넉지 못한 생활과 어려운 형편에 소아암과 백혈암에 걸려서 전전긍긍하는 부모들이 자녀를 부여안고 울며 애통하더라는 것입니다. 그러한 모습이 개그맨의 마음속에 큰 충격으로 다가왔다는 것입니다. 공연을 마친 후 집에 돌아가면서 '어떻게 하면 내가 도움을 줄 수 있을까?' 라는 생각을 했습니다. 마침 그가 출연료를 받아 저축한 돈 육천만 원이 있었기에 그것을 병원에 그대로 가져가 기쁜 마음으로 기증했더니, 이전에 들어오지 않던 C.F가 들어오고 더 많은 돈들이 자기 수입으로 들어왔다고 합니다. 선을 베풀었더니 돌아오는 것이 더 많아지는 것을 경험한 후 '내가 더 많은 것들로 다른 사람들을 도와야겠다' 는 결심을 가지고 생활한다는 미담이었습니다.

    선을 베풀만한 힘이 있거든 기쁨으로 도웁시다.

 주님! 그리스도의 성품을 닮아 선을 행하게 하소서.
 따뜻한 손길로 이웃에게 다가갑시다.

중사를 맡은 꼬마

마 19:13-15　　　　　　　　　　　　　　　　　　　11월 14일

● **마 19:14** 예수께서 가라사대 어린 아이들을 용납하고 내게 오는 것을 금하지 말라 천국이 이런 자의 것이니라 하시고
● **딤전 1:1** 우리 구주 하나님과 우리 소망이신 그리스도 예수의 명령을 따라 그리스도 예수의 사도 된 바울은

안드레예프의「약속」이란 소설 속의 이야기입니다.

여덟 살 먹은 한 꼬마가 몇몇의 아이들과 공원에 모여 전쟁놀이를 하고 있었습니다. 그 중 덩치가 가장 큰 아이가 꼬마에게 말했습니다.

"나는 사령관을 할 테니 너는 중사를 맡아. 그리고 내가 와서 교대 명령을 내릴 때까지 넌 여기서 보초를 서."

꼬마는 고개를 끄덕이고 계속 보초를 섰습니다. 날이 어두워져 공원이 문 닫을 시간이었지만 사령관은 아직 오지 않았습니다. 중사를 맡은 꼬마는 배고프고 무섭기도 했지만 약속을 지키기 위해 떠나지 않고 보초를 섰습니다. 행인 한 명이 길을 지나가다 이 꼬마를 보고 자초지종을 물었습니다. 상황을 파악한 그는 어딘가에 군복을 입은 소령을 꼬마 앞에 데리고 왔습니다. 소령은 꼬마를 보고 웃으며 말했습니다.

"중사, 소령으로서 지금 이 자리를 떠날 것을 명령한다."

꼬마는 기뻐하며, "네, 명령에 따르겠습니다"라고 말했습니다.

중사를 맡았던 꼬마는 사령관과 한 약속을 지키는 것이 쉬운 일은 아니었습니다. 하지만 순수한 마음과 진실한 마음으로 배가 고파도 사령관의 명령을 기다리고 있었습니다.

아이와 같이 순수하고 진실한 마음을 가지고 세상을 살아가십시오.

 주님! 어린아이와 같은 순수함을 지니게 하소서.

 세상 속에서 순수함을 잃어 가고 있지는 않습니까?

어머니의 사랑

11월 15일　　　　　　　　　　　　　　　　　　　　**엡 6:23-24**

- 엡 6:24 우리 주 예수 그리스도를 변함 없이 사랑하는 모든 자에게 은혜가 있을지어다
- 약 1:17 각양 좋은 은사와 온전한 선물이 다 위로부터 빛들의 아버지께로서 내려오나니 그는 변함도 없으시고 회전하는 그림자도 없으시니라

　어느 마을에 어머니와 아들이 함께 살고 있었습니다. 그러던 어느 날 아들이 살인죄로 체포되고 말았습니다. 재판 날이 다가오자 판사는 어머니를 만나 아들이 범죄 사실을 인정할 수 있도록 설득해달라고 부탁했습니다. 하지만 어머니는 조금의 흔들림 없이 말했습니다.
　"판사님, 우리 아들이 죄를 짓지 않았다고 한다면 그것이 사실일 것입니다. 저는 그 아이를 믿습니다." 결국 아들은 사형 언도를 받았습니다. 그 후 형집행을 몇 시간 앞두고 목사님이 아들을 만나러 들어갔을 때 아들은 잠시 고개를 숙이고 있다가 입을 열었습니다. "목사님, 저의 죄를 이제야 회개합니다. 저는 살인을 했어요. 우리 어머님께 사실대로 말씀해주세요."
　목사님은 급히 그의 어머니에게 가서 "부인, 아들이 범행을 자백하고 회개했으니 아무 염려하지 마십시오"라고 말해주었습니다. 아들을 끝까지 믿고 있었던 어머니에게는 너무나도 충격적이었습니다. 어머니는 울음을 터뜨리면서 말했습니다.
　"목사님, 우리 아들이 죽기 전에 얼른 가셔서 말씀해 주세요. 이 엄마는 그래도 사랑한다고…."
　하나님은 우리가 비록 죄인일지라도 변함없이 끝까지 우리를 사랑하십니다. 그 사랑을 기억하며 하나님을 깊이 사랑하십시오.

 주님! 변함이 없으신 주님의 사랑을 기억하게 하소서.
 변함없으신 하나님의 사랑을 의심한 적이 있지는 않습니까?

가장 사랑스러운 강아지

눅 10:25-37 | 11월 16일

- **눅 10:34** 가까이 가서 기름과 포도주를 그 상처에 붓고 싸매고 자기 짐승에 태워 주막으로 데리고 가서 돌보아 주고
- **고후 6:2** 가라사대 내가 은혜 베풀 때에 너를 듣고 구원의 날에 너를 도왔다 하셨으니 보라 지금은 은혜 받을만한 때요 보라 지금은 구원의 날이로다

한 작은 소녀와 엄마는 집에 돌아오는 길에 동물 병원 안의 강아지들을 우연히 보게 되었습니다. 소녀는 한참 동안 해맑은 웃음을 띠며 강아지들을 보았습니다. 엄마는 소녀에게 물었습니다.

"너는 이 강아지들 중 어느 강아지가 제일 사랑스럽니?" "엄마, 제가 이야기해도 절대로 웃지 않겠다고 약속해 주세요."

"그럼 약속하지."

그러자 소녀는 강아지들 사이에서 가장 못생기고 힘이 없어 보이는 작은 강아지를 가리켰습니다.

"바로 이 강아지예요. 저는 이 강아지가 가장 사랑스러워요."

"왜? 이 강아지가 가장 못생기고 힘도 없어 보이는데?"

엄마가 이상한 듯이 묻자 소녀는 다시 대답했습니다.

"왜냐하면 만일 나마저 이 강아지를 사랑하지 않으면 아무도 이 불쌍한 강아지를 사랑하지 않을 것이기 때문이에요."

사랑은 상대방의 약점과 상처마저 감싸주는 것입니다. 세상에는 환경의 어려움, 또는 건강문제 등으로 인해 상처를 안은 채 살아가는 많은 사람들이 있습니다. 그들을 감싸며 사랑할 수 있는 사랑을 소유하게 해달라고 하나님께 기도하십시오. 그리고 그 사랑을 아낌없이 전하십시오.

 주님! 다른 사람들의 상처마저도 감싸게 하소서.

 주변에 사랑을 베풀어야 할 사람들을 생각해보십시오.

이미 다 자란 나무

11월 17일 골 2:8-15

- 골 2:15 정사와 권세를 벗어버려 밝히 드러내시고 십자가로 승리하셨느니라
- 요일 4:18 사랑 안에 두려움이 없고 온전한 사랑이 두려움을 내어 쫓나니 두려움에는 형벌이 있음이라 두려워하는 자는 사랑 안에서 온전히 이루지 못하였느니라

어느 날 한 아버지는 아들을 데리고 산으로 등산을 갔습니다. 그러다가 아버지는 갑자기 걸음을 멈추더니, 그 옆에 있는 네 그루의 나무를 가리켰습니다.

첫 번째 나무는 이제 막 땅을 뚫고 나오고 있었고, 두 번째 나무는 흙 속에 제법 뿌리를 내리고 있었습니다. 세 번째 나무는 작은 나무가 되어 있었고, 네 번째 나무는 다 자란 나무였습니다.

아버지는 아들에게 말했습니다. "첫 번째 나무를 뽑아보렴." 아들은 손가락으로 그것을 쉽게 뽑을 수 있었습니다. "그러면 이제 두 번째 나무를 뽑아보렴." 뽑기는 했으나 그리 쉽지는 않았습니다. "이제는 세 번째 나무를 뽑아보렴." 아들은 온 힘을 다해 겨우 뿌리를 뽑았습니다. "자, 이제는 네 번째 나무를 뽑아보렴." 그러나 그 나무는 이미 다 자랐으므로 아들의 두 팔로는 단지 가지만을 흔들 수 있을 뿐이었습니다.

아버지는 아들에게 미소를 띠며 말했습니다.

"인간의 악한 행실도 바로 이런 것이란다. 처음에는 이내 회개하면서 쉽게 그런 악행들을 제거해 버릴 수 있지. 그러나 그것이 오래되면 힘들단다. 잘 깨닫지 못하게 되고, 또 진지하게 사투를 벌인다고 하더라도 악한 길과 악한 행실에서 돌이키기는 쉬운 일이 아니란다."

악한 행실을 키우지 마십시오.

 주님! 죄의 뿌리를 키우지 않게 하소서.
 당신에게 몇 번째 나무가 있습니까?

우리 딸과 결혼할 수 없네

고전 2:6-16   11월 18일

- 고전 2:16 누가 주의 마음을 알아서 주를 가르치겠느냐 그러나 우리가 그리스도의 마음을 가졌느니라
- 빌 2:5 너희 안에 이 마음을 품으라 곧 그리스도 예수의 마음이니

오래 전에 미국 기독교 역사에서 아주 위대한 신학자요, 목회자요, 또 설교자였던 '조나단 에드워드'가 프린스턴 신학교 학장으로 있을 당시에, 결혼 적령기 딸이 있었는데, 아주 성격이 포악하고 못되고 변덕스럽기까지 했던 참 문제가 많았던 딸이었습니다.

그런데 어느 날 어느 건장하고 신실한 청년이 목사님을 찾아와서 "목사님, 목사님 따님과 제가 결혼할 수 있도록 허락해 주십시오" 하고 간청을 했습니다. 우리 집에 골치 아픈 딸을 데려가겠다는 이 총각은 도대체 하나님이 보내신 정말 감사해야될 대상이지만 이 목사님이 가만히 생각하니까 양심에 가책을 느껴 말했습니다.

"여보게, 자네는 우리 딸과 결혼할 수 없네."

"목사님, 제가 목사님의 딸을 사랑하고 목사님의 딸과 결혼하고 싶어서 이렇게 찾아왔는데 목사님 허락해 주십시오."

"자네는 내가 봤을 때, 우리 딸의 남편이 될 자격이 없는 것 같네."

"아니, 목사님 제가 왜 자격이 없습니까? 저는 예수도 믿습니다. 따님을 사랑합니다." 그 목사님이 하시는 말씀이

"내가 말하는 것은 그것이 아니고 우리 딸의 남편이 될 사람은 예수님과 같은 마음을 가진 사람이어야 하네." 그래서 그 청년이 그렇게 하겠다는 약속을 하고 그 목사님의 딸과 결혼해서 잘 살았다는 이야기가 있습니다.

예수님의 마음을 가지면 만사가 해결됩니다. 주님의 마음을 품으십시오.

 주님, 주님의 마음을 가지고 살게 하소서.
 당신을 어렵게 하는 것을 주님의 마음으로 생각하고 행동하십시오.

교만한 개구리의 결말

11월 19일 골 4:2-5

- 골 4:5 외인을 향하여서는 지혜로 행하여 세월을 아끼라
- 창 47:9 야곱이 바로에게 고하되 내 나그네 길의 세월이 일백 삼십년이니이다 나의 연세가 얼마 못되니 우리 조상의 나그네 길의 세월에 미치지 못하나 험악한 세월을 보내었나이다 하고

어느 연못가에 하늘을 날고 싶어 하는 꾀 많은 개구리 한 마리가 살고 있었습니다. 어떻게 하면 하늘을 날 수 있을까를 궁리하던 어느 날 한 가지 좋은 방법을 생각해냈습니다. 연못에 물을 마시러 내려온 새에게 개구리는 말했습니다.

"부탁이 하나 있는데 들어주지 않을래? 지금 난 꼭 하늘을 날고 싶거든. 그래서 내가 기발한 방법을 발견해냈지. 이 나뭇가지의 한쪽 끝은 네가 입으로 물고 다른 쪽은 내가 물면 나도 날 수 있게 되지 않겠니?"

그렇게 해서 이 개구리는 드디어 하늘을 날 수 있게 되었습니다. 이 광경을 보고 있던 다른 개구리들이 부러움과 선망의 눈초리로 쳐다보면서 물었습니다.

"그런 기발한 생각을 누가 했니?"

우쭐한 기분으로 하늘을 날던 개구리는 그 순간 자랑하고 싶은 마음이 들었습니다. 그러나 "내가 했지"라고 말하려는 순간 하늘에서 떨어져 비참한 최후를 맞았습니다.

자랑은 우리의 인생을 한 순간에 무너뜨리게 하는 무서운 적입니다. 다른 사람보다 앞서 있다고 생각할 때 더 많이 겸손해져야 합니다. 항상 겸손한 자세로 부끄럽지 않게 살아가십시오.

 주님! 자신을 높이려는 교만함을 버리게 하소서.

 항상 겸손한 마음을 지니도록 힘쓰십시오.

두 가지 행복

창 5:15-24   11월 20일

●창 5:24 에녹이 하나님과 동행하더니 하나님이 그를 데려 가시므로 세상에 있지 아니하였더라
●마 11:28 수고하고 무거운 짐진 자들아 다 내게로 오라 내가 너희를 쉬게 하리라

어느 나라의 한 임금은 평소에 자신이 아끼던 신하를 불러 진지하게 물었습니다.

"너는 어떤 행복을 가지고 있느냐?"

"네, 저는 두 가지 행복을 가지고 있습니다."

"무엇이냐? 어서 말해 보아라."

"한 가지는 가난한 것입니다. 원래 사치를 모르기 때문에 사치하고 싶은 생각이 없으니 편하고, 그로인해 남에게 피해를 주지 않으니 또한 편합니다." "그럼 다른 한 가지는? 어서 말해 보아라."

"네, 또 한 가지는 임금님이 되지 않은 것입니다."

"뭐라고? 왜 그렇게 생각하느냐?"

"임금님 앞에서는 모두 가면을 쓰고 진정한 말을 안 합니다. 그래서 임금님께서 보시는 현실은 실제와는 차이가 납니다. 이렇게 차이가 나는 현실만을 보고 있으므로 임금님은 바보가 됩니다. 저는 바보가 되지 않았음을 다시없는 행복으로 생각하고 있습니다."

"행복은 소유가 아니라 존재에 있다"라는 말이 있습니다. 자신이 소유하고 있는 그 모든 것으로 행복해질 수는 없습니다. 손에 움켜쥐고 있는 마음의 욕심들을 내려 놓을 때 비로소 행복을 맛볼 수 있습니다. 하나님과 동행하므로 진정한 존재 가치를 느끼십시오.

 주님! 가장 큰 행복이 주님 안에 있음을 깨닫게 하소서.

 나의 행복에 대한 기준은 무엇입니까?

수능 후유증

11월 21일　　　　　　　　　　　　　　　　　　　　**시 32:1-11**

● 시 32:6 이로 인하여 무릇 경건한 자는 주를 만날 기회를 타서 주께 기도할찌라 진실로 홍수가 범람할찌라도 저에게 미치지 못하리이다
● 골 4:5 외인을 향하여서는 지혜로 행하여 세월을 아끼라

　　수능 시험이 끝나고 나면 대부분의 수험생들은 '수능 후유증'을 앓기도 하며, 수능을 끝낸 해방감에 귀한 시간을 허비하기도 합니다.
　　창원남중고 교목 김현철 목사는 한 신문을 통해 "수험생들이 수능 이후 꼭 해야 할 14가지"를 이렇게 제안했습니다.
　　❶새벽기도회를 참석하라. ❷성경을 일독하라. ❸겨울 수련회, 선교훈련에 참여하라. ❹성탄절 프로그램에 적극 참여하라. ❺헌혈을 해보라. ❻부모님과 목욕하라. ❼가족들과 사랑 이벤트를 만들라. ❽감사카드를 보내라. ❾감사에 보답하는 인사를 하라. ❿자격증을 취득하라. ⓫아르바이트를 하라. ⓬필독서를 독파하라. ⓭봉사활동을 하라. ⓮여행을 떠나라.
　　수능 후의 시간들을 보람 있고 알차게 보내어 자신을 계발하고, 신앙적으로도 더욱 성숙할 수 있는 기회를 얻도록 자녀를 지도하십시오.

 주님! 주어진 시간들을 잘 활용할 수 있도록 인도하소서.
 여유있는 시간이 주어진다면 무엇을 할 것인지 계획표를 짜보십시오.

긍정적인 언어습관

잠 13:1-25　　　　　　　　　　　　　　　　　　　11월 22일

● **잠 13:3** 입을 지키는 자는 그 생명을 보전하나 입술을 크게 벌리는 자에게는 멸망이 오느니라
● **엡 5:4** 누추함과 어리석은 말이나 희롱의 말이 마땅치 아니하니 돌이켜 감사하는 말을 하라

　낙관적 심리학의 체계를 세운 '마틴 셀리그만' 박사의 연구에 의하면 우울증에 걸린 사람들은 "내가 잘못했어"라는 것과 같은 부정적인 언어습관을 갖고 있는 것으로 밝혀졌습니다. 그는 또 '인생에서 능력이나 재능보다 더 중요한 변수가 긍정적인 언어습관이다' 라며 말이 성공하는 데 결정적인 역할을 한다고 강조했습니다.

　말은 한 사람의 상황을 행복하게도 불행하게도 만들 수 있습니다. 상대방에게 놀라운 감동을 줄 수 있는 말을 건네고, 단점보다는 장점을 말함으로써 대화의 기쁨을 만끽할 수 있습니다.

　소망이 있는 말, 감사의 말을 통해 상대방을 북돋울 수 있다면 상황과 관계는 긍정적인 것으로 순식간에 바뀔 수가 있습니다. 가정생활이나 직장생활가운데 긍정적인 말을 의지적으로 사용함으로써 성공적인 삶을 창출해 가십시오.

 주님! 나의 입술이 다른 사람의 위로와 소망이 되게 하소서.
 행복과 기쁨을 주는 긍정적인 말을 하십시오.

겸손한 대통령

11월 23일　　　　　　　　　　　　　　　　　　**시 10:1-18**

- 시 10:17 여호와여 주는 겸손한 자의 소원을 들으셨으니 저희 마음을 예비하시며 귀를 기울여 들으시고
- 잠 3:34 진실로 그는 거만한 자를 비웃으시며 겸손한 자에게 은혜를 베푸시나니

겸손한 대통령 아브라함 링컨의 일화입니다.

어느 날 링컨은 백악관에서 구두를 닦고 있었습니다. 이때 그 옆을 지나가던 대통령의 비서는 구두를 닦고 있는 사람이 대통령임을 발견하고는 너무나 당황했습니다.

"각하, 이게 무슨 일입니까?"

"무슨 일이냐니?"

"한 나라의 대통령님께서 직접 구두를 닦으시다니요? 그것도 미국의 대통령께서…."

"이것 보게. 자기의 구두를 자기가 닦아 신는 것이 이상한가? 구두 닦는 일을 천한 일로 생각한다면 자네의 생각이 잘못된 것이야. 대통령도 하나님 앞에서는 그저 똑같이 사랑받는 자녀일 뿐이라네."

링컨의 비서는 대답할 말을 찾지 못한 채 서있을 뿐이었습니다.

높은 자리에 있는 사람이 겸손할 때 사람들에게 주는 감동은 배가 됩니다. 또한 하나님께서는 겸손한 사람을 크게 쓰십니다. 하나님의 관심은 겸손한 마음에 있습니다.

사람들 앞에서나 하나님 앞에서나 언제나 겸손하여 하나님께서 쓰시기에 합당한 사람이 되십시오.

 주님! 겸손함을 잃지 않는 하나님의 사람이 되게 하소서.

 교만한 모습이 있지는 않은지 살펴보십시오.

행복한 삶을 위한 인맥관리 10계명

삼상 18:1-5   11월 24일

- 삼상 18:3 요나단은 다윗을 자기 생명 같이 사랑하여 더불어 언약을 맺었으며
- 롬 16:3-4 너희가 그리스도 예수 안에서 나의 동역자들인 브리스가와 아굴라에게 문안하라 저희는 내 목숨을 위하여 자기의 목이라도 내어 놓았나니 나 뿐아니라 이방인의 모든 교회도 저희에게 감사하느니라

휴먼 네트워크연구소의 양광모 소장은 한 신문에서 "함께 있으면 즐거운 사람이 되라"라는 제목으로 '행복한 삶을 위한 인맥관리 10계명'을 이렇게 제시했습니다.

❶먼저 인간이 되라. 좋은 인간을 만나고 싶거든 먼저 자기 자신부터 좋은 인간이 되라. ❷적을 만들지 말라. 남을 비판하지 말고, 악연을 피해 적이 생기지 않도록 하라. ❸스승부터 찾으라. 훌륭한 스승을 만나는 것은 인생에 있어 50% 이상을 성공한 것이나 다름없다. ❹만나는 사람마다 생명의 은인처럼 대하라. 항상 감사하고 어떻게 보답해야 할지 고민하라. ❺첫 만남에서 강한 이미지를 심어 주라. ❻헤어질 때 다시 만나고 싶은 사람이 되라. ❼하루에 3번 참고, 3번 웃고, 3번 칭찬하라. ❽내 일처럼 기뻐하고, 내 일처럼 슬퍼하라. ❾Give & Give & Forget 하라. 먼저 주고, 조건 없이 주고, 더 많이 주어라. 그리고 나서 모두 잊어버려라. ❿한 번 인맥은 영원한 인맥으로 만나라.

좋은 인간관계가 바로 행복한 삶을 살아갈 수 있는 열쇠입니다. 우리 주변 사람들은 하나님이 보내신 사람들입니다. 오늘 하루도 함께 있으면 즐거운 행복한 사람이 되십시오.

 주님! 좋은 인간관계를 맺을 수 있게 하소서.
 어떻게 인간관계를 맺으며 살아갑니까?

진정한 친구

11월 25일   잠 17:1-17

- **잠 17:17** 친구는 사랑이 끊이지 아니하고 형제는 위급한 때까지 위하여 났느니라
- **아 5:16** 입은 심히 다니 그 전체가 사랑스럽구나 예루살렘 여자들아 이는 나의 사랑하는 자요 나의 친구일다

탈무드에 나오는 세 친구 이야기입니다.

어느 날 왕이 어떤 사람에게 심부름꾼을 보내어 지금 당장 왕궁으로 들어오라는 불호령을 내렸습니다. 그런데 그 사람에게는 세 명의 친구가 있었습니다. 첫 번째 친구와는 아주 친했고, 두 번째 친구와는 조금 친했으며, 세 번째 친구는 그럭저럭 친한 편이었습니다.

그 사람은 왕이 자기를 왜 부를까 하고 고민했습니다. 그는 세 명의 친구들과 함께 왕궁으로 가서 자기를 변호케 하고 싶었습니다. 동행해 줄 것을 요청받은 첫 번째 친구는 무턱대고 그 일은 못하겠다고 거절했습니다. 두 번째 친구를 찾아갔더니 궁전 앞까지는 따라갈 수 있지만 그 이상은 갈 수 없다고 했습니다. 그러나 세 번째 친구는 이렇게 말했습니다.

"가야지! 자네는 그 동안 아무 나쁜 짓도 하지 않았으니 염려할 것이 없네. 내가 자네와 함께 왕께 가서 말해주겠네."

그는 그제야 자신을 가장 사랑하는 친구가 누구인지 깨달았습니다.

진정한 친구란 마지막까지 곁에 남아 위로와 힘이 되어주는 친구입니다. 우리에게는 진정한 친구가 되시는 하나님이 있습니다. 어떠한 상황에서라도 영원한 우리의 위로자가 되어 주시는 하나님을 기억하며 감사하는 하루가 되십시오.

 주님! 진정한 친구 되시는 주님께 감사하게 하소서.

 당신이 어려움 중에 있을 때 함께 할 친구는 누구일까요?

본이 되는 부모

딤전 5:1-16　　　　　　　　　　　　　　　　11월 26일

● **딤전 5:4** 만일 어떤 과부에게 자녀나 손자들이 있거든 저희로 먼저 자기 집에서 효를 행하여 부모에게 보답하기를 배우게 하라 이것이 하나님 앞에 받으실만한 것이니라
● **요일 5:21** 자녀들아 너희 자신을 지켜 우상에서 멀리하라

이제 7살이 된 한 아이가 있었습니다. 하루는 그의 아버지가 아이와 함께 길을 가다가 횡단보도 앞에 섰습니다. 아버지는 신호 전에 아이의 손을 잡고 무단횡단을 했습니다. 그때 한 경찰관이 나타나 그들을 멈춰 세웠습니다. 아버지는 신분증을 건네주면서 만 원짜리 지폐 한 장을 그 속에 밀어 넣었습니다. "애야, 걱정 마. 누구나 이렇게 하는 거야."

아이가 10살이 되었습니다. 어머니와 함께 시장에 갔었는데 점원이 실수로 거스름돈을 너무 많이 주었습니다. 그의 어머니는 그 돈을 지갑에 넣으며 귓속말로 아이에게 "오늘은 정말 재수가 좋은 날이로구나"라고 속삭였습니다. 아이가 18살이 되자 한 상점에서 아르바이트를 하게 되었습니다. 그 상점의 주인은 매일 아침마다 상해가는 야채는 바구니의 바닥에, 싱싱한 야채는 맨 위에 올려놓으며 "나도 먹고 살아야 하지 않겠어?"라며 중얼거렸습니다. 아이가 19살이 되어 대학에 들어갔습니다. 어느 날 그는 시험을 치르던 중 커닝한 것이 발각되어 집으로 쫓겨 왔습니다. 그의 부모는 크게 실망했다는 듯이 이렇게 말했습니다. "네가 어떻게 그런 부정을 저지를 수가 있니? 우리는 오늘 너에게 실망했다."

아이들은 무엇을 배우며 성장하는가 하는 문제가 참으로 중요합니다. 자녀들에게 바른 생활을 심어주는 부모가 되십시오.

 주님! 자녀를 바른 길로 인도할 수 있게 하소서.
 자녀들에게 본이 되는 부모가 되기 위해 노력하고 있습니까?

무산된 회의

11월 27일 시 133:1-3

- 시 133:1 형제가 연합하여 동거함이 어찌 그리 선하고 아름다운고
- 롬 8:28 우리가 알거니와 하나님을 사랑하는 자 곧 그 뜻대로 부르심을 입은 자들에게는 모든 것이 합력하여 선을 이루느니라

어느 날 숲속의 동물들이 평화로운 숲속을 만들기 위해 함께 모여 회의를 시작했습니다.

먼저 하마가 말했습니다.

"전쟁에서 이빨을 사용하는 것은 야만적입니다. 이빨 사용은 전체의 의견일치로 엄격히 금지되어야 합니다. 그 대신 방어용인 뿔은 조심스럽게 사용해도 되지 않을까요?"

이 말을 듣고 몇몇의 동물들은 찬성했지만 사자와 호랑이는 다른 의견을 가지고 있었습니다. 그들은 자신들의 이빨이 방어용 무기이고 발톱이 공격용이라고 생각했기 때문입니다. 마지막으로 토끼가 말했습니다.

"저는 뿔이나 이빨, 발톱 모든 것이 공격을 위한 무기가 될 수 있다고 생각합니다. 그러니 우리가 진정으로 평화를 원한다면 이 모든 것을 제거해야 합니다."

그러나 그들은 자신들이 가지고 있던 제일의 무기는 버릴 수가 없었기에 전부 토끼의 의견에 반대를 표시했고 결국 회의는 무산되었습니다.

우리가 속한 어느 곳에서든지 형제, 자매들과 아름다운 관계가 유지되어야합니다. 또한 하나님의 뜻대로 부르심을 입은 자들로서 서로 합력하여 선을 이루어야합니다. 서로를 사랑하고 이해하여 하나가 될 수 있도록 노력하십시오.

 주님! 주님의 뜻대로 연합하여 선을 이루게 하소서.

 엇갈린 의견으로 인해 하나가 되지 못하고 있지는 않습니까?

욕심 때문에 시기를 놓친 새

고후 1:12-20   11월 28일

● 고후 1:20 하나님의 약속은 얼마든지 그리스도 안에서 예가 되니 그런즉 그로 말미암아 우리가 아멘 하여 하나님께 영광을 돌리게 되느니라
● 히 10:36 너희에게 인내가 필요함은 너희가 하나님의 뜻을 행한 후에 약속을 받기 위함이라

겨울의 추위를 피해 남쪽으로 떠나려고 모든 준비를 마친 새들은 마지막으로 저녁 파티를 열었습니다. 큰 농장에 모여 갖가지 먹이를 마련하여 배불리 먹으며 다음날부터 펼쳐질 험난한 여행에 대비하여 힘을 비축하였습니다.

다음날이 되어 모두들 출발하려고 하는데 한 마리의 살찐 새가 나서며 말했습니다.

"너희들 먼저 떠나는 것이 좋겠어. 이곳에 아직 맛있는 곡식들이 많이 남았으니 난 조금만 더 있다가 뒤따라갈게."

다른 새들이 같이 떠나자고 설득했지만 살찐 새는 고집을 부렸습니다. 결국 다른 새들은 모두 떠나갔고, 살찐 새는 하루만 더 머물면서 영양을 섭취하기로 했습니다. 그러나 하루가 지나자 생각이 바뀌었고 먹이를 먹을 욕심 때문에 시간만 자꾸 지나갔습니다. 결국 시간이 흘러 눈이 내리는 겨울이 되었고, 도저히 남아있을 수 없는 때가 되었습니다. 그제야 살찐 새는 날개를 펴고 떠나려고 했지만 불행하게도 너무 살이 쪘기 때문에 날아오를 수가 없었습니다. 결국 적절한 시기를 놓쳐버린 살찐 새는 남쪽으로 갈 기회를 영영 잃어버리고 말았습니다. 욕심이란 채우려고 하면 할수록 한도 끝도 없는 것입니다. 그러나 욕심에 이끌리면 인생을 망치게 됩니다. 주님께서 우리에게 주신 것에 만족하며 감사하는 마음으로 살아가십시오.

 주님! 헛된 것에 욕심을 부리지 않게 하소서.
 욕심 때문에 기회를 놓친 적이 있습니까?

일확천금의 재앙

11월 29일　　　　　　　　　　　　　　　　**레 25:23-28**

- 레 25:23 토지를 영영히 팔지 말것은 토지는 다 내 것임이라 너희는 나그네요 우거하는 자로서 나와 함께 있느니라
- 딤전 6:10 돈을 사랑함이 일만 악의 뿌리가 되나니 이것을 사모하는 자들이 미혹을 받아 믿음에서 떠나 많은 근심으로써 자기를 찔렀도다

　　미국 웨스트버지니아 주 시골 마을 스콧 디포에서 건설회사 사장으로 일하다 지난 2003년 1월 세계 복권사상 최고액인 3억1천490만 달러, 우리 돈 약 3천억 원이 걸린 복권에 당첨됐던 미국인 사업가 잭 휘태커가 5년 만에 완전 빈털터리로 전락했다고 언론이 보도했습니다.

　한때 '세계 최대의 행운의 사나이'로 불렸을 정도로 주변의 부러움을 샀던 그는 제3자의 부도수표 발행과 관련해 기소된 상태일 뿐만 아니라, 음주 혐의로 체포되고, 차량과 사업체가 강도질 당하는 등 인생이 그야말로 파탄지경에 이르렀다는 것입니다.

　세금을 공제하고도 약 1천억 원을 손에 쥐었으나 도박에 손을 대기 시작, 당첨금을 탕진하고 음주운전, 술집지배인 폭행사건 등으로 수차례 체포되기도 했습니다. 또한 스트립쇼 클럽에 주차된 자신의 스포츠카에서 현금과 수표 등 54만5천 달러가 든 가방이 도난당하는 사건이 발생했고, 자신의 집에 자주 도둑이 들었다고 합니다. 이 때문에 미국 국민들은 '한 순간에 굴러들어온 일확천금이 과연 행운인지 아니면 재앙이 될 지는 두고 봐야 안다'는 반응들을 보이고 있습니다.

　우리에게 주어진 삶의 터전에서 땀 흘려 일하며 최선을 다 하는 사람이 됩시다.

 주님! 요행을 바라며 살지 않게 하소서.
 일확천금을 바라며 허송세월하지는 않습니까?

믿음을 지킨 그리스도인

마 17:14-20   11월 30일

● 마 17:20 가라사대 너희 믿음이 적은 연고니라 진실로 너희에게 이르노니 너희가 만일 믿음이 한 겨자씨만큼만 있으면 이 산을 명하여 여기서 저기로 옮기라 하여도 옮길 것이요 또 너희가 못할 것이 없으리라
● 약 1:8 두 마음을 품어 모든 일에 정함이 없는 자로다

하나님과의 약속을 무엇보다 귀히 여겼던 미국의 홀리데이 인 호텔의 총회장 클리머의 일화입니다.

클리머는 독실한 기독교인이며 충실한 사람이었습니다. 하루는 총회에서 호텔의 경영난을 타개하고 수입증진의 일환으로 호텔내에 도박장을 만들자는 건의가 들어 왔습니다. "나는 처음 호텔의 회장이 되면서 호텔 내에는 절대로 도박장을 만들지 않겠다고 하나님께 약속했소. 결코 호텔에 도박장을 만들 수는 없소." 그런데도 도박장을 설치해야 한다는 의견은 없어지지 않았고, 클리머는 다음과 같은 결단을 내렸습니다.

"하나님과의 약속은 절대로 거역할 수 없소. 내가 회장으로 있는 한은 도박장 설치는 있을 수 없는 일이기에 여러분의 생각이 정 그렇게 바뀔 수 없는 것이라면 내가 회장직을 사임하겠소."

그런데 클리머 회장의 결단 때문인지 지금도 홀리데이 인 호텔에는 어느 곳에 가도 도박장이 없습니다.

세상을 살면서 우리는 그리스도인으로서 어려운 결단을 해야 할 때가 종종 있습니다. 믿음을 위해 우리의 모든 것을 내려 놓아야할 때도 있습니다. 그 결단의 과정이 어렵고 힘이 들지만 그 결과는 값지며 귀합니다. 믿음을 잃지 않고 주님의 뜻을 위해 힘쓰는 그리스도인이 되십시오.

 주님! 흔들리지 않는 믿음을 허락하소서.
 믿음이 흔들려 세상과 타협한 적이 있습니까?

12

우리의 마음 한 가운데에는
우리의 중심이 되시는
하나님이 거하고 계십니다.
이 중심은 고요하지만
바퀴를 조절하는 능력 있는 부분입니다.

혀의 중요성

12월 1일   잠 12:1-18

● 잠 12:18 혹은 칼로 찌름 같이 함부로 말하거니와 지혜로운 자의 혀는 양약 같으니라
● 잠 25:11 경우에 합당한 말은 아로새긴 은쟁반에 금사과니라

이솝우화에 나오는 이야기 중 하나입니다.

주인이 어느 날 이솝에게 이렇게 말했습니다.

"오늘 저녁 귀한 손님을 초대했으니 세상에서 제일 좋은 요리를 만들도록 하여라."

저녁이 되어 손님들이 모였는데 이솝이 내어오는 음식을 보니 전부 짐승의 혓바닥으로 만든 요리뿐이었습니다.

처음에는 맛이 훌륭하다고 칭찬하던 손님들도 계속 혓바닥 요리만 나오자 불평을 하며 돌아갔습니다.

"어찌하여 혓바닥 요리만 만들었느냐?"

"주인님, 세상에서 혀보다 좋은 것이 있습니까? 혀가 있으므로 말도 하고, 노래도 하며, 지식도 전달할 수가 있지 않습니까?"

이에 주인은 다음날 다시 손님을 초대하였고 이솝에게 이번에는 장난삼아 세상에서 제일 나쁜 요리를 만들라고 말했습니다.

그러자 이솝은 전날과 똑같이 혓바닥 요리만을 만들었습니다.

몹시 화가 난 주인이 이솝을 책망하자 이솝은 "혀는 모든 다툼과 거짓말, 중상모략의 그릇입니다. 세상에 혓바닥보다 나쁜 것이 또 있습니까?"라고 말했습니다.

사람의 혀는 어떻게 쓰는가에 따라서 약이 되기도 하고 독이 되기도 합니다. 혀를 지혜롭게 잘 활용하십시오.

 주님! 지혜로운 말을 할 수 있는 사람이 되게 하소서.
 자신의 입을 좋은 곳에 잘 활용하고 있는지 돌아보십시오.

소년의 믿음

행 22:2-29   12월 2일

● **행 22:10** 내가 가로되 주여 무엇을 하리이까 주께서 가라사대 일어나 다메섹으로 들어가라 정한바 너의 모든 행할 것을 거기서 누가 이르리라 하시거늘
● **살전 1:3** 너희의 믿음의 역사와 사랑의 수고와 우리 주 예수 그리스도에 대한 소망의 인내를 우리 하나님 아버지 앞에서 쉬지 않고 기억함이니

독일의 어느 성당에서 성가대가 성가 연습을 하고 있을 때였습니다. 한 소년의 노래 소리가 문밖에서 조용히 들려오는 것이었습니다. 지휘자가 잠시 연습을 중단하고 문을 열어 보았더니 거기에는 열두 살쯤 된 한 소년이 서있었습니다.

"너 거기 뭐하고 서있니?"

"성가대원이 되고 싶어서 노래를 불러 보았어요."

"우리 성가대는 모두 어른들 뿐인데 네가 들어올 수 있다고 생각했니?" 소년은 이 질문을 받고 눈을 반짝이며 대답했습니다.

"네, 예수님을 위한 일이라면 누구든지, 무엇이나 할 수 있다고 배웠습니다. 하나님이 나를 써 주실 거예요."

이 소년이 바로 평생을 하나님께 의지하면서 종교 개혁을 이룩했던 마틴 루터입니다.

마틴 루터와 같은 믿음이라면 어떠한 것도 해낼 수 있습니다. 내 능력보다 하나님께서 역사하시는 놀라운 기적들을 체험할 수 있는 그리스도인이 되십시오.

 주님! 주님께서 나를 써주실 것을 믿는 믿음을 갖게 하소서.
 믿음을 가지고 용기 있는 삶을 살아가십시오.

노래하는 종달새

12월 3일   **시 16:1-11**

● 시 16:6 내게 줄로 재어 준 구역은 아름다운 곳에 있음이여 나의 기업이 실로 아름답도다
● 시 50:2 온전히 아름다운 시온에서 하나님이 빛을 발하셨도다

어느 날 두더지가 나뭇가지 위에 앉아서 흥겹게 노래를 부르고 있는 종달새에게 물었습니다.

"너는 왜 이렇게 시끄러운 소리를 내고 있니?"

"나는 지금 노래를 하고 있는 거야."

"그것이 노래라고? 그렇다면 무엇이 기쁘길래 노래를 하니?"

"두더지야 봐봐. 저 아름다운 나무들, 빛나는 햇빛, 시원한 바람, 저 쪽에 있는 시냇가…. 세상은 온통 이렇게 아름다운 것들로 가득 차 있으니까 얼마나 행복하니. 그래서 나는 노래한단다."

종달새의 말을 듣고 있던 두더지는 어이없다는 듯이 말했습니다.

"바보 같은 소리! 나는 너보다 더 오래 이 세상 구석구석을 두루 다녀보았고, 이 세상을 너보다 더 잘 알아. 내가 너에게 말할 수 있는 것은, 이 세상에는 벌레를 잡아먹는 일 외에는 아무 것도 없다는 거야."

세상 속에서 두더지처럼 일에만 급급하여 하나님께서 우리에게 주신 아름다운 세상을 바라보지 못한 채 살아가고 있지는 않습니까? 시간을 내어 여유로움을 가지고 세상을 바라본다면 하나님의 은혜를 경험할 수 있습니다. 아름다운 자연을 주신 하나님께 감사하며 자연을 만끽할 수 있는 하루가 되십시오.

 주님! 주님께서 주신 아름다운 세상을 만끽하게 하소서.

 세상일에만 급급하며 살아가고 있지는 않습니까?

은혜를 모르는 사람

시 7:1-17　　　　　　　　　　　　　　　　　　12월 4일

● 시 7:12 사람이 회개치 아니하면 저가 그 칼을 갈으심이여 그 활을 이미 당기어 예비하셨도다
● 고전 15:57 우리 주 예수 그리스도로 말미암아 우리에게 이김을 주시는 하나님께 감사하노니

　어느 마음이 착한 사람이 어느 날 우연한 기회에 빈민촌을 방문했다가 그들의 딱한 사정을 보고는 한 사람을 후원해 주게 되었습니다. 그 사람은 매월 10만원씩을 그에게 생활비로 보조해 주었고 그 일은 오랫동안 계속되었습니다.
　그런데 어느 한 달은 경기가 좋지 못하여 경제적으로 어려워 겨우 5만원만을 준비하여 그에게 보냈습니다.
　그러자 며칠 후 그 사람으로부터 한 장의 편지가 날아왔습니다.
　"매월 꼬박꼬박 10만원씩을 보내주셨기에 이달에도 그 10만원을 쓸 계획을 다 세워 놓았는데 예고도 없이 5만원만 달랑 보내시면 어떡합니까? 선생님 때문에 내가 다른 사람들에게 빚이라도 져야 한단 말입니까? 이번에 보내 주지 않은 돈 5만원을 속히 보내주십시오."
　은혜에 감사하기 보다는 불만을 가진 이 사람의 모습이 우리의 모습은 아닐까요? 하나님의 은혜와 사랑에 감사하기는커녕 부족하다며 더 채워 주실 것을 떼쓰는 우리의 모습을 돌아보고 회개하는 하루가 되십시오. 또한 그 은혜에 감사하십시오.

　♡ 주님! 나를 향한 주님의 은혜와 사랑에 감사하고 만족하게 하소서.
　※ 감사보다는 불평만 하고 있지는 않은지 돌아보십시오.

좀더!

12월 5일　　　　　　　　　　　　　　　　　　　　　　　　　에 3:1-6

● 에 3:2 대궐 문에 있는 왕의 모든 신복이 다 왕의 명대로 하만에게 꿇어 절하되 모르드개는 꿇지도 아니하고 절하지도 아니하니
● 잠 18:12 사람의 마음의 교만은 멸망의 선봉이요 겸손은 존귀의 앞잡이니라

　어느 나라의 한 왕이 평민 복장을 하고는 나라의 이곳저곳을 돌아다니고 있었습니다. 그런데 그때 매우 거만한 표정을 하고 지나가는 한 남자를 보았습니다. 왕은 그에게 다가가서 물었습니다.
　"보아하니 군인이신 것 같은데 중령쯤 되십니까?"
그러자 그는 불쾌한 듯이 손을 위로 올리며 "좀더!"라고 말했습니다.
　"그러면 대령이십니까?"
　"아니, 좀더!"
　"그렇다면 중장이시군요?"
　그제서야 그 사람은 만족한 듯이 고개를 끄덕였습니다. 이번에는 그 중장이 왕을 위아래로 훑어보더니 "자네도 보아하니 군인인 것 같은데 소위인가?"라고 물었습니다. 그러나 왕은 아까 중장이 했던 것처럼 "좀더!"라고 말하기 시작했습니다. 그렇게 해서 소장까지 물었는데도 계속 "좀더!" 하는 말이 나오자 중장은 겁이 났습니다. 그리고 조심스러운 말투로 "그렇다면 당신도 나와 같은 중장이군요?"라고 물었습니다. 질문에 왕이 고개를 저었습니다. 그러자 중장은 얼굴이 새파랗게 질린 얼굴로 "혹시 대장님이십니까?"라고 물었습니다. 그러나 왕의 대답은 여전히 "좀더!"였습니다. 그때야 중장은 코가 땅에 닿도록 엎드리고는 벌벌 떨며 "폐하! 살려주십시오"라고 애원했습니다.
　겸손은 현명한 길을 제시해주고, 교만은 부끄러움만 안겨 줍니다. 겸손하십시오.

 주님! 어떠한 위치에 있더라도 자신을 낮출줄 알게 하소서.
 자신의 의를 겸손히 내려놓으십시오.

개 덕분에 사는 장로님

행 5:1-7　　　　　　　　　　　　　　　　　　　　　**12월 6일**

● 행 5:5 아나니아가 이 말을 듣고 엎드러져 혼이 떠나니 이 일을 듣는 사람이 다 크게 두려워 하더라
● 요이 1:8 너희는 너희를 삼가 우리의 일한 것을 잃지 말고 오직 온전한 상을 얻으라

아주 부자인 장로님 한 분이 도둑이 들지 못하게 집 주위에 사나운 개들을 사방에 두루 매어 놓고 살았습니다. 그런데 개들은 사람이 지나가기만 해도 왕왕 짖어 대는 바람에 온 동네가 어찌나 시끄럽고 소란스러웠던 지 이웃들이 모두 불만이었습니다. 하루는 장로님이 다니는 교회의 목사님이 장로님에게 그 문제에 대해 말을 건넸습니다.

"장로님, 개는 한두 마리만 기르도록 하시지요."

"목사님 안 됩니다. 저는 개를 믿고 사는 걸요. 개가 이 집을 안 지키면 이 모든 재산을 어떻게 지키라고 그러세요? 개가 없으면 저는 무서워서 못살아요. 지금 있는 여섯 마리가 모두 사나운 개라 마음이 든든해요. 저는 개 덕분에 살아요."

"장로님, 개 덕분에 살다니요? 우리는 하나님 덕분에 살아야지요."

"목사님, 세상에서는 하나님이 눈에 안 보이지 않습니까? 그러니 하나님 덕은 나중에 천국에 갔을 때 보는 것이고, 지금은 개의 덕을 보면서 살 수 밖에 없지 않습니까?"

우리의 눈에는 보이지 않지만 하나님께서 우리를 보호하시고 계심은 분명하다는 것을 믿는 믿음이 있어야합니다. 하나님을 믿는 믿음이 있다면 두려울 것이 아무것도 없습니다. 믿음을 가지고 어떠한 상황에서도 승리할 수 있는 하루가 되십시오.

 주님! 온전한 믿음을 가지고 승리하게 하소서.
 나는 온전한 믿음을 지니고 있습니까?

재산과 지혜

12월 7일　　　　　　　　　　　　　　　　　　　　　　**왕상 3:4-15**

●왕상 3:9 누가 주의 이 많은 백성을 재판할 수 있사오리이까 지혜로운 마음을 종에게 주사 주의 백성을 재판하여 선악을 분별하게 하옵소서
●시 90:12 우리에게 우리 날 계수함을 가르치사 지혜의 마음을 얻게 하소서

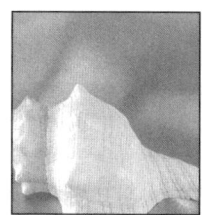

바다 한가운데를 항해 중이던 어느 배 위에서 있었던 이야기입니다. 그 배에는 많은 부자들이 타고 있었습니다. 그들은 서로 자신의 재산을 자랑하느라 바빴습니다. 다만 그 중의 한 젊은이만이 아무 말도 않은 채 잠자코 있었습니다. 그는 자랑할 재산이 아무것도 없었기 때문이었습니다. "나는 당신들보다 더 큰 부자라고 생각하지만 그것을 보여줄 수가 없으니 안타까울 뿐입니다." 얼마 후 그 배는 갑자기 나타난 해적들의 습격을 받게 되었습니다. 배 안에 있던 모든 값나가는 보물들을 빼앗긴 후 겨우 목숨만을 부지한 그들은 가까스로 어느 작은 항구에 다다를 수 있었습니다. 배에 함께 탔던 다른 부자들은 떠돌아다니며 처량하게 구걸하는 신세가 되었으나 젊은이만큼은 높은 교양과 지식을 인정받아 학교에서 아이들을 가르치게 되었습니다. 얼마 후 우연히 학교에서 아이들을 가르치고 있는 젊은이를 보게 된 부자들은 그때서야 그가 소유했던 재산이 무엇이었는가를 깨달았습니다. 그들이 젊은이에게 말했습니다.

"정말 당신이야말로 진정한 부자이셨군요. 지식과 지혜, 그것을 가지고 있는 사람은 모든 것을 다 가지고 있는 셈입니다."

지혜는 모든 삶의 원천이라 할 수 있습니다. 하나님의 말씀을 통한 지혜가 당신의 삶에 이어지길 기도하십시오.

 주님! 진정한 지혜를 찾는 지혜의 사람이 되게 하소서.
 지혜보다 재물을 더 중요하게 생각하고 있지는 않습니까?

온전한 승리

마 5:1-12   12월 8일

- 마 5:10 의를 위하여 핍박을 받은 자는 복이 있나니 천국이 저희 것임이라
- 요 12:24 내가 진실로 진실로 너희에게 이르노니 한 알의 밀이 땅에 떨어져 죽지 아니하면 한 알 그대로 있고 죽으면 많은 열매를 맺느니라

아프가니스탄으로 22명의 청년들을 이끌고 떠났던 분당샘물교회의 배형규목사님이 2007년 7월 25일 탈레반 무장세력에 의해 순교를 당해 많은 그리스도인들의 마음을 아프게 하였습니다. 8년간 한 교회에서 신앙생활을 같이했던 샘병원 의료원장이자 '의사 누가회'의 박상은 이사장은 다음과 같이 추모했습니다. "많은 사람들은 왜 그토록 위험한 곳을 갔느냐고 한탄하지만, 어쩌면 위험한 곳이기에 배 목사님의 희생이 필요했나 봅니다. 로버트 토머스 선교사님이 대동강 강변에서 성경책 하나 건네주고 강물을 피로 적신 것도 당시에는 선교 실패로 기록되었다고 합니다. 어쩌면 스데반이 길에서 돌에 맞아 죽은 것도, 요한이 헤롯에게 목을 베인 것도 당시에는 가장 비참한 인생을 산 것처럼 보였을지 몰라도 예수님의 평가는 여자가 낳은 인물 중 최고였다고 하셨습니다. 지금 다 헤아릴 수 없지만, 먼 훗날 아프간 사람들이 배 목사를 어떻게 평가할지는 주님만 아십니다. 행여 그들에게조차 기억에 남지 않는 이름이라 할지라도, 주님께서는 분명 하늘나라에서 껴안아 주시며 가장 사랑스레 불러주실 이름일 것입니다. 배형규 목사님, 당신은 온전히 승리하셨습니다. 그 숭고한 사랑은 당신이 길러 놓은 수많은 청년들을 통해 분명 이어질 것입니다. 그리고 아프간은 기필코 평화의 땅으로 변화될 것입니다."

땅 끝까지 가서 복음을 전하라는 주님 명령을 기억하십시오.

 주님! 순교자의 희생을 생각하며 주님께 온전한 삶을 드리게 하소서.
 '죽으면 죽으리이다' 의 믿음을 가집시다.

아름다운 연주

12월 9일 롬 13:1-10

● **롬 13:10** 사랑은 이웃에게 악을 행치 아니하나니 그러므로 사랑은 율법의 완성이니라
● **롬 15:2** 우리 각 사람이 이웃을 기쁘게 하되 선을 이루고 덕을 세우도록 할찌니라

 추운 겨울 어느 날 어떤 거리에서 허름한 옷을 입은 한 소녀가 바이올린을 열심히 켜며 행인들의 도움을 요청하고 있었습니다. 그러나 형편없는 소녀의 바이올린 연주에 행인들은 아무도 귀를 기울이지 않았습니다.

그때 길을 지나가던 한 유명한 음악가가 소녀를 보고는 도움을 주고 싶었습니다. 그런데 마침 그에게는 가진 것이 없었습니다. 그래서 음악가는 소녀대신 바이올린을 연주하기 시작했습니다. 그의 연주는 너무나도 아름다웠습니다. 사람들이 하나, 둘 모이기 시작했고, 그들 앞의 그릇에는 제법 많은 돈이 쌓였습니다. 연주가 끝나고 바이올린을 받아 든 소녀의 눈에는 눈물이 흐르고 있었습니다. 소녀는 흐르는 눈물을 참으며 말했습니다. "…아버지가 오랫동안…앓고 계셨는데 약은 고사하고 난로조차 제대로 못 피웠는데…" 소녀는 눈물로 인해 감사의 말조차 제대로 잇지 못했지만 음악가는 소녀의 눈빛에서 이미 소녀의 마음을 느낄 수 있었습니다. 없는 가운데 나누는 것은 참으로 귀한 일입니다. 또한 그러한 나눔은 몇 배의 기쁨을 안겨줍니다. 넉넉한 마음과 기쁨을 가지고 참된 사랑을 전할 수 있는 하루가 되십시오.

 주님! 참된 사랑을 가지고 이웃에게 나눌 수 있게 하소서.
 도움이 필요한 이웃을 돌아보는 하루가 되십시오.

진실과 용기

눅 5:1-11　　　　　　　　　　　　　　　　　　　　　　12월 10일

- 눅 5:8 시몬 베드로가 이를 보고 예수의 무릎 아래 엎드려 가로되 주여 나를 떠나소서 나는 죄인이로소이다 하니
- 행 9:5 대답하되 주여 뉘시오니이까 가라사대 나는 네가 핍박하는 예수라

「레미제라블」이라는 빅토르 위고의 소설에 나오는 이야기입니다.

전과자였던 장발장은 과거를 숨기기 위해 새로운 이름으로 어느 지방 도시의 시장이 되어 살아가고 있었습니다.

그러던 어느 날, 사과를 훔치다 붙잡힌 한 노인이 수배 인물 장발장으로 판명이 되었다는 놀라운 소식을 듣게 되었습니다. 장발장은 고민이 되었습니다.

"조용히 있어야 하는가? 정체를 밝혀야 하는가?"

그는 벽장 속 깊숙한 곳에서 자신이 진짜 장발장임을 증명할 수 있는 물건들을 하나하나 꺼냈습니다. 그리고는 심한 갈등과 번민으로 밤을 지새웠습니다. 다음 날, 재판정에서 판사의 언도가 내려지려는 순간 진짜 장발장은 일어서며 말했습니다.

"내가 장발장이요!"

결국 장발장은 자신을 대신하여 처벌을 받을 뻔한 노인을 위해 명예와 권세를 모두 포기하였습니다. 죄를 고백하려 할 때에는 진실함과 용기가 필요합니다. 또한 자신의 죄를 고백하지 않았을 때의 마음은 너무나도 고통스럽지만 하나님의 놀라운 축복을 경험하게 될 것입니다.

 주님! 진실함과 용기를 가진 하나님의 사람이 되게 하소서.

 잘못을 용기 있게 고백해보는 시간을 가져보십시오.

아내의 도움

12월 11일   룻 3:6-13

● 룻 3:11 내 딸아 두려워 말라 내가 네 말대로 네게 다 행하리라 네가 현숙한 여자인줄 나의 성읍 백성이 다 아느니라
● 잠 31:10 누가 현숙한 여인을 찾아 얻겠느냐 그 값은 진주보다 더 하니라

    어느 유명한 바이올리니스트의 아내는 남편의 연주가 있을 때마다 피아노를 반주하기 위해 항상 함께 동행을 하였습니다.
    연주가 있었던 어느 날, 그녀는 연주가 시작하기 전에 분주히 준비하다가 그만 계단에서 넘어져 팔을 삐게 되었습니다. 그러나 연주회는 예정대로 시작되었습니다.
    삔 팔의 통증이 고통스러웠지만 그녀는 남편의 연주가 계속되도록 아픔을 참고 반주하였습니다. 연주는 성공적으로 끝이 났습니다. 관중의 환호 속에 무대 뒤로 오자마자 그녀는 통증으로 기절하였습니다. 한참 후 깨어난 아내를 보며 남편은 걱정 섞인 목소리로 물었습니다.
    "왜 미리 말하지 않았어요?"
    그러자 그녀는 이렇게 대답했습니다.
    "당신이 연주를 무사히 마치도록 하려고 말하지 않았어요."
    남편은 자신의 연주를 훌륭하게 끝낼 수 있었던 것이 모두 아내의 도움이었음을 깨닫고 감격하였습니다.
    현숙한 아내는 배우자를 섬기고 사랑하며 돕는 배필이 되기 위해 노력합니다. 또한 이 노력으로 가정엔 행복이 찾아오며 훌륭한 남편을 세울 수 있습니다. 하나님께서 허락하신 배우자를 섬기며 사랑하십시오.

 주님! 배우자를 섬기며 사랑하게 하소서.
 배우자를 섬기기 위해 할 수 있는 일들이 무엇이 있을까요?

호랑이의 본성

롬 12:1-2　　　　　　　　　　　　　　　　　　　　　　12월 12일

● 롬 12:2 너희는 이 세대를 본받지 말고 오직 마음을 새롭게 함으로 변화를 받아 하나님의 선하시고 기뻐하시고 온전하신 뜻이 무엇인지 분별하도록 하라
● 빌 1:10 너희로 지극히 선한 것을 분별하며 또 진실하여 허물 없이 그리스도의 날까지 이르고

　아프리카에 호랑이를 기르는 사람이 있었습니다. 호랑이는 산에서 주워온 것으로, 새끼일 때부터 집에서 기르다보니 호랑이의 사나운 성질을 찾아볼 수 없고, 마치 고양이처럼 길이 잘 들여져 있었습니다.
　하루는 주인이 호랑이를 곁에 둔 채 잠이 들었습니다. 그런데 한참을 자던 중 갑작스런 통증에 잠이 깼는데 눈을 떠보니 호랑이가 자신의 손목을 물고 있었습니다.
　그는 깜짝 놀라 호랑이를 밀치려 했으나, 이미 호랑이는 이전의 호랑이가 아니었습니다. 호랑이는 두 눈에 빨간 불을 켜고 주인을 통째로 삼키려는 듯이 바라보는 것이었습니다. 그는 깜짝 놀라 한 손을 호랑이에게 내어 준 채로 옆에 있던 총을 집어 들었습니다. 그리고는 호랑이를 향해 방아쇠를 당겼습니다. 결국 호랑이는 죽었습니다. 그는 호랑이가 왜 갑자기 돌변을 하게 되었는지 궁금했습니다. 이유를 찾아본 결과 그가 잠든 사이 호랑이는 상처 난 그의 손을 핥다가 흘러나온 피를 맛 보고는 호랑이의 본성을 드러내어 그의 손뿐이 아니라 온몸을 삼키려 했던 것이었습니다.
　우리 주변에도 고양이인줄 알았는데 호랑이인 사람들이 있습니다. 그래서 분별력이 필요합니다. 예수 그리스도를 믿어 근본적으로 바뀌지 않으면 언제든 본성으로 돌아갑니다. 분별력을 가지고 사십시오.

 주님! 분별력을 가지고 살게 하소서.
 주변에 있는 사람들과의 관계를 점검해 보십시오.

숯장수와 세탁부

12월 13일   행 8:14-25

- 행 8:20 베드로가 가로되 네가 하나님의 선물을 돈 주고 살 줄로 생각하였으니 네 은과 네가 함께 망할찌어다
- 행 14:14 두 사도 바나바와 바울이 듣고 옷을 찢고 무리 가운데 뛰어 들어가서 소리질러

집에서 직접 숯을 구워 시장에 내다팔며 하루하루를 사는 한 숯장수가 있었습니다.

그러던 어느 날, 그의 집에는 빈 방이 하나 있었는데, 그 방을 계속 비워 놓는다는 것이 왠지 아깝다는 생각을 하게 되었습니다. 그래서 그는 궁리 끝에 자기의 절친한 친구를 찾아갔습니다. 그 친구는 남의 집 빨래거리를 받아다가 빨아주는 일을 하는 세탁부였습니다.

"여보게, 우리 집에 있는 빈 방 말일세. 자네 그 방에 들어와 살지 않겠나?"

그러나 친구는 다음과 같은 이유를 대며 한마디로 거절했습니다.

"안되겠네. 만일 내가 자네 집에서 산다면, 내가 하는 일은 엉망이 되고 말걸세."

"아니, 그게 무슨 소린가?"

"잘 생각해보라구. 내가 아무리 깨끗하게 빨래를 한다고 해도, 빨래 줄에 널어놓은 옷가지에 자네가 구워오는 숯가루가 조금이라도 묻으면 또다시 빨아야 할게 아닌가! 그 일을 어찌 매일 되풀이 하겠나!"

어떨 때는 거절할 줄 아는 용기가 필요합니다. 끌려 다니는 삶은 피곤하고 잃는 것이 많습니다. 지혜롭게 사십시오.

 주님! 지혜롭게 분별하여 거절할 줄 아는 용기를 주소서.

 당신이 거절해야 할 난처한 일이 있습니까?

판단으로 인한 실수

삼상 16:6-13　　　　　　　　　　　　　　　　　　　　　　　**12월 14일**

- **삼상 16:7** 여호와께서 사무엘에게 이르시되 그 용모와 신장을 보지 말라 내가 이미 그를 버렸노라 나의 보는 것은 사람과 같지 아니하니 사람은 외모를 보거니와 나 여호와는 중심을 보느니라
- **약 2:9** 만일 너희가 외모로 사람을 취하면 죄를 짓는 것이니 율법이 너희를 범죄자로 정하리라

러시아의 한 작가는 평소에 마음에 품고 존경해오던 「대위의 딸」의 작가이자 시인으로도 유명한 푸시킨을 찾아갔습니다. 그가 푸시킨 집의 정원에 들어서 현관에 다다르는 순간, 갑자기 현관문이 열리더니 조그맣고 보잘것없어 보이는 못생긴 사나이가 뛰어나오는 것이었습니다. 그는 깜짝 놀라 뒤로 물러서며 이렇게 말했습니다.

"예의 없는 사람 같으니라구. 저런 사람이 선생님 댁을 드나들면 오히려 선생님의 체면만 깎일텐데…."

그는 멀리 정원으로 뛰어가는 그 사나이를 흘낏 바라보았습니다. 그리고는 다시 옷매무새를 고치고 문을 두드렸습니다. 잠시 후 문을 열고 나온 하인에게 그는 정중히 인사를 하며 말했습니다.

"푸시킨 선생님을 만나뵈러 왔습니다."

"방금 나가셨는데 못 만나셨어요?"

"예? 그럼 방금 나간 그 사람이 푸시킨 선생님이란 말입니까?"

"예, 맞아요." 그 순간 그는 눈에 보여지는 겉모습만으로 사람을 평가해버린 자신의 과오에 부끄러웠습니다.

우리는 종종 사람의 외모만을 보고 경솔히 그 사람에 대해 편견을 가질 때가 있습니다. 눈에 보이는 것만으로 다른 사람들을 판단하는 어리석은 사람이 되지 말고, 늘 사람들의 장점을 보며 그들을 존귀하게 여기는 사람이 되십시오.

 주님! 외모만으로 사람을 판단하지 않게 하소서.

 겉모습으로 사람들을 판단하는 일은 없습니까?

하나님의 손

12월 15일　　　　　　　　　　　　　　　　　　　스 8:31-34

- **스 8:31** 정월 십 이일에 우리가 아하와강을 떠나 예루살렘으로 갈쌔 우리 하나님의 손이 우리를 도우사 대적과 길에 매복한 자의 손에서 건지신지라
- **전 2:24** 사람이 먹고 마시며 수고하는 가운데서 심령으로 낙을 누리게 하는 것보다 나은 것이 없나니 내가 이것도 본즉 하나님의 손에서 나는 것이로다

크리스천 유치원을 다니는 이제 막 일곱 살이 된 한 아이가 있었습니다.

하루는 아이가 신이 나서 콧노래를 부르며 집안으로 들어왔습니다. 아이는 "엄마!"를 큰 소리로 부르며 엄마에게 달려갔습니다. 그리고는 손에 들고 있던 스케치북을 펼쳐 엄마에게 보여주었습니다.

"엄마, 이것 좀 보세요. 오늘 유치원에서 그림을 그렸는데, 내가 그린 그림이 제일 훌륭하다고 선생님께 칭찬 받았어요. 그래서 많은 아이들이 내 그림을 구경했어요." 아이가 신나게 늘어놓는 자랑에 엄마의 마음은 흐뭇하였습니다. 그런데 스케치북에 그려져 있는 그림은 크고 긴 손뿐이었습니다. "근데 이게 무슨 그림이지?"

"이건요, 하나님의 손이예요." "오, 그래? 그런데 하나님의 손이 굉장히 길고 크구나!" "그건요. 하나님의 손은 이 세상 구석구석까지 닿아야 하니까 이렇게 긴 거구요. 또 하나는, 많은 사람들을 도와주어야 하니까 이렇게 큰 거예요."

아이의 말처럼 하나님은 길고도 큰 손으로 우리를 이끌어 주시며 보호해 주시고 어루만져주십니다. 그 하나님의 손길에 이끌림을 받는다면 우리는 평안하고 승리하는 삶을 살 수 있습니다. 하나님의 손길을 느낄 수 있는 하루가 되십시오.

 주님! 하나님의 손에 이끌림을 받는 삶을 살게 하소서.

 하나님의 부드러운 손길을 느껴보십시오.

양의 우리의 문

요 10:7-18　　　　　　　　　　　　　　　　　　　12월 16일

- 요 10:7　그러므로 예수께서 다시 이르시되 내가 진실로 진실로 너희에게 말하노니 나는 양의 문이라
- 행 27:23　나의 속한바 곧 나의 섬기는 하나님의 사자가 어제 밤에 내 곁에 서서 말하되

　배낭여행을 하던 한 젊은이가 지방을 여행하고 있었습니다. 그러던 어느 날 그는 한 떼의 양을 치고 있는 목자를 만났습니다. 그는 이 목자와 많은 대화를 나누었습니다. 밤이 되자, 목자는 젊은이에게 양을 보호해 주는 양의 우리를 구경시켜 주었습니다. 사면이 벽으로 둘러싸여 있었는데 오직 들어가고 나갈 수 있는 작은 구멍이 하나 있을 뿐이었습니다. 이상하게 생각한 젊은이는 목자에게 물었습니다.
　"양들이 이 속에 있으면 안전한가요?"
　"물론이죠."
　"하지만 통로만 있을 뿐 그것을 막을 문이 없지 않습니까?"
　"네, 제가 바로 그 통로의 문입니다. 양들이 있는 우리 안에는 불빛이 없어요. 그래서 제가 저 열려진 통로에 누워 있습니다. 내 몸을 넘어가지 않으면 한 마리의 양도 밖으로 나갈 수 없고, 내 몸을 넘어가지 않으면 어떤 이리나 늑대라도 우리 안으로 기어들어갈 수가 없답니다."
　하나님께서는 이야기 속의 목자와 같이 우리를 보호하시고 지켜주고 계십니다. 하나님의 보호하심을 믿고 의지하면 하나님께서 친히 어려움에서 건져주시고 평안을 주십니다. 하나님의 보호하심을 구하십시오.

 주님! 주님의 보호하심 아래 거하게 하소서.
 항상 곁에서 지켜주시는 하나님을 경험하고 있습니까?

부모님의 영향

12월 17일 골 3:18-25

- 골 3:20 자녀들아 모든 일에 부모에게 순종하라 이는 주 안에서 기쁘게 하는 것이니라
- 히 11:23 믿음으로 모세가 났을 때에 그 부모가 아름다운 아이임을 보고 석달 동안 숨겨 임금의 명령을 무서워 아니하였으며

지그 지글러의 책「시도하지 않으면 아무것도 할 수 없다」에 나오는 이야기입니다.

어느 화창한 주말 오후, 한 아버지는 중학생이 된 아들과 함께 산책을 하고 있었습니다. 아버지는 아들에게 물었습니다.

"애야, 아버지의 어떤 면이 가장 존경스럽냐고 묻는다면 넌 뭐라고 대답하겠니?"

그러자 아들은 대답했습니다.

"전 아버지가 어머니를 사랑하시는 게 가장 좋고 존경스러워요."

의아하게 생각한 아버지는 다시 물었습니다.

"아들아, 왜 그렇게 생각하는지 말해 줄 수 있니?"

"아버지가 어머니를 사랑하시기 때문에 어머니에게 잘 대해 주시고 또 그렇게 잘 대해 주시니까 우리 가족이 항상 행복하다는 것을 알고 있기 때문이죠. 그리고 어머니 역시 아버지를 굉장히 사랑하시고요. 아버지, 어머니 두 분 다 제겐 너무나도 고맙고 존경스러워요."

서로의 배우자를 사랑하는 것은 자녀를 위한 최고의 선물입니다. 그로 인해 자녀들은 평안과 행복을 느끼며, 자신이 얼마나 소중하고 사랑스러운 존재인지를 깨닫게 됩니다. 서로의 배우자를 사랑하므로 인해 그 사랑이 자녀들에게도 전달될 수 있도록 하십시오.

 주님! 사랑이 가득한 평안한 가정을 이루게 하소서.

 자녀들에게 사랑을 전하는 부모의 모습을 가지고 있습니까?

님비현상과 핌비현상

삼하 9:1-13 12월 18일

- **삼하 9:13** 므비보셋이 항상 왕의 상에서 먹으므로 예루살렘에 거하니라 그는 두 발이 다 절뚝이더라
- **갈 5:16** 내가 이르노니 너희는 성령을 좇아 행하라 그리하면 육체의 욕심을 이루지 아니하리라

「장애인을 위한 시설이 필요해서 장애인 요양원을 건축해야 하는데, 다른 동네에 요양원 세우는 것은 환영하지만 우리 동네에는 세울 수 없다. 다른 나라에서는 전쟁이 일어나도 관심이 없지만 우리나라에는 평화가 필요하다.」

이러한 것이 소위 집단이기주의 '님비(NIMBY)현상'이라고 합니다. '내 집 뒤뜰에서는 안 된다(not in my back yard).'라는 영어의 단어 첫 글자들을 딴 말입니다. 좋은 일은 모두 나에게 주고 나쁜 일은 모두 다른 사람에게 주라는 뜻입니다. 이와는 반대로 중앙정부로부터 지원을 받기 위해 지방자치단체들 간의 투자유치 경쟁을 님비현상에 빗대어 '핌비(PIMBY)현상'이라는 말로 표현하고 있습니다. 내 집 뒤뜰(in my back yard) 까지는 같고, '아니'라는 not 대신에 '제발'이라는 please를 넣어 '제발 우리 뒤뜰에다 투자하십시오(please in my back yard).'라는 영어의 첫 글자들을 딴 말이 바로 핌비입니다.

예수님의 가르침은 나보다 이웃을 먼저 사랑하라는 것입니다. 나의 이익을 바라기 전에 먼저 남에게 필요한 것이 무엇인지 생각하십시오.

 주님! 이기적인 생각을 버리고 남을 먼저 생각하는 사람이 되게 하소서.
 내 유익보다는 주님의 마음으로 살아갑시다.

주님이 이기신 세상

12월 19일　　　　　　　　　　　　　　　　　　　고전 15:50-57

- 고전 15:57 우리 주 예수 그리스도로 말미암아 우리에게 이김을 주시는 하나님께 감사하노니
- 요일 5:4 대저 하나님께로서 난 자마다 세상을 이기느니라 세상을 이긴 이김은 이것이니 우리의 믿음이니라

　　미국 여류 탐험가로서, 「나는 모험과 결혼 하였다」의 저자인 존슨(Johnson, Osa Helen)여사는, 마틴 존슨과 결혼한 후, 25년 동안을 부부가 함께 아세아와 아프리카 등지를 탐험했습니다. 그러는 동안 없어져 가는 야만 생활을 사진으로 찍어, 미국에 돌아가 각처로 돌아 다니며 강연하였는데, 그만 덴버에서 비행기를 타고 태평양 연안을 향하여 날던 도중 비행기가 산에 부딪쳐, 남편은 즉사하고 부인만 살아 남게 되었습니다. 그런데 존슨 여사는 병석에서 일어나지 못하리라는 의사의 선언을 받았지만, 3개월 후에 얼마쯤 치료되자, 존슨 여사는 휠체어에 앉아서 환자로 있으면서 백번이나 강연을 했습니다. '그렇듯 불편한 몸으로 왜 강연에 나돌아다니는가?' 라는 질문을 받았을 때, 존슨 여사는 말했습니다.

　"내가 그렇게 한 것은 슬퍼하고 걱정할 시간이 없도록 하기 위해서였읍니다"

　실로 존슨 여사는 테니슨이 읊은 "나는 절망 속에 시들지 않기 위하여 행동속에 나를 잊어야겠다"라는 시에 나타난 바와 똑 같은 진리를 발견했던 것입니다.

　슬픔과 고통이 와도 주저앉지 말고 일어서서 행동해 승리하십시오.

 주님, 늘 주님이 이기신 세상을 이기게하소서.
 어려움이 올 때 어떻게 합니까?

세상에서 제일 아름다운 것

출 20:3-17   12월 20일

- 출 20:12 네 부모를 공경하라 그리하면 너의 하나님 나 여호와가 네게 준 땅에서 네 생명이 길리라
- 레 19:32 너는 센 머리 앞에 일어서고 노인의 얼굴을 공경하며 네 하나님을 경외하라 나는 여호와니라

한 아기천사가 금빛 날개를 가다듬으며 처음으로 세상 구경을 나왔습니다. 하루 종일 신기하고 새로운 세상을 구경한 아기천사는 해가 질 무렵 '다시 하늘나라로 가기 전에, 이 세상에 왔던 기념으로 세상에서 제일 아름다운 걸 가져가야겠다' 라고 생각을 했습니다. 잠시 후, 날개를 펼쳐 아름다운 것을 찾던 천사는 작은 시골집 담장에 핀 빨간 장미 꽃송이를 보았습니다. 꽃을 꺾고 있던 아기 천사는 열려진 작은 창문 사이로 새근새근 잠이 든 아기의 모습을 보았습니다. "어머나! 잠든 아가의 모습은 더 아름답네. 저 미소도 가져가야지." 바로 그때, 잠든 아가의 볼에 입을 맞추는 어머니가 보였습니다. 그녀의 얼굴엔 아가를 향한 사랑이 가득했습니다. "그래, 어머니의 사랑도 가져가야겠다." 이렇게 해서 아기천사는 세 가지 아름다운 것을 가지고 하늘나라로 올라갔습니다. 하늘 문을 통과하기 전에 그는 마지막으로 세 가지를 점검해 보았습니다. 그런데 장미꽃은 이미 시들어 있었고, 아가의 미소는 어느새 찡그림으로 변해있었습니다. 그러나 어머니의 사랑만이 변함없이 그대로였습니다. 아기천사는 어머니의 사랑을 가지고 하늘나라로 올라가 많은 천사들 앞에서 말했습니다. "보세요! 바로 어머니의 사랑이 세상에서 발견한 것 중 가장 아름답고, 오래가는 유일한 향기랍니다." 어머니의 사랑은 시대가 바뀌어도 변하지 않습니다. 그 사랑을 기억하며 어머니께 감사하는 마음을 전하십시오.

 주님! 부모님을 공경하는 사람이 되게 하소서.

 요즘 당신에게 가장 아름답게 보이는 것은 무엇입니까?

믿음의 그릇

12월 21일 고후 4:7-15

- **고후 4:7** 우리가 이 보배를 질그릇에 가졌으니 이는 능력의 심히 큰 것이 하나님께 있고 우리에게 있지 아니함을 알게 하려 함이라
- **딤후 2:20** 큰 집에는 금과 은의 그릇이 있을뿐 아니요 나무와 질그릇도 있어 귀히 쓰는 것도 있고 천히 쓰는 것도 있나니

40년 동안 성실하게 일해준 세 명의 종을 지닌 값진 보물을 잔뜩 가지고 있던 한 부자는 그들에게 고마움의 표시를 하기위해 뭔가 뜻 깊은 선물을 하고 싶었습니다. 그리하여 세 명의 종을 불러놓고 명령을 내렸습니다.

"내 보물 창고에 있는 보물을 너희에게 나누어주려고 하니, 보물 담을 빈 그릇을 가져오너라! 가득히 채워 줄 것이다."

엄청난 이야기를 들은 세 명의 종은 순간 당황했지만, 잠시 후 보물 담을 그릇을 준비하러 바로 달려 나갔습니다. 첫 번째 종은 그릇을 준비하러 가면서 생각했습니다. '그런데 정말일까? 혹시 너무 큰 그릇을 가져갔다가 혼나기라도 한다면…. 괜히 망신당하지 말고 조그만 대접이나 하나 가져가야지.' 주인은 약속대로 대접 가득히 보물을 채워 주었습니다. 두 번째 종은 둥그런 바구니를 준비했습니다. 마지막 종은 주인의 약속을 철떡 같이 믿으며 아주 커다란 항아리를 준비했습니다. 주인은 그들이 준비한 곳에 번쩍거리는 보물을 수북이 채워주었습니다. 곰곰이 지켜보던 첫 번째 종은 주인에게 억울함을 호소했습니다. 하지만 주인은 이 한마디로 큰 교훈을 남겨주었습니다. "더 주고 싶어도 너에게는 받을 그릇이 준비되어 있지 않더구나. 네게는 더 큰 믿음의 그릇이 필요한 것 같다."

큰 믿음을 가지고 큰 그릇을 준비하십시오.

 주님! 믿음의 연약함을 반성하는 시간을 갖게 하소서.
 어떤 크기의 믿음의 그릇을 지니고 있습니까?

풍경화와 인물화

시 37:1-7   12월 22일

- 시37:7 여호와 앞에 잠잠하고 참아 기다리라 자기 길이 형통하며 악한 꾀를 이루는 자를 인하여 불평하여 말지어다
- 유1:16 이 사람들은 원망하는 자며 불만을 토하는 자며 그 정욕대로 행하는 자라 그 입으로 자랑하는 말을 내며 이를 위하여 아첨하느니라

유능한 정치가 영국 수상 윈스턴 처칠의 일화입니다.

그는 그림그리기에 뛰어난 솜씨를 가지고 있었습니다. 하루는 세계적인 화가 피카소가 그의 그림을 보고, "그림 그리는 일을 직업으로 삼아도 수입이 아주 많을 것 같다"라고 말했습니다.

그러나 처칠은 유독 풍경화만 고집하여 그것만을 그렸습니다. 이에 대해 그의 친구가 물었습니다.

"자네는 왜 늘 풍경화만 그리나?"

"왜? 궁금한가?"

"그럼, 궁금하고말고. 인물화를 그려도 이에 못지않게 잘 그릴 것 같은데 왜 이것만 그리지? 인물화에 손을 대지 않는 무슨 특별한 이유라도 있나?"

그러자 처칠은 대답했습니다.

"나무는 내가 어떻게 그리든지 자기를 그린 것에 대해 불평하는 법이 없지. 그러나 사람들은 안 그래. 사람들은 불평을 늘 입에 달고 다니거든."

세상을 살아가면서 불평과 불만이 없을 수는 없습니다. 하지만 불평을 말하기 이전에 한 번 더 생각하고, 긍정적인 방향으로 해결하여야 합니다. 불평을 품기보다는 감사의 마음을 가지고 감사의 말만 하십시오.

 주님! 불평과 불만의 마음을 버리게 하소서.

 요즘 불평과 불만은 무엇입니까?

유명한 가수가 된 이유

12월 23일   신 6:4-9

- 신 6:5 너는 마음을 다하고 성품을 다하고 힘을 다하여 네 하나님 여호와를 사랑하라
- 골 1:29 이를 위하여 나도 내 속에서 능력으로 역사하시는 이의 역사를 따라 힘을 다하여 수고하노라

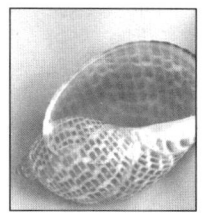

미국의 유명한 흑인 여가수 마리안 앤더슨의 일화입니다. 하루는 한 인터뷰에서 이런 질문을 받았습니다.
"당신이 이토록 유명한 가수가 되기까지는 어떤 계기가 있었으리라 생각되는데, 그것이 무엇이었습니까?"
이에 앤더슨은 이렇게 대답하였습니다.

"저는 어려서부터 교회에 다녔습니다. 그리고 철이 들면서 성가대에서 찬양을 했습니다. 잘하지는 못했지만 열심히 했습니다. 그런데 언제 부턴가 독창자가 결석을 하는 날이면 지휘자는 제게 독창을 하라고 했습니다. 저는 지휘자의 말에 따랐고, 예배를 마치면 목사님은 제 노래에 대해 칭찬과 비평을 해주셨습니다. 저는 독창하는 것이 좋았고, 목사님의 평을 듣는 것이 좋았습니다. 그래서 그 이후로 저는 절대로 교회에 빠지지 않았습니다. 언제 제게 독창할 기회가 주어질지 몰랐기 때문입니다. 이후로 제 노래 실력이 향상되어가고, 주일마다 접하는 하나님의 말씀을 통해 제 믿음도 노래 실력 못지않게 커져 갔습니다."

하나님을 사모하고 하나님을 알기 위해 열심히 하는 모습은 그리스도인의 아름다운 모습입니다. 이처럼 우리가 주 예수 안에 거할 때 하나님께서는 성령의 충만함과 복을 채워주십니다. 삶의 인도자 되시는 하나님을 사모하는 하루가 되십시오.

 주님! 온 마음을 다해 주님을 사모하게 하소서.
 어떤 일에 열심을 다하고 있는지 돌아보십시오.

크리스마스 카드

눅 22:14-23　　　　　　　　　　　　　　　　　12월 24일

- **눅 22:19** 또 떡을 가져 사례하시고 떼어 저희에게 주시며 가라사대 이것은 너희를 위하여 주는 내 몸이라 너희가 이를 행하여 나를 기념하라 하시고
- **고전 11:25** 식후에 또한 이와 같이 잔을 가지시고 가라사대 이 잔은 내 피로 세운 새 언약이니 이것을 행하여 마실 때마다 나를 기념하라 하셨으니

기네스북에 의하면 개인적으로 크리스마스카드를 가장 많이 보낸 사람은 미국 샌프란시스코에 사는 워너 에어하드라고 합니다. 그는 카드를 무려 62,824장이나 보냈습니다. 그 시간하며, 비용, 노력 등이 정말 대단합니다.

그런데 이보다 더 많이 보낸 분이 있습니다. 그분은 어느 한해에 기록을 세우기 위해 보낸 것이 아니었습니다. 이천 년이 넘도록 끊임없이 크리스마스의 참된 의미를 알리시고, 주인공으로서 몸소 크리스마스카드의 원본이 되어 우리에게 전해졌습니다.

그분은 바로 예수 그리스도이십니다. 주님은 성경에 이를 자세히 기록하여, 세계 곳곳에 있는 민족의 언어로도 옮기게 하여 수억, 수십억의 손에 전달되게 하신 것입니다. 진정한 의미에서 이보다 더 바람직한 크리스마스카드는 없을 것입니다.

이번 크리스마스 때에는 카드에 단지 안부만을 전하지 말고, 꼭 예수님을 소개하고, 예수님의 사랑을 전하며, 예수님으로 인한 풍성한 삶을 나누도록 하십시오.

 주님! 크리스마스의 진정한 의미를 깨닫게 하소서.
 예수님의 사랑과 은혜가 담긴 카드를 만들어보십시오.

사랑의 성탄절

12월 25일 사 9:1-7

● **사 9:6** 이는 한 아기가 우리에게 났고 한 아들을 우리에게 주신바 되었는데 그 어깨에는 정사를 메었고 그 이름은 기묘자라, 모사라, 전능하신 하나님이라, 영존하시는 아버지라, 평강의 왕이라 할것임이라
● **마 1:21** 아들을 낳으리니 이름을 예수라 하라 이는 그가 자기 백성을 저희 죄에서 구원할 자이심이라 하니라

 어느 마을에 착하고 성실한 구두 수선공 남자가 있었습니다. 어느 성탄절 전날 밤 그의 꿈에 예수님께서 찾아오셔서 "내일 당신을 방문하고자 합니다"라고 말씀하셨습니다. 아침이 되자 그는 예수님을 맞이하기 위해 청소도 깨끗이 하고, 아끼던 주전자도 잘 닦아 난로위에 올려놓았습니다. 그러나 시간이 한참 지나도 예수님은 보이지 않고 거리엔 누더기 옷을 입고 힘없이 걸어오고 있는 한 여인만 보였습니다. 그는 그 여인을 측은하게 여겨 가게 안으로 들어오게 했습니다. 그 여인의 발은 빨갛고 시퍼렇게 얼어있었습니다. 그래서 그는 그 여인에게 신발을 선물했습니다. 또한 배가 고파하는 여인을 위해 빵과 스프를 데워 나누어 주었습니다. 그 여인은 행복하고 감사한 표정을 지었습니다. 어느덧 캄캄한 밤이 되었지만 기다리던 예수님은 오시지 않았습니다. 그는 실망을 마음에 담은 채 잠이 들었습니다. 그때 어젯밤 꿈의 그 소리가 들렸습니다. "나를 보았지요?" "아니요, 어디에 계셨습니까?" "나는 오늘 당신에게 찾아가 신발과 빵과 스프와 사랑을 선물 받았습니다. 당신이 나에게 베푼 따스한 사랑 정말 감사했습니다." 예수님을 섬기듯이 어려운 이웃을 사랑하고 섬기십시오. 또한 우리를 사랑하셔서 이 땅에 오신 예수님처럼 많은 사람들에게 내가 가진 것을 나눌 수 있는 성탄절이 되길 바랍니다.

 주님! 어려운 이웃에게 그리스도의 사랑을 베풀게 하소서.
 어려운 이웃을 돌아보는 시간을 가지십시오.

성공의 비결

고후 1:12-20　　　　　　　　　　　　　　　　　　12월 26일

● **고후 1:20** 하나님의 약속은 얼마든지 그리스도 안에서 예가 되니 그런즉 그로 말미암아 우리가 아멘 하여 하나님께 영광을 돌리게 되느니라
● **히 10:36** 너희에게 인내가 필요함은 너희가 하나님의 뜻을 행한 후에 약속을 받기 위함이라

어느 나라에 지혜롭기로 소문난 한 왕이 살고 있었습니다. 이 소문을 들은 한 청년은 지혜를 배우기 위해 왕을 찾아갔습니다. "왕이시여, 당신의 지혜로 제게 인생의 성공 비결을 가르쳐 주소서." 이에 임금은 아무런 대답도 않고, 옆에 있던 잔을 들어 물을 가득 따르고는 군사 한 명을 불러 "지금부터 이 청년이 잔을 들고서 시내 한 바퀴를 돌 것이다. 너는 청년의 뒤를 따라 다니다가 잔의 물이 조금이라도 쏟아진다면, 그 순간 청년의 목을 베도록 하여라"라고 말했습니다. 청년은 왕의 말에 무척 놀랐지만, 왕의 명령에 거역할 수 없는지라 잔을 들고 왕궁 문을 나섰습니다. 시내를 도는 동안 청년은 긴장이 되어 구슬땀이 비오듯 흘리며 조심스럽게 한 걸음 한 걸음 발을 옮겼습니다. 몇 시간 후, 청년과 군사는 왕 앞에 섰습니다. 물론 잔의 물도 그대로였습니다. 왕이 청년에게 "시내를 돌아오는 동안 보고 들은 바를 말해보아라"라고 묻자, 청년은 "송구스럽지만 드릴 말씀이 없습니다. 아무것도 본 것이 없고, 들은 것이 없습니다"라고 말했습니다. 왕은 청년을 불러 가까이 앉히고는 자상한 미소를 지으며 말했습니다. "이것이 바로 네가 알기 원했던 인생의 성공의 비결이다. 오늘 네가 한 가지 목표, 곧 잔의 물을 쏟지 않기 위해 아무것도 보고 듣지 못했던 것처럼 목표를 위해 앞만 보며 나아가거라."

목적달성을 위해 강한 의지력과 끈기는 가장 필요한 필수요소입니다. 장애나 불행이 눈앞에 보인다고 해서 금방 체념하지 말고 도전하십시오.

 주님! 목표를 위해 열심히 사는 하루가 되게 하소서.
 목표 달성을 위해 어떤 노력을 하고 있습니까?

대화의 삶

12월 27일 **잠 25:1-11**

● 잠 25:11 경우에 합당한 말은 아로새긴 은쟁반에 금사과니라.
● 요일 3:18 자녀들아 우리가 말과 혀로만 사랑하지 말고 오직 행함과 진실함으로 하자

 경영학의 대부라고 알려진 피터 드러커는 "회사 경영이 실패하는 원인의 60%는 사원들 사이의 의사소통이 잘 안 되는 데 있다"라고 했고, 부부 상담자 퀴베인은 "이혼하는 원인의 50%는 부부사이의 대화가 원활하지 않은 데 있다"라고 했습니다. 또한 어느 범죄 심리학자는 "범죄자의 90%에서 다른 사람과의 대화나 교제 등 교통하는 관계가 원활하지 못함을 발견했다"고 했습니다. 세상을 파괴하는 인생을 산 사람들은 대개가 대화의 삶이 결핍되어 있음을 보여줍니다.

가장 효과적인 대화는 진실입니다. 진실한 말, 그 다음에는 넓은 가슴으로 수용하는 수용적 자세, 그리고 깊은 이해입니다.

잃어버린 대화와 관계를 회복하는 것은 하나님의 사랑에서 출발해야 합니다. 나의 생각을 내려놓고 주님께 지혜를 구해 '감사의 말', '감동의 말', '격려의 말', '용서의 말'을 주고받음으로써 닫혀진 관계를 소통시키십시오.

 주님! 내 입을 열어 사랑을 말하게 하소서.
 진실과 사랑으로 사람을 감동시키십시오.

당나귀의 욕심

딤전 6:3-10   12월 28일

● 딤전 6:6 그러나 지족하는 마음이 있으면 경건이 큰 이익이 되느니라
● 약 1:15 욕심이 잉태한즉 죄를 낳고 죄가 장성한즉 사망을 낳느니라

한 농부가 덩치 큰 당나귀 한 마리와 조그맣고 귀여운 강아지 한 마리를 기르고 있었습니다. 그런데 이 두 짐승의 생활은 너무나도 달랐습니다. 당나귀는 낮이면 산에 가서 나무를 져오고 밤이면 방앗간에서 일을 해야 했던 반면, 강아지는 하루 종일 빈둥거리며 놀기만 하고 잠잘 때에도 주인 침대 옆에서 누워 비비적거리곤 했습니다. 당나귀는 이에 불만을 품었습니다. '나는 이렇게 뼈가 부서져라 일만 하는데, 강아지는 빈둥빈둥 놀면서도 주인의 귀여움을 독차지하고 있으니, 어쩌면 나도 강아지처럼 재롱을 부리면 주인의 귀여움을 받을 수 있을지 몰라.' 그리고는 마굿간에서 뛰어나와 냉큼 마루 위로 올라가더니 익살을 부린답시고 요란스럽게 떠들어댔습니다. 게다가 그 큰 덩치로 강아지 흉내를 내며 주인의 밥상 앞에서 꼬리를 흔들어댔습니다. 그러다가 그만 밥상을 뒤집어엎고 말았습니다. 농부는 하도 어이가 없어서 입을 벌린 채 그저 넋 나간 듯이 바라만 보고 있다가 결국 몽둥이를 들고 와 당나귀를 두들겨주고 마굿간으로 내쫓았습니다.

누구나 자기의 역할이 있습니다. 그 역할에 만족하십시오. 만족할 만한 것들이 많이 있어도 우리는 항상 아쉬운 것에 시선을 고정시키곤 합니다. 감사하지 못하고 만족하지 못하는 삶을 버리고 자족하며 감사하는 법을 배우십시오.

 주님! 주님께서 허락하신 역할에 감사하며 살게 하소서.
 쓸모없이 욕심을 부리고 있지는 않습니까?

은혜를 모르는 젊은이

12월 29일 **단 6:10-23**

- 단 6:10 다니엘이 이 조서에 어인이 찍힌 것을 알고도 자기 집에 돌아가서는 그 방의 예루살렘으로 향하여 열린 창에서 전에 행하던대로 하루 세번씩 무릎을 꿇고 기도하며 그 하나님께 감사하였더라
- 욘 2:9 나는 감사하는 목소리로 주께 제사를 드리며 나의 서원을 주께 갚겠나이다 구원은 여호와께로서 말미암나이다 하니라

한 젊은이가 뜨거운 햇볕이 내리쬐는 무더운 어느 날 길을 걸어가고 있었습니다. 그는 타는 듯한 갈증을 수통으로 겨우 면하기는 했지만, 그 정도로는 살인적인 태양의 뜨거움을 견딜 수가 없었습니다.

"아, 어디 잠시라도 쉬어 갈 그늘이 있었으면 좋으련만."

더위에 허덕이던 젊은이는 걸음을 멈추고 주위를 둘러 쉴만한 곳을 찾아보았습니다. 그런데 마침 울창한 플라타너스가 그 가지를 드리운 시원한 그늘을 발견하게 되었습니다. 그는 감탄사를 연발하며 단숨에 그 그늘로 달려갔습니다.

한참 후, 땀이 가시고 시원해지자 젊은이는 무성한 플라타너스 가지를 올려다보며 이렇게 말했습니다.

"쯧쯧, 볼품없이 크기만 했지 사람들에게 아무 소용도 없는 나무로구나."

그러자, 나무는 어이가 없어 이렇게 말했습니다.

"흥, 지금까지 내 그늘에서 땀을 식혔으면서 나더러 쓸모가 없다니, 정말 은혜를 몰라도 분수가 있지."

이야기 속의 젊은이가 플라타너스의 고마움을 모른 채 불평하듯이 우리도 주님의 희생과 복주심에 감사하지 못한 채 살아가고 있지는 않은지 자신을 돌아보십시오.

 주님! 불평보다는 감사하는 삶을 살아가게 하소서.

 불평, 불만을 버리고 감사할 조건들을 찾아보십시오.

할아버지의 사랑

시 142:1-7　　　　　　　　　　　　　　　12월 30일

- ●시 142:7 내 영혼을 옥에서 이끌어 내사 주의 이름을 감사케 하소서 주께서 나를 후대하시리니 의인이 나를 두르리이다
- ●단 4:34 그 기한이 차매 나 느부갓네살이 하늘을 우러러 보았더니 내 총명이 다시 내게로 돌아온지라 이에 내가 지극히 높으신 자에게 감사하며 영생하시는 자를 찬양하고 존경하였노니 그 권세는 영원한 권세요 그 나라는 대대에 이르리로다

　찰스 스탠리의「하나님이 주신 최고의 선물, 용서」에 나오는 이야기입니다. 할아버지와 어머니와 함께 살던 한 소년이 있었습니다. 할아버지의 얼굴은 흉하게 일그러져 있었고, 음식도 간신히 삼키며, 휠체어에 앉아 몸을 간신히 움직이는 정도였습니다. 소년은 매일 할아버지 방으로 점심을 챙겨가는 일을 했습니다. 하지만 청년이 되었을 때 그는 그 일이 싫증나기 시작했습니다. 결국 어머니에게 "이제부터는 어머니가 할아버지를 먹여 드리세요"라고 소리쳤습니다. 그의 말을 들은 어머니는 하던 일을 멈추고 돌아서서 말을 꺼냈습니다. "이제 너도 어엿한 청년이 되었으니 할아버지께 일어났던 일을 알 때가 된 것 같구나. 할아버지는 아주 건강한 분이셨단다. 그런데 네가 아기였을 때 불이 났었지. 지하실에서 일하던 네 아버지는 네가 엄마랑 함께 있으리라 생각했고, 나는 네가 아버지랑 있을 거라고 생각해서 각자 급히 집을 빠져나왔던 거야. 그때 먼저 나와 계셨던 할아버지가 순간적으로 사태를 파악하시고는 황급히 집안으로 뛰어들어 가셨단다. 그리고는 너를 안고 뛰어나오셨어. 그날 너는 조금도 다치지 않았지만 할아버지는 심한 화상뿐 아니라 연기에 질식하셔서 응급실로 실려 가셨단다." 그의 눈에 눈물이 고이기 시작했습니다. 그리고는 더 이상 아무런 불평 없이 점심을 챙겨 할아버지 방으로 갔습니다. 할아버지의 이런 희생적인 사랑이 바로 하나님의 사랑입니다. 그 사랑을 기억하며 하나님께 감사하는 하루가 되십시오.

 주님! 희생적인 주님의 사랑을 늘 기억하게 하소서.
 하나님의 사랑에 감사하고 있습니까?

'5분' 금과 같은 시간

12월 31일   단 10:5-13

● 단 10:12 그가 내게 이르되 다니엘아 두려워하지 말라 네가 깨달으려 하여 네 하나님 앞에 스스로 겸비케 하기로 결심하던 첫날부터 네 말이 들으신바 되었으므로 내가 네 말로 인하여 왔느니라
● 딤후 4:7-8 내가 선한 싸움을 싸우고 나의 달려갈 길을 마치고 믿음을 지켰으니

19세기 러시아 문학을 대표하는 세계적인 문호이며, 유명한 「죄와 벌」의 저자 도스토예프스키의 일화입니다. 젊었을 때 그는 사형수였습니다. 사형을 집행하던 날, 그에게 마지막으로 5분이라는 짧지만 소중한 시간이 주어졌습니다. 그는 '마지막 5분을 어떻게 쓸까?' 고민한 끝에 '나를 알고 있는 모든 이들에게 작별 기도를 하는 데 2분, 오늘까지 살게 해주신 하나님께 감사하고 곁에 있는 다른 사형수들에게 한마디씩 작별인사를 나누는 데 2분, 나머지 1분은 눈에 보이는 자연의 아름다움과 지금 최후의 순간까지 서있게 해준 땅에게 감사해야겠다' 라고 결심했습니다. 눈에서 흐르는 눈물을 삼키면서 가족들과 친구들을 잠깐 생각하며 작별인사를 하는데 벌써 2분이 지나버렸습니다. 그리고 자신에 대하여 돌이켜 보려는 순간 이제 3분밖에 남지 않았음을 생각하니 눈앞이 캄캄해졌습니다. 지나간 세월들을 금처럼 아껴 쓰지 못한 것이 후회되었습니다. "아~ 다시 한 번 인생을 더 살수만 있다면…." 그가 후회의 눈물을 흘리는 순간 기적적인 일이 일어났습니다. 사형중지 명령이 내려진 것입니다. 구사일생으로 풀려난 그는 그 후, 사형집행 직전에 주어졌던 그 5분간의 시간을 생각하며 평생을 마지막 순간처럼 열심히 살았다고 합니다.

한 해를 마감하며 늘 오늘이 나에게 주어진 마지막 시간이라고 생각하며 성실히 살아가십시오. 하나님께서 주신 시간을 헛되이 흘려버리지 마십시오.

 주님! 시간을 아껴 많은 일들을 효율적으로 보내게 하소서.

 한해를 정리하며 반성하고, 힘차고 복된 새해를 맞이하십시오.

망망한 바다 한가운데서 배 한 척이
침몰하게 되었습니다.
모두들 구명보트에 옮겨 탔지만
한 사람이 보이지 않았습니다.
절박한 표정으로 안절부절 못하던 성난 무리 앞에
급히 달려 나온 그 선원이
꼭 쥐고 있던 손바닥을 펴 보이며 말했습니다.
"모두들 나침반을 잊고 나왔기에 … "
분명, 나침반이 없었다면 그들은 끝없이 바다 위를
표류할 수밖에 없을 것입니다.

삶의 바다를 항해하는 모든 이들을 위하여
우리는 그 나침반의 역할을 하고 싶습니다.
우리를 구원하신 아름다운 주님을
21세기 문명의 이기(利器)를 통하여
널리 전하고 싶습니다.

우리 나침반 가족은
구원의 복음과 진리의 말씀을 전하며
당신의 믿음 성장과 삶을, 가정을, 증거를,
그리고 당신의 세계를 돕고 싶습니다.

그리스도 안에서
우리는 당신을 진실로 사랑합니다.

"하나님은 모든 사람이 구원을 받으며
진리를 아는 데 이르기를 원하시느니라."
(디모데전서 2장 4절)

자녀를 위한 무릎기도문

포켓용

출간 즉시 전국 서점과 교회에서 폭발적인 반응!!

교회에서 선물용으로 단체 주문 쇄도!!

자녀를 위한 일생일대 최고의 선물!!

▶ 인터넷에 끊임없이 올라오고 있는 독자들의 감동적인 서평

축복의 아이로 키우기 | ohpop ★★★★★
아이를 위해 기도하려 하지만~
축복의 기도와 미래를 위한 기도까지 꼼꼼히 계획하려해도 쉬운 일이 아니였거든요~
이 기도문으로 기도하니 맘이 든든하네요~ 사이즈도 작아서 여행 때도 가지고 다니기 편하구요~
금액도 부담 없구요~ 차곡차곡 쌓아서 축복속에 자라는 아이로 키우고 싶어요^^

부모라면 꼭 지참해야할 책 | warren625 ★★★★★
자녀를 위한 무릎기도문은 요즘 맞벌이로 바쁜 현대 부모들이 놓치기 쉬운 부분을 보완해주고 있다.
항상 마음만 있지 실제로는 실천하지 못한 자녀를 위한 축복을
오늘 이 책을 만나서 시작하게 되어 너무도 기쁘다.

좋은 책입니다 | bilsky ★★★★★
자녀를 키우며 꼭 실천해야하는 기도입니다

감동... | jong4042 ★★★★★
저는 자꾸 눈물이 나오려 하네요. 감동 그 자체에요.
소중한 우리 아이들한테 모질게 한 일들이 생각나네요...

하나님께서
좋은 것으로 네 소원을 만족케 하리라

초판 1쇄 발행 2008년 1월 1일
초판 3쇄 발행 2008년 2월 25일

지은이 김장환
발행인 김용호
발행처 나침반출판사
등 록 1980년 3월 18일 / 제 2-32호
주 소 110-616 서울 광화문 사서함 1641호
전 화 본사 (02)2279-6321~3 영업부 (031)932-3205
팩 스 본사 (02)2275-6003 영업부 (031)932-3207

www.nabook.net
nabook@korea.com

ISBN 978-89-318-1370-8 03230
책번호 마-1028

값은 뒷표지에 있습니다.
잘못된 책은 교환해 드립니다.

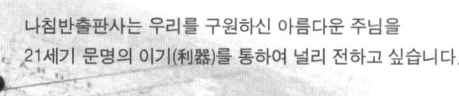

김장환 목사의 저서들

섬기며 사는 기쁨

어렵던 그 시절, 어머니가 퍼준 한 줌 흙을 가슴에 품고 미국으로 떠났던 영어 한마디 못하던 키 작은 '하우스보이' 김장환.
목회자가 된 그가 다시 조국으로 돌아와 한국 침례교의 역사를 다시 쓰기까지 굳은 믿음과 신념으로 걸어온 신앙의 길과 그 여운을 지금, 함께 돌아본다.

그를 만나면 마음에 평안이 온다

이 책은 읽는 이마다 신앙의 도전감을 불러 일으키고, 인생의 비전과 열정을 일깨워 줄 것입니다. 평범하고 가난했던 한 소년이 세계기독교의 지도자가 되기까지 사랑과 감동이 넘치는 김장환 목사의 이야기 『그를 만나면 마음에 평안이 온다』는 전도대상자는 물론 모든 사람들에게 선물하기에 아주 유익한 책입니다.

김장환 목사 이야기

"나중에 훌륭한 사람이 되어서 우리나라와 세계를 위해 일하고 싶다."
이런 소망을 가진 어린이라면 신앙의 도전감을 불러일으키고, 인생의 비전과 열정을 일깨워주는 김장환 목사님의 이야기에 관심을 기울여 보라. 평범하고 가난했던 한 소년이 세계기독교의 지도자가 되기까지 사랑과 감동이 넘치는 김장환 목사의 이야기. 모든 사람들과 그 자녀들에게, 그리고 미래의 꿈을 꾸는 청소년들에게 선물하기에 아주 유익한 책이다.

사랑이 부푸는 파이 가게

침례교세계연맹 총회장 부인이면서 장애인들을 돕기 위해 파이 가게를 운영하는 트루디. 자신에게 '최소한'을 쓰면서 남에게 '최대한'을 베푸는 삶을 사는 그녀의 소박하고 감동적인 인생 이야기.
이 책은 탁상공론과 교언영색이 난무하는 세상에서 드물게 언행일치를 목격하게 해 줄것이다.